KB190859

365가지
오늘의 묵상

365가지
오늘의 묵상

DAILY
DEVOTION

이 한 규

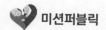 미션퍼블릭

365가지
오늘의 묵상

DAILY
DEVOTION

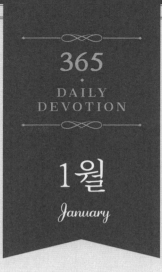

365

·

DAILY
DEVOTION

1월

January

세상을 말씀으로 물들이라

그가 그의 도를 가지고 우리에게 가르치실 것이라
우리가 그의 길로 행하리라 (미가 4:2)

한 아내가 있었다. 그녀는 남편을 매우 사랑하고 존중했다. 어느 날 한 노래를 듣고 남편에 대한 자기 마음을 표현한 것 같아 노래를 음미하며 행복에 젖었다. 가수 BMK의 〈물들어〉라는 노래였다. "머리에 얹은 너의 손/ 나는 잊을 수가 없어서/ 내 아픈 가슴을 너의 익숙함으로/ 다시 감싸 줘야 해/ 나에게 너의 손이 닿은 후/ 나는 점점 물들어/ 너의 색으로 너의 익숙함으로/ 나를 모두 버리고/ 물들어 너의 사랑 안에 나는/ 물들어 벗어날 수 없는 너의 사랑에/ 나를 모두 버리고/ 커져만 가는 너의 사랑 안에 나는 이제...."

사랑은 내가 너에게 점점 물들고 네가 나에게 점점 물드는 것이다. 믿음이란 예수님을 영접하고 구원받은 후 점차 예수님을 닮아 가는 것이다. 즉 예수님께 물드는 것이고 하나님의 말씀에 물드는 것이다. 선교란 세상을 예수님의 사랑으로 물들이고 말씀으로 물들이는 것이다. 나를 하나님의 말씀으로 물들이면 내적인 평안과 외적인 평화가 생긴다. 더 나아가 세상을 말씀으로 물들이면 세상도 점차 평화롭게 된다.

세상을 평화롭게 만드는 영적인 혁명가의 비전을 가지라. 왜 말씀을 가까이해야 하는가? 말씀은 비전을 끊임없이 불타게 하는 핵심 원료이기 때문이다. 말씀을 통해 하나님의 마음을 읽고 하나님의 뜻을 파악하고 어느 곳으로 가야 할지 방향을 잡을 수 있다. 결국 말씀을 가까이하는 것은 가장 큰 성공이고 말씀을 멀리하는 것은 가장 큰 실패다. 말씀에 물든 거룩한 비전은 결코 헛되지 않다. 그 비전이 세상을 평화로 물들일 수 있다.

하나님! 예수님께 물들고 하나님의 말씀에 물들어
세상을 예수님의 사랑과 말씀으로 물들이게 하소서.

하나님의 거룩한 스토킹

내가 시온을 위하여 크게 질투하며
그를 위하여 크게 분노함으로 질투하노라 (스가랴 8:2)

요즘 싫은데도 자꾸 쫓아다니는 스토킹이 사회 문제가 되고 있다. 하나님도 사랑하는 성도를 그렇게 스토킹 하듯이 쫓아다니신다. 그것을 '하나님의 거룩한 스토킹'이라고 말할 수 있다. 하나님은 사랑하는 사람을 집요하게 뒤따르시며 그가 다른 것을 바라보면 때로는 무섭게 진노하신다.

하나님의 거룩한 스토킹의 궁극적인 목적은 무엇인가? 치한들의 스토킹과 하나님의 거룩한 스토킹의 차이는 무엇인가? 치한들은 욕정의 만족을 위해 사람을 집요하게 쫓아다니지만 하나님은 축복과 영생을 주려고 영혼을 쫓아다니시는 것이다. 하나님의 거룩한 스토킹을 부담스럽게 생각하지 말고 마음을 돌려 하나님을 맞이하라. 그때 놀라운 회복의 은혜를 입는다.

신기한 사실이 있다. 하나님의 질투하시는 사랑을 받는 사람은 더 이상 질투에 사로잡힌 사람이 되지 않는다는 사실이다. 반면에 하나님의 질투하시는 사랑을 받지 못한 사람은 마음이 병들고 질투에 사로잡히고 병든 경쟁심이 생겨난다. 가인에 의한 인류의 첫 살인이 왜 생겼는가? 병든 경쟁심 때문이었다.

하나님의 사랑에서 단절되면 사람들은 사랑에 굶주린 자가 된다. 사람들의 몸부림은 대개 사랑과 인정을 받으려는 몸부림이다. 그런 몸부림이 병든 경쟁심을 불러일으켜 시기와 질투에 사로잡히는 것이다. 결국 각종 마음의 병으로부터 회복되는 기본적이고 핵심적인 방법은 질투하시는 하나님의 사랑을 받고 하나님의 임재 가운데 사는 것이다.

하나님! 하나님의 거룩한 스토킹에 기쁘게 응답함으로
늘 하나님의 임재 가운데 감사하며 살아가게 하소서.

작품 얼굴을 만들라

그들이 주를 앙망하고 광채를 내었으니
그들의 얼굴은 부끄럽지 아니하리로다 (시편 34:5)

얼굴은 '얼(정신)이 담긴 굴'이다. 얼굴에는 대개 자신의 마음과 정신 상태가 담겨 있다. 마음과 정신 상태가 얼굴에 나타나기도 하지만 반대로 얼굴이 마음과 정신 상태를 조절하기도 한다. 힘들어도 기쁜 얼굴을 하면 점차 마음도 기뻐진다. 그런 훈련을 계속하면 기뻐하는 인상이 형성된다.

얼굴은 존재의 발자취다. 얼굴만 봐도 개인의 지나온 삶이 대략 파악된다. 자세히 보면 얼굴이 잘생긴 것보다 인상이 좋은 것이 훨씬 호감을 주고 인간관계를 견고하게 만든다. 결국 인상이 인생을 규정할 때가 많다. 세월의 무게에 짓눌린 찌든 얼굴을 버리고 세월의 흐름을 극복한 작품 얼굴을 만들어 가라. 기품과 품격과 품위를 지키려고 하다 보면 점차 작품 얼굴이 만들어진다.

화가들이 그린 성자의 얼굴을 보면 그림만 봐도 기품이 느껴진다. 어떻게 그런 얼굴을 만드는가? '기쁨'이 넘치는 얼굴이 '기품'이 넘치는 얼굴을 만든다. 작고한 코미디언 이주일 씨는 자주 말했다. "못생겨서 죄송합니다." 못생긴 것은 죄송한 것이 아니라도 인상이 나쁜 것은 죄송한 것이 될 수 있다. 얼굴에 기쁨과 감사와 평화가 넘치게 하면 삶에도 기쁨과 감사와 평화가 넘치게 된다. 얼굴에는 과거와 현재의 인생도 그려져 있지만 미래의 인생도 그려져 있다. 얼굴을 바꿈으로 인생을 바꿔 가라. 인상이 바뀌면 인생도 바뀐다.

하나님! 힘든 중에도 기쁜 얼굴을 잃지 않음으로
하나님이 기뻐하시는 작품 인생을 만들어 가게 하소서.

기다림은 낭비가 아니다

내가 여호와를 기다리고 기다렸더니
귀를 기울이사 나의 부르짖음을 들으셨도다 (시편 40:1)

운동 경기에는 하프 타임이 있다. 쉬면서 목표를 뚜렷이 하고 전략을 짜는 시간이다. 하프 타임은 경기 시간만큼 중요하다. 대개 후반전에 승부가 갈리기에 후반전이 중요하다. 인생이 게임과 같다면 하프 타임은 안식하고 재충전하면서 꿈과 비전을 새롭게 하는 시간이다. 그때를 잘 활용해서 인생 후반전에 나서면 성공 가능성이 커진다.

인생은 연극과 같다. 1막에서 연극이 한참 고조될 때 다시 커튼이 내려진다. 그 시간은 2막을 준비하는 시간이다. 중간 사역기는 실패와 성공의 중간에 있다. 그 기간은 첫째 사업에서 실패하고 둘째 사업을 시작하기 전 기간이고 첫째 직장에서 나와 둘째 직장으로 들어가기 전 기간이다. 또한 과거의 파산과 미래의 번성 사이의 훈련 기간이다. 위대한 믿음의 선진들에게는 다 그 기간이 있었다. 모세에게는 40년의 미디안 광야 기간이 있었고 사도 바울에게는 3년의 아라비아 광야 기간이 있었다.

중간 사역기를 잘 극복하려면 중간 사역기에 대한 개념을 잘 인식하라. 중간 사역기는 '선택한 것'이 아니라 '부과된 것'이다. 모세는 스스로 광야 학교로 간 것이 아니라 성급한 행동으로 광야 학교로 도망친 것이다. '미워하는 것'을 참아야 하는데 '참는 것'을 미워한 것이 문제였다. 그가 40년 동안 미디안 광야에서 참고 기다리는 법을 배웠다. 기다리는 시간은 낭비되는 시간이 아니다(Waiting time is not wasted time). 믿음으로 기다리면 하나님은 그 시간에도 최상의 이면 작업을 펼쳐 나가신다.

하나님! 인생의 중간 사역기를 맞이해서 놀라지 말고
그때 잘 준비하며 기다림으로 복을 예비하게 하소서.

말은 인생을 좌우한다

입과 혀를 지키는 자는
자기의 영혼을 환난에서 보전하느니라 (잠언 21:23)

위기 때는 입술에 대한 특별 관리에 들어가라. 그때 더 희망의 말을 하고 감사의 말을 하기로 다짐하라. 죽고 사는 것이 혀의 권세에 달렸다. 말은 축복의 문을 열기도 하고 닫기도 한다. 말은 앞으로 펼쳐질 삶을 규정한다. 입술을 하나님의 뜻대로 잘 사용하라. 구원과 축복과 행복이 다 입술에 달렸다. 입술은 위대한 영적인 무기다. 입술로 축복과 감사의 말을 많이 하라. 그 말이 기적의 원천이다.

입술을 적시에 잘 닫고 잘 열면 그 입술이 엄청난 무기가 된다. 말은 상황을 좋게도 만들고 나쁘게도 만든다. 적절한 때 적절한 말을 하는 사람은 성공 1순위다. 그는 사업, 인간관계, 결혼생활, 그리고 가정생활에서도 성공할 가능성이 현저하게 높다. 때에 맞는 적절한 말을 하는 지혜를 구하라. 그 말이 장벽을 무너뜨리고 불가능한 문을 열고 대적을 무릎 꿇게 한다.

말은 인생을 좌우한다. 친구도 좋은 말을 하는 친구를 사귀라. 교회를 선택할 때도 목회자의 말씀이 좋은 교회를 선택하면서 동시에 교인들의 말이 좋은 교회를 선택하라. 말은 마음에서 나온다. 말을 변화시키려면 마음을 변화시키라. 그래서 말씀이 필요하다. '말'을 이길 것은 '말씀'밖에 없다.

좋은 친구는 마음을 빛나게 하고 따뜻하게 하는 내 삶의 가장 위대한 광택제 중 하나다. 좋은 말은 얼굴도 아름답게 만들지만 마음도 아름답게 만든다. 감사하고 격려하는 말을 많이 하고 특히 말씀을 가까이하라. 말씀으로 마음이 변하면 말이 변하고 말이 변하면 인생이 변한다.

━━━∞ 하나님! 입술을 잘 지킴으로 인생도 잘 지키게 하소서. ∞━━━

가시밭의 백합화처럼 살라

내 은혜가 네게 족하도다
이는 내 능력이 약한 데서 온전하여짐이라 (고린도후서 12:9)

어떤 사람은 말한다. "겨울은 추워서 싫고 봄은 황사 때문에 싫고 여름은 더워서 싫고 가을은 고독해서 싫다." 불행한 사람이다. 반면에 어떤 사람은 말한다. "겨울은 눈이 있어 좋고 봄은 만물이 소생해서 좋고 여름은 초목이 우거져서 좋고 가을은 열매가 있어 좋다." 복된 사람이다.

흔히 부자들은 "옛날에 고생할 때가 좋았다."라는 말을 자주 한다. 행복은 환경과 상관이 없다. 행복한 사람은 환경과 상관없이 행복하다. 행복은 외부에서 주어지는 것이 아니라 자기 안에서 솟아나는 것이다. 아담처럼 에덴에서도 타락할 수 있고 요셉처럼 감옥에서도 행복할 수 있다. 그 사실을 깨닫게 하시려고 하나님은 때로 사랑하는 자녀도 부족하게 하신다.

완벽한 외적인 축복은 오히려 마음을 타락시키고 믿음을 약화시킬 수 있기에 하나님은 사랑하는 자를 완벽하게 하시지 않는다. 에덴에서도 먹지 못하게 하신 것이 있었고 예수님께도 가룟 유다를 두셨다. 훈련용으로 부족한 것 하나는 남겨 두시는 것이 하나님의 뜻이기에 위대한 성자들도 다 부족함이 있었다. 사도 바울도 자기 몸의 가시를 없애 달라고 세 번 작정 기도를 했지만 하나님은 "내 은혜가 네게 족하다."라고 하셨다.

인생의 가시가 나쁜 것만은 아니다. 주사와 침을 맞으면 병이 낫듯이 인생의 가시는 마음과 신앙의 병을 낫게 하는데 도움을 준다. 가시를 극복하고 가시밭의 백합화처럼 살라. 내면을 잘 가꾸면 지금 환경에서도 충분히 행복할 수 있다.

∞ 하나님! 굳센 믿음으로 가시밭의 백합화처럼 살게 하소서. ∞

말씀으로 돌아가라

청년이 무엇으로 그의 행실을 깨끗하게 하리이까
주의 말씀만 지킬 따름이니이다 (시편 119:9)

한 부부가 어린 둘째 딸을 하루 종일 할머니 집에 맡긴 적이 있었다. 저녁에 데리러 가자 딸이 반가워서 엄마랑 뽀뽀했다. 그때 이상하다는 듯이 말했다. "아빠! 언니랑 뽀뽀하면 건전지가 안 오르는데 왜 엄마랑 뽀뽀하면 건전지가 올라요? 아빠도 저하고 뽀뽀해 보세요. 그때 건전지가 안 오르면 엄마가 이상한 거예요." 무슨 말인지 해석하는 데 한참 걸렸다. 간단히 말하면 하루 종일 엄마와 떨어져 있다가 만나 너무 반가워서 뽀뽀하니까 찌릿찌릿한 느낌이 들어서 엄마가 건전지처럼 느껴졌다는 뜻이다.

사랑하는 사람을 만나면 찌릿찌릿한 감정이 생긴다. 말씀을 들을 때 그런 영적 감응이 있기를 구하라. 요새 성도들의 마음이 많이 닫히고 귀가 많이 무뎌져서 말씀을 들어도 반응이 없다. 한국 교회가 다시 사는 길은 한 가지밖에 없다. 루터가 종교 개혁을 일으키면서 "말씀으로 돌아가자! 오직 성경!"이라고 했던 것처럼 말씀으로 돌아가는 것이다. 가끔 초대 교회로 돌아가자는 얘기를 듣지만 초대 교회에도 갈등이 있었다. 초대 교회로 돌아가도 사실상 별 수 없다.

완벽한 교회와 완벽한 성도는 없다. 사람을 너무 믿지 말라. 정직한 사람이 가끔 실수하는 것은 사람을 너무 믿는 것이다. 사람이 뒤에서 딴소리하는 것을 모른다. 사람은 믿을 대상이 아니다. 사람을 믿어주되 의존하는 믿음은 갖지 말라. 사람은 사랑의 대상은 될지언정 믿음의 대상은 아니다. 믿을 것은 말씀밖에 없다. 말씀으로 돌아가라.

하나님! 하나님을 향한 첫사랑이 시들지 않도록
하나님의 말씀에 뜨겁게 반응하며 살게 하소서.

복된 공동체의 키워드

그리스도를 경외함으로 피차 복종하라
(에베소서 5:21)

부부가 피차 복종하며 살려면 배우자를 예수님처럼 생각하라. 그렇게 생각하며 살면 정신적인 풍요가 깃든다. "피차 복종하라."라는 메시지에는 "겸손히 행하라."라는 메시지도 있다. 사람이 망하는 지름길은 교만하게 행하는 길이다. 교만은 패망의 선봉이고 거만한 마음은 넘어짐의 앞잡이다. 반대로 겸손은 성공의 선봉이고 섬기는 마음은 세워짐의 길잡이다. 사람이 성공하는 지름길은 겸손하게 행하는 길이다.

어떤 사람이 장수촌에 가서 장수의 비결을 연구했는데 그곳 사람들은 하나같이 겸손하고 예의 바른 사람들이었다. 그들은 늘 허리를 굽히고 인사를 잘해서 단전에 힘이 모임으로 나이가 들어도 기력이 넘쳤다. 또한 물건을 줄 때 두 손으로 주어서 몸의 균형이 유지되고 친구 사이에도 서로 존댓말을 함으로 평안이 넘쳤다. 겸손하면 내적인 평안의 축복도 받고 외적인 건강을 통한 장수의 축복도 받는다.

가정과 교회 내의 복종은 세상 조직상의 상명하복이 아니라 하나님의 질서를 따르는 자기 통제의 산물이다. 즉 '남을 위한 순종'이 아닌 '나를 위한 순종'이다. 그래서 그리스도를 경외함으로 피차 복종하라고 했다. 서로 복종해야 그 관계를 통해 천국이 펼쳐진다. 복종은 최상의 인간관계를 만드는 자기 통제의 비법이다. 복종을 통해 가정 천국과 교회 천국을 경험한 사람이 대인관계에도 성공하고 최고로 인정받는 인물 성도가 된다. 복종은 복된 공동체를 만드는 키워드이다.

하나님! 겸손한 마음으로 피차 복종하기에 힘써서
어디서든지 복된 공동체를 만드는 초석이 되게 하소서.

창조적인 소수가 되라

너희 중 한 사람이 천 명을 쫓으리니
이는 너희의 하나님 여호와 그가 너희에게 말씀하신 것 같이
너희를 위하여 싸우심이라 (여호수아 23:10)

이스라엘의 사사 시대를 보면 사사가 다스리는 동안에는 평화가 있다가 그가 죽고 나면 백성들이 또 죄악에 빠지고 그로 인해 주변 이방 민족들의 지배를 받는 일이 반복해서 생겼다. 그런 역사적인 사실은 믿음을 가진 한 명의 인물이 얼마나 중요한지를 잘 보여 준다. 성도는 특별히 3가지를 힘써야 한다. 첫째, 인물을 달라고 기도하는 것, 둘째, 인물이 되는 것, 셋째, 인물을 길러 내는 것이다.

인물이 되고 인물을 길러 내기를 힘쓰라는 말은 창조적인 소수가 되라는 말이다. '인물이 되는 삶'의 반대 개념은 '유행을 좇는 삶'이다. 다수가 가는 길로 생각 없이 따라가면 인물이 되기 힘들다. 소수의 길이라도 자기만이 갈 수 있는 길을 갈 때 결국 인물이 된다. 믿음을 가지고 열심히 살고 있다면 소수의 길로 가는 것을 두려워하지 말라. 다수가 소수처럼 되고 소수가 다수처럼 되는 일은 비일비재하다.

소수가 다 좋은 것은 아니다. '진실해서 소수가 되는 것'과 '나태해서 소수가 되는 것'은 다르다. 나태하게 살면서 소수가 된 것은 희망이 없지만 진실해서 소수가 된 것은 희망이 많다. 소수라도 그 소수가 예수 믿고 인물이 되면 된다. 때로는 한 명의 인물이 수천 명의 사람보다 더 큰 영향력을 발휘한다. 하나님이 주신 사명을 따라 소수의 길로 간다면 하나님은 그 소수에서 인물이 나오게 하실 것이다. '재미를 찾는 다수'보다 '의미를 찾는 소수'가 역사를 선도하는 메이저 그룹이 된다.

하나님! 창조적인 소수의 삶을 두려워하지 말게 하시고
하나님의 뜻을 따라 의미 있는 삶을 살게 하소서.

말씀 안에서 기도하라

너희가 내 안에 거하고 내 말이 너희 안에 거하면
무엇이든지 원하는 대로 구하라 그리하면 이루리라 (요한복음 15:7)

한 세일즈 왕은 판매 제안이 거절될 때마다 오히려 웃었다. 누군가가 "그렇게 거절당해도 웃음이 나와요?"라고 묻자 그가 대답했다. "제 경험에 의하면 평균 11번 거절당해야 물건이 팔려요. 한 번 거절당하면 물건 팔 때가 가까워지니 기분 좋아서 그래요." 인생의 시련과 상처를 통해 하나님과도 더 가까워지고 축복도 더 가까워짐을 믿고 기뻐하라.

기도 응답의 조건은 '예수님 안에 거하는 것'과 '말씀 안에 거하는 것'이다. 그 조건이 있으면 "로또 맞게 해 달라."라고 기도해도 응답되지만 예수님을 사랑하고 말씀 안에 있다면 그런 기도 자체를 하지 않는다. 기도대로 되지 않으면 기복주의자는 "기도해도 소용없네."라고 하며 믿음을 포기하지만 참된 성도는 "바르게 기도해야지."라고 하며 회개거리를 찾는다.

어떤 불신자는 큰소리친다. "믿는 사람들! 나처럼 살아 봐. 내가 너희보다 낫다." 그 큰소리는 자녀가 고열로 며칠만 신음해도 곧 사라진다. 사람은 고통을 겪는 만큼 참된 믿음을 얻는다. 믿음 유무가 큰 차이를 낳는다. 믿음이 없으면 가능성이 많아도 작은 일로 좌절해서 실패하지만 믿음이 있으면 가능성이 적어도 시련을 딛고 일어나서 결국 성공한다.

말씀 안에서 기도하라. 그냥 부자 되게 해 달라고만 기도하지 말고 땀을 흘린 삶을 기억해 달라고 기도하라. 기도는 공짜 심리를 유발하기보다 땀을 유발하는 것이어야 한다. 하나님은 땀을 흘리고 대가를 치르려는 마음을 가진 성도의 기도에 기쁘게 응답하신다.

하나님! 힘든 상황에서도 기도를 포기하지 않게 하시고
땀이 뒷받침된 기도를 통해 응답의 주체가 되게 하소서.

사람들을 행복하게 만들라

의의 제사를 드리고 여호와를 의지할지어다
(시편 4:5)

예전에 한 사람이 이사 가면서 살던 집의 방마다 창호지를 북북 찢어 놓고 청소도 대충 했다. 복이 옛날 집이 싫어 자기를 쫓아오게 하려면 그렇게 해야 한다는 미신 때문이었다. 드디어 새집에 도착했다. 집이 깨끗이 청소되어 있었고 눈에 잘 띄는 곳에 이런 메모지가 있었다. "이사하시느라 수고했어요. 여기서 행복하게 사세요. 저는 아래 주소로 이사 가요. 혹시 필요한 것이나 묻고 싶으신 것이 있으면 연락 주세요."

미신은 까닭 없이 두려움을 조장하고 기복주의를 통해 인성을 망치지만 참된 믿음은 많은 사람들을 행복하게 만든다. 신앙생활의 목적을 하나님을 기쁘시게 하고 누군가를 행복하게 하는 데 두라.

2차 세계 대전 때 일본군에게 잡힌 연합군 포로들이 노역을 끝내고 장비를 점검해 보자 장비 하나가 없었다. 일본군 지휘관이 빨리 자수하지 않으면 한 명씩 차례로 총살하겠다고 했다. 곧 침묵을 깨고 포로 한 명이 나왔고 그는 즉시 총살당했다. 죽은 포로를 땅에 묻고 모두 식당에 갔는데 거기서 다시 장비를 세어 보자 모두 있었다.

죽은 포로는 스스로 희생양이 된 것이다. 그의 희생으로 남은 포로들은 살게 되었고 수용소에는 평화가 깃들었다. 평화는 누군가의 희생으로 만들어지는 것이지 그저 바람처럼 다가오는 것이 아니다. 한 사람이 희생하면 불화는 끝나고 평화가 생긴다. 져 주는 한 사람이 공동체 전체를 이기게 하고 신실한 성도 한 사람이 주변 세상을 밝힌다.

하나님! 참된 믿음을 통해 하나님을 기쁘시게 하고
공동체를 승리와 평화로 이끄는 초석이 되게 하소서.

하나님의 부르심대로 살라

또 미리 정하신 그들을 또한 부르시고 부르신 그들을
또한 의롭다 하시고 의롭다 하신 그들을 또한 영화롭게 하셨느니라 (로마서 8:30)

사도 바울은 다메섹 도상에서 예수님을 만났지만 그가 택함 받은 것은 그보다 훨씬 전이었다. 그는 길리기아 다소에서 태어나 헬라 문화권에서 히브리인 자녀로 자랐기에 히브리어와 헬라어에 능통했다. 이미 이방인을 위한 선교사로서 오래전부터 준비된 것이다. 게다가 가말리엘 문하에서 철학 공부를 하면서 기독교 신학의 뼈대를 세우는 데 탁월한 준비를 했다. 그 모든 삶의 과정이 하나님의 부르심의 일부였다.

하나님이 부르실 때 꿈속에 나타나 "아무개야!" 하고 신기하게만 부르시는 것이 아니다. 고난을 통해 주어진 환경적인 메시지가 하나님이 부르시는 음성일 때도 많다. 꿈속에서 어떤 음성이 들리면 그저 참고만 하고 사람의 말도 그저 참고만 하라. 가끔 누가 묻는다. "그 사람과 결혼하려는데 그것이 하나님의 뜻일까요?" 그런 종류의 질문은 자제하라. 나의 삶을 책임질 타인은 없다. 최종 결정은 말씀 안에 젖고 은혜를 구하는 기도를 한 후 스스로 내리라.

순교자는 가족에게 묻고 순교하지 않는다. 기도한 후 어떤 선택을 하고 "아멘!" 하고 끝냈으면 뒤돌아보지 말라. 매번 이렇게 할까 저렇게 할까 하고 선택 문제로 고민하면 세월만 낭비한다. 하나님의 부르심을 따라 살겠다는 마음을 예비하고 기도 중에 하나님이 주신 감동과 그때까지의 삶의 경험과 지식을 참고해서 평안 중에 어떤 길을 선택했으면 그냥 밀고 나아가라. 그 길로 가다가 어려움이 있어도 그것도 필요하기에 주어진 것으로 알고 나아가면 하나님이 멋지게 쓰실 날이 반드시 온다.

──∞ 하나님! 하나님의 뜻대로 선택한 길을 온전히 따르게 하소서. ∞──

바로 하면 된다

여호와께서 우리 공의를 드러내셨으니 오라 시온에서
우리 하나님 여호와의 일을 선포하자 (예레미야 51:10)

예레미야 당시 많은 거짓 선지자들은 "우리는 바벨론을 이길 수 있다. 국
제정세를 잘 이용하면 된다."라고 수많은 희망적인 말들을 만들어 냈다. 당
시 대부분의 백성들은 그런 거짓 선지자들에게 몰려갔다. 멋지고 화려한 말
은 사람들을 잘못된 길로 이끌 때가 많다. 반면에 예레미야는 "회개하지 않
으면 망한다."라고 했다. 그런 인기 없는 말만 하니까 당시 예레미야의 편에
선 사람은 거의 없었다. 그는 오늘날로 말하면 교인도 거의 없는 왕따 목사
였지만 하나님은 그의 편이 되어 주시겠다고 했다.

불의한 긍정주의자는 "모로 가도 서울만 가면 된다."라고 하겠지만 예레
미야의 영성을 가진 사람은 이렇게 말할 것이다. "서울을 못 가는 한이 있어
도 모로(aside) 가면 안 되고 바로(right) 가야 합니다. 바른길로 가려고 하
다가 당신이 원하는 좋은 곳으로 못 가게 되면 하나님이 더 좋은 곳으로 반
드시 이끌어 주실 것입니다."

단순히 "하면 된다. 할 수 있다. 해 보자."라고 하기보다 "바로 하면 된다.
바로 할 수 있다. 바로 해 보자."라고 하라. 축복받고 욕먹는 사람이 아닌 축
복받고 존경받는 사람이 되라. 단순히 '성공한 사업가'에 머물지 말고 '성공
해서 존경받는 사업가'의 꿈을 가지라. 창조적인 아이디어와 온유한 성품으
로 얻은 인맥을 앞세워 생산적인 가치와 재화를 창출하면서 성공하는 길을
찾으라. 그러면 하나님이 바로 하면서도 성공할 수 있는 길을 신비하게 열어
주실 것이다.

하나님! 단순히 성공한 사람이 되는 비전에 머물지 말고
성공하고 많이 나눠서 존경받는 인물 성도가 되게 하소서.

최고 복덩어리 배우자

모든 겸손과 온유로 하고 오래 참음으로
사랑 가운데서 서로 용납하고 (에베소서 4:2)

한 집사의 간증이다. 그의 아내는 샘이 많고 욕심도 많아 자신의 적은 월급으로는 그녀를 만족시킬 수 없었다. 가끔 아내가 친구 집에 갔다가 좋은 것을 보고 오면 그날은 짜증과 바가지가 넘쳤고 자존심 상하는 심한 말도 했다. 한편으로는 잘해 주지 못해 미안한 생각도 들었지만 평생 불평하는 아내와 살아야 한다는 생각을 하면 자기 처지가 비참했다.

어느 날 아내가 이웃의 인도로 교회에 나가기 시작했다. 그때부터 친구를 만나는 횟수가 크게 줄고 집안을 돌보는 시간이 많아졌다. 더 나아가 가정을 소중히 여기고 가정에 더 관심을 가졌다. 남편들은 아내가 교회에 나가면 가정을 소홀히 할 것이라고 생각하지만 바른 교회에서 바르게 신앙생활을 하면 그런 일은 없다.

교회를 다니면 좋은 점이 많다. 바른 교회는 서로 위로하고 이해하는 법을 가르치며 배우자를 용서하고 존중하라고 권한다. 교회의 거룩한 바람이 유혹의 바람을 잠재우고 교회로의 거룩한 외출이 잘못된 외출을 방지한다. 그래서 아내가 바른 교회에 다니는 것은 남편에게 고맙고 안심이 되는 일이며 가장 큰 축복 요소 중 하나다.

반대 경우도 마찬가지다. 바른 교회에 다니는 남편은 세상 유혹에 넘어갈 확률이 크게 낮아진다. 특히 책을 잘 읽지 않는 남자에게 좋은 설교 한 편은 좋은 책 한 권보다 더 마음의 양식이 되면서 시야를 넓혀 주고 이해심을 깊게 해 준다. 바른 교회를 다니는 배우자는 최고 복덩어리다.

하나님! 교회와 가정을 사랑하고 말씀 안에 있으면서
서로를 사랑함으로 행복의 든든한 기초를 닦게 하소서.

중요한 일에 집중하라

그런즉 너희는 먼저 그의 나라와 그의 의를 구하라
그리하면 이 모든 것을 너희에게 더하시리라 (마태복음 6:33)

현대인에게 쓰는 마귀의 핵심 전략은 성도를 아주 바쁘게 하는 것이다. 바쁘게 사는 것이 꼭 잘사는 것은 아니다. 세상일에 너무 바빠서 하나님의 일을 놓치지 말라. 하나님은 하나님의 일을 본업처럼 여기는 사람의 일을 책임져 주시고 그를 주류 인생으로 올려 주신다.

나를 향한 하나님의 특별하신 뜻을 이해하고 내가 가장 잘할 수 있는 일에 집중하라. 우선순위의 문제는 좋은 일과 나쁜 일 중 어떤 선택을 하느냐의 문제가 아니라 좋은 일과 더 좋은 일 중 어떤 선택을 하느냐의 문제다. 최상의 일을 선택해서 집중하는 삶이 우선순위의 삶이다.

'많은 일'을 하기보다 '바른 일'을 하려고 하라. 많은 일을 성급하게 하지 말고 중요한 일을 시급하게 하라. 중요한 일에 집중하며 단순하게 살라. 신앙생활도 중요한 포인트를 놓치면 허무한 결과를 낳는다. 욕심을 따라 여기저기 집회를 찾아다니고 이 일 저 일 손대면 점차 영혼이 약해지다가 사탄이 파놓은 함정에 빠진다.

왜 주일을 꾸준히 지키는 삶이 중요한가? 주일은 산만한 마음을 가라앉히고 중요한 것에 집중하는 삶을 훈련하는 날이기 때문이다. 요새 중요한 것이 빠진 교회 생활이 많다. 즉 유명한 찬양 집회에 가서 손들고 찬양하는 것보다 교회에서 은밀하게 청소하는 것이 더 큰 찬양이 됨을 모르는 경우가 많다. 안타까운 일이다. 영적인 힘은 벌려 놓은 일을 정리하고 중요한 일에 집중할 때 주어진다.

하나님! 산만한 마음을 가라앉히고 중요한 일에 집중해서
하나님의 뜻을 이루어 주류 인생으로 살아가게 하소서.

나를 가치 있게 보라

그러나 너희는 택하신 족속이요 왕 같은 제사장들이요
거룩한 나라요 그의 소유가 된 백성이니 (베드로전서 2:9)

행복을 원하면 남이 나의 가치를 인정해 주기 전에 내가 나의 가치를 인정하라. 그때 인간적인 매력도 발산되고 리더십도 발휘된다. 루스벨트 대통령의 아내 엘리너가 말했다. "누구도 당신의 동의 없이 당신에게 열등감을 가지게 할 수 없습니다." 어떤 상황에서도 나를 비하시키지 말라. 남이 어떻게 평가하든 나만 나를 비하시키지 않으면 된다.

어느 날 한 세미나 강사가 빳빳하고 깨끗한 100달러 지폐를 들고 물었다. "이 100달러 지폐를 가지고 싶으면 손을 드십시오." 많은 학생들이 손을 들었다. 그때 강사가 지폐를 심하게 구긴 후 "이래도 가지고 싶습니까?"라고 말했다. 여전히 학생들이 손을 들고 있었다.

다시 강사가 마룻바닥에 지폐를 떨어뜨리고 신발로 마구 짓이겼다. 그래도 여전히 학생들이 가지고 싶다고 손을 들고 있었다. 그때 그가 말했다. "제가 100달러짜리 지폐를 구기고 짓밟아도 여러분들이 여전히 이것을 원하는 이유는 그 가치가 그대로 있기 때문입니다."

수많은 실패와 상처로 짓이겨지고 더럽혀져도 성도의 내적 가치는 그대로 존재한다. 나를 가치 없게 생각하지 말고 나를 가치 있게 보시는 하나님의 시각으로 나를 보라. 특히 예수님을 믿고 구원받은 성도는 천국 백성이고 하나님의 자녀로서 누구보다 가치 있는 존재다. 나를 폄하하지 말라. 어떤 상황에서도 하나님의 자녀로서 나의 가치는 변함없다.

하나님! 수많은 실패와 상처로 짓이겨지고 더럽혀져도
나의 가치에 대한 절대 확신만은 잃지 않게 하소서.

과학을 부정하지 말라

지혜로운 자는 지식을 간직하거니와
미련한 자의 입은 멸망에 가까우니라 (잠언 10:14)

기독교는 지식이나 이성보다 믿음을 중시한다. 그래도 믿음과 은혜의 바탕 위에서 이성으로 추구할 것은 추구하라. 신앙과 과학은 반목 관계가 아니다. 과학은 사실의 설명에서 믿음보다 낫고 믿음은 사실의 수용에서 과학보다 낫다.

성경적인 지혜는 과학적인 한계를 넘어서지만 과학을 무시하지는 않는다. 과학의 문턱에 들어가면 과학 때문에 신앙을 버리고 과학에 깊이 들어가면 과학 때문에 신앙을 찾는다. 현대 과학이 풀 수 없는 수많은 신비를 보면서 과학의 한계를 깨닫고 믿음이 생기는 것이다.

천문학자치고 무신론자는 없다고 한다. 우주의 놀랍고 오묘하고 완전한 질서를 보면서 신의 존재를 인정하지 않을 수 없게 된 것이다. 과학과 신앙은 서로 존중해야 한다. 사람이 과학 발전을 통해 신비한 현상을 하나씩 밝혀내는 것은 하나님께 도전하는 교만한 태도가 아니다. 하나님이 치유의 은혜를 주신다고 해도 과학을 계속 발전시켜서 병을 하나씩 정복하는 것이 결코 교만한 태도가 아닌 것과 마찬가지다.

간혹 영계의 비밀에 정통했다는 이단 교주는 자기가 안수하면 성령의 불이 나가는데 왜 병원에 가느냐고 하며 과학적인 의료 행위를 멸시한다. 그런 거짓된 허풍쟁이로부터는 성령의 불이 더 안 나간다. 성경적인 치유는 과학을 부정하지 않는다. 성도에게는 '기도의 골방'과 '나눔의 사랑방'도 필요하지만 동시에 '지성과 과학을 개발시키는 글방과 연구방'도 필요하다.

하나님! 믿음을 가졌다고 해서 과학을 부정하지 않게 하시고
지혜롭고 은혜롭게 하나님이 주신 이성을 사용하게 하소서.

자기를 잘 내어 드리라

그러므로 너희가 이것을 알고 이미 있는 진리에 서 있으나
내가 항상 너희에게 생각나게 하려 하노라 (베드로후서 1:12)

베드로가 베드로후서를 쓸 당시에 거짓 선생들은 기복주의와 신비주의로 영혼들을 복음의 진리에서 이탈시켰다. 그래서 베드로는 자신의 순교가 임박한 줄 알고 죽기 전에 복음의 진리 안에 굳게 선 성도들에게 한 번 더 복음의 진리를 생각나게 하길 원했다. 진리 안에 선 삶이란 간단히 말하면 하나님 안에 있는 삶을 뜻한다. 즉 하나님의 눈과 마음으로 세상을 보고 사랑과 자비를 품은 삶이 진리 안에 있는 삶이다.

거짓에 미혹되지 않고 진리 안에 굳게 서려면 말씀을 붙잡고 하나님의 뜻 안에 있으면서 끝없이 자기를 비워 내라. 하나님 안에서 자기를 비워 내는 삶은 자기 상실이 아니라 자기 초월이다. 시냇물은 강으로 흘러들면서 더 커지고 강물은 바다로 흘러들면서 더 커지듯이 자기를 비워 내고 하나님 안으로 들어가면 초월적인 위대한 역사가 나타난다. 매일 주님의 재림이 가까워졌다는 자세를 가지고 자기를 비워 내는 삶을 통해 하나님의 뜻을 이루려고 하라.

왜 세상이 점차 혼란해지는가? 거룩한 자기 포기가 없기 때문이다. 자기가 커지고 자의식이 강해지면 세상의 혼란도 커지고 자기 고민도 가중된다. 자기를 잘 비워 내고 덜어 낼 줄 알라. 기독교의 '자기 포기'는 명상에서의 '자기 비우기'와 다르다. 기독교의 자기 포기는 '하나님과 하나님의 뜻에 자기를 드리는 것'을 포함한 개념이다. '내려 놓음'을 넘어 '내어 드림'까지 가라. 자기를 잘 내어 드리면서 하나님을 겸손히 붙잡고 남의 뜻을 힘써 존중할 때 진리 안에서 평화와 평안을 맛보게 된다.

하나님! 하나님의 뜻을 위해 나를 잘 비워 내고 내어 드림으로
진리 안에서 위대한 평화와 평안의 역사를 맛보게 하소서.

문이 없는 벽은 없다

네 손을 내밀어 그 꼬리를 잡으라 그가 손을 내밀어
그것을 잡으니 그의 손에서 지팡이가 된지라 (출애굽기 4:4)

모세가 지팡이를 던졌을 때 지팡이가 뱀으로 변했다. 그 뱀을 보고 모세가 이리저리 피하다가 하나님의 명령을 따라 뱀 꼬리를 잡자 다시 지팡이가 되었다. 문제를 피하지 말고 문제를 붙잡고 씨름하는 것이 하나님의 뜻이다. 문제를 붙잡고 담대히 나아가면 그 문제가 결국 나를 돕는 지팡이로 변한다. 담대한 믿음 안에서 역경은 축복의 계기가 되고 실패와 절망은 성공과 희망의 디딤돌이 된다.

성도의 희망의 뿌리는 자비하신 하나님이 여전히 살아 계신다는 사실이다. 식물은 겨울이 아무리 추워도 뿌리만 살아 있으면 봄에 어김없이 싹을 내듯이 살아 계신 하나님을 희망의 뿌리로 삼고 가정 회복, 사업 회복, 자녀 회복, 그리고 인간관계 회복을 기대하고 무너진 지점에서 다시 일어서라. 문이 없는 벽은 없다. 아직 문을 찾지 못했을 뿐이다. 하나님은 광야에 길을 내고 사막에 강을 내시는 좋으신 하나님이다.

인생의 장벽 앞에서 너무 당황하지 말고 해야 할 일을 계속하라. 그때 신비하게 하나님이 길을 열어 주시고 생각지 않은 사람이 슬쩍 나타나서 나의 꿈을 후원해 준다. 나중에 보면 그 길이 더 복된 길이었음을 깨닫는다. 하나님은 그분의 일을 가장 선하게 이루시려고 사람의 길을 막고 새로운 하나님의 길을 예비해 놓고 계신다. 문제가 생겼을 때 "큰일 났다."라고 하기보다 "별일 아냐."라고 하면서 초동 대응을 잘한 후 담대한 믿음으로 맞서면 문제는 많은 유익을 남긴 후 사라질 것이다.

하나님! 문제 앞에서 도망치지 않고 초동 대응을 잘한 후
하나님을 꼭 붙잡고 인내해서 마침내 승리하게 하소서.

마음을 잘 관리하라

사람이 마음으로 자기의 길을 계획할지라도
그의 걸음을 인도하시는 이는 여호와시니라 (잠언 16:9)

행복은 마음이 청결한 만큼 주어진다. 예수님의 마음을 품고 사랑과 용서로 끝까지 마음을 잘 관리하는 자가 참된 승리자다. 마음이 좋으면 발걸음도 가벼워지지만 마음이 나쁘면 발걸음도 무거워진다. 마음이 삶을 결정한다. 마음 관리를 잘하면서 내면의 가치를 볼 수 있는 영적인 시각을 기르라. 여호와께서는 사람의 걸음을 정하시고 그의 길을 기뻐하신다고 했다.

걸음마를 배우는 아기들은 수십 번 넘어지면서도 걸음마를 포기하지 않는다. 자기를 기다려 주는 엄마 아빠의 품이 있음을 알기 때문이다. 그처럼 하나님이 늘 자기 곁에 있다고 믿으면 인생의 겨울이 그다지 두렵지 않다. 믿음이란 하나님과 함께 모든 장소에서 모든 시간에 모든 일을 해 나가는 것이다. 세상적인 것들이 유혹해도 결코 하나님의 손을 놓지 말라. 세상 방법은 99% 될 것 같아도 결국 안 되지만 하나님의 인도를 따라 믿음으로 살면 99% 안 될 것 같아도 결국 된다.

인간적인 것이나 세상적인 것을 앞세우지 말라. 하나님이 눈길을 주시는 곳에 나의 눈길을 주고 하나님이 마음을 쏟으시는 곳에 나의 마음을 쏟고 하나님의 발걸음이 닿는 곳에 나의 발걸음도 닿게 하면서 하나님만 붙잡고 살라. 특별히 마음 관리를 잘해서 감사하는 마음, 정결한 마음, 기뻐하는 마음을 가지고 천국의 삶을 얻어 누리라. 찬란한 비전을 가지고 명예로운 일을 추구하면서도 좁은 문으로 들어가기를 힘쓰고 자기 팽창의 욕심을 버리면 멀지 않은 곳에서 머지않아 참된 행복을 찾을 수 있다.

하나님! 세상의 여러 유혹 속에서도 하나님을 꼭 붙잡고
자기 팽창의 욕심을 잘 버림으로 참된 행복을 얻게 하소서.

반전의 역사를 준비하라

엘리야가 아합에게 이르되 올라가서 먹고 마시소서
큰 비 소리가 있나이다 (열왕기상 18:41)

가끔 인생의 걸림돌을 만난다. 그 걸림돌이 하나님 안에서 축복의 디딤돌이 됨을 믿으라. 하나님은 돈과 인맥과 배경과 권력 등의 어떤 것에도 제한되시지 않는다. 다만 나의 작은 믿음과 약한 생각에는 제한되실 수 있다. 그러므로 "내게 축복의 때는 반드시 온다. 나도 인물이 될 수 있다."라는 크고 굳센 믿음을 가지고 범사에 감사하며 늘 긍정적인 믿음의 말을 하라.

현실은 어려워도 엘리야처럼 가뭄 중에도 큰 비의 소리를 듣는 믿음을 가지라. 이제까지 기도한 것이 이뤄질 낌새가 없어도 그 일이 가장 적절한 때에 가장 적절한 방식으로 이뤄질 것을 믿으라. 문제가 큰 것을 두려워하지 말고 믿음이 작은 것을 두려워하라. 진짜 문제는 축복을 바라면서도 축복받을 만한 존재가 되지 못한 것이다. 나의 잠재의식과 생각과 행동에 하나님이 기뻐하시지 않는 불신적인 부분이 있기에 축복이 늦어지는 것이다.

소유나 숫자가 적은 것은 진짜 문제가 아니다. 진짜 문제는 믿음이 작고 생각이 부정적인 것이다. 숫자보다 영향력이 중요하다. 한 명의 인물이 대형교회 하나가 하는 일 이상의 일도 할 수 있다. 요새는 신분 상승이 거의 불가능한 시대라는 절망적인 말로 위안을 삼는 다수가 되지 말고 절망을 희망으로 바꾸는 창조적인 소수가 되라. 지금은 인터넷 광속 시대이기에 꿈과 비전을 가지고 나아가면 신분 상승의 가능성은 옛날보다 더욱 크게 열려 있다. 그러므로 "축복의 때는 온다. 나도 인물이 될 수 있다."라는 믿음을 가지고 극적인 인생 반전의 역사를 준비하라.

하나님! 인생의 가뭄 중에도 큰 비의 소리를 듣게 하시고
절망에서 희망을 만드는 창조적인 소수가 되게 하소서.

최종 승리를 확신하라

우리가 사방으로 욱여쌈을 당하여도 싸이지 아니하며
답답한 일을 당하여도 낙심하지 아니하며 (고린도후서 4:8)

성도는 최종 승리가 약속된 존재다. 그 최종 승리로 가는 길에는 우회로도 있고 함정도 있다. 그때 낙심하지 말고 최종 승리를 향해 계속 전진하라. 함정에 빠진 것을 함정에 빠졌다고 여기지 말고 기초를 깊이 파고 있는 것이라고 여기라. 기초를 깊이 파면 건물을 높이 올릴 수 있다. 지하 5층을 파면 50층 건물을 세울 수 있고 지하 10층을 파면 100층 건물을 세울 수 있다. 고통의 함정이 깊으면 그와 반비례해서 축복의 탑은 10배로 높아질 수 있다.

누가 내 길을 막는다고 증오하지 말라. 어디든지 그런 사람은 있다. 그때 사람을 증오하고 사람에 대해 실망하는 나 자신이 오히려 인생의 걸림돌이 될 때가 많다. 즉 복된 삶을 가장 크게 막는 존재는 '남'보다 오히려 '나'다. 어떤 부모는 가끔 말한다. "자식이 원수야!" 그러나 '자식'보다 '자신'이 더 원수가 될 때가 많다. 낙심하고 포기하고 증오하고 한탄함으로 나의 길을 스스로 막지 말라.

끝 지점이 아닌 중간 지점에서 포기하지 말라. 지금 고통스런 상황이 계속되고 있다면 아직 끝이 되지 않았다는 뜻이다. 아직 드라마는 끝나지 않았다. 다만 끝을 향해 달려갈 뿐이다. 성도의 결말은 비참하고 절망적인 결말이 아닌 행복한 결말이다. 현재의 부족한 모습을 최종적인 모습으로 결론 내지 말라. 어떤 시련도 하나님의 최종 승리의 계획을 업셋(upset)시켜 뒤집어엎을 수 없다. 최종 승리에 대한 확신을 가지고 셋백(setback)의 후퇴 상황에서 다시 자신을 셋업(setup)시키고 새롭게 출발하라.

하나님! 꿈을 향해 나아갈 때 도중에 포기하지 않게 하시고
최종 승리에 대한 확신을 가지고 믿음으로 전진하게 하소서.

전천후 감사 신앙을 가지라

예루살렘 성벽을 봉헌하게 되니 각처에서 레위 사람들을 찾아
예루살렘으로 데려다가 감사하며 노래하며 (느헤미야 12:27)

느헤미야의 주도로 예루살렘 성벽 수축을 마친 후 백성들은 성벽 봉헌식을 하려고 제사 인도 및 십일조 징수를 위해 각처로 흩어져 있던 레위 사람들을 모이게 해서 여러 악기를 동원해 찬양하며 즐겁게 봉헌식을 했다. 그 봉헌식의 대주제는 감사였다. 성도의 덕목에서 가장 중요한 것 중 하나가 감사다. 가장 훌륭한 성도는 감사가 넘치는 성도다. 가장 영성이 깊은 성도도 범사에 감사하는 성도다. 성경 지식이 조금 부족해도 감사가 많으면 누구보다 훌륭한 성도다.

가장 중요한 훈련 중 하나도 감사 훈련이다. 제자 훈련 프로그램은 초급반, 중급반, 고급반으로 올라가는 체제다. 그런 체제가 지닌 부작용 중 하나는 성경 지식으로 영성 수준을 판단하는 것이다. 성경 지식보다 중요한 것이 범사에 감사하는 삶이다. 특별한 일이 있어야 감사하는 삶보다 평범한 일에서 감사하는 삶이 영성이 깊은 삶이다. 기막힌 간증거리가 있는 삶보다 간증거리가 없어도 기막히게 감사를 잘하는 삶이 더 복된 삶이다.

어떤 사람은 암에 걸렸다가 기적적으로 나았다고 여기저기 간증하러 다닌다. 그러나 암에 걸리지 않고 건강하게 잘 사는 삶이 사실상 더욱 귀한 간증거리다. 힘든 상황을 극복하게 하신 하나님께 감사도 잘해야 하지만 힘든 상황을 미리 막아 주시고 지금까지 평탄하게 발걸음을 인도하신 하나님께 더욱 감사하라. 문제를 만나도 감사하고 문제가 없어도 감사하는 전천후 감사 신앙을 가지라. 나의 부족함을 생각할 때 어떤 고난을 당해도 나의 죄에 비해 훨씬 작은 고난이라 여기며 범사에 감사하라.

하나님! 평범한 일상에서 감사거리를 찾아 감사하고
고난 중에도 감사하는 전천후 감사 신앙을 갖게 하소서.

하나님의 뜻에 충실하라

나는 네가 순종할 것을 확신하므로 네게 썼노니
네가 내가 말한 것보다 더 행할 줄을 아노라 (빌레몬서 1:21)

옛날에 아랍의 한 부자가 최고의 종마를 얻으려고 사방을 다니며 100마리의 암말을 찾아 우리에 가두었다. 그는 말들에게 먹을 음식은 충분히 주었지만 마실 물은 주지 않았다. 말들이 목말라 미칠 때쯤 갑자기 우리를 활짝 열자 모든 말들이 거친 숨을 몰아쉬며 몇백 미터 아래쪽의 시내로 내달렸다. 말들이 거의 시냇가에 도착했을 때 주인이 뿔피리를 힘차게 불었다. 그때 100마리 말 중 4마리가 뿔피리 신호를 듣고 즉시 멈춰 서서 다음 명령을 기다렸다. 주인은 목마름을 참고 죽도록 순종한 4마리의 말을 통해 세계에서 제일 좋은 아라비아 종마를 만들었다.

가장 복된 삶은 말씀대로 순종하는 삶이다. 큰 꿈과 비전을 가지고 나아갈 때 행운에 기대려는 모습이 없도록 작은 일에 순종하는 법부터 훈련하라. 내게 맡겨진 책임적인 자리를 소홀히 하고 "세계를 움직이는 거룩한 큰손이 되게 하소서."라고 기도하는 것은 앞뒤가 맞지 않는 모습이다. 작은 일에서도 힘써 순종하고 자기 자리를 힘써 지킬 때 조만간 하나님의 놀라운 역사가 뒤따른다.

믿음의 삶이란 하나님의 뜻을 이루는 삶이다. 하나님의 뜻에 충실하면 참된 만족을 얻고 지혜와 활력도 생긴다. 순종을 어렵게 생각하면 삶도 어려워지고 순종을 쉽게 생각하면 삶도 쉬워진다. 쉬운 곳에서도 어렵게 살 수 있고 어려운 곳에서도 쉽게 살 수 있다. 쉽게 '행운'을 추구하며 살면 삶이 복잡해지고 어려워지지만 어렵게 '행함'을 추구하며 살면 삶이 단순해지고 쉬워진다. 영성이란 어려울 때도 쉽게 사는 능력이다.

하나님! 작은 일에서도 하나님의 뜻대로 힘써 순종함으로
어려움 중에서도 쉽게 사는 능력 있는 존재가 되게 하소서.

신앙과 신학을 겸비하라

오직 우리 주 곧 구주 예수 그리스도의 은혜와
그를 아는 지식에서 자라 가라 (베드로후서 3:18)

신기한 체험은 신앙 입문 과정에서는 매우 유용하지만 신앙 성숙 과정에서는 저해 요소가 되기도 한다. 어떤 성도는 신기한 체험을 자꾸 과장하고 자랑한다. 자신이 깊은 영성을 가지고 있고 하나님의 특별한 사랑을 받는다는 것을 나타내려는 영적인 욕심 때문이다. 교회에서의 자기 본분과 책무를 망각하고 신비한 체험을 강조하는 외부 간증 집회에 수시로 찾아다니면 기복주의나 치우친 신앙에 사로잡히기 쉽다.

전문 간증 강사가 간증 집회를 자주 하면 점점 간증이 과장되는 경향이 있다. 나중에는 거의 거짓말 수준이 되기도 한다. 심지어 그렇게 간증하면서 양심을 잃고 과장을 진짜처럼 여기며 과장이 심해지다가 결국 자신을 메시야로 착각하고 정신이 병들기도 한다. 이단 추종자는 그런 과장된 체험 신앙에 잘 넘어간다. 이단 추종자의 제일 안타까운 모습은 정신이 멀쩡한 사람이 정신이 병든 교주에게 자기 영혼을 맡기는 모습이다. 거기에 체험주의 신앙의 치명성이 있다.

체험이 신앙에 도움을 줄지라도 모든 체험은 보편적인 신학의 통제를 받아야 한다. 이단 교주는 신학을 자신의 영혼 사냥 영업을 방해하는 제일 원흉으로 여겨서 나쁘게 매도하지만 그런 매도에 넘어가지 말고 '신앙'과 '신학'의 좌우 날개가 다 필요함을 인식하라. 뜨거운 신앙과 냉철한 신학을 겸비하라. '신앙이 있는 사람'이 아닌 '신학을 배운 사람'을 목사로 성별하는 것은 그만큼 신학이 중요하다는 암시다. 헛된 영성론자가 되지 말라. 신학이 잘 활용될 때 신앙이 잘 유지된다.

하나님! 체험주의 신앙에 지나치게 빠지지 말게 하시고
신앙과 신학을 겸비한 균형 잡힌 성도가 되게 하소서.

말씀을 절대 가치로 삼으라

복 있는 사람은... 오직 여호와의 율법을 즐거워하여
그의 율법을 주야로 묵상하는도다 (시편 1:1-2)

복 있는 사람은 나쁜 일을 하지 말아야 하지만 더 중요한 것은 좋은 일을 하는 것이다. 무엇을 제일 잘해야 하는가? 오직 여호와의 율법을 즐거워하여 그의 율법을 주야로 묵상하는 것이다. '오직'이란 말에 주목한다면 복 있는 사람이 되려면 말씀을 복 받기 위한 절대 가치로 삼고 말씀대로 사는 것을 복 받기 위한 절대 원리로 삼아야 한다는 암시다.

복 있는 사람이 되려면 월드(the world, 세상)보다 워드(the Word, 말씀)를 더 사랑하라. 어떤 사람은 말씀에서 '속박'을 느끼지만 어떤 사람은 말씀에서 '자유'를 느낀다. 기차는 철로 위에 있을 때 자유가 있고 비행기는 항로를 따를 때 안전하듯이 사람은 말씀대로 살 때 가장 안전해지고 더 나아가 행복해진다. 하나님은 사람의 행복을 위해 말씀을 주셨다. 말씀대로 살면 불편한 것 같아도 사실상 그것이 참된 자유와 행복의 길이다.

마태복음 7장에서는 말씀을 듣고 행하는 인생은 비바람에도 무너지지 않는다고 했다. 말씀대로 살면 가정과 교회도 무너지지 않는다. 누가복음 5장에는 베드로가 말씀에 순종해서 많은 고기를 잡는 장면이 나온다. 말씀 속에 사업 성공과 풍성한 삶을 누리는 길도 있다. 언뜻 보면 자본이 있는 사람이 승리할 것 같지만 최종 승리는 말씀이 있는 사람의 것이다. 말씀은 행복을 위해 하나님이 주신 가장 위대한 선물이다. 말씀을 대할 때마다 어떤 선물보다 소중한 선물을 얻은 것처럼 즐거워하면서 성경 보는 시간과 말씀 듣는 시간을 사모하면 진정 복된 길이 펼쳐진다.

하나님! 말씀 안에서 참된 영혼의 자유를 얻게 하시고
말씀대로 행함으로 최상의 행복도 얻어 누리게 하소서.

사람을 소중히 여기라

너는 이방 나그네를 압제하지 말며 그들을 학대하지 말라
너희도 애굽 땅에서 나그네였음이라 (출애굽기 22:21)

고대에 이방인은 사유 재산권이 없었고 법적인 도움도 제대로 받지 못해 경제적 착취나 물리적 폭력에 노출되기 쉬웠다. 왜 하나님은 히브리인들에게 이방 나그네를 압제하거나 학대하지 말라고 하셨는가? 그들도 애굽 땅에서 이방인으로서 설움 받았기 때문이다.

개구리가 되었다고 올챙이 시절을 외면하면 안 된다. '민족적인 자부심'은 가지되 '민족적인 교만'은 없어야 한다. 이방인을 멸시하는 교만한 태도는 하나님의 진노를 부른다. 하나님은 세상을 다채롭게 창조하셨고 다양성에 기초해 세워 가신다. 인종, 피부색, 출신지, 국적, 그리고 종교의 차이를 넘어서 기본적으로 사람을 소중히 여기는 것이 하나님의 뜻이다.

극단적인 민족주의가 기생하는 터전이 있다. 현실의 경쟁에서 뒤처졌다고 자신을 3등 시민으로 여기는 사람들의 좌절감이다. 그 좌절감은 편견의 희생양을 찾아 남을 멸시함으로 일시적인 정신적 환락 상태를 추구하게 한다. 결국 이방인에 대한 극단적인 편견과 배타와 독설은 자신이 못난 좌절감 속에서 허우적대는 인생임을 나타내는 표식이다.

사람은 누구나 위험한 존재가 될 수 있다. 이방인들이 위험한 존재만은 아니다. 그들이 때로는 위험을 초래하기보다 미지의 선물을 가져다주기도 한다. 낯선 경험이 영혼을 새롭게 하듯이 이방인은 하나님의 뜻을 새롭게 알려 주는 통로가 되기도 한다. 이방인을 잘 대접하면 나그네인 줄 알고 영접했다가 하나님의 사자를 영접한 아브라함의 축복이 내게도 주어질 수 있다.

하나님! 다양성을 존중하고 모든 사람을 소중히 여김으로
하나님의 사랑 안에서 아브라함의 축복을 공유하게 하소서.

기적보다 감사를 앞세우라

감사로 제사를 드리는 자가 나를 영화롭게 하나니
그의 행위를 옳게 하는 자에게 내가 하나님의 구원을 보이리라 (시 50:23)

기적은 사람의 눈길을 끄는 화려한 것이지만 진짜 기적적인 신앙은 평범한 삶에서 감사의 조건을 발견하는 신앙이다. 사람이 누리는 어떤 것도 당연하게 주어진 것은 없다. 다 하나님의 은총의 선물이다. 병들었다가 나으면 감사하지만 사실상 병들지 않는 것이 더 감사한 것이다. 기적의 주인공이 되기보다 평범한 삶에서 감사의 조건을 발견하고 평범한 삶이 기적임을 깨달을 때 하나님의 사랑도 더 받는다.

어느 날 한 아이가 친구의 생일 파티에 초대받았다. 바깥에 폭설이 내려 아빠가 가지 말라는데도 가겠다고 떼를 썼다. 아빠는 할 수 없이 허락했다. 결국 아이는 혼자 길을 나섰고 쌓인 눈을 헤치고 간신히 친구 집에 도착했다. 아이가 친구 집에 들어서자 멀리서 한 남자가 조용히 사라졌다. 아이의 안전을 위해 몰래 뒤따라오며 지켜봤던 아빠였다. 그 아빠의 모습이 바로 하나님 아버지의 모습이다.

하나님은 어떤 사건을 당하게 하실 때도 늘 뒤에서 지켜보신다. 그 사실을 생각하면서 특별히 감사할 일만 감사하지 말고 범사에 감사하라. 생각을 바꾸면 범사에 감사할 수 있고 범사에 감사하면 상황이 바뀐다. 감사는 불행을 행복으로 바꾸는 핵심 요소다. 사실 지금 살아 있는 것만 해도 범사에 감사해야 할 충분한 이유가 된다. 삶 자체에 감사하면 삶 자체가 소명이 된다. "이 일을 위해 내가 태어났다. 이 일을 위해서라면 내 일생을 기꺼이 바치리라."라는 소명 의식이 범사에 감사하는 삶을 가능하게 만들고 깊은 행복도 가져다 준다.

  하나님! 평범함 속에서도
감사의 조건을 발견하게 하소서.

드리고 나누고 베풀라

너그러운 사람에게는 은혜를 구하는 자가 많고 선물 주기를
좋아하는 자에게는 사람마다 친구가 되느니라 (잠언 19:6)

한 아이가 주일 학교 예배 때 〈그리 아니하실지라도 감사해요〉라는 제목
으로 감사하는 삶과 주는 삶에 대한 말씀을 듣고 큰 감동을 받았다. 그날
저녁 가정 예배 때 부모가 기도를 시키자 아이가 "하나님! 조개 펜던트 갖
게 해 주세요."라는 기도를 시작으로 여러 가지 것을 달라고 한 후 끝날 때
이렇게 마무리 기도를 했다. "그러나 하나님! 주시지 않아도 항상 감사할게
요. 저도 많이 주면서 살게 해 주세요."

하나님은 감사하면서 주는 삶을 다짐하는 기도를 어떤 기도보다 예쁘게
보실 것이다. 기도한 대로 하나님이 들어주시지 않아도 끝까지 감사하겠다
고 각오하라. 더 나아가 삶의 현장에서 드리고 나누고 베풀기를 힘쓰라. 삶
의 기본 철학을 '받으려는 삶'에 두지 말고 '주려는 삶'에 두라. 부모에게도
받을 생각만 하지 말고 "어떻게 하면 더 잘해 드릴까?" 하는 생각으로 머릿
속을 가득 채우라. 그러면 하나님이 더 주시고 혹시 주시지 않더라도 이미
영혼에는 기쁨과 보람과 평안과 행복이 넘치게 된다.

철든 인생이 되려면 범사에 감사하면서 언제 어디서나 받을 생각보다 줄
생각을 더 하라. 처음에는 받는 데 관심이 컸어도 점차 주는 데 관심이 커져
야 '나머지 인생'이 아닌 '남은 자 인생'이 된다. 인간적인 복은 많아지는 양
의 크기로 계산되지만 신적인 복은 드리고 나누고 베푸는 양의 크기로 계산
된다. 받을 생각이 크면 섭섭한 마음이 수시로 생기지만 줄 생각으로 섭섭
함을 풀어내면 다른 문제도 의외로 쉽게 풀린다.

하나님! 기도 응답이 없어도 감사를 잃지 않게 하시고
드리고 나누고 베푸는 삶을 통한 행복이 넘치게 하소서.

예수 장인이 되라

이를 위하여 나도 내 속에서 능력으로 역사하시는 이의
역사를 따라 힘을 다하여 수고하노라 (골로새서 1:29)

요즘 교회가 세상의 희망이 되지 못하고 있다. 불신자들은 '믿는 자'라고 하면 '이기주의자'를 연상하고 '잘 믿는 자'라고 하면 '잘난 척하는 자'를 연상한다. 누구 책임인가? 기독교 리더의 책임도 크지만 내 책임도 크다. 예전에 불신자들은 신자를 '예수쟁이'라고 했다. 그 멸시하는 말을 반면교사로 삼아 신실하게 예수님을 잘 믿는 '거룩한 쟁이'가 되라.

'쟁이'란 어떤 일에 전념해 그 일에 정통해진 장인을 뜻한다. 참된 '쟁이'가 되려면 장인 정신을 가지라. 분명한 소명 의식을 갖고 내가 하는 일에 마음과 정성과 뜻과 힘을 온전히 담아내려는 자세가 장인 정신이다. 기독교적인 개념에서 장인 정신을 가지라는 말은 자신의 일을 성직으로 여기고 최선을 다하라는 말이다. 거룩한 사람이 높은 자리에 있는 것은 사회의 큰 축복이다. 사회에 쓸모 있는 거룩한 나무가 되도록 삶의 모든 순간에서 예수 정신을 샘솟게 하는 예수 장인이 되라. 쉽지 않아도 그 길로 들어서야 영혼이 건강해지고 세상의 희망이 될 수 있다.

요새 교회에 부족하고 부끄러운 모습이 많지만 너무 실망하지 말라. 내 힘으로 공동체를 크게 변화시키기 힘들어도 내가 힘쓰면 하나님의 도우심이 따른다. 내실이 있는 성도, 나누고 섬길 줄 아는 성도, 그리고 예수 정신이 넘치는 성도가 되라. 교회의 미래는 남이 아닌 나 자신에게 달려 있다. 내가 신실한 믿음과 하나님이 주신 은사로 사람들을 겸손하게 섬기면 교회는 세상에 희망을 주는 원래의 위치를 회복할 수 있다. 그런 소망을 가지고 기쁘게 예수 정신으로 사는 예수 장인이 되라.

하나님! 소명 의식을 가지고 하나님의 일을 잘 감당함으로
하나님의 이름을 크게 높이는 거룩한 장인이 되게 하소서.

응답을 확신하며 기도하라

내가 내 음성으로 하나님께 부르짖으리니 내 음성으로
하나님께 부르짖으면 내게 귀를 기울이시리로다 (시편 77:1)

다윗 왕국의 성가대 3대 리더 중 한 명으로서 12개의 시편을 남긴 아삽은 질문도 많고 생각도 많았다. 그러나 기본적으로 하나님께 기도하면 그 기도가 응답될 것을 굳게 믿었다. 그처럼 기도 응답을 확신하며 고난 중에도 넉넉한 마음으로 하나님의 때를 기다리라. 기다림이 길어져도 입술에서 불평 대신 감사가 나오게 하라. 하나님은 하나님의 때까지 기다리게 하시지만 너무 늦게 역사하시는 법은 없다. 성급하게 판단하지 말라. 최종 승리는 성공한 악인보다 오히려 실패한 의인의 것이다.

우물가에서 쌀을 씻는데 숭늉을 달라는 식으로 너무 성급하게 기도 응답을 구하지 말라. 조급함과 스트레스를 버리고 믿음의 여유를 가져야 창조성도 생긴다. 너무 긴장되면 좋은 작품이 안 나온다. 바이올린 줄을 늘 조여 놓으면 좋은 바이올린도 망가진다. 긴장을 풀고 유쾌한 인간상을 만들려고 거울 앞에서 수시로 이렇게 고백하라. "실망하지 마라. 조만간 네 때가 온다." 믿음의 고백으로 조급함과 긴장을 풀어야 창조성도 촉진되고 축복도 다가온다.

'입으로 말하는 것'만이 기도가 아니라 '귀로 듣는 것'도 기도다. '행동하는 것'뿐만 아니라 '기다리는 것'도 기도의 열매다. 확신은 '거리낌이 없는 삶'도 낳지만 '기다림이 있는 삶'도 낳는다. 기도와 응답 사이에 있어야 하는 것은 '기다리는 믿음'이다. 입을 닫고 눈을 감으면 신기하게 귀가 열리면서 하늘의 음성이 들린다. 기다리는 믿음을 가지고 하늘의 음성을 들으려고 할 때 하나님도 사랑하는 마음을 가지고 사람의 음성을 들어주신다.

하나님! 기도한 후 성급하게 응답을 추구하지 않게 하시고
가장 적절한 응답의 때를 넉넉한 믿음으로 기다리게 하소서.

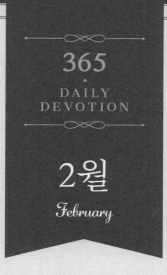

365
·
DAILY
DEVOTION

2월

February

사심 없이 기도하라

나를 구원하시는 하나님을 바라보나니
나의 하나님이 나에게 귀를 기울이시리로다 (미가 7:7)

불치병에 걸린 한 한의사가 치유를 위해 간절히 기도할 때 자기도 모르게 이런 기도가 나왔다. "하나님! 병을 낫게 해 주시면 교회를 지어 바치겠습니다." 그 서원 기도를 듣고 하나님이 불치병을 고쳐 주셨다. 게다가 한약을 잘 짓고 돈도 크게 벌어서 교회를 지어 바치겠다는 서원을 이행하게 하심으로 하나님이 고난 중에 드린 그의 사심 없는 기도에 응답하셨다.

그 한의사의 간증이 유명해졌다. 기도와 헌신을 도전하는 좋은 예화니까 서울의 한 부흥사가 그 간증을 인용해 성도들에게 교회 건축 서원 기도를 시켰다. 그러자 건축 헌금 목표가 초과 달성되었다. 그 후 그 부흥사의 비디오 테이프를 구해 보던 경기도의 한 교회 건축 전문 부흥사가 마치 자기가 겪은 얘기처럼 각색해서 설교했다. 그 설교를 듣고 문제 해결을 원하는 많은 사람들이 교회 건축 서원을 하며 기도했지만 앞선 한의사처럼 복된 체험을 하지 못했다.

왜 나중에 서원 기도를 한 사람들은 기도 응답이 없었는가? 물질적이고 가시적인 복을 목표로 모방해서 서원 기도를 했기 때문이다. 사심이 들어간 기도에는 하나님이 장단을 맞춰 주시지 않는다. 기도할 때 '하나님이 주시는 복'을 바라보기보다 '복 주시는 하나님'을 바라보며 사심 없이 기도해야 응답도 얻고 기도하는 삶에 회의도 생기지 않는다. 응답을 원하면 기도에 찬송과 감사가 넘치게 하라. 응답이 없어도 죽도록 감사하고 찬송하겠다는 마음으로 드리는 기도가 하나님의 마음을 격하게 움직인다.

하나님! 가시적인 복에 너무 집착하지 않게 하시고
사심 없는 진실한 기도로 응답받는 역사가 있게 하소서.

영혼의 강자가 되라

그의 혀로 남을 허물하지 아니하고 그의 이웃에게
악을 행하지 아니하며 (시편 15:3)

이웃에게 악을 행하지 말라는 말씀은 큰 의미로 이웃을 사랑하라는 말씀이다. 악하게 남을 괴롭히거나 남에게 상처를 입히지 말라. 특히 악을 행할 때는 혀가 선봉장이 되어 남의 허물을 얘기하고 비방할 때가 많기에 혀를 잘 절제하라. 칼로는 몸만 죽일 수 있지만 혀로는 영혼까지 죽일 수 있다. 칼에 의한 상처보다 혀에 의한 상처가 더 오래간다. 혀를 감사와 격려와 칭찬이 넘치는 혀로 잘 길들이라.

복은 남을 기쁘게 만들 때 주어진다. '혼자만의 복'보다 '함께 누리는 복'을 추구하라. 하나님이 내 곁에 둔 남을 행복하게 해야 비로소 내가 행복해지는 것이 성경적인 복이다. 복의 의미를 자기중심적인 복으로만 오해하지 말라. 참된 복을 원하면 초점을 나보다 남에게 맞추라. 남의 불행이 나의 행복이나 우리의 행복을 가져다주지 못한다. 남을 기쁘게 해야 나도 기뻐진다. 특히 약자에게 힘을 보태 주면 내면에 있으면서도 스스로 인식하지 못하던 상처가 신비하게 씻긴다.

2층 연립 주택에서 윗집은 늘 싸우고 아랫집은 늘 화목했다. 어느 날 윗집 남편이 아랫집 남편에게 물었다. "우리는 싸움이 많은데 당신들은 왜 늘 화목합니까?" 아랫집 남편이 말했다. "우리집에는 싸움이 생길 때마다 '내가 잘못해서'라고 하는 죄인들만 사는데 당신 집에는 싸움이 생길 때마다 '당신이 잘못해서'라고 하는 의인들만 살기 때문은 아닐까요?" 남 탓은 불행의 화살로 되돌아와 나를 맞춘다. 복은 관계적이다. 겸손하게 이웃을 사랑하고 섬기는 영혼의 강자가 되어야 참된 행복을 얻는다.

하나님! 하나님이 내 곁에 두신 사람을 늘 기쁘게 하고
많은 사람의 눈물을 닦아 주는 영혼의 강자가 되게 하소서.

아이젠 되시는 하나님

오직 그만이 나의 반석이시요 나의 구원이시요
나의 요새이시니 내가 크게 흔들리지 아니하리로다 (시편 62:2)

등산 애호가는 눈이 많이 와서 미끄러워도 산행을 포기하지 않는다. 믿는 것이 있기 때문이다. 그것은 신발에 끼는 강한 연철로 만들어진 쇠발톱 역할을 하는 아이젠이다. 아무리 미끄러운 곳도 신발에 아이젠을 끼고 가면 전혀 미끄럽지 않아서 든든하다. 아이젠을 끼면 눈이 없는 평지 길보다 오히려 눈으로 덮인 미끄러운 고난 길을 더 선호한다. 눈길에 아이젠을 끼고 있을 때마다 반석 위에 놓인 삶의 축복을 연상하게 된다. 하나님은 미끄러운 눈길 인생에서 아이젠 되시는 하나님이다.

어느 날, 한 농부가 농작물을 심었다. 빚 청산에 꼭 필요한 농작물이었는데 수확 며칠 전에 심한 폭풍이 불어 그 지역이 초토화되었다. 그때 어린 아들은 초토화된 들판을 바라보는 아빠가 절망 중에 하늘을 저주할 줄 알았다. 그런데 아빠가 오히려 찬송했다. "만세 반석 열리니 내가 들어갑니다." 나중에 그 아들이 훌륭한 인물이 된 후 말했다. "당시 아버님의 노래는 제가 들은 가장 위대한 설교였습니다."

부모가 해야 할 가장 위대한 일 중의 하나는 고난 중에 흔들리지 않는 믿음을 자녀에게 보여 주는 일이다. 믿음은 쉽게 변하지 않는 것이다. 믿음과 소망과 사랑의 뚜렷한 맥박이 천국에 갈 때까지 약화되지 않게 해서 가벼운 바람에도 흩날리는 깃털 인생으로 살지 말고 거센 바람에게 흔들리지 않는 뿌리 깊은 나무 인생으로 살라. 만세 반석과 아이젠 되시는 하나님을 꼭 붙들고 고난 중에 힘차게 부르는 믿음의 노래가 평범한 사람을 위대한 인물로 만든다.

하나님! 고난 중에도 믿음이 쉽게 흔들리지 않게 하시고
아이젠 되시는 하나님 안에서 늘 평안 가운데 살게 하소서.

불꽃처럼 아름답게 살라

예루살렘에 거주하기를 자원하는 모든 자를 위하여
백성들이 복을 빌었느니라 (느헤미야 11:2)

느헤미야 때 사람들이 폐허처럼 되어 살기가 불편한 예루살렘으로 가려고 하지 않았기에 제비까지 뽑아 강제로 이주를 시켜야 했다. 그런 상황에서 예루살렘에 살겠다고 자원하는 사람들이 있었다. 그들을 보면서 많은 백성들이 큰 힘을 얻고 복을 빌어 주었다.

복된 길을 알려고 "하나님! 길을 보여 주소서."라고 집착하듯이 기도할 필요가 없다. 복된 길을 아는 것은 그리 어렵지 않다. 복된 길은 대개 인기 없는 길이다. 좁은 길을 선택하고 좁은 문으로 들어가라. 하나님은 남이 가려고 하지 않는 길을 자원해서 가는 자를 결코 외면하시지 않는다. 시간은 자원해서 기쁘게 좁은 길로 가는 사람의 편이다.

어느 날 불꽃놀이를 구경하던 딸이 말했다. "엄마! 너무 아름다워요. 저 불꽃처럼 살고 싶어요." 엄마가 말했다. "화려한 불꽃을 너무 부러워하지 마. 자기 몸을 태워야 저런 빛이 나오는 거야. 네가 저렇게 멋지게 살려면 너를 희생할 줄 알아야 돼. 늘 남을 생각하고 어려운 사람을 살펴 주고 좋은 일을 많이 하면 저 불꽃처럼 아름답게 살 수 있어."

나를 태울 줄 알아야 남에게 빛이 되어 줄 수 있다. 개미집에 불이 나면 개미는 스스로 불 위로 몸을 던진다. 그 몸이 탈 때 나오는 진액이 불을 꺼지게 해서 결국 다른 개미들을 살리고 개미집을 보호한다. 그처럼 나를 희생하면서 남을 살려 주려고 해야 영광된 불꽃 인생이 펼쳐진다.

하나님! 하나님의 뜻이라면 어려운 일에 기꺼이 자원해서
남을 위한 불꽃 인생으로 살기를 두려워하지 않게 하소서.

지체는 진보의 기회다

너는 악을 갚겠다 말하지 말고 여호와를 기다리라
그가 너를 구원하시리라 (잠언 20:22)

신실한 성도도 가끔 고난을 당하지만 그 고난도 사실상 하나님이 있게 하신 것이다. 하나님은 여전히 모든 상황을 통제하고 계신다. 성도의 고난에는 반드시 선한 목적이 있다. 길이 막히는 것을 두려워하지 말고 누가 내 길을 막아도 너무 실망하지 말라. 길이 막히고 방해받고 간섭받는 것을 창조적인 축복 기회로 활용하라. 믿음 안에서 실망스러운 일은 창조의 기회가 되고 지체되는 일은 진보의 기회가 된다.

어느 날 한 처녀가 모는 차의 바퀴가 고속 도로에서 펑크 났다. 급할 때 그런 일을 당해서 지체하게 되자 너무 속상했다. 타이어를 교체할 줄 몰라 쩔쩔매고 있을 때 갑자기 자동차 한 대가 섰다. 한 청년이 차에서 내려 타이어를 교체해 주었다. 그 일을 계기로 둘은 사귀게 되었고 마침내 결혼했다. 그후 그녀는 사려 깊은 남편을 볼 때마다 자동차 펑크가 난 그때의 순간을 항상 감사했다.

'지체'는 더 좋은 일을 위한 '지원'이 될 때가 많다. 일이 지체될 때 하나님이 계획하신 새로운 멋진 일을 기대하고 감사하면서 마음과 생각에서도 승리하고 말에서도 승리하면 지체는 진보로 귀결된다. 왜 하나님이 내가 계획하고 추진했던 어떤 길을 막으시는가? 하나님이 정하신 축복 계획보다 너무나 작은 축복의 길이기 때문이다. 실수가 없으신 하나님이 신실한 성도의 어떤 길을 막으실 때는 반드시 다른 더 좋은 길을 열어 주실 계획이 있기 때문이다.

하나님! 길이 막히고 방해받고 간섭받는 어려운 상황에서도
실망을 희망으로 만들고 지체를 진보의 기회로 삼게 하소서.

기꺼이 책임지고 용서하라

누구든지 네 오른편 뺨을 치거든 왼편도 돌려 대며 또 너를 고발하여
속옷을 가지고자 하는 자에게 겉옷까지도 가지게 하며 (마태복음 5:39-40)

"눈은 눈으로 이는 이로"라는 출애굽기의 율법과 "네 오른편 뺨을 치거
든 왼편도 돌려 대며"라는 예수님의 교훈은 말씀을 받는 대상을 달리 적용
하는 것이 좋다. 출애굽기의 율법의 말씀은 가해자가 될 때 적용하고 예수
님의 사랑의 말씀은 피해자가 될 때 적용하라. 즉 남에게 해를 입힌 가해자
는 출애굽기의 말씀처럼 똑같은 보응을 받겠다는 '책임 의식'을 앞세우고 오
른편 뺨을 맞은 피해자는 예수님의 말씀처럼 왼편 뺨도 돌려 대겠다는 '용
서 의식'을 앞세우라.

사람들은 대개 피해를 입으면 출애굽기의 말씀을 내세워 상대의 책임을
요구하고 피해를 입히면 예수님의 말씀을 내세워 상대의 용서를 바란다. 그
처럼 책임을 추궁하는 자는 많고 책임지는 자는 적은 것이 많은 사회 문제
를 낳는다. 예전에 천주교에서는 〈내 탓이오〉라는 운동을 벌였고 한 교회에
서는 〈네 덕이오〉라는 운동을 벌였다. 탓은 내게 돌리고 덕은 네게 돌리면
힘든 세상도 그런대로 살 만한 세상이 된다.

요나는 풍랑을 만난 배 안에서 풍랑의 원인 대상으로 제비 뽑힌 후 말했
다. "나를 들어 바다에 던지라. 그러면 바다가 잔잔해지리라. 이 큰 폭풍을
만난 것이 내 탓인 줄 안다(욘 1:12)." 대단한 책임 의식이다. 요나가 약점이
많았어도 선지자로 선택된 것은 투철한 책임 의식 때문이었다. 하나님은 나
의 잘못은 기꺼이 책임지며 남의 잘못은 기꺼이 용서하는 사람을 기뻐하신
다. 남에게 잘못했으면 출애굽기의 말씀을 보며 책임을 지고 남이 잘못했으
면 예수님의 말씀을 보며 용서와 사랑으로 덮어 주라.

하나님! 핑계하기보다 책임질 줄 아는 성숙함이 있게 하시고
탓은 내게 돌리고 덕은 남에게 돌리며 삶을 바꿔가게 하소서.

자기 사명대로 살라

내가 올 때까지 그를 머물게 하고자 할지라도
네게 무슨 상관이냐 너는 나를 따르라 (요한복음 21:22)

많은 현대인들이 최고를 지향한다. 그러나 '최고의 사람(the best one)'
이 되기보다 '유일한 사람(the only one)'이 되기를 힘쓰라. 높이가 있는 사
람보다 깊이가 있는 장인이 더 필요하다. 최고는 되지 못해도 자기 분야에서
장인이 되라. 남과 나를 비교하지 말라. 물과 포도주 중 무엇이 더 나은 것
이냐고 비교할 필요가 없다. 예수님이 물을 포도주로 만들었다고 다 포도주
인생이 될 필요는 없다. 남과 비교하지 말고 자기 사명대로 살라.

하나님은 내가 남처럼 되거나 1등이 되지 못한다고 책망하시지 않는다.
다만 자기 사명을 다하지 못하면 책망하신다. 수치스러운 사람이란 '남처럼
되지 못하는 사람'이 아니라 '나답게 살지 못하는 사람'이다. 수평적인 비교
의식에 젖어 남처럼 되려고 하지 말라. 나답게 내 비전에 최선을 다하는 길
이 존엄한 길이다. 남의 형편과 은사를 부러워하지 말고 내 형편과 재능으로
최선을 다해 유익을 남기라. 비전과 욕심은 다르다. 욕심은 '남처럼 되려는
것'이고 비전은 '나답게 살려는 것'이다.

교회도 타 교회처럼 될 필요가 없다. 자기 교회에 맡겨진 사명을 발견하고
감당하면 된다. 남처럼 되지 못한 것을 한탄하지 말고 사도 바울처럼 나의
나 된 것은 하나님의 은혜라고 생각하라. 시대의 흐름을 읽고 시대를 선도
하며 비전을 따라 남이 가지 않는 길을 가라. 인생은 '재능'대로 되기보다는
'비전'대로 된다. 비전이 크면 커지고 비전이 작으면 작아지고 비전이 없으면
쓸모없어진다. 성공과 행복의 주인공이 되기를 원하면 찬란한 비전을 가지
고 나아가면서도 나의 사명대로 나답게 살라.

하나님! 하나님이 주신 사명과 비전을 따라 살면서
실력을 갈고닦아 몸담은 분야의 장인이 되게 하소서.

행복은 예술 작품이다

아내들아 남편에게 복종하라 이는 주 안에서 마땅하니라
남편들아 아내를 사랑하며 괴롭게 하지 말라 (골로새서 3:18-19)

한 아이가 〈아빠는 왜?〉라는 시에서 이렇게 썼다. "냉장고는 먹을 것을 주고/ 강아지는 놀아 주는데/ 아빠는 왜 있는지 모르겠다." 아빠가 가정에서 투명 인간처럼 여겨진 것이다. 어떤 아빠는 침대 대신 소파에서 잔다. 대화 없이 조용히 하숙생처럼 지내니 싸울 일은 없지만 점점 아빠는 소외된다.

아빠는 가족을 먹여 살리는 존재 이전에 가족을 행복하게 만드는 존재가 되어야 한다. 아빠의 사랑이 절실히 필요한 때 바쁘다는 핑계로 늦게까지 밖으로 나돌다가 나이가 들면서 돈도 벌어오지 못하면 존경받기 힘들다. 정과 존경은 마음을 함께한 시간만큼 생긴다.

행복한 가정은 마술로 생기지 않는다. 우연히 행복해지는 가정은 없다. 행복은 일종의 예술 작품이다. 예술가가 각고의 노력 끝에 작품을 만들듯이 행복한 가정도 애쓰고 헌신할 때 이뤄진다. 아름다운 사람과 함께 있고 싶으면 먼저 나를 아름답게 가꿔야 하고 훌륭한 인격자와 함께 있기를 원하면 먼저 훌륭한 인격자가 되어야 하듯이 복된 가정을 원하면 성숙한 믿음과 사랑을 먼저 보여 주라.

하나님의 창조 사역이 여자의 창조와 가정의 창조로 완성된 사실은 가정의 중요성을 말해 준다. 가정은 육신의 하숙집이 아닌 영혼의 보금자리다. 부부관계는 가정의 중심축이다. 부부는 가장 중요한 최소 공동체이기에 좋은 부부가 되는 것은 복된 공동체를 만드는 핵심 기초다. 가정에서 좋은 동반자가 되면 사회에서 좋은 동역자가 될 가능성도 커진다.

하나님! 어느 공동체보다 가정 공동체를 중시하게 하시고
사랑과 섬김으로 좋은 동반자와 좋은 동역자가 되게 하소서.

조금 더 인내하라

주여 어찌하여 이 백성이 학대를 당하게 하셨나이까
어찌하여 나를 보내셨나이까 (출애굽기 5:22)

모세가 하나님의 사명을 받고 애굽 왕 바로에게 가서 "내 백성을 보내라."
라는 말씀을 전하자 바로가 이스라엘 백성들을 더 학대했다. 그 학대로 백
성들이 원망하자 모세가 기도했다. "주님! 왜 저를 보내셨습니까?" 힘들 때
원망하면 그 원망이 또 다른 원망을 낳지만 남들이 다 원망할 때 원망하지
않고 기도하면 능력과 리더십을 얻는다.

모세는 수시로 다가온 절망적인 상황에서 포기하지 않기에 마침내 출
애굽의 역사를 이룰 수 있었다. 위대한 영혼에게는 위대한 능력이 나타난
다. 모세가 수많은 난관을 겪으면서 가장 힘들었을 때는 백성들의 원망을
받을 때였을 것이다. 그때 그는 원망하기보다 하나님께 엎드렸다. 그 '엎드
림'을 통해 '무너짐'을 막을 수 있었다.

성도의 길은 인내의 길이다. 리더의 길도 인내의 길이다. "할 수 있다."라
고만 하는 것은 인간적인 신념이다. "하나님 안에서 할 수 있다."라고 하는
것이 믿음이다. 힘들 때마다 믿음으로 조금 더 인내하라. 한 번 더 참으면 참
은 것만큼 한 사람을 더 얻고 한 층 더 축복의 탑이 쌓인다.

왜 실패가 있는가? 조금 더 준비하라고 하나님이 허용하신 소중한 실패
다. 실패는 끝났다는 사인(sign)이 아니라 더 준비하라는 사인이다. 아직 늦
지 않았다. 조금 더 준비하고 조금 더 인내하라. 인내하는 기간이 길수록 큰
그릇이 된다. 독버섯은 3일이면 자라지만 기둥과 대들보로 쓸 참나무가 되
려면 30년을 자라야 한다.

하나님! 어려운 일이 수시로 닥쳐도 낙심하지 말게 하시고
조금 더 준비하고 조금 더 인내해서 큰 그릇이 되게 하소서.

마음의 키를 키우라

내가 아뢰는 날에 내 원수들이 물러가리니
이것으로 하나님이 내 편이심을 내가 아나이다 (시편 56:9)

예전에 방송에서 한 여성이 키가 180㎝도 안 되는 남자를 루저(loser)라고 했다. 다른 여성은 키가 작으면 오만 정이 다 떨어진다고 했다. 그런 얘기를 젊을 때는 쉽게 하지만 나이가 들고 세상을 좀 더 알면 쉽게 하지 않는다. 키가 크면 힘 있게 보여서 마음이 끌리지만 힘 있게 보이는 것과 실제 힘이 있는 것은 차이가 있다. 육신의 키가 작다면 성격, 매너, 능력 등 다른 장점으로 승부를 걸면 된다. 책임감과 자신감도 마음을 끄는 매력 포인트다.

깊은 인간관계는 외모 이상의 것으로 형성된다. 나만의 매력과 장점을 살리면 얼마든지 좋은 이성을 만날 수 있다. 특히 내가 콤플렉스로 여기는 것이 남에게는 콤플렉스가 아니기에 남은 그 문제에 대해 크게 신경 쓰지 않는 경우가 많다. 또한 역설적으로 말하면 적절한 콤플렉스도 필요하다. 그 콤플렉스를 커버하려고 자기 발전을 도모하다가 큰 인물이 될 수 있기 때문이다.

마음의 키를 키우라. 콤플렉스에 몰입하면 성숙함이 늦어지고 성공해도 잘못된 결과를 낳는 성공이 된다. 중요한 것은 콤플렉스를 창조적으로 활용하는 자세다. 콤플렉스를 발판으로 삼아 지혜와 창조성과 능력을 발휘하라. 스스로를 비하하며 자폭 테러를 하지 말라. 남이 내 인생을 살아 주는 것이 아니라 내가 내 인생을 사는 것이다. 남의 생각과 시선과 말에 나를 고정시키지 말라. 내 운명은 남이 결정하지 않고 하나님이 결정하신다. 누구도 나를 향한 하나님의 크신 계획을 저지시킬 수 없다.

하나님! 마음의 키를 키워 콤플렉스를 극복하게 하시고
자기 발전에 더욱 힘써서 큰 인물로 준비되게 하소서.

귀한 것을 귀하게 여기라

망령되고 허탄한 신화를 버리고
경건에 이르도록 네 자신을 연단하라 (디모데전서 4:7)

사회에 위기가 찾아오면 사람들은 좋은 해결 방법을 찾지만 하나님은 '방법'이 아닌 '사람'을 찾으신다. 세상에 죄가 만연했을 때는 한 사람 노아를 찾아 사용하셨고 출애굽의 역사를 위해서는 한 사람 모세를 찾아 사용하셨다. 하나님은 어떤 사람을 찾으시는가? 얄팍한 지식이나 재주로 무장한 경박한 사람이 아니라 하나님의 마음을 이해하는 경건한 사람이다.

경건한 사람이란 검은 양복을 입고 목소리를 낮게 깔고 농담도 하지 않는 사람을 의미하지 않는다. 예수님은 외적인 경건을 중요시하면서 마음이 변하지 않았던 바리새인들에게 '회칠한 무덤'이라고 하셨다. 무덤에 페인트칠을 한 것처럼 위선적이고 망령된 사람이란 뜻이다.

성경이 '망령되다'라는 표현을 쓰는 대표적인 인물이 에서다. 에서는 배고프다고 팥죽 한 그릇에 장자권을 팔았다. 결국 망령된 삶이란 하나님의 축복을 귀하게 여길 줄 모르는 삶이다. 구원과 같은 최상의 축복은 눈에 잘 보이지 않는다. 그런 소중한 구원을 팥죽 한 그릇만도 못하게 여기는 사람들이 교회 안에도 많다. 하나님의 축복을 돈이나 자리나 명예나 자존심 등과 바꾸는 망령됨이 없게 하라.

하나님은 지금도 귀한 것을 귀하게 여기는 경건한 한 사람을 찾으신다. 세상 것 때문에 더욱 귀한 것을 놓치지 말라. 배가 고프고 병이 생기고 사업이 어렵고 돈이 없어도 하나님만 바라보는 순결한 믿음이 흔들리지 않음으로 세상을 변화시키는 경건한 한 사람이 되라.

하나님! 귀한 것을 귀하게 여기는 경건한 사람이 되어
하나님을 기쁘시게 하고 세상을 변화시키게 하소서.

고통을 에피소드로 여기라

이 말씀을 하시고 큰 소리로 나사로야 나오라 부르시니
죽은 자가 수족을 베로 동인 채로 나오는데 (요한복음 11:43-44)

어느 날 예수님이 사랑하시던 나사로가 병들었다. 그 소식을 누이들인 마르다와 마리아가 급히 예수님께 알렸다. 그러나 금방 올 줄 알았던 예수님은 사흘이 지나도 오지 않다가 결국 나사로가 죽은 후에 오셨다. 그때 모두가 "이제 늦었다. 끝났다."라고 여겼지만 예수님은 그를 다시 살리셨다. 왜 예수님이 늦게 오셨는가? '나사로의 치유'란 작은 축복보다 '나사로의 소생'이란 크고 위대한 축복을 계획하셨기 때문이다.

어떤 일에 어려움이 생기고 비전의 성취가 지체될 때도 여전히 하나님은 그 상황을 통제하며 더욱 크고 위대한 다른 축복을 준비하심을 잊지 말라. 성도가 기도하면 하나님은 즉시 들으셔도 응답은 즉시 하지 않고 의도적으로 지연시키실 때가 많다. 그때는 더욱 큰 축복을 주려고 잠시 허락하신 인내의 시간이다. 기다림이 계속되어도 너무 낙심하지 말라. 하나님은 나사로의 경우처럼 종종 '치유의 은혜'보다 더욱 큰 '소생의 은혜'를 주시려고 잠시 눈앞의 축복을 유보하신다.

사람들은 '치유의 은혜' 정도의 축복을 원하지만 하나님은 '소생의 은혜'란 큰 축복을 주길 원하시고 더 나아가 '부활의 은혜'란 최상의 축복을 주길 원하신다. 사람들은 '생존의 은혜' 정도의 축복을 원하지만 하나님은 '번성의 은혜'란 큰 축복을 주길 원하신다. 사람 눈에 후퇴처럼 보이는 순간에도 믿음 안에서 내가 할 일에 최선을 다하면 언젠가 하나님은 더욱 복된 길로 인도하신다. '낙심(disappointment)'의 고통을 '그분의 약속(His appointment)'의 성취 과정에서 주어진 하나의 에피소드로 여기라.

하나님! 기다림의 순간이 계속되어도 실망이 없게 하시고
하나님이 예비하신 더욱 큰 축복을 바라보며 살게 하소서.

기도하고 기대하고 기다리라

모든 경건한 자는 주를 만날 기회를 얻어서 주께 기도할지라
진실로 홍수가 범람할지라도 그에게 미치지 못하리이다 (시편 32:6)

어느 날 한 성도가 길을 가다가 신비한 기운에 이끌려 동네 교회에 잠깐 들어갔다. 그때 교회 본당 앞자리에서 누군가 앉아 있는 환상이 보였다. 예수님의 모습 같아서 예수님과 대화하고 싶어 가까이 가자 갑자기 환상이 사라졌다. 당황스럽고 야속했지만 곧 깨달음이 왔다. "그래. 내가 기도로 예수님과 대화할 수 있지. 기도를 잊고 있었구나." 그는 그날의 환상이 기도하는 삶으로의 초청임을 깨달았다.

하나님은 기도로 대화하기를 원하신다. 하나님은 어디서 찾아도 찾아진다. 기도로 변화될 때 일과 상황의 변화를 이끌어 낼 수 있다. 하나님을 생활에서 소외시키면 인생의 소외가 생긴다. 남이 나를 소외시키는 것이 아니라 기도하지 않는 내가 나를 소외시키는 것이다. 기도가 없어서 하나님을 애타게 기다리게 하지 말고 기도하면서 하나님의 때를 기다리라. 하나님을 마음의 중심에 모시고 기도하면 어디서든지 중심 인생이 된다.

가장 복된 시간은 기도로 하나님과 교제하는 시간이다. 기도하고 기대하고 기다리며 너무 조급해하지 말라. 하나님의 맷돌은 천천히 돌아가도 그 안의 내용물을 잘게 빻는다. 믿음으로 기다리면 썰물 때가 끝나고 곧 밀물 때가 온다. 힘든 상황에서 계속되는 기다림은 고통스럽지만 그 순간을 잘 극복해 내면 성숙과 성장을 얻는다. 기도한 후 기다림의 기간은 기도 응답과 축복을 받을 복된 그릇으로 빚어지는 기간이다. 기도하고 죽도록 기다리겠다는 마음을 가지면 하나님이 오히려 기다리시지 않고 응답의 때를 단축시켜 주신다.

하나님! 기도하고 기대하고 넉넉한 믿음으로 기다리면서
하나님을 삶의 중심에 모시고 중심 인생으로 살게 하소서.

풍성한 은혜를 구하라

우리 주의 은혜가 그리스도 예수 안에 있는
믿음과 사랑과 함께 넘치도록 풍성하였도다 (디모데전서 1:14)

하나님은 나를 늘 도와주기를 원하신다. 그 하나님의 도우심을 내 것으로 현실화시키지 못하는 가장 큰 이유 중 하나는 나의 기도가 부족하기 때문이다. 불행한 영혼은 비판을 좋아하지만 행복한 영혼은 기도를 좋아한다. 남을 비판할 만한 충분한 자격증을 가진 사람은 없다. 스스로를 돌아보고 나의 삶에 기도가 얼마나 메말랐는가를 생각한다면 너무 수치스러워 비판하는 말이 입술에서 연기처럼 사라질 것이다.

기도는 영혼의 진통이다. 그 진통이 없이 참된 축복을 해산할 수 없다. 사실상 기도할 때만큼 축복을 넘치게 받을 때는 없다. 하루에 10분이라도 꾸준히 기도하면 삶은 크게 달라진다. 그렇게 기도의 축복을 경험하면서 점차 기도 시간을 늘려 가면 산을 움직이는 믿음이 생긴다. 성경을 보면 예수님도 가끔 밤새워 기도하셨다. 전능하신 예수님도 필요했기에 기도하셨다. 하물며 내게는 얼마나 더 기도가 필요하겠는가?

기도가 원하는 것을 다 준다고 믿는 것은 믿음이 아닌 미신이다. 기도는 축복 자판기에 넣는 동전이 아니다. 기도했기에 얻을 자격이 있다고 생각하지 말라. 기도는 자기 집착의 표현이 아닌 자아 포기의 선언이어야 한다. 나의 의지가 포기된 공간에 하나님의 의지를 개입시킬 때 찬란한 신세계가 펼쳐진다. 지금도 하나님은 나를 향해 하나님의 풍성한 은혜를 구하라고 손짓하신다. 영적 침체는 "이제 기도하라. 더 기도하라."라는 하나님의 내밀한 음성이다. 그 음성을 듣고 기도할 때 영혼의 그림자는 사라지고 영적인 키는 부쩍 자란다.

하나님! 하나님 앞에서 겸손한 믿음을 가지고 기도함으로
영적인 침체를 넉넉히 이기고 큰 축복을 해산하게 하소서.

예수님의 필요성을 절감하라

아버지께서 나를 사랑하신 것 같이 나도 너희를 사랑하였으니
나의 사랑 안에 거하라 (요한복음 15:9)

성도에게 가장 큰 축복은 물질과 명예를 얻는 것이 아니라 예수님 안에 거하는 것이다. 반대로 성도가 죄를 짓고 치러야 할 값비싼 대가는 예수님과 교제하는 기쁨을 잃는 것이다. 그때는 예수님의 음성이 더 이상 따뜻하게 들리지 않고 영혼의 성전에 불빛이 꺼지고 마음의 온기도 사라진다.

구원받은 성도는 죄를 지어도 구원은 상실하지 않지만 구원이 주는 기쁨은 상실한다. 하나님과의 관계가 정상인가를 아는 간단한 방법은 마음속에 하나님과 교제하는 즐거움이 있는가를 보면 된다. 그런 의미에서 예배하고 말씀 보고 기도하고 싶은 마음이 있는 것 자체가 큰 축복이다.

성도 안에 있는 기쁨과 즐거움을 빼앗는 수단은 한 가지다. 그것 외에는 누구도 성도의 기쁨을 빼앗지 못한다. 바로 죄다. 성도의 기쁨의 원천은 예수님인데 죄는 예수님과 성도 사이를 가로막는다. 죄 때문에 예수님과의 교제가 중단되어 기쁨을 상실하는 것은 인생의 가장 큰 손실이다. 세상에서 가장 불쌍한 사람은 구원받지 못한 사람이지만 구원받고 하나님과의 교제가 중단된 사람도 불쌍한 사람이다.

성도와 죄인의 차이는 죄의 유무에 있기보다 죄에 대한 기본자세가 다르다는 것에 있다. 죄인은 죄 가운데서 죄를 즐기지만 성도는 자신의 부족과 허물로 종종 죄에 빠질지라도 죄를 자각하고 혐오하고 예수님의 필요성을 절감한다. 예수님의 필요성을 자각하는 존재는 하나님의 은혜와 축복으로부터 그렇게 멀지 않은 존재다.

하나님! 구원의 기쁨과 즐거움이 삶에서 떠나지 않게 하시고 죄에 대한 인식 가운데 예수님의 필요성을 절감하게 하소서.

은혜받은 자랑도 절제하라

만일 아브라함이 행위로써 의롭다 하심을 받았으면
자랑할 것이 있으려니와 하나님 앞에서는 없느니라 (로마서 4:2)

사도 바울은 자신이 먹고 마실 권리와 결혼할 권리도 있고 하나님의 일을 할 때 사례받을 권리도 있다고 했지만 그 권리를 포기했다. 남의 자유와 권리는 힘써 존중하고 필요하다면 나의 자유와 권리는 기쁘게 포기하라. 믿음이란 진리로 자유하게 되는 것이지만 나의 자유로 인해 형제가 실족하면 그 자유를 사양하거나 절제하라. 간증도 지혜롭게 하라. 간증할 때 나만 특별히 은혜를 받은 것처럼 말하면서 기적적인 문제 해결이 없는 것이 마치 은혜가 없는 표시라는 말처럼 들리게 하지 말라.

오래전에 남대문 시장에 큰불이 났다. 그때 같은 교회를 다닌 상인 4명 중 3명의 가게는 불탔고 1명의 가게만 온전했다. 불이 나지 않은 가게 주인이 기쁘게 간증했다. "하나님이 은혜 주셨어요. 그동안 예배하고 기도하고 봉사한 것이 헛되지 않았어요." 그렇게 간증하면 나머지 3명은 어떻게 되겠는가? 무사한 가게 주인이 말한 신앙 원리가 틀린 말은 아닐지라도 때에 맞는 말은 아니다. 은혜받은 얘기도 절제할 줄 알라. 하나님을 자랑한다면서 나의 영성 자랑을 은근히 끼워 넣지 말라.

믿음의 축복과 소망이 세속적이고 일시적인 보상 개념으로만 넘치지 않게 하라. 믿음의 축복은 외적인 보상 이상의 것으로써 의와 평강과 희락이고 또한 감사가 넘치는 것이다. 자기 욕심으로 인해 형제를 실족시키지도 말고 주어진 은혜를 타인 감수성이 없이 자랑함으로 인해 형제를 실족시키지도 말라. 형제를 생각하고 자랑을 절제하는 것이 자랑스러운 일이고 차후의 자랑거리도 넘치게 한다.

하나님! 하나님의 뜻을 위해 자유와 권리를 사양할 줄 알고
은혜받은 자랑도 절제함으로 이웃 사랑을 실천하게 하소서.

기도의 나침반을 앞세우라

여호와여 아침에 주께서 나의 소리를 들으시리니
아침에 내가 주께 기도하고 바라리이다 (시편 5:3)

하나님의 은혜가 넘치게 하려면 예수님의 보혈로 죄 씻음을 받는 것이 기초다. 보혈의 공로로 속죄의 은혜를 입고 새롭게 하나님의 은혜의 줄기에 접붙여지면 그 줄기로부터 지속적으로 '생활 속의 은혜'가 흘러 들어온다. 그 생활 속의 은혜가 내게 흘러 들어오게 하는 핵심 통로가 기도다.

현재 살기가 어렵다고 해도 너무 힘들어하지 말라. 앞날에 대해 너무 불안해하거나 염려하지도 말라. 가장 염려스러운 것은 사실상 믿음으로 기도하지 않는 것이다. 믿음으로 기도할 때 주어지는 은혜만 있으면 어떤 상황에서도 삶은 넉넉히 지탱된다.

두 사람이 장작을 팼다. 한 사람은 하루 종일 쉬지 않고 일했고 다른 사람은 50분간 일하고 10분간 휴식을 취했다. 나중에 보니까 쉬지 않고 일한 사람보다 10분씩 쉬면서 일했던 사람이 더 큰 장작더미를 만들었다. 그렇게 된 원인은 10분 동안 쉬면서 도끼날을 갈았기 때문이다. 삶에서 도끼날을 가는 시간이 기도하는 시간이다.

인생 경주에서 빠른 자가 반드시 승리하지는 않는다. 속도가 빠른 것보다 방향이 바른 것이 중요하다. 언제 바른 방향을 잡는가? 기도할 때다. 기도하는 핵심 이유는 하나님의 바른 인도를 받기 위해서다. 나무가 풀보다 늦게 자라지만 훨씬 견고하게 자란다. 겨울에 잎도 떨어뜨리며 천천히 자랐기 때문이다. 서두르지 않고 겸손하게 기도의 나침반을 앞세워 살면 인생길을 잃지 않고 하나님의 풍성한 은혜도 맛볼 수 있다.

하나님! 기도하는 삶에 젖어 기도하는 손을 힘 있게 하시고
늘 하나님의 손에 붙잡혀 바르고 복된 길로 행하게 하소서.

과거에 매이지 말라

내가 이미 얻었다 함도 아니요 온전히 이루었다 함도 아니라
(빌립보서 3:12)

가끔 과거를 생각하며 "그렇게 살면 안 되겠구나."라는 지혜를 얻고 시야를 넓히되 과거에 매이지는 말라. "과거를 생각하라(Think back)."라는 말은 "과거로 돌아가라(Go back)."라는 말이 아니다. 사도 바울이 "내가 이미 얻었다 함도 아니요."라고 한 것은 자신이 계속 자라야 한다는 뜻이다. 그는 기독교의 신학적인 뼈대를 세웠고 많은 초대 교회를 세웠고 성경 13권을 기록한 천재였고 복음에 목숨 걸고 헌신한 역사상 가장 위대한 사람 중 하나였지만 그래도 자신은 더 자라야 한다고 여겼다.

과거를 반성은 하되 과거의 사건 및 과거의 시간 주위에서 배회하지는 말라. 과거를 생각하면 과거를 통해 삶의 지혜를 얻지만 과거로 돌아가면 현재와 미래를 잃고 새것을 얻기 힘들어진다. 과거의 실패나 과거의 성취에 매달리지 말고 과거를 생각할 때는 늘 겸손한 삶을 새롭게 다짐하라. 토저 목사는 말했다. "겸손한 사람은 자신에 의해 이끌리지 않는다. 자신만 가지고는 가장 가치 없는 존재지만 하나님 안에서는 가장 위대한 존재임을 아는 사람이 진짜 겸손한 사람이다."

사도 바울처럼 뒤에 있는 것은 잊고 앞에 있는 것을 잡기 위해 푯대를 보고 하늘의 부르심과 상급을 따라 달려가라(빌 3:13-14). 달리기를 할 때 뒤를 돌아보며 앞으로 달리면 아주 위험하다. 인생에서도 뒤를 보고 앞으로 달리면 목표와 방향을 잃고 큰 위험에 처한다. 과거를 생각하며 반성은 하되 과거로 돌아가서 과거에 매이지는 말라. 이미 지나간 일이다. '과거의 좋은 추억'보다 '미래의 좋은 비전'이 더 좋은 것이다.

하나님! 과거의 일에 대한 자기 성찰을 통해 교훈을 얻고
하나님의 뜻을 이루기 위해 미래를 향해 전진하게 하소서.

승리자의 언어를 가지라

명철한 사람의 입의 말은 깊은 물과 같고
지혜의 샘은 솟구쳐 흐르는 내와 같으니라 (잠언 18:4)

복 받지 못하는 사람은 고난 중에 서로를 탓하지만 복 받는 사람은 고난 중에 서로를 감싼다. 서로 탓하지 말고 서로 축복해 주라. 힘들 때도 나쁜 말을 삼가고 그때 오히려 더 축복을 빌어 주라. 남 잘 되기를 빌어 주면 내가 더 축복받는다. 사촌이 땅을 살 때 배가 아프면 축복받지 못한다. 남이 정당하게 잘살면 인정하고 존중하라. 친구나 동료가 잘 되면 배가 아프기보다 오히려 소화가 잘되는 마음을 훈련하라.

많은 사람을 축복하되 가족은 더욱 축복하라. 서로 축복하는 가정에 하나님이 축복을 주신다. 축복의 말 한마디가 중요하다. 교인을 교회에 잘 정착하게 하는 것은 정교한 프로그램보다 믿음과 칭찬과 축복의 말이다. 교회와 교우를 자랑하고 교우의 단점을 감싸 주라. 초신자나 교회 정착을 고려하는 성도가 "저 사람이 왜 저래요?"라고 하면 이렇게 변호하라. "그분 스타일이 조금 달라서 그래요. 그분에게 다른 좋은 장점도 많은데 한번 사귀어 보세요." 그러면 듣는 사람도 이해심이 커지고 교회도 잘 정착한다. 말한마디로 사람이 아주 달라질 수 있다.

어떤 사람은 예언을 좋아해서 예언자를 찾아다니지만 나의 말도 일종의 예언이다. 성경 곳곳에서 "네 말한 대로 된다."라고 말씀한 것은 나의 말이 복된 예언 성취의 씨앗이 된다는 암시다. 믿음을 가지고 긍정적으로 말하면서 패배자의 언어가 아닌 승리자의 언어를 가지라. 그러면 생각과 기분과 마음과 태도가 달라지면서 미래도 달라진다. 하나님의 형상을 따라 창조된 사람의 말에는 부분적인 창조 능력이 있다.

하나님! 서로 탓하기보다 서로 축복의 말을 많이 해 줌으로
창조적인 말의 능력을 활용해 인생 승리를 엮어 내게 하소서.

자기 성찰을 앞세우라

내가 교회의 일꾼 된 것은 하나님이 너희를 위하여 내게 주신
직분을 따라 하나님의 말씀을 이루려 함이니라 (골로새서 1:25)

느헤미야는 성벽 재건을 마친 후 백성들의 마음의 성벽을 재건하는 것도 중요함을 깨닫고 종교 개혁에 나섰다. 그 개혁에는 리더뿐만 아니라 일반인들도 동참했다. 개혁은 리더와 팔로워가 함께해야 성공한다. 요새 돈과 권력에 의해 좌우되는 교회의 문제점과 관련해 개혁의 목소리가 크다. 교회가 물량주의와 외형주의를 무분별하게 따르는 것은 영적인 큰 손실이다. 교회 생활을 할 때 '큰 둥지를 찾아다니는 것'보다 '큰 둥지가 되어 주려는 것'이 훨씬 복된 모습이다.

한 전도사는 교회 청소에 동참하는 아이들에게 맛있는 것을 사 준다. 그때 사 주는 법칙이 있다. 아이들이 많이 동참하면 '싼 김밥'을 사 주지만 아이들이 적게 동참하면 '비싼 피자'를 사 준다. 좋은 일에 소수의 일원이 되면 더 가치 있는 존재가 되고 더 가치 있는 것을 얻는다는 암시다. 영적인 원리에서도 마찬가지다. 소수의 일원으로서 헌신하면 '재미'는 덜해도 '의미'는 커진다. 또한 소수의 공동체에서는 헌신의 부담이 더 있어도 그만큼 내일의 가치 있는 축복이 더 약속된다.

개혁은 소수의 리더만의 몫이 아니다. 나도 소수의 일원으로서 함께하는 개혁이어야 한다. 개혁 대상이 되는 교회의 속성을 따르면서 "교회가 개혁되어야 한다."라고 말하는 것은 모순이다. 교회 개혁의 핵심 요체는 자기 개혁이다. 한 교회 학교 교사가 동료 교사들에게 교회의 잘못된 부분을 지적하며 개혁을 강조하자 동료들이 "먼저 자기 개혁에 힘쓰라."라고 했다. 개혁 문제에서는 늘 '자기 소리'보다 '자기 성찰'을 앞세우라.

하나님! 개혁 문제에서 자기 소리보다 자기 성찰을 앞세워서 공동체의 허물과 약점을 보완하는 데 일익을 더하게 하소서.

하나님의 뜻을 이루라

또 주 예수께서 친히 말씀하신 바 주는 것이 받는 것보다
복이 있다 하심을 기억하여야 할지니라 (사도행전 20:35)

하나님은 공평하신 분이다. 그 하나님의 속성과 뜻을 따라 살려면 나눔에 힘쓰라. 하나님은 계층 차이가 심한 세상을 기뻐하시지 않는다. 추수할 때 밭의 한 모퉁이를 남겨 두고 떨어진 이삭을 줍지 말라는 구약 율법들은 나눔을 위한 장치다. 하나님은 자기 힘만으로는 살 수 없는 사람을 위해 법을 통해 돕는 장치를 마련하셨다. 율법과 말씀은 경건을 과시하라고 주어진 것이 아니라 바른 삶을 통해 세상에서 하나님의 뜻을 이루라고 주어진 것이다. 세상에서 하나님의 뜻을 이루려면 소외된 의인들의 곁에 서 주고 선교 마인드를 가지고 은밀히 나누려고 하라.

요즘 하나님의 뜻을 역류하는 시대 흐름이 무섭다. 낮잠 자다가 사과 떨어지는 소리에 깨어 세상이 무너진 줄 알고 토끼 한 마리가 달아나자 다른 토끼들도 함께 달아나고 그 모습을 보고 다른 동물들도 영문도 모른 채 같이 달아나는 모습이 현대인의 모습이다. 깊은 생각도 없이 행복을 찾아 소비적인 세상의 길로 정신없이 달리기에 들꽃도 눈에 들어오지 않고 이웃의 신음도 들리지 않는 삭막한 현실에 휩쓸리지 말라.

하나님은 행복을 약한 사람들 속에나 사이에나 곁에 숨겨 두셨다. 그들을 돕기 위해 몸을 굽히면 행복의 조약돌을 집게 되고 동시에 인생의 허리가 펴지면서 자기 해방을 통한 참된 기쁨을 맛본다. 나눔은 행복을 얻는 최상의 길이다. 훗날 하나님 앞에 섰을 때 '애썼다'라는 말 한마디를 듣는 행복과 감격을 위해 매일 아침 "오늘 하루만이라도 하나님의 꿈과 뜻을 이루는데 마음을 집중하며 살자."라고 다짐하라.

하나님! 공평하신 하나님의 뜻과 꿈을 늘 마음에 품고서
소외된 의인들의 곁에 서 주고 힘써 나누며 살게 하소서.

회개를 조작하지 말라

이번만 나의 죄를 용서하고 너희의 하나님 여호와께 구하여
이 죽음만은 내게서 떠나게 하라 (출애굽기 10:17)

애굽에 임한 여덟 번째 재앙인 메뚜기 재앙을 접하고 애굽 왕 바로가 모세와 아론을 급히 불러 하나님의 용서를 구하면서 '이번만'이라고 말했다. 언뜻 보면 그가 진심으로 회개한 것 같지만 사실은 그 순간만 모면하려는 술책이었다. 그처럼 조작된 회개는 결코 좋은 결과를 낳지 못한다.

문제가 생기면 "이제 교회에 나올 것을 약속할게요. 기도해 주세요."라고 말했다가 그 약속을 깨뜨려서 하나님의 축복과 기도 응답을 무효로 만드는 경우가 많다. 내가 약속을 지키지 않으면 나를 향한 하나님의 축복과 회복과 치유의 약속도 지켜지기 힘들다. 약속을 지키려고 힘써서 나를 향한 누군가의 믿음을 저버리지 않을 때 다른 누군가의 은혜를 입는다.

회개 중에는 겉으로는 회개처럼 보여도 참된 회개가 아닌 것이 많다. 진심으로 하나님께 돌아서지 않고 입술로만 "하나님! 잘못했어요."라고 외치며 바로처럼 회개한 척하면 은혜가 임할 수 없다. 성도가 회개를 조작하는 것은 회사가 회계 장부를 조작하는 것보다 더 나쁜 것이다.

고난과 질병을 없애 달라고 하기 전에 진심으로 회개하라. 병을 절호의 회개 기회로 삼으면 결과적으로 병드는 것도 은혜가 되고 병 낫는 것도 은혜가 된다. 병들면 저주받은 것이고 병이 나으면 은혜받은 것이란 생각은 단편적인 생각이다. 병들어도 감사하고 병이 나으면 더욱 감사하고 믿음 안에서 죽으면 최고로 감사하라. 죽을 때 "하나님! 이제 제게 온전한 쉼을 주시니 감사합니다."라고 고백하며 눈을 감는 사람이 진짜 성도다.

───∞   하나님! 계산적이고 거짓된 회개가 아닌 진실한 회개를 통해   ∞───
하나님의 은혜를 예비하고 범사에 감사하며 살아가게 하소서.

삶은 생각의 산물이다

내가 두려워하는 그것이 내게 임하고
내가 무서워하는 그것이 내 몸에 미쳤구나 (욥기 3:25)

'평범한 삶'을 '비범한 삶'으로 바꾸고 '위축된 삶'을 '위대한 삶'으로 바꾸려면 가장 필요한 것이 있다. 그것만 있으면 인생은 결정적으로 변화된다. 바로 '생각을 바꾸는 것'이다. 축복된 존재가 되는 것은 상당 부분 생각에 의해 좌우된다. 생각이 사람됨을 만든다.

우주를 찬찬히 깊게 생각하면 하나님의 살아 계심을 체감한다. 지구가 엄청난 거리의 태양 궤도를 돌면서 1년에 1초의 오차도 없이 정확하게 도는 것을 생각하면 하나님의 정교한 법칙에 깊은 감탄이 나온다. 하나님은 '생각과 관련된 법칙'도 그처럼 정교하게 만드셨다. 생각은 생명의 씨와 같아서 생각대로 결과가 생긴다. 삶은 생각의 산물이다.

고난 중에 욥이 탄식하며 말했다. "내가 두려워하는 그것이 내게 임하고 내가 무서워하는 그것이 내 몸에 미쳤구나." 나쁜 생각은 나쁜 일을 만들고 좋은 생각은 좋은 일을 만든다. 가끔 어떤 일이 나쁘게 될 것 같다고 생각하면 그 일이 나빠진다. 사람들은 그것을 우연이라고 하지만 '우연'이 아니라 '법칙'에 가깝다. 하나님은 생각에 창조적인 능력이 따르게 하셨다.

나쁜 얘기와 생각을 계속하면 상황은 더 나빠지지만 좋은 얘기와 생각을 계속하면 상황은 더 좋아진다. 현재 가진 것은 그것이 좋은 것이든 나쁜 것이든 그전에 생각했던 것이 주어진 것이다. 생각은 환경과 인생을 좋게도 만들고 나쁘게도 만든다. 그것은 중력 법칙처럼 보편적인 법칙이다. 생각이 바뀌어야 인생도 바뀐다.

하나님! 하나님이 기뻐하시는 뜻과 믿음의 원리대로 생각해서
위기를 기회로 만들고 우연적인 것을 필연으로 만들게 하소서.

은혜에 붙잡혀 살라

주께서는 온 마음으로 주의 앞에서 행하는 종들에게
언약을 지키시고 은혜를 베푸시나이다 (열왕기상 8:23)

성도의 고통은 하나님의 선한 목적하에 주어진다. 너무 문제가 없으면 오히려 영혼이 길을 잃고 잘못된 것을 추구하게 된다. 성공과 축복의 단맛에 취해 하나님에 대한 열정과 기도를 잃지 말라. 고통을 두려워하지 말고 하나님의 자녀라는 확신 안에서 강하고 담대하게 살라. 하나님은 신실한 믿음을 결코 외면하지 않는다. 이 세상의 어떤 것도 온전히 영혼을 지켜 줄 것은 없다. 영혼을 온전히 최종적으로 지켜 주실 분은 하나님이다. 하나님은 고통을 당한 만큼 쌓아 두셨던 은혜를 언젠가 멋지게 현실화시켜 주신다.

하나님은 은혜의 하나님이다. 기독교는 은혜의 종교다. 세상의 모든 종교 중에서 '은혜'란 말을 가장 많이 쓰는 종교가 기독교다. 하나님의 은혜가 앞서 이끌어 주심을 믿기에 성도는 강하고 담대하게 될 수밖에 없다. 이제까지 수많은 문제와 고난을 견뎌 내고 지금까지 살아올 수 있었던 것은 하나님의 은혜 때문이었다. 그 은혜가 지금도 여전히 나를 감싸고 있다. 문제에 붙잡혀 살지 말고 은혜에 붙잡혀 살라. 나는 스스로 살 수 있는 존재가 아니라 하나님의 은혜로 살아가야 하는 존재다.

세상에서 제일 복된 단어는 '은혜'이다. 하나님은 그 단어의 제일 주체이고 성도는 그 단어의 제일 객체다. 아무리 고통이 심해도 하나님의 은혜가 고통 아래에서 면면히 흐르고 있고 보이지 않는 곳에서 차곡차곡 쌓여 가고 있다. 하나님의 은혜를 받으면 강하고 담대한 믿음으로 고통의 순간을 비교적 쉽게 극복할 수 있게 되고 점차 충성과 헌신과 봉사가 기뻐지면서 생활이 바뀌고 운명이 바뀐다.

하나님! 하나님의 은혜가 고난보다 더욱 큰 것임을 깨닫고
강하고 담대한 믿음으로 삶과 운명을 바꾸어 가게 하소서.

힘보다 의미를 추구하라

여호와는 말의 힘이 세다 하여 기뻐하지 아니하시며
사람의 다리가 억세다 하여 기뻐하지 아니하시고 (시편 147:10)

힘과 숫자를 추구하면 대개 비극으로 결말이 난다. 힘을 따라 배반하는 삶을 살지 말고 의미를 따라 충성하는 삶을 살라. 힘이 없어도 의미 있는 편에 설 때 결국 승리한다. 힘과 숫자의 유혹에서 나를 지켜야 나됨을 잃지 않고 나답게 살 수 있다. 성공을 정당하게 추구하되 성공주의의 신화에 빠지지 말고 얄팍한 성공 방법을 가르치는 세미나는 가급적 멀리하라. 하늘의 소망과 천국의 상급을 바라보며 세상의 흐름을 거슬러 올라가는 거룩한 영적 지느러미를 갖추라.

힘보다 의미를 추구하라. 힘은 얼마 가지 못하지만 의미는 오래간다. 힘은 세상에 어둠을 키우지만 의미는 세상에 빛을 비춘다. 힘은 죽음의 기운을 따르게 하지만 의미는 생명의 능력을 따르게 한다. 힘은 영혼의 숨통을 막지만 의미는 영혼의 숨통을 틔운다. 힘을 추구하면 어둠의 기운에 잡혀 주저하고 거리낄 것이 많게 되지만 의미를 추구하면 빛의 물결을 타고 주저하고 거리낄 것이 없게 된다.

거룩한 비전을 향해 고난이 예상되어도 의미 있는 소수의 길을 가라. 어려워도 자신이 가야 할 길이라면 주저하지 말라. 작은 일이라도 의미 있는 일이라면 계속 그 일을 하라. 의미를 추구하면 숫자적인 성장은 더뎌져도 영향력의 성장은 촉진된다. 의미와 본질을 존중할 때 세상의 빛과 희망이 될 가능성이 커진다. 의미 없는 성공보다 의미 있는 실패가 낫다. 하나님이 기뻐하시는 의미가 있다면 실패도 전진이다. 의미 있는 존재를 만나 의미 있는 사명을 품고 나아갈 때 의미 있는 인생이 된다.

하나님! 힘과 숫자를 추구하기보다 의미 있는 삶을 추구하고
거룩한 사명에 충실함으로 실패조차 전진으로 만들게 하소서.

사람을 의지하지 말라

너희는 인생을 의지하지 말라 그의 호흡은 코에 있나니
셈할 가치가 어디 있느냐 (이사야 2:22)

살다 보면 누군가가 내 곁을 떠나겠다는 말을 듣는 경우가 있다. 그때는 무조건 내 곁에 있어 달라고 간청하지 말고 하나님의 뜻에 온전히 맡기라. 인간적인 뜻에 기초해서 억지로 그 상황을 막으려는 것은 불가피하게 생길 일을 잠시 연장하게 될 뿐이다. 이별해야 할 때 이별을 잘하는 믿음과 지혜도 갖추라. 하나님이 누군가를 떠나게 하실 때는 새로운 사람을 통해 새로운 것을 주시려는 조치다. 사람의 만남과 이별에 숨겨진 하나님의 특별한 목적을 신뢰하고 이별로 인해 너무 낙심하지 말라.

사랑과 비전 안에서 하나가 되었으면 최대한 이별하지 말되 어쩔 수 없이 이별해야 한다면 하나님의 선한 섭리를 의지하고 편한 마음으로 이별을 수용하라. '변화'와 싸우려고 하지 말고 '변화로 이끄시는 하나님의 뜻'과도 싸우지 말라. 변화를 믿음으로 수용하라. 이 세상의 어떤 것도 영원한 것은 없다. 또한 어떤 사람도 영원히 의지할 사람은 없다. 사람은 의지할 대상이 아니라 오직 사랑할 대상이다.

예수님은 군중들에게 자신을 의탁하지 않으셨다(요 2:24). 사람을 의지하지 말라는 뜻이다. 궁극적으로 의지할 분은 오직 하나님이다. 그 사실을 깨우쳐 주시려고 때로 하나님은 누군가를 내 곁에서 떠나가게 하신다. 그가 떠나가야 하나님이 계획하신 최선의 것을 얻기 때문이다. 이별의 상황을 믿음으로 받아들이면 그것은 인생의 후퇴가 아니라 새로운 축복의 장으로 나아가는 전진이 된다. 믿음이란 사람의 생각과 감정으로는 도저히 이해할 수 없는 상황에서도 하나님의 뜻과 계획에 "아멘!" 하는 것이다.

하나님! 변화로 이끄시는 하나님의 선하신 섭리를 의지하고
사람을 의지하지 말고 오직 하나님만 의지하며 살게 하소서.

하나님은 나의 주님이시다

내가 여호와께 아뢰되 주는 나의 주님이시오니
주 밖에는 나의 복이 없다 하였나이다 (시편 16:2)

다윗은 하나님을 '나의 주님'이라고 하며 하나님 외에 다른 신에게는 예물을 드리지도 않고 그 이름을 부르지도 않겠다고 단호하게 고백했다. 그는 자신의 삶과 시간과 소유를 다 하나님의 것으로 여겼다. 하나님 앞에서 '소유한 존재'가 아닌 '소유된 존재'라는 의식을 가지라. 사람이 가장 행복하게 될 때는 하나님 앞에 내가 필요한 존재임을 발견할 때다. 지금 그 사실을 재발견하라. 하나님 앞에 필요한 존재로서 하나님께 철저히 매여 종 된 삶을 자처한 것이 다윗의 인생 승리의 비결이었다.

종의 핵심 덕목은 주인의 말에 기쁘게 반응하고 순종하는 것이다. 그렇게 하나님의 말씀에 순종하면 하나님은 삶도 책임져 주시고 앞길도 열어 주신다. 나를 하나님께 드리면 내가 하나님의 것이 되면서 하나님의 것도 나의 것이 되는 신기한 일이 벌어진다. 결국 "나의 주님!"이란 고백은 복을 예비하는 최상의 고백이다. 하나님이 나의 주님이 되면 어떤 환경도 두렵지 않고 부럽지 않다. 고난과 결핍조차 합력하여 선을 이루는 축복 재료가 됨을 믿기 때문이다.

두 종류의 사람이 있다. 스스로를 자유인인 줄 아는 종과 스스로를 종인 줄 아는 자유인이다. 오늘날 많은 사람이 자신을 자유인으로 여기지만 종처럼 살고 있다. 특히 돈의 종처럼 살 때가 많다. 참된 자유는 내가 나의 주인이 되어 내 마음대로 살 때 주어지기보다 사랑하는 대상을 위해 나의 자유를 아름답게 쓸 때 주어진다. 사랑하는 대상을 위해 내게 주어진 자유의 일부를 기쁘게 소모시키는 것은 고통이 아닌 최상의 축복이다.

하나님! 하나님께서 주신 자유를 하나님을 위해 사용함으로
십자가의 고통조차 최상의 축복 재료로 만들어 가게 하소서.

그리스도의 형상을 보이라

내가 그를 위하여 모든 것을 잃어버리고 배설물로 여김은
그리스도를 얻고 그 안에서 발견되려 함이니 (빌립보서 3:8-9)

복을 원하면 그전에 나를 깨끗한 그릇으로 만들라. 더러운 그릇에는 복이 채워질 수 없다. 헛된 욕심을 버리라. 욕심이 잉태한즉 죄를 낳는다. 죄의 뿌리를 찾다 보면 그 근원에 욕심이 있다. 왜 시험에 드는가? 욕심 때문이다. 왜 믿음에 회의가 생기고 불평과 원망에 사로잡히는가? 역시 욕심 때문이다. 마음이 비뚤어진 것과 매사에 부정적인 것도 욕심 때문이다. 복되게 살려면 욕심의 제거를 인생의 최우선 과제로 삼으라.

옛날에 한 수도사가 하산할 때 얼굴에 광채가 났다. 사람들은 그가 큰 깨달음을 얻은 줄로 여기고 물었다. "수도사님! 이번에 산에서 무엇을 얻었습니까?" 수도사가 말했다. "얻은 것은 없고 오히려 다 잃었습니다. 욕망과 절망도 잃었고 분노와 비난도 잃었고 탐욕과 정욕도 잃었고 미움과 시기와 질투도 잃었습니다."

사도 바울은 예수님을 만난 후 자기가 가진 화려한 것들을 배설물로 여겼다. 배설물은 버릴수록 시원하다. 흔히 얻는 것은 성공이고 잃는 것은 실패라고 여기지만 사실상 진짜 성공은 욕심을 버릴 때 주어진다. 소유를 남기지 않고 승천하신 예수님에 비하면 사실 나는 너무 많은 것을 가졌다. 그러고도 더 달라니까 영적인 거지 처지가 된다. 욕심을 버리라. 왜 선교가 중요한가? 선교하면서 욕심을 버리게 되기 때문이다. 선교하려고 나누면 곱해지고 덜어 내면 더해진다. 내 것을 힘써 나누면 뜻밖의 선물을 주시는 하나님의 손길을 체험한다. 나눔으로 마음의 창을 깨끗하게 닦아야 비로소 그리스도의 형상을 볼 수 있고 보일 수 있다.

하나님! 욕심의 제거를 인생의 최우선 과제로 삼고 선교해서
뜻밖의 선물을 주시는 하나님의 은혜를 체험하며 살게 하소서.

365
·
DAILY
DEVOTION

3월
March

준비하는 예정론자가 되라

그러므로 내가 이제 그것을 위하여 준비하리라 하고
다윗이 죽기 전에 많이 준비하였더라 (역대상 22:5)

하나님은 준비된 사람을 쓰신다. 실력보다 자세가 중요하다. 하나님이 부르시면 즉각 응하는 '영적인 5분 대기조'가 되라. 하나님의 뜻이라면 과감히 나서서 충성되게 하나님의 일을 잘 감당할 때 하나님의 축복도 넘치게 된다. 어렵고 힘든 일로 부름 받아도 "할 수 있다."라는 믿음을 가지고 나아가라. 사람들이 "그것은 안 돼."라고 얘기할 때마다 무릎을 꿇고 더욱 꿈과 비전을 위해 기도하고 앞으로 좋은 일이 일어날 것을 기대하라. 실패를 얘기하지 말고 실패를 얘기하는 사람의 말에 귀를 기울이지 말라.

신실해도 어려움은 다가온다. 때로 극심한 어려움이 찾아올 수도 있다. 그래도 진실한 성도는 반드시 승리하게 되어 있다. 내일 종말이 와도 오히려 "할렐루야!"라고 외칠 수 있을 정도로 늘 준비하는 마음을 가지고 하나님의 뜻대로 살라. 준비하는 사람에게 가나안이 준비되고 아름다운 미래가 열린다. 하나님의 도우심을 구하며 힘써 땀을 흘리고 준비하라.

운명론과 예정론은 다르다. 운명론은 아무리 발버둥쳐도 미래는 운명대로 된다고 여기고 준비를 포기하는 것이지만 예정론은 약속된 것을 차지하려고 준비하는 삶을 포함하는 것이다. 운명론자에게는 '판단의 눈'이 발달되고 예정론자에게는 '사랑의 눈'이 발달된다. 운명론자에게는 '입술의 큰소리'가 나와 큰소리를 내고도 영향력이 축소되지만 예정론자에게는 '영혼의 큰소리'가 나와 큰소리가 없어도 영향력이 확대된다. 땀을 포기하는 운명론자가 아닌 땀을 흘리는 예정론자가 되어 마지못해 뒤따라가는 인생의 패잔병이 되지 말고 축복을 앞서 선도하는 거룩한 선봉장이 되라.

하나님! 축복을 원하기 전에 올바르게 되기를 힘쓰면서
책임 의식을 가지고 미래를 준비하는 존재가 되게 하소서.

그릿 시냇가의 축복

너는 여기서 떠나 동쪽으로 가서 요단 앞 그릿 시냇가에 숨고
그 시냇물을 마시라 (열왕기상 17:3-4)

어느 날 극심한 흉년 중에 하나님이 엘리야에게 그릿 시냇가에 숨고 그 시냇물을 마시라고 했다. 말씀대로 그릿 시냇가로 갔는데 그 시내도 곧 말라 버렸다. 전능하신 하나님이 인도한 곳에서 샘이 마른 것은 이해되지 않는다. 그처럼 하나님의 뜻대로 살아도 축복의 샘은 마를 수 있지만 사실상 그것은 다른 축복의 샘을 예비하시려는 조치다. 성도의 축복은 마를 것 같지만 끊어지지 않는 역설적인 축복이다.

왜 하나님은 엘리야를 물이 많은 요단강이나 갈릴리 호수 대신 그릿 시냇가로 인도하셨는가? 하나님의 축복에는 '강물의 축복'도 있지만 '시냇물의 축복'도 있다는 뜻이다. 하나님의 축복은 강물처럼 넘치게 주어지기도 하지만 시냇물처럼 주어지기도 한다. 후자의 축복은 수량이 적어 금방 마를 것 같지만 신기하게도 끊어지지 않는다. 하나님이 갈릴리 호수의 물처럼 마르지 않는 축복을 허락하시면 많은 사람이 그 축복과 하나님을 바꿀 것이다. 결국 '풍성하게 넘치다가 끊어지는 축복'보다 '적게 주어져도 끊어지지 않는 축복'이 더 복된 것이다.

하나님은 말씀과 기도를 앞세워 살라고 일시적으로 마를 것 같은 축복을 허락하신다. 그런 축복이 참된 축복을 낳을 때가 많다. 마를 것 같은 축복을 보며 너무 실망하지 말라. 하나님은 마를 것 같은 축복을 통해 더 큰 복을 안겨 주신다. 중요한 것은 축복 후에도 하나님께 감사하며 하나님이 기뻐하시는 삶을 살아감으로 그 축복이 끊어지지 않게 하는 것이다. 축복은 지속성이 있어야 참된 축복이 된다.

하나님! 지속성이 있는 축복이 진짜 축복임을 잊지 말고
마를 것 같지만 끊어지지 않는 축복에 감사하게 하소서.

자연을 사랑하고 존중하라

하늘이 하나님의 영광을 선포하고
궁창이 그의 손으로 하신 일을 나타내는도다 (시편 19:1)

나폴레옹 황제의 친구 샤니가 황제를 능멸한 죄로 지하 감옥에 갇혔을 때 절망 가운데 작은 돌로 감옥 벽에 썼다. "아무도 지켜 주지 않네." 어느 날 감옥 바닥의 돌 틈에서 작은 싹이 돋아난 것을 보고 천장 창문의 작은 빛을 이용해 그 싹을 파란 꽃으로 피워 냈다. 파란 꽃이 필 때 그는 감옥 벽에 쓴 예전의 글을 지우고 새로 썼다. "하나님이 지켜 주시네."

어느 날 샤니의 옆방 죄수에게 면회 온 딸을 통해 감옥에서 파란 꽃을 피워 낸 샤니의 얘기가 조세핀 왕비의 귀에 들렸다. 왕비가 황제에게 말했다. "그토록 꽃을 사랑하며 보살핀 사람이 나쁜 사람일 리가 없어요." 결국 왕비의 설득으로 샤니가 석방되었다.

자연을 잘 보존하는 것도 성경적이고 자연을 잘 개발하는 것도 성경적이다. 자연을 개발할 때도 기본적으로 자연을 사랑하고 존중하려는 마음을 가져야 하나님의 사랑과 존중도 받고 하나님의 축복도 체험한다. 태초에 하나님이 사람에게 땅을 정복하고 모든 생물을 다스리는 문화 사명을 주신 것은 자연에 대해 '조정자'가 되라는 뜻이지 '지배자'가 되라는 뜻이 아니다.

때로는 책을 통해서보다 자연을 통해서 더 깊은 교훈을 얻는다. 자연 및 일상에서 주어지는 하나님의 음성에 열린 마음을 가지라. 주변의 모든 사물을 통해 하나님의 손길을 느끼고 주변의 모든 사건을 통해 하나님의 음성을 들으라. 자연을 주신 하나님께 감사하라. 나의 주변에 있는 것 중 어느 하나도 축복이 아닌 것이 사실상 거의 없다.

하나님! 자연을 사랑하고 존중하는 책임적인 성도가 되어 하나님의 사랑과 존중도 받고 참된 복도 예비하게 하소서.

믿음으로 생각하고 감사하라

이스라엘을 그들 중에서 인도하여 내신 이에게 감사하라
그 인자하심이 영원함이로다 (시편 136:11)

출애굽 후 모세가 12명을 선택해 가나안 땅을 정탐시켰다. 정탐 후에 10명은 "우리는 그들에 비하면 메뚜기와 같다."라고 부정적으로 말했다. 그 말을 듣고 백성들은 밤새 곡하며 모세와 아론과 하나님을 원망했고 결국 원망한 성인들은 가나안 땅에 들어가지 못하고 죽었다. 반면에 긍정적인 믿음의 말을 했던 갈렙과 여호수아만은 가나안 땅에 들어갈 수 있었다.

말은 사람을 살리기도 하고 죽이기도 한다. 안 된다고 말하면 안 될 가능성이 커지지만 된다고 말하면 될 가능성이 커진다. 때로는 비판도 필요하지만 전체적으로는 비판보다 칭찬을 앞세워 살라. 칭찬은 자녀를 위한 좋은 실제적인 교육 수단이다. 비판의 말을 자주 들은 자녀는 점차 부정적으로 변하면서 실패와 불행의 길로 가지만 칭찬의 말을 자주 들은 자녀는 점차 긍정적으로 변하면서 성공과 행복의 길로 간다. 믿음으로 말하는 것도 중요하지만 믿음으로 생각하는 것도 중요하다.

늘 믿음으로 생각하고 감사하라. 길이 막히면 묵상 시간이 생겼다고 생각하고 감사하라. 병들면 회개 기회를 얻었다고 생각하고 감사하라. 일이 안되면 겸손을 배울 기회로 생각하고 감사하라. 약점과 치부가 드러나면 위선의 짐을 벗게 되었다고 생각하고 감사하라. 삶의 위기를 만나면 더 쓰임 받는 기회를 얻을 것으로 생각하고 감사하라. 원망과 불평도 체질이 되지만 감사와 칭찬도 체질이 된다. 원망과 불평의 잡초는 그냥 두어도 잘 자라지만 감사와 칭찬의 꽃은 가꿔야 잘 자란다. 원망하면서 광야의 삶이 시작되고 감사하면서 광야의 삶이 끝난다.

하나님! 믿음을 가지고 감사하는 생각과 말을 체질화시켜서
광야의 시절을 끝내고 가나안의 축복을 얻어 누리게 하소서.

은밀한 나만의 행복

오직 선을 행함과 서로 나누어 주기를 잊지 말라
하나님은 이같은 제사를 기뻐하시느니라 (히브리서 13:16)

옛날에 천사가 성자에게 말했다. "성자님! 소원이 있으면 말해 보세요. 치유의 은사를 원하세요?" 성자가 대답했다. "아닙니다. 하나님이 친히 치유해 주시기를 원해요." 천사가 물었다. "그러면 사람을 회심시키는 능력을 원하세요?" "아닙니다. 사람의 마음을 여는 일은 하나님의 일 같아요." 천사가 계속해서 물었다. "그러면 많은 구제로 존경받고 싶나요?" 그가 대답했다. "아녜요. 존경을 많이 받기보다는 존경을 많이 주고 싶어요."

천사가 마지막으로 말했다. "성자님! 그래도 한 가지 소원은 꼭 들어드리고 싶어요." 결국 너무 사양만 할 수 없어서 말했다. "그렇다면 좋은 일이 저를 통해 많이 이뤄지되 저 자신은 모르게 해 주세요." 그때부터 그의 그림자가 닿는 땅마다 치유의 땅이 되고 그의 그림자가 닿는 사람마다 생기를 얻고 치유를 체험했지만 성자는 그 사실을 전혀 알지 못했다. 그 후 사람들은 다 그를 성자라고 했지만 그는 계속해서 스스로를 평범한 사람으로 여겼기에 치유의 능력이 떠나가지 않았다.

좋은 일을 하고 곧 잊어버리는 마음처럼 복된 마음은 없다. 인정받으려고 집착하면 더 인정받지 못한다. 그저 하나님이 봐 주시고 알아주시는 줄 알고 묵묵히 자기 일에 힘쓰면 자연스럽게 인정받는다. 남의 평가와 시선에서 자유로워지라. 여론을 참고는 하되 두려워하지는 말라. 진짜 두려워해야 할 것은 하나님의 평가와 시선이다. 하나님은 나의 은밀한 헌신을 다 보고 계신다. 그 헌신이 행복감을 가져다준다. 은밀한 나만의 행복을 누릴 때 누구도 부럽지 않게 된다.

하나님! 좋은 일을 하고도 그 일을 금방 잊어버리게 하심으로
은밀한 나만의 행복을 누리며 살고 은혜도 지속되게 하소서.

진리의 길을 추구하라

여호와는 선하시고 정직하시니
그러므로 그의 도로 죄인들을 교훈하시리로다 (시편 25:8)

하나님은 사랑과 공의의 하나님이시다. 하나님은 죄인을 용서하실 때 무조건 용서하면서 복을 내려 주시지 않고 먼저 진실한 회개가 있느냐를 보신다. 회개는 회복을 부르는 최상의 첫 단추다. 사람이 진심으로 회개할 때 하나님이 주시는 최고 기도 응답 중 하나는 하나님의 길을 가르쳐 주시고 하나님의 뜻을 깨닫게 하시는 것이다. 기도 중에 자신의 죄와 허물을 깨닫고 그런 자신에게 내려 주신 하나님의 은혜와 사랑이 얼마나 큰가 하는 것만 깨달아도 최상의 기도 응답을 받은 것이다.

깨달음을 '해탈'이나 '득도'란 거창한 용어와 연결시키지 말라. 자신의 죄와 허물을 깊이 깨닫기만 해도 누구보다 진리를 깊이 깨달은 자다. 그런 깨달음이 없다면 여전히 자신을 속이는 것이다. 자신을 속이면 하나님의 음성이 들리기 힘들고 성령 충만의 역사도 나타나기 힘들다. 왜 고난이 필요한가? 스스로 속이는 삶을 탈피하게 하는 유익한 기회를 제공하기 때문이다. 고난은 깨달음을 주시려는 하나님의 계획의 일부다. 고난을 통해 하나님의 뜻을 깨달을 때 하나님이 인자와 진리를 보여 주신다.

진선미(眞善美)는 메달의 금은동과 같다. 바르고 정직한 삶은 금메달의 삶, 선하고 좋은 삶은 은메달의 삶, 아름답고 단아한 삶은 동메달의 삶과 같다. 성도가 추구해야 할 하나님의 나라는 미국(美國)보다 진국(眞國)이다. 종교를 통해 높은 진리를 추구하기보다 높은 자리를 추구하려는 종교 기득권자나 기복주의자가 되지 말라. 하나님이 주시는 깨달음대로 진리를 추구하는 진국 성도가 될 때 모든 것이 합력하여 선이 이뤄진다.

∞ 하나님! 하나님의 말씀 안에서 하나님의 뜻을 온전히 깨닫고
진리의 길을 따라 사는 영적인 금메달 수상자가 되게 하소서. ∞

삶의 두려움을 극복하라

나는 만군의 여호와의 이름 곧 네가 모욕하는 이스라엘 군대의
하나님의 이름으로 네게 나아가노라 (사무엘상 17:45)

목적 없는 삶처럼 불행한 삶은 없다. 최고의 복은 하나님의 창조 목적대로 사는 것이다. 그것을 위해 꼭 필요한 것이 두려움을 극복하는 것이다. 사명을 이행할 때 가장 필요한 음성은 "두려워 말고 믿기만 하라."라는 음성이다. 누구에게나 두려움은 있다. 성경의 위대한 인물들에게도 있었다. 어떻게 두려움을 이기는가? 사람에게 두려움이 생기는 2대 핵심 이유는 사명의 결핍과 사랑의 결핍 때문이다. 사명감이 강하거나 사랑하는 마음이 크면 얼마든지 두려움을 극복할 수 있다.

두려움을 극복하려면 사명적인 삶과 사랑하는 삶이 필요하지만 준비하는 삶도 필요하다. 다윗은 평소에 물매로 맹수를 죽이는 탁월한 실력을 준비했다. 평소에 잘 준비하면 위기에 처해도 두렵지 않다. 다윗처럼 문제의 골리앗에게 큰소리치라. "나는 하나님의 이름으로 나아간다. 너는 내 손에 쓰러지고 내가 네 목을 벨 것이다." 예수님은 산에게도 명하면 바다에 던져진다고 하셨다(막 11:23). 두려움을 향해 물러가라고 명령하라. 믿음의 말에는 엄청난 파워가 있다.

다윗은 골리앗의 목을 벤 후 국가적인 영웅으로서 사울 왕의 사위가 되었다. 두려움을 이겨 내자 하나님의 창조 목적대로 가장 복된 삶이 펼쳐졌다. 두려움을 이겨 내면 그 후에 준비된 복은 상상을 초월한다. 두려움은 전진과 성장을 막는다. 두려워하는 마음은 하나님으로부터 비롯된 마음이 아니다. 아담은 죄를 짓고 두려워서 숨었다(창 3:10). 두려움은 하나님을 떠난 표식이고 담대함은 하나님이 함께한 표식이다.

하나님! 하나님이 함께하신다는 굳건한 믿음으로 무장해서
삶에 수시로 다가오는 두려움을 극복하고 승리하게 하소서.

하나님이 쓰시는 사람

이는 기록된 바 시온 딸아 두려워하지 말라 보라 너의 왕이
나귀 새끼를 타고 오신다 함과 같더라 (요한복음 12:15)

메시야가 나귀 새끼를 타고 오신다는 말씀은 하나님의 축복이 누구에게 향하는지를 잘 보여 준다. 예수님이 어린 나귀를 타신 것은 하나님이 순수한 사람과 순종하는 사람을 쓰신다는 암시다. 어른 나귀처럼 힘이 있어서 교만한 삶보다 어린 나귀처럼 힘이 없어서 겸손한 삶이 더 복된 삶이다. 하나님은 용모와 신장을 보지 않고 중심을 보신다. 돈과 학력과 인맥이 없어도 실력을 갖추면 되고 실력이 부족하면 믿음과 성실을 갖추면 된다.

하나님은 완벽한 사람보다 깨끗한 사람을 쓰신다. 부족한 사람도 하나님 앞에 진심으로 회개하면 쓰임 받을 수 있다. 그릇을 깨끗하게 닦을 생각은 하지 않고 그릇에 채울 생각만 하지 말라. 나를 깨끗하게 닦고 나를 비워 내라. 충만하게 채우는 일을 무시하지는 말되 충만하게 채우면서도 동시에 끊임없이 비워 내라. 욕망이 너무 크면 행복을 잃는다. 탐욕과 야망을 이겨 내야 영혼은 강해지고 마음은 맑아지고 행보가 가벼워지면서 물질도 따른다.

하나님은 능력이 부족해도 순수하고 깨끗한 사람을 쓰신다. 금 그릇도 더러우면 쓸 수 없고 사기그릇도 깨끗하면 쓸 수 있다. 비천하고 부족해도 나를 깨끗하게 만들어 하나님이 원하시는 길로 가면 얼마든지 쓰임 받을 수 있다. 나를 드리고 헌신해서 멋지게 쓰임 받기를 꿈꾸라. 나귀 새끼도 쓰임 받았다. 아무리 연약해도 하나님이 쓰시겠다고 마음에 감동을 주실 때 기쁘게 그 부름에 응답하면 쓰임 받지 못할 인생은 없다.

하나님! 외적으로 부족한 것이 많아도 실력과 성실성을 갖추고
깨끗하게 헌신해서 하나님 앞에 쓰임 받는 인생이 되게 하소서.

평범함과 비범함의 차이

나는 너를 애굽 땅에서 인도하여 낸 여호와 네 하나님이니
네 입을 크게 열라 내가 채우리라 하였으나 (시편 81:10)

캐릭터에 문제가 많은 삼손이 사사로 쓰임 받은 것을 보면 하나님의 은혜가 얼마나 큰지를 깨닫게 된다. 또한 부족한 나도 얼마든지 쓰임 받을 수 있다는 희망을 품게 된다. 멋지게 쓰임 받는 찬란한 꿈을 가지라. 하나님이 쓰신 사람은 지식과 지혜가 월등한 사람이 아닌 남다른 꿈이 있는 사람이었다. 하나님은 축복하실 때 먼저 꿈을 갖게 하시고 그 꿈을 포기하지 않을 때 그 꿈대로 축복하신다. 요셉이 형제들보다 탁월했던 점은 찬란한 꿈을 품었던 점이다.

사람의 위대성은 그가 가진 꿈에 달려 있다. 평범함과 비범함의 차이는 대개 꿈의 차이다. 천재성이란 꿈을 포기하지 않는 머리가 있는 것이다. 은혜는 꿈을 포기하지 않는 끈질김 속에 자리한다. 큰 꿈과 비전을 가지고 입을 크게 열 때 하나님은 그 꿈대로 채워 주신다. 꿈이 살면 영혼도 살고 꿈이 죽으면 영혼도 죽는다. 꿈이 있으면 노인도 청년이고 꿈이 없으면 청년도 노인이다.

시작부터 화려한 꿈은 없다. 화려한 꿈이 늘 지속되는 경우는 더욱 없다. 멋지고 소중한 꿈일수록 시련도 많고 성취에 시간이 걸린다. 꿈꾸는 사람에게 가장 무서운 것 중의 하나가 포기다. 남들의 칭찬이 없어도 실망하지 말라. 수고했는데 사람의 칭찬이 없다면 오히려 기뻐하라. 하나님의 칭찬은 더욱 클 것이기 때문이다. "내가 얼마나 수고했는데."라는 생각을 버리라. 칭찬을 기대하지 않는 수고가 진짜 수고다. 꿈을 위해 수고한다면 죽도록 수고해도 슬픔이 아닌 기쁨이다. 수고를 기쁨의 재료로 만들며 성도답게 살아갈 때 조만간 꿈이 이뤄지는 찬란한 응답의 때가 온다.

하나님! 꿈을 포기하지 않는 천재성을 구비하게 하셔서
슬픔조차 기쁨으로 만들고 찬란한 꿈을 이뤄 내게 하소서.

진짜 잘 사는 길

위의 것을 생각하고 땅의 것을 생각하지 말라 이는 너희가 죽었고
너희 생명이 그리스도와 함께 하나님 안에 감추어졌음이라 (골로새서 3:2-3)

철학적으로 가장 중요한 질문은 '나는 누구인가?'라는 질문이다. 그보다 더 중요한 기독교적인 질문은 '나는 누구의 것인가?'라는 질문이다. 사업에 실패했다고 목을 매면 돈에 매인 사람이고 명예가 떨어졌다고 목을 매면 명예에 매인 사람이다. 성도는 예수님께 매인 존재다. 예수님께 확실히 매이면 다른 일로 인해 목을 맬 필요가 없다. 무엇을 무엇에 매느냐가 중요하다. 물질을 거룩한 비전에 매면 하늘 보화가 되고 시간을 거룩한 사명에 매면 지경이 넓혀지고 재능을 하나님의 뜻에 매면 기발한 창조성이 생기고 육신을 사랑의 봉사에 매면 건강의 축복을 얻는다.

성도란 이미 죽은 사람을 뜻한다. 어떤 성도는 "앞으로 잘 죽어야지."라고 결심하지만 사실 성도는 앞으로 잘 죽어야 할 존재가 아니라 이미 죽은 존재다. 성도의 참된 삶은 이미 죽었다는 사실에서 출발한다. 왜 근심이 있는가? 죽지 않았기 때문이다. 덜 죽으면 생각이나 근심이 많아진다. 오늘날 수많은 마음의 질병은 내가 죽지 못해 생긴 질병이다.

어떤 사람은 피해 의식이 커서 사소한 말에도 무시당한다고 느낀다. 그 원인이 과거의 상처 때문일 수도 있지만 근본적인 이유는 내가 죽지 않았기 때문이다. 나의 감정과 기분을 너무 신뢰하지 말라. 과거의 상처도 같이 깨끗이 죽도록 나를 철저히 죽이라. 회개란 후회의 눈물을 흘리는 것이 아니라 세상적인 나를 죽이는 것이다. 철저히 나를 죽여야 과거의 상처를 딛고 새롭게 일어설 수 있다. 더 철저히 죽는 길이 진짜 잘 사는 길이다.

하나님! 세상적인 것에 매이지 않고 하나님의 뜻에 매여
마음의 상처를 극복하고 잘 죽음으로 잘 살아나게 하소서.

'살림'은 '죽음'에서 출발한다

자녀들아 모든 일에 부모에게 순종하라
이는 주 안에서 기쁘게 하는 것이니라 (골로새서 3:20)

한 대학생 딸이 용돈을 벌려고 아르바이트를 시작했다. 아빠는 딸이 그 시간에 더 공부하길 원했지만 말을 듣지 않았다. 어느 날 초저녁부터 자정까지 대형 마트에서 힘들게 일하고 새벽 한 시쯤 귀가했다. 아빠가 깨지 않도록 조용히 움직이는데 갑자기 아빠 머리맡에 '퇴직금'이라고 적힌 봉투가 보였다. 슬쩍 그 안을 살펴보고 울기 시작했다. 아빠가 왜 갑자기 직장을 그만뒀는지 이유를 알았기 때문이다. 남에게 아쉬운 소리를 못하기에 퇴직금으로 자신의 등록금을 마련한 것이었다.

자녀를 생각하는 부모 마음은 늘 앞서는데 부모를 생각하는 자녀 마음은 늘 뒤처진다. 옛날 어머니들은 살림을 잘하려고 매일 죽어야 했다. 모든 '살림'은 '죽음'에서 출발한다. 죽지 않고 살리는 길은 없다. 성도의 핵심 과제는 잘 죽는 것이다. 죽으면 많은 것을 살릴 수 있다. 내가 죽어야 배우자도 살고 가정도 살고 교회도 살고 나라도 산다. 십자가의 헌신이 없으면 참된 사랑을 모르게 되고 활기찬 뒤에 급히 따라오는 공허함만 넘치게 된다.

예수님은 우리를 살리려고 죽으셨다. 예수님의 사랑에 가장 근접한 사랑이 어머니의 사랑이다. 어머니는 보혜사 성령님처럼 늘 자녀와 마음을 함께한다. 옛날 어머니들의 일생은 식모의 일생과 같았다. 모두가 가난할 때 자녀는 밥을 다 먹고도 철없이 어머니의 누룽지까지 뺏어 먹었지만 어머니는 배고픔을 참고 자녀만 배불리 먹이셨다. 그런 어머니의 눈물로 자녀는 잘 자랐다. 대부분의 부모는 그런 사랑으로 자녀를 키웠다. 이제는 내가 그 사랑을 부모와 누군가에게 갚을 차례다.

하나님! 내가 죽어야 많은 것을 살릴 수 있음을 기억하고
예수님의 십자가의 사랑을 누군가를 위해 베풀게 하소서.

극단에 치우치지 말라

나는 마음이 온유하고 겸손하니 나의 멍에를 메고 내게 배우라
그리하면 너희 마음이 쉼을 얻으리니 (마태복음 11:29)

이기주의는 기독교의 최대 적이다. 혼자 잘살려고 하면 사탄에게 당한다. 높은 벽을 쌓고 싸우면 사탄만 좋아한다. 다양성 안에서 일치를 이루고 협력하라. 언제 협력 정신이 꽃피는가? 예수님의 2대 성품인 겸손과 온유가 있을 때다. 온유란 헬라어로 '프라우스'라고 하는데 '극단에 서지 않는 것'을 뜻한다. 극단에 치우치지 않는 중용이 온유다. 성경을 바탕으로 폭넓은 독서도 추구하라. '독서'가 없으면 '독선'에 빠진다. 독서를 멈추면 성장도 멈춘다. 좋은 리더(reader)가 될 때 좋은 리더(leader)가 된다.

어떤 문제에서 흑백 논리에 너무 빠지지 말라. 편협함은 독이 된다. 예수님을 양보하는 것 외에는 다 양보 가능성을 열어 두고 "그럴 수 있지. 그의 생각도 일리가 있어."라고 하라. 정치적으로도 극단에 치우치지 말라. 사회가 편협한 방향으로 나아갈 때 사회의 조정자 및 조타수 역할을 하라고 하나님이 교회와 성도를 이 땅에 두셨다. 그 사명을 잊고 편협한 길로 깊숙이 빠져드는 것은 하나님의 뜻과는 상관없는 태도다. 독실(篤實)은 있어야 하지만 독선(獨善)은 없어야 한다.

봄에 산불이 많이 생긴다. 건조해서 작은 마찰만 있어도 금방 불이 붙는다. 비가 내려 땅이 촉촉이 젖으면 불이 나지 않는다. 영적으로도 마찬가지다. 왜 성도가 말씀과 기도를 가까이하고 교회에 나오는가? 은혜로 마음이 촉촉해지기 위해서다. 은혜받았다는 것은 만담으로 귀가 즐거워진 것이 아니다. 말씀과 기도로 마음이 촉촉해져서 불평과 원망이 없어지고 편협한 마음이 넉넉한 마음으로 바뀐 것이 은혜받은 증거다.

하나님! 예수님의 겸손하고 온유하신 성품의 옷을 입고
세상에 평화를 전하는 독실한 성도로 살아가게 하소서.

구제할 때의 3대 자세

너는 구제할 때에 오른손이 하는 것을 왼손이 모르게 하여
네 구제함을 은밀하게 하라 (마태복음 6:3-4)

예수님이 하신 "구제할 때에 오른손이 하는 것을 왼손이 모르게 하라."
라는 말씀에는 어떤 의미가 있는가? 첫째, 조용히 선을 행하라는 의미가 있다. 왜 예수님은 바리새인의 구제를 싫어하셨는가? 기회만 생기면 선행을 드러냈기 때문이다. 구제할 때 사람을 의식하지 말라. 선물에는 악취 나는 선물이 있고 향취 나는 선물이 있다. 선물을 준 후 조용히 있을 때 향취가 난다. 너무 향수 냄새가 심하면 괴롭다. 향취는 은은히 풍겨야 좋듯이 구제에 은은한 향기가 동반되어야 감동도 있고 인간미도 있다.

둘째, 신속히 선을 행하라는 의미가 있다. 나눔의 감동이 생길 때 오래 생각하고 계산하면 마음이 변하기에 오른손이 하는 것을 왼손이 모를 정도로 신속히 나누라. 계산하면 헌신하지 못한다. 옥합을 깨뜨려 향유를 예수님께 부은 여인이 머리로 계산했다면 결혼할 때 쓰려고 모아둔 향유를 그렇게 쓰지 못했을 것이다. 헌신에도 때가 있다. 그때는 가급적 이를수록 좋다. 다급할 때의 작은 도움이 다급하지 않을 때의 큰 도움보다 낫다.

셋째, 선을 행한 후 잊으라는 의미가 있다. 선행 후에 잊지 않고 오래 기억하면 공로 의식이 생길 수 있다. 또한 내 마음에 들지 않는 상황이 생기거나 나에 대한 칭찬 혹은 나의 영향력이 생각만큼 크지 않을 때 섭섭한 마음이 들면서 본전 생각이 날 수도 있다. 나누고 드린 후 그 선행을 깨끗이 잊어야 공로 의식과 본전 생각에 사로잡히는 시험에 들지 않는다. 남에게 베푼 선행은 금방 잊어버리는 것이 좋고 남으로부터 받은 선행은 오래 기억하는 것이 좋다.

하나님! 구제할 때는 조용하고 신속하게 행하게 하시고
구제한 후에는 잘 잊음으로 하나님이 기억하시게 하소서.

높아질수록 낮아지라

네가 어디로 가느냐 물은즉 그가 내게 대답하되 예루살렘을
측량하여 그 너비와 길이를 보고자 하노라 (스가랴 2:2)

주전 520년 11월 24일 스가랴는 한날한시에 8가지 환상을 보았다. 그때 셋째 환상은 한 사람이 측량줄을 손에 잡고 예루살렘의 너비와 길이를 측량하는 환상이었다. 그 환상은 하나님의 세심한 사랑을 비유적으로 나타낸다. 하나님의 은혜는 세심하게 펼쳐진다. 세상에서 어느 곳도 하나님의 은혜의 손길이 미치지 않는 곳이 없고 삶에서 어느 시간도 하나님이 나를 외면한 시간은 없다. 전능하신 하나님께는 '사소한 일'은 하나도 없이 다 소중한 일이고 '사소한 시간'은 하나도 없이 다 소중한 시간이다.

우연한 사건도 하나님이 계획하신 것이다. 우연한 일은 하나도 없다. 하나님 안에서는 '우연한 일'도 하나님의 세심한 계획 속에 이뤄진 '필연적인 일'이다. 하나님은 우연처럼 보이는 일들을 엮어 필연적으로 위대한 일을 만드신다. 우연한 일 속에서 빙그레 웃으시는 하나님의 미소를 발견하는 영안과 하나님의 세심한 손길을 느끼는 영적 지각 능력을 가지라.

가끔 하나님의 은혜를 생각하면 감동의 눈물이 난다. 나의 모습을 생각하면 죄와 허물로 망하거나 죽어야 마땅하지만 하나님은 생각 이상으로 채워 주시고 기도 이상으로 응답해 주시고 행동 이상으로 은혜를 베풀어 주셨다. 하나님의 은혜는 사람의 생각을 초월한다. 그런 초월적인 은혜는 겸손한 마음에 임한다. 낮은 골짜기에는 이슬이 많이 내리지만 높은 산꼭대기에는 바람이 심해 이슬이 내리지 못한다. 자리가 높아질수록 자세가 낮아지기를 힘쓰라. 겸손은 이미 은혜받은 최대의 징표이고 동시에 앞으로 은혜받을 최대의 징표다.

하나님! 하나님의 세심한 손길을 느끼는 영적 지각력을 주셔서 늘 겸손한 마음과 태도로 이슬과 같은 은혜를 예비하게 하소서.

은혜를 남용하지 말라

그리스도 예수 안에 있는 속량으로 말미암아 하나님의 은혜로
값없이 의롭다 하심을 얻은 자 되었느니라 (로마서 3:24)

피 흘림을 통해 죄 사함을 받는 원리는 하나님의 섭리로 태초부터 계획되었다. 그 구원의 계획이 유월절 어린양의 피를 통해 구체화되고 예수님의 피를 통해 완성되었다. 성도는 그냥 하나님을 믿는다고 하기보다 예수님의 피를 통해 구원의 길을 여신 하나님을 믿는다고 해야 그가 가진 믿음이 온전한 구원의 믿음이 된다.

예수님의 피가 영혼에 깊이 젖으면 완악한 마음이 녹아지고 딱딱한 상처의 돌이 용해된다. 사람을 반듯하게 만들 것 같은 율법만 내세우면 마음은 돌처럼 더 굳어지지만 예수님의 보혈에 담긴 은혜와 사랑으로 용서에 대한 자각이 생기면 돌 같은 마음이 녹아지고 깊은 평화가 생긴다. "하나님이 나 같은 허물 많은 죄인을 정말 기뻐하실까?"라고 생각하지 말라. 나는 허물이 많아서 하나님의 기쁨이 될 자격이 없어도 실제로는 그 허물 때문에 오히려 더욱 하나님의 애틋한 사랑을 받을 수도 있다.

하나님의 은혜는 내 생각보다 크다. 그래도 은혜를 값싸게 남용하지는 말라. 예수님이 피값을 치르고 이룬 구원의 은혜는 본질상 값싼 은혜가 아니다. 값없는 은혜로 구원받았지만 그 '값없는 구원'을 위해 예수님은 '값비싼 대가'를 치르셨다. 누군가가 은혜를 강조할 때마다 염려되는 점은 그가 은혜를 남용하지 않을까 하는 것이다. '은혜를 의식하는 삶'이 '은혜를 남용하는 삶'으로 흘러서 값싼 은혜가 되지 않도록 하라. 참된 은혜는 '죄가 아닌 죄인'을 용서하는 것이지만 값싼 은혜는 '죄인이 아닌 죄'를 용납하는 것이다. 은혜를 앞세워 산다고 해서 죄를 결코 가볍게 여기지 말라.

하나님! 예수님의 피로 마음이 녹아지는 은혜가 있게 하시고
값없이 주신 하나님의 은혜를 값싸게 남용하지 않게 하소서.

오직 하나님만 두려워하라

마귀가 우는 사자같이 두루 다니며 삼킬 자를 찾나니
너희는 믿음을 굳건하게 하여 그를 대적하라 (베드로전서 5:8-9)

잘 믿어도 때로는 고난이 찾아온다. 그러나 중요한 사실은 그 고난 중에 하나님이 함께하신다는 사실이다. 보리는 밟히면 뿌리를 깊이 내리고 봄에 더욱 튼튼하게 자란다. 어떤 고난도 두려워하지 말고 오직 하나님만 두려워하라. 하나님을 두려워하면 어떤 것도 두려워하지 않게 된다. 승리는 믿음에서 오고 패배는 두려움에서 온다. 사탄의 고도의 심리전에 넘어가지 말고 오히려 사탄이 두려워하는 믿음의 성도가 되라.

동물학자들의 말에 의하면 우는 사자는 대개 이빨이 없는 늙은 사자다. 힘이 없으니까 우는 소리를 크게 내어 위협하는 사자의 모습이 사탄의 모습이다. 이빨 빠진 사자와 같은 사탄을 두려워하지 말라. 두려움은 대개 실체가 없다. 사탄은 겁주는데 선수이지 예수님의 보혈로 덮인 나를 해칠 수 없다. 하나님은 사탄이나 문제보다 훨씬 크신 분이기에 하나님을 두려워하면 어떤 것도 두렵게 느껴지지 않지만 하나님을 두려워하지 않으면 모든 것이 두렵게 느껴진다.

하나님을 두려워할 줄 아는 것이 최대 성공이고 하나님을 두려워할 줄 모르는 것이 최대 실패다. 죽음도 두려워하지 말라. 죽으면 곧 천국에 간다는 믿음을 가지고 담대히 살라. 갈 때가 되어 가면 된다. 죽더라도 즐겁게 죽는 믿음을 구하라. 깨끗하게 살다가 때가 되어 죽음의 요단 강을 건너면 그것도 축복이다. 하나님이 필요한 만큼 살게 하실 것이다. '하나님의 하나님 되심'을 믿음으로 하나님을 두려워하고 동시에 '하나님의 아버지 되심'을 믿음으로 모든 두려움을 물리치고 담대하게 살라.

하나님! 이빨 빠진 사자 같은 사탄을 두려워하지 말게 하시고
오직 하나님만 두려워함으로 고난을 극복하고 승리하게 하소서.

뚜렷한 비전을 가지라

푯대를 향하여 그리스도 예수 안에서 하나님이 위에서 부르신
부름의 상을 위하여 달려가노라 (빌립보서 3:14)

어느 날 원숭이가 강에서 물고기들이 헤엄치며 노는 것을 보는데 마치 물에 빠져 허우적거리는 것 같아 급히 뛰어들어 부지런히 물고기를 건져 강변으로 던졌다. 나중에 물고기들이 다 죽어 있는 것을 보고 원숭이가 탄식했다. "내가 좀 더 일찍 구조하지 못해 이렇게 됐구나." 다음날 원숭이는 아침부터 부지런히 물고기들을 건져 강 밖으로 던졌다. 얼마나 '멍청한 부지런함'인가? 열심히 일하는 것보다 바르게 알고 지혜롭게 일하는 것이 더 중요하다.

하나님이 "네가 더 살아야 할 이유가 무엇인가?"라고 물으시면 즉시 대답할 수 있는 가치 있고 뚜렷한 비전을 가지라. 특히 2가지 비전은 꼭 필요하다. 첫째, 나를 위한 비전이다. 한 통계에 의하면 뚜렷한 비전을 가지고 사는 사람은 5% 정도다. 뚜렷한 비전을 가졌다면 성공적인 삶을 사는 5% 안에 속하는 특권을 얻는다. 둘째, 하나님 나라를 위한 비전이다. 방황하는 영혼을 위해 이 시대에 꼭 필요한 교회를 만드는 비전을 가지라.

비전이 분명해야 성공도 분명해진다. 성공한 사람은 하나같이 뚜렷한 비전을 가졌다. 언젠가 남극의 얼음덩어리 밑에서 불이 났다. 볼록 렌즈처럼 만들어진 얼음덩어리로 인해 햇빛이 모아져 생긴 현상이었다. 비전에 집중하면 쇳덩어리와 같은 인생 장벽도 녹일 수 있다. 뚜렷한 비전을 가지면 이별은 더 좋은 만남을 예비하고 실패는 성공을 예비한다. 또한 등 떠밀리며 일하다가 등 떠밀리며 쫓겨나는 비참한 인생이 되지 않는다. 결국 때가 되어 인생의 다음 막에서 축복의 문이 열린다.

하나님! 짧은 인생을 살면서 뚜렷한 목표와 비전이 있게 하시고
열심히 일하면서도 하나님이 기뻐하시는 길을 잃지 않게 하소서.

발에서 신을 벗으라

하나님이 이르시되 이리로 가까이 오지 말라 네가 선 곳은
거룩한 땅이니 네 발에서 신을 벗으라 (출애굽기 3:5)

하나님이 모세를 부르실 때 "네 발에서 신을 벗으라."라고 하신 명령에는 어떤 뜻이 있는가? 첫째, "이제부터 내가 너를 업고 가겠다."라는 뜻이 있다. 희망이 없어 보이는 연약한 사람이나 실패한 사람도 자기가 선 곳이 거룩한 곳인 줄 알고 거기서 신을 벗을 줄 알면 축복의 문이 열리고 하나님이 업고 가 주시는 은혜가 따른다. 하나님께 내 짐과 나의 사랑하는 사람을 맡기라. 하나님께는 맡아 주고 업어 주실 넉넉한 등이 있다. 하나님은 나의 등 뒤에서 나를 밀어 주시면서 때로는 나를 등에 업고 가 주실 것이다.

둘째, "네 것과 네 뜻을 포기하고 나의 종이 되라."라는 뜻이 있다. 고대에 종은 맨발로 다니며 주인을 섬겼다. 종의 자세를 가지고 기복주의를 멀리하라. 기복주의는 하나님의 뜻에는 관심이 없고 자신이 원하는 것만 달라는 것이다. 섬기려는 자세를 가지고 분리를 꾀하지 말라. 사탄의 핵심 무기인 분리를 꾀하면 하나님으로부터 분리된다. 섬기라고 요구하기보다 섬기려고 자원할 때 하나님의 높여 주시는 은혜가 따른다.

셋째, "하나님 안에서 안식하라."라는 뜻이 있다. 열심히 살면서도 때로는 쉬라. 땀을 흘렸다면 쉬는 것에 대해 죄책감을 가지지 말고 남이 쉬는 것도 정죄하지 말라. 일손을 놓고 기도 손을 잡아야 인생 조율이 되고 때로는 일터에서 멀리 떠나야 전체를 보는 시야가 열린다. 특히 하나님 품에서 쉬는 것은 무엇보다 큰 축복이다. 지금 그런 은혜의 자리에 있다면 큰 축복으로 알라. 현재 자신의 모습이 떨기나무처럼 보잘것없어도 현재의 시간에서 하나님만 깊이 만날 수 있다면 새로운 복된 길이 조만간 펼쳐질 것이다.

하나님! 하나님의 뜻을 따라 종의 자세를 가지고 섬김으로
하나님의 업어 주시고 품어 주시는 은혜 가운데 살게 하소서.

힘써 화평을 추구하라

모든 사람과 더불어 화평함과 거룩함을 따르라
이것이 없이는 아무도 주를 보지 못하리라 (히브리서 12:14)

인간관계를 할 때 미움과 증오로 인해 축복의 흐름이 막히지 않도록 늘 하나님의 뜻을 앞세워 살라. 나와 반대 입장을 취하는 사람을 너무 미워하지 말라. 미움은 영혼과 육신과 인간관계를 파괴하고 하나님을 침묵하시게 만든다. 인간관계의 갈등을 보면 대개 양쪽에 다 허물이 있다. 그것을 인정해야 용서가 쉬워진다. 내게 정말로 허물이 없는 것 같아도 먼저 화해에 나서야 하나님이 비밀스런 축복의 문을 열어 주신다.

정의를 내세우며 심한 언행으로 화평을 깨뜨리는 삶은 '정의'에서 나온 삶이 아니라 '정욕'에서 나온 삶이다. 정의를 추구하는 사람이 노출하기 쉬운 최대 약점은 그가 추구하는 정의가 미움으로 변질되기 쉽다는 것이다. 정의가 미움으로 변질되지 않는 참된 정의감을 가질 때 하나님의 은혜가 넘치게 부어진다. 왜 바리새인이 대표적인 위선의 캐릭터가 되었는가? 헛된 정의감을 내세워 자기들 종파 유지에 급급했기 때문이다. 또한 종교로 먹고살면서 진리가 아닌 종교를 위해 정의를 말로만 내세웠기 때문이다.

정의를 정죄의 칼을 가는 도구로 삼지 말고 화평의 길을 닦는 도구로 삼으라. 인간관계에서 화평을 이루는 데 힘쓰고 특히 교회에서는 더욱 화평을 추구하라. 어디에 가든지 트러블 메이커가 아닌 피스 메이커가 되라. 봉사는 많이 하는데 남들과 잘 부딪치면 그것은 우선순위가 바뀐 것이다. 봉사보다 화평이 중요하다. 지금 내가 해야 할 일이 많다. 그 일을 잘 완수하고 찬란한 꿈을 이루기 위해 몸과 마음을 건강하게 유지시키려면 미움과 증오를 버리고 사랑과 용서를 앞세워 살라.

하나님! 미움과 증오로 축복의 흐름이 막히지 않게 하시고
사랑하고 용서함으로 공동체의 피스 메이커가 되게 하소서.

축복의 통로가 되라

너희에게 아직 빛이 있을 동안에 빛을 믿으라
그리하면 빛의 아들이 되리라 (요한복음 12:36)

어느 날 인도네시아 자바 섬에서 심한 향수병을 앓던 스웨덴 선교사 아내가 자국 제품의 성냥갑이 눈에 띄자 중얼거렸다. "성냥갑아! 너는 왜 고국을 떠나 여기까지 왔니?" 성냥갑이 이렇게 대답하는 것 같았다. "저는 이곳에 불을 켜 주러 왔어요. 그 임무를 마치면 버려질 거예요." 그 내적인 음성을 듣고 그녀는 즉시 무릎 꿇고 기도했다. "하나님! 하나님이 이곳에 저를 보내셨군요. 이제 버려져도 괜찮습니다. 죽을 때까지 여기서 빛을 발하며 축복의 통로가 되게 하소서."

왜 내가 현재의 장소에 있게 되었는가? 다른 이유는 없다. 내가 이곳에 필요해서 하나님이 있게 하신 것이다. 고독한 상황에 처해도 하나님이 있게 하신 자리를 고수하면 신기하게 하나님이 좋은 만남을 허락하신다. 힘들고 외로울 때 좋은 동역자나 동행자를 얻는 것은 무엇보다 큰 행복이다. 그 사실을 깨닫고 지치고 힘들고 고독한 사람에게 기쁨과 위안과 행복을 주는 좋은 만남 대상이 되라.

가장 복된 일은 축복의 통로가 되는 일이다. 그 일을 잘 이행하는 훈련 과정으로 하나님은 가끔 고독한 상황에 처하게 하거나 고독한 장소로 보내신다. 하나님이 보내시는 곳에 가면 처음에는 어떻게 해야 할지 막막하고 가끔 "저를 왜 이곳에 보내셨나요?"라는 질문도 나온다. 그래도 거기서 최선을 다하면 점차 열매가 생기면서 질문하는 삶이 사라진다. 가끔 하나님이 허허벌판으로 내몰아도 낙심하지 말라. 믿음과 사명감만 잃지 않으면 허허벌판에서도 열매 맺는 역사를 만들어 낼 수 있다.

하나님! 하나님이 보내신 곳으로 기꺼이 가서 빛을 발하면서 고난의 십자가를 믿음으로 지고 축복의 통로로 살게 하소서.

초등 신앙을 멀리하라

너희가 세상의 초등 학문에서 그리스도와 함께 죽었거든
어찌하여 세상에 사는 것과 같이 규례에 순종하느냐 (골로새서 2:20)

한 금욕주의자가 무덤 옆 관에 앉아 몇 년을 기도하며 지냈다. 사람들이 그를 성자라고 부르며 높이자 또 다른 금욕주의자가 더욱 놀라운 고행을 보여주려고 집에 관을 가져다 놓고 그 안에 앉아 매일 기도하며 지냈다. 가족들은 모두 비웃는 눈초리를 했다. 결국 육신의 고행은 참아도 가족의 비웃는 눈초리는 참지 못하고 몇 달 후 그 생활을 청산하며 말했다. "가정에서 성자 되는 길은 너무 어렵다." 그러나 진짜 어려운 일은 자신의 명예욕을 버리는 일이다.

한 고행자는 육신의 욕망을 이겨 내려고 편히 누워서 자지 않겠다고 하며 40년을 앉아서 잤다. 다른 고행자는 자기 몸 전체를 사슬로 묶고 엉금엉금 기어 다녔다. 그들은 육신이 고통받을수록 영성이 깊어진다고 여겼다. 그런 환상적인 고행자들은 위대하게 보이지만 사도 바울은 그런 극단적인 고행자를 세상 초등 학문에 빠진 자라고 했다.

사람들이 세상 초등 학문에 빠지는 이유는 십자가의 복음보다 금욕주의나 신비주의가 더 화려하게 보이기 때문이다. 외형으로 영성을 저울질하고 비교하는 초등 신앙에 빠지지 말라. 초등 신앙에 빠지면 더 "주여! 주여!" 하고 더 선지자처럼 행동하고 더 귀신을 쫓아내는 행위를 하고 더 주의 이름으로 능력을 행한다(마 7:22). 초등 신앙이 참된 신앙보다 더 기적을 가져다줄 것 같지만 사실상 기적 중심적인 초등 신앙은 오히려 참된 기적을 멀어지게 한다. 사탄도 기적을 줄 수 있다. 사탄은 기적으로 예수님도 유혹했다. 그것이 기적 중심적인 초등 신앙을 주의해야 할 이유다.

하나님! 기적 중심적인 초등 신앙에 빠지지 말게 하시고
십자가의 신앙을 통해 참된 기적의 주인공이 되게 하소서.

고민은 산 자의 특권이다

너희 염려를 다 주께 맡기라
이는 그가 너희를 돌보심이라 (베드로전서 5:7)

어느 날 프랑스의 소설가이자 비행사였던 생텍쥐페리가 비행기를 타고 1,000피트 상공에서 어두움이 깔린 지상을 내려다보았다. 그리고 지상의 작은 불빛들을 보며 중얼거렸다. "저 작은 불빛들 안에는 고민, 즐거움, 기쁨, 슬픔이 다 있겠구나. 고민하는 것도 산 자가 가진 특권이 아닌가?"

고민이 있다는 것은 내가 살아 있다는 뜻이다. 수천 년간 변화가 없는 바위에게는 고민이 없다. 염려도 없다. 사랑을 알고 변화를 느끼고 자기 성찰이 있고 죽음과 죽음 이후를 의식하는 유일한 생명체인 사람에게만 고민이 있다. 고민은 산 자의 특권이다. 그 특권이 잘 활용되면 창조적 발전의 디딤돌이 되지만 잘못 남용되면 절망의 통로가 된다. 필요 없는 고민과 염려에 너무 빠지지 말라. 진실과 생명에 관한 창조적인 고민은 필요해도 비교와 우열로 인한 염려적인 고민은 불필요하다. 고민의 순간을 창조적으로 잘 승화시키면 내일의 더 나은 삶이 펼쳐진다.

인생의 폭풍이 몰아치면 혼자 깊은 고민에 빠질 수 있다. 그때 사람에게 피하지 않고 하나님께 피하면 믿음은 더 깊어지고 성숙해진다. 사람은 외로움 중에 고민할 때 가장 성숙해진다. 혼자 있는 것을 두려워하지 말고 혼자 있는 시간을 창조적으로 활용하라. 군중 속에서 너무 바쁘게 살면 인물이 되기 힘들다. 인물에게는 대개 사막 체험, 골짜기 체험, 동굴 체험이 있었다. 고독과 고민 속에서 더 성숙해지라. 하나님의 축복의 때가 길어지면 기다림에 지치기도 하지만 나의 기다림보다 나의 성숙을 바라시는 하나님의 기다림이 더 간절함을 늘 기억하라.

하나님! 응답의 때가 길어지는 과정에서 겪는 고독의 시간을 하나님과 깊이 만나는 창조적인 순간으로 승화시키게 하소서.

감사는 감사를 부른다

예수께서 함께 내려가사 나사렛에 이르러 순종하여 받드시더라
그 어머니는 이 모든 말을 마음에 두니라 (누가복음 2:51)

순종은 가정 행복의 핵심 요소다. 예수님도 부모를 순종하여 받드셨다. 하나님의 아들조차 인간 부모에게 순종하셨다면 사람이 부모에게 순종해야 하는 것은 마땅하다. 이런 유대 속담이 있다. "하나님은 성육신해서 모든 집에 다 계실 수 없어 집집마다 어머니를 두셨다." 부모는 하나님의 대리자 같은 존재다. 부모에게 순종하고 부모의 모든 조치에 감사하라. 불행을 부모 탓으로 돌리지 말라. 남 탓 인생은 무책임하고 불행한 인생이다. 부모도 잘못할 수 있지만 그 잘못을 반면교사로 삼아 반전의 역사를 만들라.

알코올 중독자 아버지 밑에서 자란 두 형제 중 한 명은 아버지처럼 알코올 중독자가 되었지만 다른 한 명은 금주 운동을 하는 의사가 되었다. 잘못된 현실에 대한 반응에 따라 삶은 얼마든지 달라질 수 있다. 나쁜 환경에서 자라 나쁘게 될 수도 있지만 나쁜 환경에서 자라 더 좋게 될 수도 있다. 부모 탓이나 환경 탓을 삼가라. 일이 잘못되면 "내 탓이다."라고 하고 일이 잘 되면 "네 덕이다."라고 하라.

어떤 자녀는 부모에게 원망한다. "제게 해 준 것이 뭐가 있나요?" 그런 원망은 받을 생각이 커서 나오는 것이다. 철이 들었다는 것은 부모로부터 받을 생각은 끝내고 부모에게 드릴 생각만 하려는 것이다. 가정과 교회에서 승리하는 삶의 핵심 요건은 줄 생각으로 넘치는 것이다. 용서와 사랑과 감사를 주려고 하라. 인간관계에서 자주 해야 할 말은 이런 말이다. "여보! 미안해요. 얘들아! 미안하구나. 집사님! 죄송해요. 부모님! 잘못했어요." 원망은 원망을 부르고 감사는 감사를 부른다.

하나님! 가정과 교회에서 남 탓이 습관화되지 않게 하시고
체질화된 감사의 말로 더 많은 감사거리를 불러오게 하소서.

믿음에서는 실패하지 말라

잠깐 고난을 당한 너희를 친히 온전하게 하시며 굳건하게 하시며
강하게 하시며 터를 견고하게 하시리라 (베드로전서 5:10)

한 집사가 매번 사업이 안 되자 자주 사업 종목을 바꿨다. 그때마다 담임
목사는 보기에 안타까웠지만 그는 힘든 내색 없이 교회 생활을 잘했다. 아
내도 사업을 못하는 남편을 탓하지 않았다. 어느 날 또 사업에 실패하자 담
임목사는 "이번에는 그의 아내가 얼굴을 찡그리겠지." 하고 생각했지만 여
전히 그녀는 평안한 얼굴을 했다. 결국 계속된 실패에도 그 가정의 평화는
깨지지 않았고 부부의 얼굴 표정과 교회 생활도 깨지지 않았다. 자녀들도
잘 자랐다. 마침내 하나님이 그를 쓰셨다.

어느 날 그가 적은 돈으로 새롭게 자동차 부품 관련 사업을 시작했다. 당
시는 앞에는 산이 있고 뒤에는 강이 있는 상황이었다. 그런 상황에서도 하
나님이 길을 열어 주셔서 단기간에 동종 업계에서 마켓 점유율 1위가 되었
다. 사업은 실패했어도 믿음은 실패하지 않았기에 결국 하나님이 신기하게
은혜의 문을 열어 주셨다.

고난 중에도 믿음이 흔들리지 말라. 그때 하나님은 더 감동하신다. 국가
가 위급할 때 애국자를 알 수 있고 세상이 혼란할 때 의인을 알 수 있고 가
난한 살림에서 현모양처가 드러나고 고난 중에 참된 신앙인이 드러난다. 힘
들 때 믿음을 보여 주는 사람이 진짜 성도이고 그때 충성하는 사람이 진짜
일꾼이다. 고난을 겪고 나면 참된 친구와 참된 성도가 드러나기에 하나님은
종종 고난의 가시밭길로 이끄신다. 성도란 고난과 실패가 없는 초인이 아니
라 고난과 실패 중에도 하나님의 선하심을 믿는 사람이다. 실패해도 믿음에
서는 실패하지 않는 참된 성도가 되라.

하나님! 실패와 고난을 겪어도 얼굴에 찡그림이 없게 하시고
실패 중에도 믿음은 실패하지 않는 참된 성도가 되게 하소서.

고난 중에 흔들리지 말라

내가 여호와를 항상 내 앞에 모심이여 그가 나의
오른쪽에 계시므로 내가 흔들리지 아니하리로다 (시편 16:8)

어떤 일을 시작할 때는 큰 꿈을 가지고 시작한다. 그러나 쉽게 이뤄지는 꿈은 없고 첫술에 배부르게 되지도 않는다. 꿈을 향해 나아가는 과정에서 노력이 헛수고처럼 느껴지는 무의미의 고통도 겪고 오랫동안 답보 상태의 골짜기를 통과하기도 한다. 때로는 동지라고 여긴 사람이 대열에서 이탈하는 아픔도 겪는다. 같은 비전을 품었다가 누군가 나를 떠나면 저주를 퍼붓지 말고 넉넉한 마음으로 축복 기도를 해 주라. "하나님! 그가 저희 대열에서 이탈해도 다음번에는 복된 길을 택하게 하소서."

누군가 떠나는 것은 축복을 공유할 소수의 이너 써클을 추려내는 과정일 수 있다. 나중에 보면 '넓지만 허무한 길'을 찾기보다 '좁지만 복 있는 길'을 찾아서 인내하고 충성했던 시간이 결코 헛되지 않음을 목격하고 체험할 날이 온다. 왜 많은 사람이 복된 길을 가지 못하는가? 인생이 하염없이 긴 줄 알고 쉽게 흔들리며 여기저기 기웃거리기 때문이다. 짧은 인생이기에 복된 길로 가려면 하나님의 뜻을 따라 인내하고 충성하라.

다윗이 복된 존재가 될 수 있었던 것은 고난 중에도 하나님과의 관계가 추호도 흔들리지 않았기 때문이다. 그의 시편들을 보면 때로 믿음이 흔들리는 것 같은 고백도 있지만 자세히 보면 마음 깊은 곳에서는 흔들리지 않는 믿음이 있었음을 느낀다. 삶이 힘겹고 환경이 어둡다고 해서 탄식하며 흔들리지 말고 "내가 등불 하나는 밝히며 살겠다."라고 굳게 다짐하라. 하나님의 뜻과 음성에 응답하며 살려고 할 때 어깨를 짓눌렀던 삶의 무게와 권태와 고통은 현저히 줄어들 것이다.

하나님! 고난 중에도 하나님을 삶의 유일한 인도자로 알고
하나님이 원하시는 뜻과 길로 충성스럽게 따라가게 하소서.

하나님께 더욱 집중하라

그런즉 내가 하나님의 제단에 나아가
나의 큰 기쁨의 하나님께 이르리이다 (시편 43:4)

어느 날 한 성도가 마음을 맑게 하려고 기도원에 갔다. 기도할 때 눈앞에 떠오르는 영상은 평소 마음에 둔 예쁜 여인의 얼굴이었다. 죄책감이 들어 기도했다. "하나님! 제 마음에서 그 얼굴이 사라지게 하소서." 그렇게 기도할수록 얼굴이 더 눈에 선했다. 그러다가 어느 순간에 "사람이니까 그런 마음도 생길 수 있지." 하고 받아들이자 비로소 그 얼굴이 사라지고 기도에 집중할 수 있었다.

문제에 집착하면 문제가 더 크게 느껴진다. 그러나 사람이기에 문제가 있을 수도 있다고 여기고 그저 하나님의 뜻을 구하면 문제는 제풀에 지쳐 스스로 떨어져 나간다. 때로 문제에서 의도적으로 멀리 떨어져 보라. 지구는 멀리서 봐야 둥글게 보이고 지구 안에 수많은 문제가 있어도 아름답게 보인다. 문제도 떨어져서 보면 해결책이 보이고 때로는 아름답게 보인다. 문제를 문제시하며 하나님을 문제보다 작게 보지 말라. 문제를 문제시하지 않고 하나님을 크게 보면 문제는 그렇게 큰 문제가 되지 않는다.

때로 사랑하는 사람이 떠나려고 할 때 너무 붙잡지 말라. 인간적인 집착을 버리고 조용히 사랑과 기도로 영적인 울타리를 쳐 주면 위로와 평강도 얻고 더 좋은 만남도 얻는다. 어떤 사람은 문제가 생기면 커피 한 잔을 타고 향기를 음미하면서 "살다 보면 그런 문제도 생길 수 있지."라고 하며 문제에서 탈출한다. 성도에게는 커피 향기보다 탁월한 예배와 기도의 향기가 있다. 문제에서 떨어져 예배와 기도를 통해 하나님께 더 집중하면 하나님은 어떤 어려움도 극복할 수 있는 힘을 주실 것이다.

———∞ 하나님! 문제에 집착하지 말고 문제보다 크신 하나님께 나아가 ∞———
말씀과 기도를 가까이함으로 문제를 극복하고 승리하게 하소서.

돈복보다 일복을 중시하라

또 너희에게 명한 것 같이 조용히 자기 일을 하고
너희 손으로 일하기를 힘쓰라 (데살로니가전서 4:11)

오늘날 사회의 각종 갈등과 문제는 땀을 싫어하고 노는 것만 좋아해서 생긴다. 땀이 없이 놀기만 하는 것은 좋은 것이 아니다. 할 일이 없는 것은 힘들고 고통스러운 일이다. 땀이 없이 노는 것만 좋아하면 진짜 오래도록 놀게 될 수 있다. 잠자는 시간도 너무 많으면 건강에 안 좋고 축복 가능성도 줄어든다. 성공하려면 일하는 재미와 기쁨을 알라.

땀이 없는 믿음은 복된 믿음이 아니다. 돈에 대한 관심보다 일에 대한 관심을 더 가지라. 돈복보다 일복을 중시하라. 일복이 터질 때 행복도 터지고 돈과 명예도 덤으로 주어진다. 미국의 험프리 대통령의 부친은 아들에게 자주 말했다. "침대를 멀리하며 살아라." 침대를 멀리하고 땀 흘려 준비할 때 복도 찾아온다. 요셉은 고난 중에도 원망하지 않고 자신의 현실에서 최선을 다했다. 그는 찬란한 꿈만으로 애굽의 총리가 되기보다 꿈을 뒷받침하는 땀으로 애굽의 총리가 되었다.

원칙적으로 복은 추구하기보다 찾아오게 할 때 진짜 복이다. '복을 찾아다니는 것'과 '복이 찾아오게 하는 것'은 큰 행복의 차이를 낳는다. 복을 찾아다니기보다 하나님을 붙잡고 헌신과 눈물의 땀을 흘리면서 복이 찾아오게 하라. 오늘 흘리는 헌신의 땀이 나의 꿈과 비전과 인격과 인생 전체를 지켜 준다. 땀과 헌신을 모르면 아무리 힘 있는 사람이 지켜 줘도 나의 위치와 자리는 물론 비전과 인생도 지켜 내기 힘들다. 헌신의 땀을 모르면 어디서든지 어려움을 당하고 잃어버리는 존재가 되지만 굳센 믿음으로 헌신의 땀을 흘리면 어디서든지 중심이 되고 얻어 내는 존재가 된다.

하나님! 복에 대한 관심보다 일에 대한 관심을 더 가짐으로
복을 억지로 추구하기보다 복이 자연스럽게 따라오게 하소서.

경건으로 나를 단장하라

거룩한 행실과 경건함으로 하나님의 날이 임하기를 바라보고
간절히 사모하라 (베드로후서 3:11-12)

　　신랑은 예쁜 신부를 원한다. 신부를 예쁘게 화장하기 위해 다양한 화장품을 쓴다. 성도도 힘써서 영적인 화장을 해야 한다. 율법의 거울을 통해 마음과 태도를 단장하고 성령의 기름과 즐거운 헌신으로 영혼을 윤기 나고 예쁘게 만들어 최상의 신부 화장을 하라. 신부 화장을 위해 성경은 영적인 지침서와 같고 교회는 영적인 미장원과 같고 목사는 영적인 미용사와 같다. 특히 예배 때마다 은혜가 넘치는 말씀과 감사가 넘치는 찬송과 기도로 아름다운 영혼의 단장을 이뤄 내라.

　　미장원을 자주 드나들면 얼굴이 예뻐지듯이 교회에 자주 오면 영혼이 예뻐진다. 말씀의 꿀을 먹고 찬양과 기도와 봉사와 교제를 통해 영혼을 아름답게 만들어서 예수님이 재림하실 때 모두 예쁜 신부들로 보이도록 준비하라. 처녀 때는 뭇 남성들의 이목을 끌려고 화장하지만 결혼하면 한 남성의 애정을 얻으려고 화장한다. 사실 화장은 자기를 위해 하는 것 이전에 남을 위해 하는 것이고 서로를 위해 하는 것이다.

　　한 사람의 사랑을 얻는 것이 뭇 사람의 시선을 받는 것보다 낫다. 멀리 있는 뭇 사람이 다 선망해도 사랑하는 한 사람이 싫어하면 기쁨이 사라진다. 단장의 제일 목적은 배우자의 마음을 얻는 데 있다. 세상적인 힘과 권세와 능력과 인기를 얻기 위해서가 아니라 신랑 되신 예수님의 마음을 얻기 위해 경건으로 나를 잘 단장하라. 외적인 화장보다 내적인 단장이 중요하다. 내적으로 잘 단장되면 볼수록 매력있게 되고 더 함께하고 싶은 존재가 된다. 내적인 단장을 이루는 최고 비법이 경건이다.

　　하나님! 거룩한 행실과 경건함으로 영혼을 아름답게 가꾸어
하나님의 마음을 얻고 예수님과의 만남을 예비하게 하소서.

스스로를 온전히 불사르라

내가 그리스도와 그 부활의 권능과 그 고난에 참여함을
알고자 하여 그의 죽으심을 본받아 (빌립보서 3:10)

삶에서 연단은 꼭 필요하다. 몇 번 깎느냐에 따라 보석은 빛깔과 가격이 크게 달라진다. 같은 보석도 7번 깎을 때보다 70번 깎을 때 더 빛이 난다. 인생도 고난을 믿음으로 극복할수록 능력도 커지고 빛나게 된다. 빛이 있기에 그림자가 있고 그림자가 있기에 빛의 가치가 부각된다. 그림자가 있다는 것은 가까운 어딘가에 빛이 있다는 뜻이다.

때로는 고난과 실패가 있어야 더욱 성숙한 길로 들어서게 된다. 자녀를 온실에서만 키우면 정신적인 불구가 된다. 고생도 해 봐야 인격도 빛난다. 별은 사실상 낮에도 떠 있지만 환한 태양빛으로 보이지 않는다. 그러나 밤이 되면 영롱하게 보인다. 고난은 진리의 빛을 뚜렷이 보게 한다. 사람은 낮은 데 살아 봐야 고지의 중요성을 알고 어두운 데 있어 봐야 빛의 눈부심을 깨닫는다. 스카(scar, 상처)는 스타(star, 별)가 되는 과정에 꼭 필요한 것이다.

고난의 장을 넘어 하나님의 뜻을 위한 고난을 자처하는 헌신의 장으로 나아갈 때 인생은 더욱 빛난다. 헌신의 손길을 받는 인생도 빛나게 되지만 헌신의 손길을 베푸는 인생은 더욱 빛난다. 등불이 빛을 비추려면 등불의 기름이 스스로를 온전히 불살라야 한다. 부분적으로만 불사르면 빛과 함께 연기도 나와 숨도 막히고 빛은 흐려진다. 보상을 염두에 두고 헌신하지 말고 온전히 헌신하라. 희생을 외면하는 믿음은 참된 믿음이 아니다. 십자가의 헌신을 피하지 말라. 깊은 은혜의 바다를 체험한 사람은 하나같이 불같은 고난의 시험과 십자가의 헌신 단계를 통과한 사람이다.

하나님! 삶에 어둠이 찾아와도 어디선가 빛이 있음을 깨닫고
고난의 상처를 하늘의 상급으로 승화시켜 승리하게 하소서.

참아 주고 속아 주는 은혜

보라 농부가 땅에서 나는 귀한 열매를 바라고 길이 참아
이른 비와 늦은 비를 기다리나니 (야고보서 5:7)

어떤 교인은 자주 원망한다. "하나님! 이제까지 비교적 착하게 살고 봉사도 잘했는데 왜 복을 주시지 않습니까?" 지각없는 원망이다. 사람의 공로가 하나님의 기준에 얼마나 큰 공로가 되겠는가? 잘하는 것 같을 때도 스스로 알지 못하는 잘못을 많이 저지른다. 그런 잘못에 대해 즉각 벌을 내리시지 않는 것만도 감사하며 기도하라. "부족한 저에 대해 참아 주셔서 감사합니다." 그 하나님의 인내에 감사하며 가족과 이웃에 대해 참아 주라.

사람의 매력은 지혜롭게 참고 속아 주는 것에 있다. 부모의 매력도 참고 속아 주는 것에 있다. 속아 주라는 말은 어리석게 속아 자녀에게 거짓말을 체질화시키라는 말이 결코 아니다. 거짓된 낌새가 있고 핑계와 변명으로 책임을 회피하려는 것을 인식하면서도 직설적인 정죄를 피하고 사려 깊게 장기 플랜을 따라 자녀를 정직의 길로 이끌도록 잠시 참아 주라는 말이다. 부모가 사설탐정처럼 자녀의 비리를 즉시 낱낱이 파헤치려고 하면 자녀는 은혜의 맛을 모르는 조급한 인생이 된다.

때로는 속아 주는 척하라. 자녀는 감쪽같이 속인 줄 알지만 사실은 부모가 믿어 주고 참아 준 것이다. 베드로, 바울, 모세도 잘못이 많았지만 하나님이 참아 주셔서 마침내 쓰임 받았다. 배우자가 속 썩이면 언제까지 참아야 하는가? 끝까지 참으라. 예수님은 나를 위해 피 흘리기까지 참아 주셨고 지금도 참아 주신다. 그 은혜를 생각하면 오직 감사뿐이다. 또한 지금까지 살아 있다는 것 자체도 지극히 감사해야 할 일이다. 늘 하나님의 은혜를 생각하며 필요한 경우에 참아 주고 속아 주는 은혜를 베풀라.

하나님! 지금까지 오래 참아 주시고 기다려 주신 하나님을 닮아서
사랑하는 사람에 대해 잘 참고 기다림으로 복을 예비하게 하소서.

인생의 목적을 찾으라

이 세상도, 그 정욕도 지나가되 오직 하나님의 뜻을
행하는 자는 영원히 거하느니라 (요한일서 2:17)

세상에서 기댈 곳은 하나님밖에 없다. 사람을 바라보면 인생의 목적을 잃고 방황하면서 외로움도 쉽게 찾아온다. 고독의 순간은 하나님께 더욱 기대고 하나님만 바라볼 절호의 기회. 무엇인가를 잃을 때도 너무 낙심하지 말라. 잘못된 선택으로 돈을 크게 잃어도 정신만은 잃지 말라. 돈을 잃은 것은 큰 것을 잃은 것이 아니다. 무엇인가를 잃고 하나님을 만나 인생의 목적을 찾으면 위기는 기회가 되고 잃은 것 이상으로 얻게 된다.

인생의 목적은 성공하는 것이나 착한 일을 하는 것이 아니라 하나님의 뜻을 행하는 것이다. 하나님의 뜻 안에 있다면 실패도 진짜 실패가 아니다. 그 실패를 통해 진짜 성공이 이뤄진다. 인생의 실패와 고통과 문제는 하나님의 뜻과 영광이란 인생의 목적을 다시 찾으라는 신호다. 삶의 공허감은 목적 없이 살고 있다는 표식이다. 큰 성공이 없어도 하나님이 기뻐하시는 일을 많이 하라. 얼굴과 이름이 알려지지 않아도 상관하지 말라. 얼굴과 이름이 없는 성도의 삶이 진짜 행복한 삶이다. 후일에 천국에 가면 그의 얼굴과 이름은 천국을 진동시킬 것이다.

운전할 때 가끔 표지판을 보지 못해 길을 지나칠 때가 있다. 자기 실력을 믿고 경솔하게 행동하거나 과속하면 그런 실수를 하기 쉽다. 그러면 고생스럽고 힘든 상황이 펼쳐진다. 인생의 성패는 '속도'가 아닌 '방향'에 달려 있다. 어떻게 바른 방향을 찾는가? 표지판을 잘 봐야 한다. 사람이 바라봐야 할 최대의 표지판은 '하나님'이다. 인생길을 잃고 방향이 보이지 않으면 더욱 하나님을 바라보고 말씀을 가까이하라.

하나님! 하나님께 더욱 기대고 하나님만 바라보게 하심으로
실패와 상처를 내일의 성공과 영광으로 승화시키게 하소서.

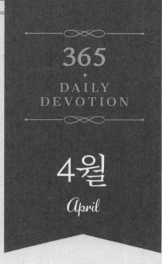

365

·

DAILY
DEVOTION

4월

April

죽음은 끝이 아니다

오직 이마에 하나님의 인침을
받지 아니한 사람들만 해하라 하시더라 (요한계시록 9:4)

사람들은 죽으면 모든 것이 끝나는 줄 알지만 죽음은 결코 끝이 아니다. 죽고 영원히 끝난다면 열심히 살아서 많이 남긴 사람은 죽는 순간 가진 것을 순식간에 다 빼앗기는 셈이 된다. 반대로 나쁜 일 하다가 사회에 빚만 남긴 사람은 죽는 순간 모든 빚을 순식간에 다 탕감받는 셈이 된다. 결국 죽으면 끝이란 생각은 가장 불의한 원리가 될 수 있다.

죽음이 끝이라는 사실처럼 불합리하고 불의한 사실은 없기에 그 사실을 믿고 싶은 선인은 아무도 없다. 죽고 끝이라면 악인은 모든 인생의 부채가 그 순간에 다 사라져서 좋겠지만 선인의 마음과 정성과 선행은 어디서 보상받는가? 결국 죽는 것은 끝이 아니고 더 나아가 끝이 아니어야 한다. 죽음 후에는 반드시 하나님의 심판이 있다. 그 심판 후에 당하는 고통은 육신의 고통보다 더 극심한 영혼의 고통이다.

죽음이란 엄혹한 현실 앞에서도 구원받은 사람은 염려할 필요가 없다. 하나님의 인침을 받지 않은 사람들만 해를 당하기 때문이다. 심판을 너무 겁내지 말라. 심판의 날은 냉소적인 불신자에게는 가장 무서운 날이 되겠지만 신실한 신자에게는 가장 찬란한 날이 될 것이다. 죽음 후에 하나님은 성도의 수고와 고생과 눈물과 정성에 대해 큰 보상을 내려 주실 것이다. 성도에게 죽음은 끝이 아니고 새롭고 찬란한 삶의 시작이다. 그렇다면 성도에게는 무한한 희망이 있다. 죽는 상태에서도 넘치는 희망을 가진다면 현재 산 상태에서는 더욱 넘치는 희망을 가지라.

하나님! 죽음 후에 있을 심판의 날이 가장 기쁜 날이 되도록
신실한 믿음을 가지고 선한 씨앗을 많이 뿌리며 살게 하소서.

기도에는 외상이 없다

악인의 제사는 여호와께서 미워하셔도
정직한 자의 기도는 그가 기뻐하시느니라 (잠언 15:8)

기도하지 않는 자의 3대 죄가 있다. 첫째, 불신의 죄다. 자기 기도를 들어줄 하나님이 없다고 여기니까 기도하지 않는 것이다. 둘째, 무시의 죄다. 하나님은 계셔도 자기 기도를 들어줄 능력이 없는 분으로 여기니까 기도하지 않는 것이다. 자기 기도를 들어주는 하나님이 계시다고 정말 믿는다면 어떻게 그 수지맞는 기도를 하지 않겠는가? 셋째, 교만의 죄다. 하나님이 없어도 혼자 충분히 잘 살 수 있다고 여기니까 기도하지 않는 것이다.

기도하지 않는 것은 하나님을 이렇게 모독하는 것과 같다. "하나님! 당신은 응답도 해 주지 않는 거짓말쟁이고 응답할 능력도 없는 무능력자입니다." 기도하지 않는 것은 하나님에 대한 무서운 도전이다. 가장 끔찍한 생각은 "내가 무슨 기도가 필요한가? 이렇게 잘 사는데…"라는 생각이다. 안타까운 사실은 성도 중에도 기도하지 않는 사람이 많다는 것이다. 기도를 잃은 것은 삶의 지팡이와 더듬이를 잃은 것과 같다.

기도가 없었다면 다윗은 절망에 빠졌을 것이다. 그는 극심한 고통 중에도 기도하며 소망을 품었다. 기도는 성도에게 주어진 가장 값진 선물이다. 그 선물을 누리고 활용하라. 기도하면 하나님이 책임지고 가장 선하게 응답해 주신다. 기도는 고난을 예방하는 최상의 예방 도구이고 현재의 고난을 축복으로 만드는 최상의 역전 타구다. 현재의 축복은 과거의 기도 때문이다. 기도에는 외상이 없다. 기도는 하늘 문을 여는 축복의 황금 열쇠다. 행복하게 살기를 원하면 걱정하는 시간은 최대한 줄이고 기도하는 시간은 최대한 늘리라.

하나님! 하나님께서 주신 기도라는 값진 선물을 잘 활용해서
고난조차 축복으로 만드는 최상의 역전 타구를 날리게 하소서.

두려움에 사로잡히지 말라

하나님이 우리에게 주신 것은 두려워하는 마음이 아니요
오직 능력과 사랑과 절제하는 마음이니 (디모데후서 1:7)

사탄은 영혼을 미혹할 때 먼저 두려움을 심는다. 두려움에 사로잡히지 말라. '두려움을 주는 환경'보다 '두려워하는 마음'이 더 파괴적이다. 두려워하는 마음은 하나님이 주시지 않았다. 왜 두려워하는가? 능력과 사랑과 절제하는 마음의 결핍 때문이다. 먼저 두려움은 더 사랑하라는 신호다. 왜 나눔에 힘써야 하는가? 그때 두려움이 사라지기 때문이다. 사랑이 없으면 두려움이 생기지만 사랑이 있으면 두려움은 사라진다. 또한 두려움은 절제가 필요하다는 신호다. 절제력은 하나님을 두려워할 때 커진다.

하나님을 두려워하고 근신하면 세상이 두렵지 않게 된다. 근신이 있으면 근심이 없어진다. 참된 믿음으로 두려움을 물리치라. 귀신도 두려워하지 말라. 믿음이 약하면 귀신을 두려워하지만 믿음이 강하면 귀신이 두려워한다. 문제도 두려워하지 말라. 하나님을 크게 보면 문제는 작게 보인다. 예전에 어떤 문제로 두려워했던 때가 기억나는가? 거의 기억나지 않는다. 이 말은 그때 두려워한 일이 대개 일어나지 않았고 일어났어도 잘 극복하고 지금까지 살았다는 뜻이다.

지금 고난이 있어도 그 고난이 내게 좋은 현실이라고 믿으라. 상황이 절망적이어서 사람 생각으로는 끝인 것 같아도 하나님이 끝이 아니라고 하면 끝이 아니다. 믿음과 희망만 있으면 절대적인 위기도 절대적인 기회가 된다. 아무리 어려워도 믿음을 잃지 않으면 꿈이 이뤄지는 때가 온다. 땀을 흘리고 좋은 영적 친구를 두어 서로 동기 부여를 하고 문제를 믿음으로 잘 극복하고 넉넉하게 기다림으로 꿈을 이루는 믿음의 용사가 되라.

하나님! 하나님 외에 다른 어떤 것도 두려워하지 않게 하시고
믿음으로 절대적인 위기조차 절대적인 기회로 만들게 하소서.

십 리 인생으로 살라

또 누구든지 너로 억지로 오 리를 가게 하거든
그 사람과 십 리를 동행하고 (마태복음 5:41)

예수님은 율법의 원리를 따라 억지로 오 리를 가게 하면 은혜의 원리를 따라 스스로 십 리를 가 주라고 하셨다. 의무 이상의 인생으로 살라는 말씀이다. 오 리 인생은 좋은 친구와 인맥을 얻지 못한다. 외모가 좋고 능력이 커도 얌체처럼 자기 이익만 챙기면 좋아할 사람은 없다. 힘든 일을 할 때 오 리 인생은 짜증내며 하지만 십 리 인생은 기뻐하며 한다. 자연히 십 리 인생에게는 복이 따른다. 예배 시간도 10분 전에 오는 것, 시간에 맞춰 오는 것, 10분 후에 오는 것은 의미 차이도 크고 은혜 차이도 크다.

강철왕 카네기 회사에 늘 웃으며 감사가 입에 붙은 찰스란 젊은 노무자가 있었다. 그는 일찍 출근하는 카네기보다 늘 먼저 출근했다. 또한 늦게까지 일하는 사람 중에는 늘 그가 있었다. 훗날 그 청년이 미국 최고의 철강 회사인 유나이티드 스틸의 사장이 되었는데 취임식 때 카네기가 이런 축사를 했다. "사람들은 한낱 노무자가 어떻게 회사 사장이 될 수 있었는지 궁금해하지만 곁에서 그를 꾸준히 지켜 본 사람은 다 그렇게 결정할 겁니다."

요셉이 애굽의 총리가 된 것은 맡은 일 이상을 하는 십 리 인생으로 살았기 때문이다. 해야 할 의무보다 조금 더 하고 남의 기대보다 조금 더 하고 받는 대가보다 조금 더 하고 약속 시간보다 조금 더 일찍 오는 십 리 인생으로 살라. 오 리 인생으로 약삭빠르게 살면 오 리도 못 가서 외면받지만 십 리 인생으로 더 책임지고 감사하며 살면 남들의 인정도 받고 능력과 잠재력도 커지며 하나님의 은혜와 축복 대열에서도 우선적인 존재가 될 것이다.

하나님! 은혜의 원리를 따라 의무 이상의 책임감을 가짐으로
하나님의 은혜와 축복 대열에서 앞선 존재로 살아가게 하소서.

심은 대로 거둔다

스스로 속이지 말라 하나님은 업신여김을 받지 아니하시나니
사람이 무엇으로 심든지 그대로 거두리라 (갈라디아서 6:7)

왜 가끔 심은 대로 거두는 기독교의 핵심 원리에 대해 의문이 생기는가? 자연적인 시간인 '크로노스'의 때와 하나님의 시간인 '카이로스'의 때가 다른 것으로 인한 타이밍의 차이 때문이다. 오늘 선한 일을 하고 곧 복을 받는다면 선행을 하기 쉽고 오늘 악한 일을 하고 곧 벼락을 맞는다면 악행을 그치기 쉽다. 그런 보상과 보응의 지연으로 심은 대로 거둔다는 사실을 경시하지만 오늘 심으면 언젠가 하나님의 뜻을 따라 하나님의 때에 분명히 거둔다.

하나님의 보상 방법이 다양하듯이 하나님의 보응 방법도 다양하다. 흔히 갑에게 해를 입히고 갑으로부터 해를 받아야 보응을 받는 줄로 여기지만 실상은 다르다. 갑을 배반하면 꼭 갑으로부터 배반의 보응을 받기보다 나중에 을로부터 배반당할 수 있다. 그 원리를 인식하지 못해 보응이 없는 줄 알지만 그것은 착각이다. 때로는 오래전에 자기도 모르게 심어 놓은 것을 현재 거두기도 한다. 그 이치를 알면 원망과 불평이 줄어든다.

작은 선행을 하나 해 놓고 당장의 보상을 바라면서 조바심을 낸 적은 없는가? 그때 하나님이 "그렇다면 네가 죄를 지을 때 그 벌도 당장 있게 할까?"라고 하시면 어떻게 반응하겠는가? 차라리 복이 늦어지는 것이 낫다고 반응하고 싶을 것이다. 보상이 없다거나 늦다거나 적다고 불평하지 말라. 복과 보상이 늦어지는 것을 통해서도 하나님의 깊은 사랑과 은혜를 느끼라. 보상이 지연될 때 보응이 지연되는 은혜를 떠올리며 감사하라. 하나님은 심은 대로 거두게 하는 공평하신 하나님이다.

하나님! 하나님의 카이로스의 때에 대한 열린 시각을 가지고
당장의 응답이나 보상이 없어도 넉넉한 믿음으로 살게 하소서.

실패의 여유를 가지라

> 그런즉 누구든지 그리스도 안에 있으면 새로운 피조물이라
> 이전 것은 지나갔으니 보라 새것이 되었도다 (고린도후서 5:17)

사회생활을 할 때 큰 장애 요소 중 하나가 인격 장애다. 인격 장애는 각종 중독으로 발전하고 더 진전되면 폭력과 자해를 가하기도 한다. 인격 장애를 가진 사람의 공통적인 증상이 있다. 진 것과 없는 것과 못한 것에 대해 너무 상심하는 것이다. 실패도 지나치게 비참하게 여긴다. 실패의 여유가 없는 것이 문제다. 너무 성공만을 생각하지 말라. 살다 보면 실패하거나 실수할 수도 있고 부끄러운 일을 당할 수도 있다. 그 일로 인해 너무 마음이 무너지지 말라.

일전에 젊은 인기 가수들이 연달아 자살했다. 인격 형성이 숙성되지 못한 상태에서 일찍 인기의 정상에 올랐기에 인생에는 성공만 있어야 하는 줄 알고 성공 상황을 유지하는 데 스트레스가 엄청났을 것이다. 살다 보면 실패하고 부끄러운 일도 당할 수 있다. 남들은 그 부끄러운 일로 오래 나를 평가하지 않고 금방 잊어버린다. 문제는 나 자신이다. 내가 그 수치를 오래 기억한다고 남들도 오래 기억하는 줄로 오해하지 말라.

사람은 모든 사실을 오래도록 기억하는 컴퓨터가 아니다. 나의 수치를 나는 오래 기억해도 남은 오래 기억하지 못한다. 부끄러운 기억들을 잊고 예수님 안에서 온전한 자유를 누리라. 성경은 "보라! 새것이 되었도다."라고 했다. 하나님 안에서는 늘 새로운 가능성이 있고 상황이 금방 180도 바뀔 수도 있다. 상처와 수치를 계속 붙들고 있으면 인격 장애가 심화되면서 희망보다 절망이 크게 보이지만 하나님 손에 맡겨 버리면 절망보다 희망이 크게 보일 것이다.

하나님! 실패와 수치가 있어도 믿음의 여유를 잃지 않게 하시고 하나님의 은혜의 손길로 각종 인격 장애를 극복하며 살게 하소서.

하나님 앞에서 잠잠하라

모든 육체가 여호와 앞에서 잠잠할 것은 여호와께서
그의 거룩한 처소에서 일어나심이니라 (스가랴 2:13)

스가랴는 한날한시에 8가지 환상을 보았다. 그중에 셋째 환상은 '측량줄을 잡은 사람의 환상'이다. 그 환상은 측량줄을 잡은 그리스도 앞에서 어떻게 살아야 할지를 도전한다. 가장 필요한 자세는 여호와 앞에서 잠잠한 자세다. 겸손한 마음으로 하나님 앞에서 잠잠하면 하나님은 잠잠하게 계시지 않고 일어서서 적극 보호해 주시지만 교만한 마음으로 하나님 앞에서 잠잠하지 못하면 하나님은 잠잠히 앉아서 그냥 지켜보신다.

억울하다고 소리 지르거나 변명하지 말라. 하나님은 측량줄을 잡고 성도의 모든 삶을 정의롭게 측량해서 상급 심판을 행하시며 억울함도 다 풀어주신다. 하나님의 정의로운 심판을 생각하며 사회 정의 실천에도 모범을 보이라. 하나님을 드높이고 신뢰하는 수직 관계와 이웃을 폭넓게 사랑하는 수평 관계를 동시에 잘 하라. 하나님과의 수직 관계는 근본이고 사람과의 수평 관계는 결과다. 하나님과의 관계를 바르게 함으로 사람과의 관계를 복되게 만들라.

하나님 및 사람 관계의 깊이와 폭이 영성의 깊이와 폭이다. 하나님과의 수직 관계에서는 높아지고 사람과의 수평 관계에서는 넓어지고 나와의 내면 관계에서는 깊어지라. 하나님은 수직 관계의 믿음도 보시고 수평 관계의 사랑도 보시고 내면 관계의 평화도 보신다. 이웃 사랑과 자아 사랑은 하나님을 사랑하는 간접 표식이다. 하나님을 사랑한다면서 남과 나를 미워하는 것은 잘못이다. 보이는 사람을 사랑하지 않는 자가 보지 못하는 하나님을 사랑할 수 없다. 사랑의 폭이 넓어져야 축복의 폭도 넓어진다.

하나님! 하나님 앞에서 잠잠하고 하나님과의 깊은 관계를
이웃과의 넓은 관계로 진전시켜 축복의 폭을 넓게 하소서.

순종하는 삶부터 훈련하라

너희는 내가 명령한 모든 길로 걸어가라
그리하면 복을 받으리라 (예레미야 7:23)

하나님의 복된 역사는 순종할 때 나타난다. 하나님의 사랑도 순종할 때 주어진다. 순종은 문제 해결의 핵심 요소다. "죽으면 죽으리라!" 하고 순종하면 길이 열리고 기적도 나타난다. 순종을 통해 가나 혼인 잔치에서 물이 포도주로 변하는 기적이 일어났다. 흔히 금식이 기적의 통로인 줄 알지만 금식한다고 병이 낫고 문제가 해결되는 것이 아니다. 금식 기도를 하는 이유는 더 순종하는 사람이 되려고 하는 것이다. 하나님은 금식 기도를 통해서가 아니라 순종을 통해서 기적을 일으키신다.

순종은 문제 해결의 원천이면서 지속적인 축복 조건이다. 캘빈은 말했다. "믿음이란 눈을 감고 귀를 기울이고 무조건 따르는 것이다." 순종이 없는 믿음은 참된 믿음이 아니다. 큰일이든 작은 일이든 기도 후 순종하고 나아가면 하나님이 피할 길을 열어 주시고 은총을 내려 주신다. 믿음의 핵심 표식은 첫째도 순종이고, 둘째도 순종이고, 셋째도 순종이다. 작은 일도 하나님이 기뻐하시는 일이면 말씀대로 순종해서 하라. 하나님은 작은 일에 순종할 때 더 큰 것으로 채워 주신다.

한 자녀가 기억력이 없는 노모를 깊이 사랑하며 살폈다. 노모가 그렇게 사랑받는 이유는 기억력이 없어도 사랑스럽게 행동하기 때문이다. 노모는 자녀가 "이렇게 하세요. 저렇게 하세요."라고 하면 그대로 따랐다. 어린아이처럼 자녀의 말을 잘 따르며 꼭 의지하니까 기억력이 없어도 사랑받았다. 순종하면 어디서든지 사랑받는다. 축복과 성공을 구하기 전에 먼저 순종하는 삶부터 훈련하라. 순종을 통한 축복이 참된 축복이다.

하나님! 참된 축복의 통로가 말씀에 순종하는 태도임을 깨닫고 작은 일에 순종함으로 점차 큰일을 맡는 인물이 되게 하소서.

말씀을 삶에서 실천하라

너희는 말씀을 행하는 자가 되고 듣기만 하여
자신을 속이는 자가 되지 말라 (야고보서 1:22)

바닷가에서 조개를 주울 때 껍질은 완벽한데 속이 텅 빈 조개를 주우면 속은 것 같아 언짢다. 하나님도 겉은 완벽한데 속이 텅 빈 바리새인 같은 교인들을 보면 언짢으실 것이다. 겉으로는 거의 완벽한 믿음을 가진 그들을 예수님은 회칠한 무덤이라고 하셨다. 겉에는 멋진 페인트를 칠했지만 속에는 썩어 문드러진 시체가 있다는 뜻이다. 위선을 질책하는 생생한 언어가 듣기는 불편해도 때로는 타협의 기술보다 진리의 선포가 더 필요하다. 불의한 세상을 향해 돌직구를 던지는 사람도 있어야 불의와 거짓과 위선이 그나마 위축된다.

어떤 성도는 모태 신앙으로써 주일성수는 물론 수요 예배와 새벽 기도회도 참석하고 십일조도 꾸준히 드린다. 누가 보아도 완벽한 성도지만 그런 삶이 습관화되어 살아 계신 하나님과의 만남이 더 이상 없다면 그것은 하나님을 떠난 것과 같다. 자신도 모르게 믿음의 길에서 떠나 겉모양은 있어도 속이 텅 빈 것은 아닌지 늘 성찰하며 시간이 지날수록 형식에 익숙해지는 삶보다 순종이 체질화되는 삶을 추구하라.

말씀대로 사는 한 사람이 가정을 바꾸고 교회를 바꾸고 세상을 바꾼다. 인생에서 가장 큰 성공은 말씀대로 사는 것이다. 제자란 몇 단계 성경 공부를 이수한 사람을 뜻하기보다 배운 말씀대로 살아 내는 성도를 뜻한다. 성경 공부를 통해 약간의 전문적인 말씀 지식을 얻었어도 말씀을 삶으로 빚어내지 못하면 마음만 높아진다. 지식은 삶에서 훈련될 때 좋은 결과를 낳고 말씀은 삶에서 실천될 때 좋은 열매를 낳는다.

하나님! 신앙생활이 습관화되어 세상과 타협하지 않게 하시고
말씀대로 순종하는 삶을 통해 더 나은 세상을 만들게 하소서.

기도는 만사를 변화시킨다

이르시되 기도 외에 다른 것으로는
이런 종류가 나갈 수 없느니라 하시니라 (마가복음 9:29)

6.25 전쟁 때 한반도가 거의 공산군에게 점령되어 희망이 없자 일부 정치 리더들이 믿음 유무를 떠나 국민들에게 기도하자고 했다. 그때 기적이 벌어졌다. UN 안전 보장 이사회에서 한국 파병안을 놓고 회의할 때 5개 상임 이사국 중 한 국가라도 반대하면 그 안이 통과되지 못하는데 소련 외상이 착각으로 회의에 불참했다. 결국 극적으로 파병안이 가결되어 대한민국이 공산화되지 않고 지금처럼 복된 나라가 되었다.

기도는 만사를 변화시키고 사태를 역전시킨다. 내 뜻대로 응답이 없어도 기도는 기도하는 사람의 마음을 변화시켜 현실에 잘 대처하게 한다. 하나님은 기도를 통해 역사하신다. 많이 기도하면 많이 역사하시고 적게 기도하면 적게 역사하신다. 간절히 기도하면 우연은 필연이 된다. 기도는 지상 최대의 힘이다. 성도의 실패는 대개 기도 없이 결정해 추진하고 기도 없이 실망하고 좌절해서 생긴다. 실패했을 때 "내가 부족해서 그래."라고 하는 심령은 복된 심령이다. 특히 "나의 기도가 부족해서 그래."라면서 새롭게 기도하는 심령은 더욱 복된 심령이다.

성공을 원하면 기도 생활에서 성공하라. 실패하면 흔히 자본이 부족하고 인맥이 없고 기회가 주어지지 않아 실패했다고 변명한다. 그러나 가장 큰 실패의 이유를 기도 부족 때문이라고 여기라. 기도는 태아의 탯줄과 같은 영혼의 생명줄이다. 그 기도 줄로 하나님과 연결되면 신적인 능력과 생명력이 영혼에 흘러 들어온다. 그때 지혜가 생기고 길도 열린다. 기도는 불가능을 가능하게 만들고 내일의 축복을 선도하는 핵심 수단이다.

하나님! 기도한 대로 응답되지 않아도 꾸준히 기도함으로
만사를 변화시키고 사태를 역전시키는 은혜를 얻게 하소서.

믿음과 자신감을 가지라

영광을 위하여 나를 너희를 노략한 여러 나라로 보내셨나니
너희를 범하는 자는 그의 눈동자를 범하는 것이라 (스가랴 2:8)

잘 믿어도 고난당하고 실패할 때가 있다. 그때 낙심하지 말라. 큰 승리는 대개 몇 번의 실패 후에 주어진다. "나는 축복받을 수 있다."라는 믿음과 자신감을 가지라. 사람은 자기 생각보다 훨씬 더 큰일을 할 수 있다. 실패했어도 회개와 성찰을 앞세워 나아가면 미래는 훨씬 더 나은 모습이 되고 최종적으로 승리한다. 하나님이 성도를 눈동자처럼 지켜 주실 것이기 때문이다. 궁극적인 승리는 예수님의 재림으로 완성된다. 결국 성도의 싸움은 궁극적인 결론이 승리임을 알고 싸우는 싸움이다.

때로 실망과 탄식이 나와도 자기 비하나 자기 부정에 빠지지 말고 늘 넘치는 희망을 가지라. 자신을 지나치게 신뢰하면 결국 패배하지만 하나님의 은혜 안에서 자신감을 가지면 결국 승리한다. 나의 가치를 경시하지 말라. 공동체에서 소외되어도 상심하지 말라. 10명의 공동체에서 내가 소외되면 나 외에 나머지 9명이 소외되는 것이라고 여기라. 나 혼자만 있다면 비참한 마이너 인생이지만 나를 눈동자처럼 사랑하시는 하나님이 함께하면 나와 하나님 둘만이라도 최고의 메이저 그룹에 속한 인생이다.

하나님 안에서 자신감을 가지고 고백하라. "나는 희망이 있다. 승리할 수 있다. 힘들어도 범사에 감사하며 살리라." 육적인 자아와의 결투를 통해 승부하지 말고 하나님을 붙잡는 일을 통해 승부하라. 성도는 이미 이겨 놓고 싸우는 존재다. 실패했어도 나의 부족함을 인정하며 하나님을 꼭 붙잡고 나아가면 축복의 기회는 여전히 넘친다. 늘 하나님을 꼭 붙잡고 약속되고 준비된 승리를 향해 묵묵히 믿음의 발걸음을 펼쳐 나가라.

하나님! 눈동자처럼 지켜 주시는 하나님의 은혜를 앞세워
이미 이겨 놓고 싸우는 싸움을 능히 잘 감당하게 하소서.

용서의 능력을 구하라

너희 원수를 사랑하며
너희를 박해하는 자를 위하여 기도하라 (마태복음 5:44)

예수님이 원수 사랑을 명령하신 후 바로 기도하라고 하신 것은 원수 사랑과 용서는 자기 의지로 안 된다는 암시다. 용서는 인간적인 것이 아니라 나의 힘과 의지와 노력으로 안 되는 신적인 것이기에 기도해야 한다. 용서는 기도할 때 주어지는 성령님의 선물이다. 누군가를 도무지 용서할 수 없다면 기도의 부족 때문이다. 기도하면 응답 이전에 내가 변하면서 용서할 마음과 용기가 생기고 동시에 용서도 가능해진다.

"하나님! 용서하소서."라고 '용서의 은혜'만 구하지 말고 "하나님! 용서하게 하소서."라고 '용서의 능력'도 구하라. 기도의 승리자가 되어야 용서의 승리자가 될 수 있다. 용서하려면 서로 긍휼히 여기고 이해하라. 이해가 용서는 아니지만 용서의 바탕은 된다. 언제 이해심이 깊어지는가? 하나님의 용서를 생각하면서 기도할 때다. 용서가 힘든 것을 느낄 때마다 기도하면 불가능할 것 같은 용서가 가능해진다. 기도하고 용서할 때 하나님은 이미 준비해 놓으신 축복을 현실로 만들어 주실 것이다.

기독교의 핵심 진리와 십자가의 핵심 메시지는 용서다. 복음의 핵심 내용과 하나님의 핵심 성품도 용서다. 치유를 원하면 용서할 사람을 찾아 용서하라. 인격과 인간관계가 회복되고 마음의 상처가 아물기를 원해도 용서를 앞세우라. 용서는 원수를 위하는 것 같지만 오히려 나를 위하는 것이다. 용서가 없으면 평안과 행복도 없다. 왜 현대인에게 병과 상처가 많은가? 그만큼 현대인이 용서를 잘 못한다는 반증이다. 용서는 엔도르핀이나 다른 어떤 신경 안정제보다 더 효능이 있는 지상 최대의 치료 약이다.

하나님! 용서의 은혜만 구하지 말고 남을 용서하게 하셔서 하나님의 뜻을 이루고 평안과 축복을 얻어 누리게 하소서.

능력을 외면하지 말라

성령의 감화와 거짓이 없는 사랑과 진리의 말씀과
하나님의 능력으로 의의 무기를 좌우에 가지고 (고린도후서 6:6-7)

어느 날 유명한 설교가인 템플 감독이 케임브리지 대학교 채플에서 기도 응답과 관련된 설교를 했다. 설교 후에 한 학생이 질문했다. "요새도 기도가 응답된다는 미신을 믿나요? 우연의 일치를 기도 응답이라고 주장하는 것 아닌가요?" 템플 감독이 대답했다. "우연일 수도 있지. 그런데 기도를 그치면 우연도 그치니 이상한 일이네."

사람에게는 우연이 하나님께는 필연이다. 하나님을 의지하면 기적을 체험할 수 있다. 기적과 신비를 너무 강조해도 안 되지만 아예 외면해도 안 된다. 어떤 사람은 은사가 사도 시대 후에 소멸되었다고 주장한다. 그러나 자기 은사를 최고로 여기는 것도 잘못이지만 은사가 소멸되었다는 주장도 잘못이다. 신비와 은사를 강조하는 사람 중에 가짜가 많은 것이 사실이지만 신비와 은사 자체를 외면하면 안 된다. 열심히 땀을 흘리면서 기적과 치유의 은혜도 구하고 영적인 은사와 능력도 추구하라.

사탄은 지금도 한시적이지만 큰 능력을 발휘한다. 하나님이 제한적인 능력을 남겨 두셨기 때문이다. 사탄은 화살이 잔뜩 몸에 박혔지만 아직 죽지 않은 사자 같아서 전보다 더 흉포하게 날뛰고 있다. 말세의 심한 혼란은 사탄의 멸망 때가 가까이 왔다는 신호다. 날뛰는 사탄을 이기려면 능력이 필요하다. 능력의 가치를 외면하면 기독교는 윤리적이고 철학적인 종교로 전락된다. 다니엘 3장 17-18절에 언급된 "그렇게 하지 아니하실지라도"라는 순종의 고백과 "하나님이 능히 건져 내시겠고"라는 능력의 고백을 겸비할 때 삶에 기적적인 역사가 나타날 것이다.

하나님! 신비를 너무 강조하지도 말고 외면하지도 말게 하시며
순종의 고백과 능력의 고백을 겸비해 기적을 예비하게 하소서.

하나님의 뜻대로 선택하라

여호와를 경외하는 자 누구냐
그가 택할 길을 그에게 가르치시리로다 (시편 25:12)

회개는 단순히 죄를 인정하고 반성하는 것만이 아니다. 회개의 큰 의미는 하나님을 경외하는 삶의 회복이다. 하나님을 경외하면 택할 길을 잘 교훈받는 축복이 있다. 결국 회개하고 하나님을 경외하는 것은 지혜의 근본이고 축복의 원천이다. 어느 길이 옳고 누구와 결혼하고 어떤 직장을 가지고 어떤 사업을 할 것인지에 관한 선택은 중요한 문제다. 그 문제에 대한 최선의 해답은 '좋은 상담'에 있기보다 '참된 회개'에 있다.

많은 상담이 선택 문제와 관련한 상담이다. 상담 요청자가 어떤 선택을 해야 할지에 대해 조언을 구하지만 사실상 '남의 조언'보다 '자기 결단'이 더 중요하다. 상담 요청자는 대개 자기 문제의 해답을 이미 알고 있다. 그 해답을 남을 통해 확인하기보다 그 해답대로 실천하는 것이 중요하다. 시댁 문제나 배우자 문제도 조언보다 더 필요한 것이 자신이 아는 해답대로 실천하며 살려는 결단이다. 결단 대신 다른 하위의 방법을 찾으려니까 여기저기 좋은 상담을 찾아 헤매는 것이다.

인생은 선택이다. 현재를 위한 좋은 선택보다 미래를 위한 좋은 선택을 하라. 내면에서 아브라함의 길과 롯의 길이 싸우면 아브라함의 길을 선택하라. 오늘만 바라보고 내일의 즐거움을 포기하는 길을 선택하기보다 내일을 위해 오늘의 즐거움을 희생하는 길을 선택하라. 특히 사랑과 용서의 원리를 바탕으로 선택하라. 그런 선택을 위해 하나님을 경외하는 삶의 기초가 굳건해야 한다. 하나님을 경외하면 하나님의 뜻대로 선택하게 되고 그때 하나님은 가장 선한 길로 인도해 주실 것이다.

하나님! 하나님을 경외하는 삶을 통해 복된 길을 선택해서
온전히 그 길을 따라감으로 내일의 축복을 예비하게 하소서.

하나님께 온전히 맡기라

네 길을 여호와께 맡기라 그를 의지하면 그가 이루시고
네 의를 빛 같이 나타내시며 (시편 37:5-6)

믿음이란 하나님께 과정도 맡기고 결과도 맡기는 것이다. 맡기는 것과 미루는 것은 다르다. 내가 흘려야 할 땀의 분량까지 하나님께 대신 해 달라고 하는 것은 자기 책무를 미루는 것이다. 하나님께 미루지 말고 하나님께 맡기면서 최선의 땀을 흘리라. 현재 힘들어도 너무 걱정하지 말라. 신실한 성도에게는 언젠가 반드시 축복의 기회가 찾아온다. 때로는 기회가 오는데 모세처럼 40년이 걸리기도 한다. 큰 성취가 이뤄지고 큰 사람이 되려면 시간이 오래 걸릴 수 있다.

문제를 따라가지 말고 하나님을 온전히 따라가라. 문제를 따라가면 평생 문제를 따라가다 끝나지만 하나님을 따라가면 문제가 따라오다 지쳐서 포기한다. 문제가 지쳐서 포기하고 따라오지 못하게 하는 힘이 영력이다. 하나님의 뜻과 길을 포기하지 않고 불굴의 의지를 앞세워 나아가되 최종 결과는 하나님의 손에 온전히 맡기라. 하나님은 절대적으로 맡기면 절대적으로 대해 주시지만 상대적으로 맡기면 상대적으로 대해 주신다.

성공을 위해 노력한다고 다 길이 열리지 않는다. 대개 능력이나 노력보다 연줄과 은혜가 더 중요하다. 하나님의 은혜가 없으면 축복의 문이 쉽게 열리지 않는다. 축복의 대로는 노력대로가 아니라 은혜의 줄에 붙잡힌 대로 펼쳐진다. 이렇게 기도하라. "하나님의 약속을 지금까지 믿고 따라왔습니다. 하나님의 은혜가 없으면 저는 길이 없습니다." 하나님의 은혜가 없으면 길이 없다면서 삶의 과정은 물론 삶의 결과까지 하나님께 온전히 맡기면 최종적인 의미에서 반드시 승리할 것이다.

하나님! 하나님의 은혜의 줄에 붙들리고 힘써 땀을 흘리면서 과정은 물론 결과까지 온전히 하나님의 손에 맡기게 하소서.

감사를 습관적으로 만들라

너희는 평강을 위하여 한 몸으로 부르심을 받았나니
너희는 또한 감사하는 자가 되라 (골로새서 3:15)

옛날에 한 성문 곁에 지혜로운 노인이 앉아 있었다. 그때 타지에서 온 청년이 물었다. "할아버지! 여기 살기 좋아요?" 노인이 되물었다. "자네가 전에 살던 곳은 살기 괜찮았나?" 청년이 말했다. "네. 괜찮았어요." 노인이 말했다. "이곳도 살기 괜찮네." 얼마 후 다른 청년이 와서 똑같이 물었다. "여기 살기 좋아요?" 노인이 되물었다. "자네가 전에 살던 곳은 살기 괜찮았나?" 청년이 말했다. "지옥 같았어요. 생각만 해도 끔찍합니다." 노인이 말했다. "이곳도 지옥 같은 곳이네."

평강과 감사는 함께 가는 것이다. 어디서든지 하나님이 나를 지켜 주신다는 확신 가운데 범사에 감사하면 평강이 생긴다. 환경보다 반응과 태도가 중요하다. 천국과 지옥이 따로 없다고 여기라. 내가 어떻게 생각하고 어떻게 보고 어떻게 인간관계를 만들어 가고 있느냐에 따라 천국과 지옥으로 갈린다. 행복은 환경이 결정하기보다 감사하는 태도가 결정한다. 행복하게 살려면 범사에 감사하는 태도를 체질화시키라.

어떤 사람은 이렇게 기도했다. "오늘 너무 바빠서 저는 하나님을 잊어도 하나님은 저를 잊지 말아 주세요." 얌체 같은 기도지만 하나님은 사람의 연약함을 아시기에 그런 기도도 들어주신다. 하나님은 어떤 경우에도 나를 잊지 않으신다. 염려를 하나님께 맡겨 버리라. 염려가 많은 사람은 염려거리가 해소되면 또 다른 염려거리를 찾는다. 염려는 습관적이다. 감사도 습관적으로 만들 수 있다. 늘 하나님이 지켜 주실 것을 확신하고 범사에 감사하면서 대 평안을 노래하며 살라.

하나님! 어디에 가든지 하나님이 지켜 주신다는 확신을 가지고 염려 대신 감사를 체질화시켜서 늘 평안 가운데 살게 하소서.

사명받은 자의 축복

우리는 뒤로 물러가 멸망할 자가 아니요 오직 영혼을
구원함에 이르는 믿음을 가진 자니라 (히브리서 10:39)

인생에서 가장 중요한 문제는 '사는 문제'보다 '사명 문제'다. 아무리 어려운 일이 있어도 하나님을 붙잡고 죽으면 죽으리라고 나아가면 사는 길은 열린다. 성도에게는 절망과 두려움이 없어야 한다. 늘 미래가 있고 희망이 있기 때문이다. 또한 때가 되어 이 땅을 떠나면 곧 천국 시민이 되기 때문이다. 결국 세상에서 가장 성공적인 일은 잘 믿는 일이고 더욱 성공적인 일은 잘 믿고 영혼 구원의 사명을 위해 뛰어드는 일이다.

오늘날 가장 큰 문제는 구원받은 사람에 비해 사명받은 사람이 너무 적다는 것이다. 많은 성도들이 영혼 추수의 사명을 외면한다. '구원받은 사람'은 '구원받을 사람'을 찾아 나서야 한다. 전도는 선택이 아니라 필수다. 성도에게 타락이란 클럽에서 춤추고 도박하는 것만이 아니라 영혼 구원의 사명을 외면하는 것이다. 축복받고 행복하게 살면서 최종 승리를 얻으려면 신앙의 열심을 회복하고 사명자의 길을 가라. 참된 믿음을 가지고 영혼 구원의 사명에 깊은 관심을 가지면 천국 갈 때까지 하나님이 사려 깊게 길을 인도해 주시고 보호해 주실 것이다.

사명대로 살면 누구든지 행복하게 살 수 있고 더 나아가 경제적인 기적과 성공 가능성이 커진다. 사명은 실패와 역경도 두려워하지 않는 용기를 준다. 사람은 거룩한 꿈과 사명을 가진 만큼 강해지고 담대해지고 넉넉해진다. 사명을 따라가면 하나님이 필요한 만큼 물질과 사람과 능력도 따라오게 하시고 내적인 당당함과 넉넉함과 자신감도 따라오게 하신다. 좋은 것을 따라가면 좋은 것이 따라온다.

하나님! 사는 문제보다 사명 문제에 더욱 깊은 관심을 가지고
영혼 구원에 힘써서 강해지고 넉넉해지는 은혜가 있게 하소서.

하나님을 시원하게 해 드리라

그가 내게 외쳐 말하여 이르되 북쪽으로 나간 자들이
북쪽에서 내 영을 쉬게 하였느니라 하더라 (스가랴 6:8)

스가랴가 본 8가지의 환상 중 마지막 환상인 '네 병거의 환상'에서 네 병거를 끄는 말들에게 "여기서 나가서 땅에 두루 다니라."라고 명령하자 그 말들이 땅에 두루 다녔다. 바로 그때 여호와 하나님이 환상 중에 스가랴에게 말씀했다. "북쪽으로 나간 자들이 북쪽에서 내 영을 쉬게 했다." 그 말씀에서 "내 영을 쉬게 했다."라는 표현은 이전의 개역한글 성경에서는 "내 영을 시원하게 했다."라고 표현했다. 심판 날이 즐거운 날이 되도록 하나님의 마음을 시원하게 하려면 서로 사랑하고 진실하게 예배하라.

요즘은 사랑보다 자랑이 더 많은 시대다. '자랑'은 하나님의 마음을 답답하게 하고 '사랑'은 하나님의 마음을 시원하게 한다. 사랑의 반대말은 자랑이다. 성도가 힘써 구해야 할 것은 사랑이고 힘써 피해야 할 것은 자랑이다. 예수님은 "너희 아버지의 자비하심 같이 너희도 자비하라."라고 하셨다. 사람들은 '전도의 대상'이기 전에 '사랑의 대상'이다.

또한 하나님을 하나님으로 인정하고 마음과 정성을 바쳐 예배하면 하나님의 마음이 시원하게 되고 그때 하나님이 나의 소원도 이뤄 주신다. 그런 기본적인 축복 원리를 외면하고 무조건 복만 구하면 하나님의 마음은 답답하실 것이다. 교회에서 드리는 '화려한 찬양과 경배'보다 일상에서 펼치는 '사랑과 용서와 섬김'을 통한 예배자의 삶이 하나님의 마음을 더 시원하게 한다. 하나님은 지금도 예수님의 길을 걷고 예수님처럼 살아가는 참된 예배자를 찾으신다. '교회에서 드리는 예배'를 '삶으로 드리는 예배'로 승화시키는 참된 예배자가 되어 하나님을 시원하게 해 드리라.

하나님! 심판 날이 즐거운 날이 되도록 사랑을 힘써 실천하고
삶으로 드리는 예배를 통해 하나님의 마음을 기쁘시게 하소서.

한 사람이 중요하다

너희가 만일 정의를 행하며 진리를 구하는 자를
한 사람이라도 찾으면 내가 이 성읍을 용서하리라 (예레미야 5:1)

사람은 약해도 사랑을 아는 사람은 약하지 않다. 세상은 변화된 한 사람에 의해 변화된다. 현재의 모습이 부족해도 내가 하나님의 꿈의 일부임을 기억하고 하나님의 사랑 안에서 믿음으로 사는 한 사람이 되라. "나 같은 사람이 무슨 큰일을 하나?"라고 생각하지 말라. 헌신하는 한 사람의 힘은 결코 작은 힘이 아니다. 육체적으로 약한 어머니의 힘도 결코 작은 힘이 아니다. '작은 것'도 하나님 안에 있으면 '큰 것'이다. 말씀에 순종하고 헌신하면 누구나 축복의 통로가 될 수 있다.

앞으로 외적으로는 더 편해지겠지만 내적으로는 인간성 상실이 심화될 것이다. 아무리 사회가 발전해도 한 사람이 잘못하면 사회는 급속히 파멸한다. 반면에 아무리 시대가 어려워도 의인 한 사람만 있으면 희망의 태양이 다시 떠오른다. 한 사람이 중요하고 하나님을 경외하는 한 사람은 더 중요하다. 모세의 어머니 요게벳 한 사람이 바로를 두려워하지 않고 하나님을 두려워해서 모세를 지켰기에 이스라엘은 출애굽 할 수 있었다.

하나님 외에는 다른 것을 두려워하지도 말고 믿지도 말라. 사람도 믿지 말라. 불완전한 사람을 믿으면 불안도 커진다. 돈도 믿지 말라. 돈 때문에 흥한 사람보다 망한 사람이 더 많다. 귀한 것은 버리고 헛된 것을 찾지 말라. 말씀과 기도를 버리고 변하는 것과 변하는 사람을 의지하려고 열심히 사람을 만나 손을 잡으려고 하지 말라. 아무리 많은 사람의 손을 잡아도 하나님의 손만 꼭 잡고 나아가는 한 사람을 당하지 못한다. 믿음을 가진 한 사람도 중요하고 그 한 사람을 키우는 것도 중요하다.

───∞ 하나님! 하나님을 두려워할 줄 아는 의로운 한 사람이 되어 ∞───
찬란한 꿈을 이루고 세상을 변화시키는 초석이 되게 하소서.

과정에 공을 들이라

마치 사람이... 겨자씨 한 알 같으니 자라 나무가 되어
공중의 새들이 그 가지에 깃들였느니라 (누가복음 13:19)

사람들은 성공한 사람의 열매만 보지만 사실상 성공한 사람에게는 대개 삶의 이면에 숱한 피와 땀과 눈물이 있었다. 꿈을 이루기는 쉽지 않기에 과정에 공을 들이라. 편하게 지내려고 하면 실력 있는 사람이 될 수 없다. 실력을 늘리려면 잠도 줄이고 노는 것도 줄이고 하고 싶은 것도 줄이라. 과정이 생략된 성공은 얻기도 힘들고 혹시 얻어도 행복과 보람은 적다.

과정이 없이 얻은 것은 가치도 없고 인생에 해가 될 때가 더 많다. 과정이 없이 얻은 명예는 많은 사람에게 박탈감을 심어 준다. 과정이 없이 얻은 돈은 좋은 일에 사용되지 못해 영혼을 타락시킨다. 결과도 중요하지만 과정은 더 중요하다. 바른 과정을 따르면 과정 자체도 축복이다. 기도해서 응답받는 것도 축복이지만 꾸준히 기도하는 것 자체도 축복이다. 사람은 응답을 좋아하지만 하나님은 응답받을 만한 믿음을 더 좋아하신다.

하나님은 결과보다 과정을 더 보신다. 모로 가도 서울만 가면 된다는 속담은 썩 좋은 속담이 아니다. 서울에 못 가는 한이 있어도 '모로' 가지 말고 '바로' 가라. 하나님은 나의 길을 다 보고 계신다. 겨자씨 같은 작은 비전도 소중하다는 말은 과정도 중요하다는 암시다. 오늘날 많은 사람이 '큰 것'과 '높은 것'과 '많은 것'을 추구하지만 기독교는 결과보다 과정을 중시하기에 '작은 것'과 '낮은 것'과 '적은 것'도 아낀다. 작은 것을 통해 큰 것이 이뤄지고 낮은 것의 의미를 알 때 높은 것의 가치를 깨닫고 적은 것이 모여야 많은 것이 형성된다. 과정에 공을 들이며 인내하고 기다리면 명품 인생이 펼쳐진다.

하나님! 성공의 열매만 보지 말고 성공의 이면도 살피면서
은밀한 땀과 정성과 눈물로 명품 인생을 만들어 가게 하소서.

선한 영향력을 미치라

너는 전쟁을 많이 한 사람이라 피를 많이 흘렸으니
내 이름을 위하여 성전을 건축하지 못하리라 (역대상 28:3)

어느 날 노년의 다윗이 깊은 묵상 중에 성전 건축을 작정했다. 그 작정을 하나님도 기뻐하실 줄 알았는데 생각과는 달리 허락하지 않으셨다. 순간적으로 실망했지만 곧 그는 하나님의 선하신 뜻을 확신하고 성전 건축을 못해도 성전 건축을 위한 준비를 하기로 결심하고 물자와 재정을 준비했다. 결국 아들 솔로몬이 무난히 성전을 건축할 수 있었다. 그 성전은 〈솔로몬 성전〉이라고 불렸지만 건축을 위해 준비했던 다윗의 음지의 헌신은 하나님 앞에 크게 기억되었을 것이다.

작품 인생이 되는 것도 중요하지만 작품 인생의 길을 예비하는 것도 중요하다. 당대에 이름을 날리는 것도 중요하지만 은밀하게 후대의 역사를 위해 준비하는 것도 중요하다. 인물이 되는 것도 복된 일이지만 인물을 키우는 인물이 되는 것도 복된 일이다. 당대에 모든 승부를 지으려고 하지 말고 후대의 축복을 위한 준비 작업도 잘하라. 나이가 들었다고 해서 혹은 현재 여건이 부족하다고 해서 결코 꿈을 포기하지 말라.

짧은 인생에서 인물이 되든지 혹은 인물을 만들든지 두 가지 중 하나는 하라. 또한 작품을 만들든지 혹은 작품 만드는 것을 돕든지 두 가지 중 하나는 하라. 구원받은 것으로만 만족하지 말고 하나님이 주신 재원, 재능, 지식을 가지고 최선을 다해 선한 영향력을 미치는 꿈을 품고 인생을 가치 있고 보람 있게 살아가라. 외형과 숫자로 성공을 저울질하지 말라. 성공은 돈과 권세가 많은 것도 아니고 추종자가 많은 것도 아니다. 진짜 성공은 오래도록 선한 영향력을 미치는 것이다.

하나님! 구원받은 것으로만 만족하지 않고 열심히 땀 흘려 후대에도 선한 영향력을 끼치는 복된 인물이 되게 하소서.

천국 대사답게 살라

각 사람의 행위대로 심판하시는 이를 너희가 아버지라 부른즉
너희가 나그네로 있을 때를 두려움으로 지내라 (베드로전서 1:17)

나그네로 있을 때를 두려움으로 지내라는 말씀은 성도의 시민권이 하늘에 있다는 말씀이다. 성도는 하나님이 이 땅에 보내신 천국 대사다. 하늘 대사관 직원으로서 자부심과 자신감을 가지고 살되 대사로 파송된 세상에서 자기 모습이 좋게 보여야 천국 이미지가 손상되지 않는다는 사실을 깨닫고 천국 대사답게 경건한 두려움을 가지고 살라.

한 딸이 대학에 들어가 대학 선배와 사귀었다. 어느 날 데이트 시간을 가지다가 밤이 깊어지자 선배는 귀가 시간과 관련해 그녀가 가정에서 배운 것과는 다른 말을 했다. "대학생이라면 11시 넘어 귀가할 수도 있잖아?" 선배가 아무리 설득해도 그녀는 설득되지 않았다. 선배가 실망해서 말했다. "도대체 뭐가 잘못인데? 아무도 우리를 알아보지 못해. 피해보는 사람도 없잖아." 그녀가 말했다. "난 아빠 때문에 그렇게 못해요." "아빠가 줄 상처가 그렇게 두렵니?" "아니요. 내가 아빠에게 줄 상처가 두려워요."

상처받는 것을 두려워하는 것은 경박한 두려움이지만 상처 주는 것을 두려워하는 것은 경건한 두려움이다. 경건한 두려움을 가진다는 것은 하나님이 내게 주실 상처를 두려워하는 것이 아니라 내가 하나님께 드릴 상처를 두려워하는 것이다. 성도가 천국 대사답게 살지 않으면 하나님이 크게 상처받으시지만 천국 대사답게 살면 하나님이 크게 기뻐하신다. 하나님 앞에서 거룩함에 압도된 두려움을 가지라. 하나님의 은혜에 감격하고 감사하면 거룩한 두려움이 생긴다. 하나님의 은혜는 경박한 두려움을 없애 주기도 하지만 경건한 두려움을 가지게도 한다.

하나님! 상처 주는 것을 두려워하는 경건한 두려움을 가지고 하나님의 은혜에 압도된 상태로 천국 대사답게 살게 하소서.

믿음으로 현실을 넘어서라

여호와여 나를 버리지 마소서
나의 하나님이여 나를 멀리하지 마소서 (시편 38:21)

다윗은 자신의 죄와 허물과 우매로 인해 큰 상처와 고통을 당한다는 사실을 알면서도 하나님께 자신을 버리거나 멀리하지 말아 달라고 기도했다. 하나님은 회개하는 심령으로 겸손하게 기도하면서 선을 포기하지 않겠다고 결심하는 성도를 결코 버리지 않으신다. 현실이 내가 원하는 모습으로 펼쳐지지 않아도 하나님의 은혜를 믿고 그 현실을 넘어서라. 믿음으로 생각하면 내일의 결과는 크게 달라진다. 내일이 나아질 것이라고 생각하면 정말 나아지고 내일이 나빠질 것이라고 생각하면 정말 나빠진다. 나아짐과 나빠짐의 차이는 믿음과 생각 차이다.

악인의 형통에 너무 낙심하지 말라. 하나님의 시간까지 조금 더 참고 선행을 포기하지 말라. 하나님의 때까지 기다릴 만한 충분한 가치가 있다. 하나님은 하나님의 시간 전에는 일하시지 않지만 너무 늦지도 않으신다. 드라마를 볼 때는 모든 문제가 해결되는 결말까지 참고 본다. 인생 드라마도 너무 속단하지 말고 끝날 때까지 기다리며 기도하라. 성급한 판단은 하나님을 영화롭게 하지 못하며 나를 지치게만 만들 뿐이다.

악인의 형통에 차라리 무관심하고 하나님의 사랑과 공의에 대해 의문을 품지 말라. 악인이 성공하고 선인이 실패해도 실망하지 말라. 하나님의 사랑은 성공한 악인 위에 나타나지 않고 실패한 선인 위에 나타난다. 조지 뮬러는 말했다. "당신의 기다림이 주님을 향한 기다림이라면 그 기다림은 결코 낭비가 아닙니다." 힘든 현실 중에도 기도하고 기다리면서 하나님이 맡기신 선한 일을 조용히 이행하면 조만간 복된 현실이 펼쳐진다.

하나님! 어려운 현실 중에도 믿음을 포기하지 않게 하시며
인생 드라마를 속단하지 말고 계속 선을 추구하게 하소서.

마음을 넓히고 사랑하라

주께서 내 마음을 넓히시면
내가 주의 계명들의 길로 달려가리이다 (시편 119:32)

왜 민족감정과 지역감정이 생기는가? 나누기를 좋아하는 인간의 습성 때문이다. 사람은 돈이 생기면 '가진 자'와 '가지지 못한 자'로 나눈다. 학력이 높으면 '학력이 높은 자'와 '학력이 낮은 자'로 나눈다. 그러나 하나님은 사람을 나누시지 않고 오직 '하나님을 아는 영혼'과 '하나님을 모르는 영혼'으로 나누신다. 하나님의 사랑의 관점으로 영혼을 바라보라. 정당한 이유 없이 배타하는 마음을 가지면 삶이 고독해지고 옹졸해진다.

애향심은 이기심과 비교할 때는 미덕이다. 고향을 사랑하는 것은 귀한 일이다. 반면에 박애심과 비교할 때는 결점이다. 애향심은 확대된 이기심이 될 수 있다. 애향심으로 인해 타지역 사람을 무조건 배타하는 것은 불의다. 또한 애향심의 이름으로 많은 범죄가 저질러지고 가짜 애향심으로 시기, 질투, 증오, 집착 등이 생겨난다. 애향심으로 포장된 지역감정을 후대에게 물려주는 것만큼 부끄러운 일은 없다.

선교 마인드를 가지고 나 중심의 좁은 사고 체계를 우리 중심의 넓은 사고 체계로 바꾸라. 나 중심의 사고는 차이를 차별로 떨어뜨리지만 우리 중심의 사고는 차이를 개성으로 끌어올린다. 사랑과 관심의 폭을 넓히라. 틀리지 않았는데 다르다는 이유로 무조건 배타하는 것은 예수님의 정신과는 맞지 않다. 이기적인 마음보다 삶에 독약이 되는 것은 없다. 예수님의 사랑과 관심은 제한이 없는 광범위한 것이다. 나의 사랑과 관심도 제한이 없는 광범위한 것이 되도록 기도하라. 선교 마인드를 가지고 사랑과 이해의 폭을 넓힐 때 은혜와 축복의 폭도 넓어진다.

———∞ 하나님! 무조건적인 배타심으로 옹졸하게 살지 않게 하시고 ∞———
사랑과 이해의 폭을 넓힘으로 은혜의 폭도 넓혀 가게 하소서.

문제를 껴안고 전진하라

만일 그리스도인으로 고난을 받으면 부끄러워하지 말고
도리어 그 이름으로 하나님께 영광을 돌리라 (베드로전서 4:16)

어느 날 한 미국 여인이 집 정원에 민들레가 너무 많이 나는 문제로 고심하다가 농무성으로 편지를 썼다. "저희 동네에 민들레가 많이 나서 뽑는 일이 너무 힘든데 대책 좀 세워 주세요." 농무성으로부터 짤막한 답장이 왔다. "미국 전역에서 흔히 생기는 문제이기에 저희도 어떻게 도와드릴 수가 없습니다. 뽑으려고만 하지 말고 사랑해 보세요."

가끔 가정과 일터에 원하지 않는 민들레가 날 때 이런 하소연이 나온다. "하나님! 그 문제 때문에 너무 힘든데 좋은 대책이 없나요?" 그때 하나님은 이렇게 응답하실 것이다. "문제를 너무 피하려고만 하지 말고 문제를 껴안고 전진해 보라." 왜 하나님이 문제를 남겨 두셨는가? 사랑하는 자녀를 강하고 성숙하게 만들기 위해서다. 시험이 없으면 발전과 승리도 없기에 시험이 없는 것은 축복이 아니다. 시험이 실력 향상에 필수적이듯이 문제는 영력 향상에 필수적이다.

위기는 기회가 되지만 저절로 되지는 않는다. 위기 때 하나님의 뜻을 살피고 힘써 순종해서 하나님과 더욱 가까워질 때 위기는 기회가 된다. 위기 때는 열매를 찾으려는 생각을 줄이고 뿌리를 더욱 살피라. 그때 위기는 기회가 되고 문제는 인물을 낳는 발판이 된다. 사람들은 위기가 닥치면 과거에 있었던 하나님의 은혜를 잊고 절망할 때가 많다. 그러나 현실이 힘들수록 과거의 은혜를 기억하면서 나를 위한 하나님의 새로운 멋진 계획이 있음을 믿으라. 시험과 문제를 피하려고만 하지 말고 그것들을 껴안고 전진하면 조만간 좋은 날을 보게 될 것이다.

하나님! 수시로 일어나는 문제로 인해 낙심하지 말게 하시고
문제를 껴안고 스스로를 성찰하며 믿음으로 전진하게 하소서.

최대한의 평화를 추구하라

좋은 소식을 전하며 평화를 공포하며
복된 좋은 소식을 가져오며 구원을 공포하며 (이사야 52:7)

파푸아 뉴기니의 정글에 몇 세대에 걸쳐 피의 전쟁을 벌이던 두 종족이 있었다. 그들은 끊임없이 서로 싸우고 죽였다. 마침내 계속 싸우면 두 종족이 다 멸망함을 깨닫고는 전쟁을 끝낼 방법을 찾다가 양쪽 추장이 자기의 자녀 한 명을 서로에게 양자로 주었다. 그 자녀를 '평화의 자녀'라고 불렀다. 그 자녀로 인해 마침내 정글에 평화가 찾아왔다.

예수님은 이 땅에 '평화의 자녀'이자 '평화의 왕'으로 오셨다. 그래서 구원받은 성도가 추구해야 할 최고의 덕목 중 하나도 평화다. 어떤 사람은 평화를 찾겠다고 평화롭지 못한 방법을 사용한다. 옛날에는 성지를 탈환해 평화를 얻겠다는 목적으로 십자군 전쟁까지 벌였다. 목적이 좋아도 수단이 안 좋으면 많은 죄악과 증오를 낳는다. '십자군'이 아닌 '십자가'가 평화를 가져다준다. 죄와 싸우라는 히브리서 12장 4절 말씀을 오용해 싸움을 일삼지 말라. 싸움으로 찾은 평화는 패배자의 아픔과 상처로 인해 또 다른 싸움을 부른다. 평화의 길을 찾기 전에 평화가 길임을 알라.

왜 힘을 길러야 하는가? 평화를 이루기 위해서다. 하나님이 주신 힘과 능력과 물질과 권세를 거룩한 꿈의 성취를 위해 사용하고 누군가의 눈물을 닦아 주는 데 사용하라. 사소한 일상에서도 평화를 힘써 추구하라. 감정을 절제하고 비판과 판단도 힘써 줄이라. 모든 현실을 마음을 다스리는 공부의 현장으로 삼으라. 특히 겸손하게 되기를 힘쓰라. 교만은 평화의 최대 적이다. 겸손의 왕자가 평화의 왕자가 된다. 가장 복된 삶 중 하나는 최대한의 겸손을 통해 최대한의 평화를 추구하는 삶이다.

하나님! 이 땅에 평화의 왕으로 오신 예수님의 길을 따라
최대한의 겸손을 통해 최대한의 평화를 추구하게 하소서.

평강 가운데서 나타나라

너희가 이것을 바라보나니 주 앞에서 점도 없고 흠도 없이
평강 가운데서 나타나기를 힘쓰라 (베드로후서 3:14)

베드로는 새 하늘과 새 땅을 바라보며 주 앞에서 점도 없고 흠도 없는 삶을 통해 평강 가운데서 나타나라고 도전했다. 성도는 예수님의 신부로서 자기 단장에 힘써서 믿음을 앞세우되 정결한 행동도 따라오게 해야 한다. 열심히 사는 것보다 중요한 것은 바르고 깨끗하게 사는 것이다. 복된 존재가 되는 핵심 요소는 '하나님 앞에 정결한 모습으로 드려질 수 있는가?'에 달려 있다.

디모데전서 4장 5절에 이런 말씀이 있다. "하나님의 말씀과 기도로 거룩하여짐이라." 말씀과 기도를 가까이하며 거룩하게 살면 평강도 넘치게 된다. 잠언 28장 1절에는 이런 말씀이 있다. "악인은 쫓아오는 자가 없어도 도망하나 의인은 사자같이 담대하니라." 신호 위반을 하면 경찰차만 봐도 가슴이 떨리지만 신호를 지키면 경찰차를 봐도 편안하다. 깨끗하게 살면 담대하지만 깨끗하게 살지 않으면 불안하고 언젠가 반드시 넘어진다.

불안감을 '감정을 통해 들려오는 깨끗함을 도전하는 음성'으로 받아들이고 정결한 삶을 추구하라. 찬란한 꿈의 성취가 늦어도 괜찮다. 사람은 성취를 보지만 하나님은 성취 이전에 마음과 동기를 보신다. 특히 내면이 깨끗한가를 보신다. 사도행전 12장을 보면 베드로는 감옥에서 죽기 전날에도 평안하게 잘 잤다. 인간의 생사가 하나님께 달려 있음을 믿었기 때문이다. 하나님이 살리고자 하시면 살고 죽이고자 하시면 죽는다. 어떤 상황이든지 나를 흠이 없는 정결한 자녀로 만들려고 하나님이 최선의 상황을 허락하셨다고 믿고 어떤 충격적인 일을 만나도 평안을 잃지 말라.

하나님! 하나님 말씀과 기도를 앞세워 정결한 삶을 살아서
늘 평강 가운데 나타남으로 하나님의 기쁨이 되게 하소서.

삶 자체가 기적임을 알라

거짓 선지자들을 삼가라 양의 옷을 입고 너희에게 나아오나
속에는 노략질하는 이리라 (마태복음 7:15)

기적이 무엇인가? 삶 자체가 기적이란 기초 인식을 분명히 하라. 참된 기적은 생명을 살리면서도 결코 화려하지 않다. 사랑과 겸손이 전제되지 않은 기적을 주의하라. 참된 기적을 모르는 무지와 헛된 기적을 추구하는 욕심 때문에 많은 성도가 영혼을 살리는 참된 기적을 추구하기보다 영혼을 죽이는 연출된 기적에 미혹된다. 기적의 우상화와 기적의 상품화를 경계하라. 삶 자체가 기적임을 모르고 사랑이 가장 위대한 기적임을 모르는 사람에게 기적은 파멸과 불행의 전조가 될 수 있다.

'기적의 하나님'보다 '하나님의 기적'에 더 연연하면 인생이 속박된다. 기적과 치유를 준다는 연출된 기적 집회나 치유 집회에 몰려가는 것은 매우 위험하다. 복음서를 보면 예수님은 기적과 치유 후에 몰려오는 군중을 멀리했다. 그런 모습과는 반대로 기적 선전자들과 치유 선전자들은 한번 일어난 기적과 치유를 극대화시키고 선전하며 심지어 기적과 치유를 조작하면서까지 군중을 끌어들여 돈벌이와 권세 벌이에 활용한다.

간간이 일어나는 초자연적인 현상에 너무 감격하지 말고 꾸준히 진행되는 생명 현상에 깊이 감격하라. 교주가 연출하고 벌여 놓은 치유 집회에 갈 바에야 차라리 골방에 들어가 하나님께 눈물로 호소하라. 치유를 준다는 교주의 선전에 미혹되어 그런 집회에 간다면 하나님이 받으실 마음의 상처가 얼마나 크겠는가? 그럴 바에야 "하나님! 뜻대로 하소서. 죽으라면 죽겠습니다."라며 차라리 존엄하게 죽는 길을 택하라. 그런 마음을 가질 때 오히려 최상의 사는 길과 치유의 길이 열린다.

하나님! 하나님의 기적보다 기적의 하나님을 더 추구하고
삶 자체에 대해 감사하면서 늘 존엄함을 잃지 않게 하소서.

감사를 끊임없이 훈련하라

하나님이여 내 마음이 확정되었고 내 마음이 확정되었사오니
내가 노래하고 내가 찬송하리이다 (시편 57:7)

감사는 축복을 얻게 하는 핵심 덕목이고 축복의 전조다. 감사가 넘치면 갈등과 미움과 문제가 점차 사라진다. 감사는 믿음의 핵심 표현이고 영성의 핵심 지표다. 감사 생활은 천국 생활의 그림자다. 천국은 찬송과 감사가 넘치는 곳이다. 감사가 강조되는 종교인 기독교를 믿는 성도에게 감사가 넘치는 삶은 기본적인 삶이다. 조건과 환경에 따라 감사를 저울질하지 말고 삶 자체에 감사하고 범사에 감사하라.

가장 복된 삶은 '감사거리를 발견하는 눈'과 '감사 고백이 넘치는 입'을 가지고 현재 위치에서 새롭게 일어서는 삶이다. 범사에 감사하는 삶은 범사를 선하게 변화시킨다. 작은 것에 감사하면 큰 것이 주어진다. 축복 원리는 어렵고 복잡한 것이 아니다. 축복에 집착하면 축복은 더 멀어지지만 범사에 감사하며 땀을 흘리면 축복은 더 가까워진다. 고통을 축복으로 바꾸고 불행을 행복으로 바꾸는 결정적인 덕목이 감사다. 행복은 많이 가진 사람의 것이 아니라 많이 감사하며 누리는 사람의 것이다.

참된 감사는 겸손할 때 생긴다. 비천하고 연약한 사람도 미래의 가능성이 있지만 교만해서 감사를 모르면 미래의 가능성이 없다. 감사를 끊임없이 훈련해 나를 겸손하게 만들고 은혜와 축복을 예비하라. 겸손과 감사는 비슷한 말이고 교만과 감사는 반대말이다. 범사에 감사하는 훈련을 통해 나를 낮추고 하나님을 높이라. 하나님을 높이면 하나님도 나를 높여 주시고 하나님을 삶의 중심에 모시면 하나님도 나를 역사의 중심에 세우시고 하나님을 앞세우면 하나님도 나의 앞길을 책임져 주실 것이다.

하나님! 스스로를 낮추고 하나님을 높여 삶 자체에 감사하고
범사에 감사하면서 불행한 삶을 행복한 삶으로 바꾸게 하소서.

예수님의 마음을 가지라

약한 자들에게 내가 약한 자와 같이 된 것은
약한 자들을 얻고자 함이요 (고린도전서 9:22)

어느 추운 겨울날 한 아이가 생각했다. "걔들은 이 추위에 어떻게 견딜까?" 측은한 마음이 들어 몰래 안 입는 옷을 들고 나가 마당에 있는 개에게 덮어 주었다. 부모는 그런 따뜻한 행동에 대해 옷 문제로 야단치기보다 오히려 기특하게 보고 아이의 모습에서 예수님의 마음을 읽어야 한다. 축복은 신비한 원리를 통해 주어지는 것이 아니라 예수님의 마음을 가지면 주어진다.

사람은 사랑받고 관심받기를 원하지만 예수님은 사랑과 관심을 주는 것이 더 축복이라고 말씀했다. 사랑과 관심을 받는 일은 사람으로부터 받는 축복이지만 사랑과 관심을 주는 일은 하나님의 축복을 받는다. 사랑과 긍휼이 넘치는 따뜻한 눈을 가져야 영혼도 살고 세상도 변화된다. 사랑이 없는 눈과 사랑이 없는 정의로운 말은 많은 상처를 낳는다. 법에도 눈물이 있어야 하듯이 정의에도 따뜻함이 있어야 한다. 시선이 차가운 정의는 복된 정의가 아니다. 머리는 냉철해야 하지만 가슴도 냉철하면 안 된다.

나의 마음과 시선에 붙들린 누군가가 어려움을 당하면 그 어려움을 같이 느끼는 긍휼한 마음을 가지라. 약자도 긍휼히 여기라. 예수님은 약자와 함께 울고 웃으셨고 큰 자의 모습보다는 작은 자의 모습으로 찾아오실 때가 많다. 약자의 눈물을 헤아릴 줄 모르면 축제 후에 남는 것은 허전함뿐이다. 약자의 눈물을 헤아릴 줄 알아야 하나님이 그 마음에 찾아와 주시고 선하게 쓸 수 있는 힘과 능력과 재원도 주신다. 인생에서 얼마나 많은 일을 했는가보다 일할 때 얼마나 사랑하며 했는가가 더 중요하다.

∞———— 하나님! 사랑을 받기보다 주기에 더 관심을 가지게 하셔서 ————∞
작은 자의 모습으로 찾아오신 예수님처럼 살아가게 하소서.

365
·
DAILY
DEVOTION

5월

May

기도는 거룩한 노동이다

구하는 이마다 받을 것이요 찾는 이는 찾아낼 것이요
두드리는 이에게는 열릴 것이니라 (마태복음 7:8)

기도는 두 손을 모으는 것이고 동시에 기도한 손으로 실제로 문을 두드리는 것이다. 기도 후에는 기도한 대로 행동하라. 행함이 없는 믿음은 죽은 믿음이듯이 행함이 없는 기도도 죽은 기도다. 행동하는 기도자가 되라. "교회의 빈자리가 속히 채워지게 하소서."라고 기도한 후에는 전도하는 행동이 따르게 하라. "선교 사역의 필요가 채워지게 하소서."라고 기도한 후에는 후원하는 행동이 따르게 하라. 행동하는 삶으로 기도하는 입술을 뒷받침해서 기도가 삶이 되게 하고 삶이 기도가 되게 하라.

기도할 때는 땀도 흘리라. 기도는 단순한 호소가 아닌 구체적인 삶의 다짐과 실천이다. 학생이 공부는 안 하고 합격하게 해 달라고 기도하면 좋은 모습이 아니다. 기도는 책임이다. 기도 응답은 기도 소리가 큰 사람이 받기보다는 기도한 후 말씀대로 사는 책임적인 사람이 받는다. 기도하면서 말씀대로 살려는 의지를 보여 드리라. 하나님은 땀도 없이 욕심을 내는 기도보다 기도한 후 땀을 흘리는 기도에 관심이 많으시다. 기도한 후 땀을 흘리고 기도 응답을 받는 것이 진짜 축복이다.

땀이 없는 상황에서 주어진 축복은 오히려 해가 된다. 로또에 당첨되어 행복해진 사람은 많지 않다. 땀이 외면된 잘못된 기도는 더 해가 되고 더 죄에 빠뜨린다. 기도 없이 흘리는 땀과 기도한 후 흘리는 땀은 크게 다르다. 찬란한 꿈도 먼저 하나님 앞에서 기도로 진통해야 성취된다. 기도는 거룩한 노동이다. 반대로 거룩한 땀도 일종의 기도다. 기도하면 땀 흘릴 곳이 보이고 점차 책임적인 교인이 되면서 열매도 나타난다.

하나님! 간절히 기도한 후에 행동과 실천이 따르게 해서
삶이 기도가 되게 하고 기도가 삶이 되는 은혜를 주소서.

거룩한 편견을 가지라

내가 엄히 명하노니 너는 편견이 없이 이것들을 지켜
아무 일도 불공평하게 하지 말며 (디모데전서 5:21)

느헤미야는 자기 민족을 사랑했지만 편견이 없는 세계민의 마음을 가졌기에 바사 왕을 자기편으로 만들었다. 요셉도 바로의 신임을 얻어 애굽의 총리가 되었다. 다니엘이 이방의 3대 제국에서 총리로 지낼 수 있었던 것도 편협한 민족주의적 사고가 아닌 세계민의 마음을 가졌기 때문이다. 이방인과 잘 지내는 것은 타협이 아닌 성경적인 복의 원리다. 편견을 깨야 나도 살고 남도 살고 나라와 민족도 살릴 수 있다.

간음한 여자를 돌로 치려는 대중에게 예수님이 "너희 중에 누구든지 죄 없는 자가 돌로 치라."라고 말씀하자 다 잠잠해졌다. 간음죄를 뚜렷하게 목격하고도 돌을 버리고 다 잠잠해졌는데 단순히 편견만으로 돌을 던진다면 무서운 죄가 된다. 사람을 쉽게 규정하는 것은 사람을 쉽게 부정하는 것이다. 남으로부터 몇 마디 말만 듣고 어떤 사람을 규정했다가 실제로 그를 만나 본 후 자신의 못난 편견을 부정할 때가 얼마나 많은가? 남을 쉽게 규정하지 말라. 남에게는 남모르는 사정이 있을 수 있다.

편견은 '다른 것'을 '틀린 것'으로 규정하고 정당한 대결로 승부하기보다 등 뒤에서 찌르는 나쁜 본능의 산물이다. 편견적인 언사를 쓰는 편견의 가해자는 편견의 피해자보다 더 비인격적인 사람이다. 편견의 피해자가 될지언정 편견의 가해자가 되지 말라. 복을 원하면 나쁜 편견을 힘써 버리라. 또한 의도적으로 좋은 편견을 습관화시키라. 사랑은 일종의 거룩한 편견이다. 사랑만 들어가면 최대한 좋게 보기 때문이다. 잘못된 편견은 불행의 예고편이지만 거룩한 편견은 행복의 예고편이다.

하나님! 편견이 없는 마음을 가지고 타인을 용납하게 하시고
편견의 피해자가 될지언정 편견의 가해자는 되지 않게 하소서.

하나님과 기도로 맺어지라

주는 나를 용서하사 내가 떠나 없어지기 전에
나의 건강을 회복시키소서 (시편 39:13)

다윗은 건강이 나빠졌을 때 치유를 위해 기도하면서 먼저 하나님의 용서를 구했다. 하나님의 용서를 받으려면 2가지 핵심 요소가 필요하다. 죄를 회개하는 것과 남을 용서하는 것이다. 남을 용서하려면 하나님의 용서를 힘입어야 한다. 하나님의 용서를 구하는 기도를 하면서 남을 용서하는 기도를 하라. 용서의 기도는 무질서와 반목과 대립이 질서와 화합과 조화로 변하기를 원하는 기도이고 몸과 마음의 병이 회복되기를 원하는 기도다. 때로 부족한 모습을 보여도 용서의 은혜를 구하면 하나님이 그 기도를 기쁘게 받아 주신다. 주의 노염은 잠깐이지만 주의 은혜는 영원하다.

힘들고 억울한 일을 겪을 때마다 성도에게 기도가 있고 하나님이 성도의 진실한 기도를 들어주신다고 생각하면 얼마나 안심이 되는가? 기도는 하나님과 사람을 맺어 주는 '기적의 도구'다. 하나님이 기도를 들어주신다는 단순한 사실을 진실로 믿는다면 삶의 뿌리까지 흔들리는 선한 지각 변동이 있을 것이다. 기도는 하나님의 능력이 전달되는 통로이면서 삶의 토대를 세우고 잘못된 삶을 보수하는 최대 수단이다.

삶의 획기적인 변화를 원하면 무엇보다도 먼저 기도하라. 생명력 있는 기도보다 더 큰 역사를 일으키는 것은 없다. 무능한 사람이 전능하신 하나님과 기도로 맺어진다는 사실이 얼마나 놀라운가? 그래도 기도하지 않는다면 얼마나 어리석은 일인가? 기도는 하나님이 마련해 주신 축복의 핵심 통로다. 늘 기도를 가까이함으로 그림자 인생을 끝내고 유쾌하고 상쾌하고 통쾌한 내일을 맞이할 준비를 하라.

하나님! 하나님과 소통하는 최고의 도구인 기도를 통해
하나님의 용서를 힘입고 치유의 은혜도 누리게 하소서.

31승 1패의 인생 공식

하나는 길갈의 고임 왕이요 하나는 디르사 왕이라
모두 서른한 왕이었더라 (여호수아 12:23-24)

여호수아를 중심으로 이뤄진 이스라엘의 가나안 정복 전쟁은 아이 성의 작은 패배 외에는 한 번도 패배하지 않고 31왕에 대해 승리를 거둔 전쟁이었다. 자세히 보면 성도에게 펼쳐지는 축복 공식도 대략 '31승 1패의 공식'이다. 어떤 사람은 자신이 너무 불행해서 승리의 역사는 거의 없고 패배의 역사만 많은 줄 안다. 1패를 너무 크게 보기 때문이다. 하나님은 큰 의미에서 각 사람에게 31승 1패의 삶을 공평하게 허락하신다.

1패가 아닌 31승을 보는 시야를 가지고 힘들어도 하나님께 불평하지 말고 감사하라. 불평은 주어진 축복들을 감사하며 받지 않고 당연시하며 받기에 생긴다. 불평은 좋은 환경도 지옥으로 만들지만 감사는 나쁜 환경도 천국으로 만든다. 불평은 수도원도 형무소로 만들지만 감사는 형무소도 수도원으로 만든다. 불평과 원망은 공동체의 기쁨을 빼앗고 환경을 우울하게 만들지만 감사와 칭찬은 공동체에 기쁨과 생동감을 준다. 한 번의 실패를 생각하며 불평하지 말고 31번의 승리를 생각하며 감사하라.

하나님은 환난을 피하게도 하시지만 많은 경우에 환난을 그대로 두고 그 것을 이길 힘을 공급해 주신다. 환난은 한 가지 패배다. 성도의 삶에는 환난 보다 훨씬 더 많은 축복이 있다. 31승 1패의 축복 공식을 잘 소화하면 어려워도 기뻐하고 감사할 수 있다. 1번의 패배는 31번의 승리가 곧 주어진 전조다. 1번의 패배와 31번의 승리! 게다가 가나안 동편의 아모리 왕 시혼과 바산 왕 옥을 물리친 것으로 상징되는 2번의 보너스 승리! 그 승리들을 생각하며 범사에 감사하는 것이 믿음이다.

하나님! 패배는 크게 보고 승리는 작게 보지 않게 하시고
31승 1패의 축복 공식을 앞세워 범사에 감사하게 하소서.

교육 기회를 잘 포착하라

너희는 이 일을 너희 자녀에게 말하고 너희 자녀는
자기 자녀에게 말하고 그 자녀는 후세에 말할 것이니라 (요엘 1:3)

유대인들의 교육 방법을 보면 교육 기회 포착이 탁월하다. 너무 자주 교육에 나서면 바른 소리도 잔소리처럼 된다. 교육은 기회를 잘 살려 지혜롭게 해야 효과가 있다. 나무는 결을 따라 패고 쇠는 뜨거울 때 친다. 아무 때나 바른 소리를 하지 말고 적절한 교육 기회를 잘 포착하라. 주일, 특별한 기념일, 자녀가 낙심하고 실패했던 날, 가정과 교회와 나라가 극심한 고난에 처한 날 등은 잘 활용하면 최대 교육 기회가 된다.

흔히 자녀가 잘하면 교육적으로 대하지만 자녀가 못하면 비교육적으로 대한다. 그 반대로 하라. 자녀가 실패하면 "좋은 교육 기회구나."라고 생각하며 속으로 쾌재를 부르라. 실패했을 때를 교육적으로 잘 활용하면 탁월한 인물을 낳게 한다. 유대인은 후대들에게 민족의 어려웠던 시절을 상기시킴으로 공동체 의식을 일깨웠다. 후대들은 자기 민족의 고난 얘기를 들으면서 선대들을 존경하고 공동체 의식이 깊어지고 나라 사랑과 민족 사랑에 대한 꿈이 생기면서 비교적 일찍 철이 들었다.

사람이 똑똑해지는 것은 철이 들어 목표 의식이 뚜렷해지기 때문이지 남다른 똑똑한 유전자가 있기 때문만은 아니다. 결국 최고 교육은 은혜를 기억하게 해서 철들게 하고 뚜렷한 목표 의식을 가지게 하는 것이다. 자녀가 정말 잘 되길 원하면 은혜를 아는 자로 키우라. 그것을 위해 교육 주체가 먼저 은혜를 아는 자가 되라. 결국 자녀와 후대 교육은 학교나 학원에만 맡길 수 없고 교회 교육이 꼭 필요하다. 하나님의 은혜를 깊이 인식시키면 자녀와 후대는 실패한 인생이 되지 않는다.

하나님! 교육의 기회를 잘 포착해서 후대를 잘 교육하게 하시고
은혜를 먼저 받은 자로서 후대를 은혜의 길로 잘 이끌게 하소서.

내 손안에 있는 기적

여호와께서 그에게 이르시되 네 손에 있는 것이 무엇이냐
그가 이르되 지팡이니이다 (출애굽기 4:2)

하나님이 모세를 부르실 때 "네 손에 있는 것이 무엇이냐?"라고 묻자 모세가 "지팡이입니다."라고 대답했다. 하나님이 모세의 손에 무엇이 있는지 정말 몰라서 그렇게 질문하셨겠는가? 결국 그 질문에는 "네 사명을 위해 네가 가진 지팡이면 충분하다."라는 암시가 담겼다. 모세의 지팡이는 그가 40년 동안 미디안 광야에서 양을 치면서 늘 손에 쥐고 있었던 것으로 그의 아픈 경험을 상징한다. 그 지팡이가 나중에 홍해를 가르고 백성을 인도하는 위대한 지팡이가 되었다.

모세의 지팡이처럼 하나님이 각자의 손에 들려주신 경험의 지팡이가 있다. 그것은 하나님이 다 뜻이 있어서 내게 있게 하신 엄청난 자산이다. 아픈 경험을 포함해 나의 모든 경험을 소중히 여기라. 그 가치를 인식하는 사람이 진짜 부자이고 진짜 인재다. 하나님은 내가 별로 가진 것이 없어도 "너의 재능과 경험만으로도 충분히 큰일을 할 수 있다."라고 하신다. 내게 주어진 것의 의미를 믿고 잘 활용하면 누구나 인물이 될 수 있다.

신실하게 살았어도 고난이 있을 수 있다. 하나님은 그 고난도 필요하기에 허락하셨음을 믿고 사명을 포기하지 말라. 기적의 원천은 이미 내 손안에 있고 내 가정과 주변에 깃들어 있다. 그것이 내 믿음과 융합될 때 진짜 기적이 일어난다. 또한 하나님을 아는 지식이 많아지면 기적이 더욱 생생하게 드러난다. 하나님이 이미 내게 쥐어 주신 모세의 지팡이, 소년의 오병이어, 베드로의 낡은 그물, 리브가의 물동이와 같은 것들을 찾아내고 그것을 사명을 위해 드리면 지금도 얼마든지 기적의 주인공이 될 수 있다.

하나님! 각자의 손에 들려주신 아픈 경험의 지팡이를 활용해
하나님이 주신 사명을 잘 감당해서 기적을 체험하게 하소서.

큰 겨자나무를 꿈꾸라

하나님의 나라가... 겨자씨 한 알 같으니 자라 나무가 되어
공중의 새들이 그 가지에 깃들였느니라 (누가복음 13:18-19)

좋은 목자는 양떼의 삶에 구체적인 관심을 가진다. 하나님은 동시에 모든 영혼의 목자가 될 수 있지만 사람은 동시에 목양할 수 있는 양떼 수에 한계가 있다. 성경적인 한계는 기드온의 3백 용사나 다윗을 따랐던 4백 명 정도일 것이다. 3-4백 명이 넘으면 내밀한 목양은 이뤄 내기 힘들다. 그때부터 영혼은 '목양 대상'이 아닌 '관리 대상'이 될 가능성이 크다.

소수도 아끼라. 다만 소수에 머물러 있지는 말라. 작은 것을 아끼는 것과 작은 것에 안주하는 것은 다르다. 큰 것에 대한 우상화도 경계해야 하지만 작은 것에 대한 합리화도 경계하라. 외형 주의에 빠져도 안 되지만 자기 안일에 빠져도 안 된다. 작은 것을 아끼면서 동시에 큰 것을 꿈꾸라. 현재 모습이 부족해도 실망하지 말고 내게 주어진 찬란한 꿈과 비전을 이룰 수 있다는 믿음을 가지라. 믿음이란 작은 시냇물을 보고 큰 바다가 있음을 아는 것이다.

복된 성숙도 추구하면서 복된 성장도 추구하라. 작은 것이 아름답다는 말이 있지만 작은 것이 사명에 대한 무관심과 불성실의 결과라면 그것은 아름다운 것이 아니라 부끄러운 것이다. 현재의 모습은 겨자씨처럼 작아도 큰 겨자나무의 비전을 품고 힘쓰라. 은혜의 길을 고수하면 된다. 하나님의 은혜는 겉포장이 나쁠 수 있지만 그 포장 안에는 엄청난 보화가 가득 차 있다. 지금 큰 열매가 없어도 낙심하지 말라. 큰 은혜만이 은혜가 아니다. 조용하게 꾸준히 임하는 은혜를 차곡차곡 받아 누리면 지금은 겨자씨처럼 작을지라도 언젠가는 큰 겨자나무가 된다.

하나님! 소수를 아끼면서도 소수에 머물러 있으려고 하지 말고 많은 새들이 깃들이는 큰 겨자나무의 꿈을 품고 힘쓰게 하소서.

부모는 천년손님이다

네 부모를 공경하라 그리하면 네 하나님 여호와가
네게 준 땅에서 네 생명이 길리라 (출애굽기 20:12)

어느 날 할아버지의 실수로 손자가 이불 밑에 깔려 질식사했다. 할아버지
는 그 사실을 까맣게 몰랐다. 며느리는 시아버지가 그 사실을 알면 충격을
받을까 봐 몰래 죽은 아이를 안고 남편에게 왔다. 자초지종을 들은 남편이
죽은 아이를 보고 "이 불효자식아! 할아버지의 마음을 그렇게 아프게 해서
되겠느냐?"라고 하며 아이의 뺨을 세게 때렸다. 그때 죽은 아이가 살아났
다. 그 후 그 가정이 살던 동네를 효자동이라 불렀다.

요새 효자동이 점차 사라지고 있다. 부모에게 "왜 제 마음을 아프게 하세
요?"라고 하는 자녀는 많아져도 부모의 마음을 아프게 하지 않겠다는 자녀
는 적어진다. 하나님은 부모 공경을 무엇보다 중시하신다. 효도는 복을 부르
는 핵심 요소다. 요즘은 효도에 대해 냉소하면서 효도하면 마마보이나 파파
걸로 몰아댄다. 어떤 아내는 효도하는 남편에 대해 자기를 이용해 '대리 효
도'를 한다면서 좋게 보지 않는다. 그러나 바른 효도까지 멸시하면 복을 잃
고 나중에는 자기도 자녀로부터 똑같이 당한다.

효자는 효자를 낳고 불효자는 불효자를 낳는다. 자녀는 부모가 조부모에
게 어떻게 하는지를 보고 그대로 따라 한다. 자녀를 사랑하면 먼저 부모를
사랑하고 자녀가 잘되기를 원하면 부모에게 잘하라. '내리사랑'보다 '올리
사랑'이 귀하다. 사위는 백년손님이라지만 부모는 천년손님이다. 부모를 천
년손님처럼 대하면 자녀도 보고 배워서 나중에 자신도 대접받는다. 때로 부
모가 이치에 맞지 않는 말을 해도 십자가를 지는 마음으로 순종하라. 부모
에게 기쁘게 순종해서 마이너스가 되는 경우는 없다.

◦─∞ 하나님! 효가 점차 사라지는 때에 부모를 천년손님처럼 대해서
가정에 복의 흐름이 이어짐으로 복된 내일을 예비하게 하소서. ∞─◦

악인의 풍요를 부러워 말라

선인은 그 산업을 자자손손에게 끼쳐도
죄인의 재물은 의인을 위하여 쌓이느니라 (잠언 13:22)

요즘 수많은 사람이 각종 빚에 시달리고 있다. 위험한 일이다. 빚을 지면 영혼의 속박 가능성도 커진다. 피차 사랑의 빚 외에는 물질의 빚을 지지 않도록 하라. 빚을 지면 사탄의 경제 체제에 예속되기 쉽다. '빚지는 빛' 가운데 살지 말고 '비취는 빛' 가운데 살라. 예수님이 십자가의 복음으로 영혼의 자유를 찾아 주셨는데 빚에 눌려 영혼이 속박당하면 얼마나 불행한 일인가? 물질적인 은혜를 받는 것도 복음의 일부로 알고 물질을 추구하되 물질적인 문제로 비교 의식을 가지지는 말라.

악인이 더 잘사는 것을 보아도 악인의 풍요를 부러워 말라. 부러워할 시간에 사탄에게 빼앗긴 물질의 영역을 찾겠다는 사명감을 새롭게 하라. 악인의 성공도 일시적이고 의인의 실패도 일시적이다. 악인의 풍요를 부러워하는 것은 믿는 자신의 형편이 믿지 않는 사람의 형편보다 안 좋다고 인정하는 셈이다. 악인의 풍요를 부러워하는 것은 악을 선으로 만드는 것이고 더 나아가 나의 마음이 선하지 않음을 나타낸다. 결국 악인의 풍요를 부러워하는 것은 사탄을 부러워하는 것과 같다.

악인은 돈을 많이 벌어도 최종적으로는 그 돈이 의인에게 넘겨진다. 의인이 돈에 집착하지 않고 악인이 돈을 열심히 벌면 모든 돈이 악인의 수중으로 들어갈 것 같지만 언젠가 그 재물은 의인에게 돌아간다. 출애굽 시절에 이스라엘 백성이 원하는 만큼 애굽의 재물을 가지고 나온 것도 그 사실을 뒷받침한다. 그러므로 물질적 풍요를 누리는 악인보다 하나님을 모시고 사는 내가 훨씬 복된 존재라는 자부심을 잃지 말라.

하나님! 피차 사랑의 빚 외에는 물질적인 빚이 없게 하시며
악인의 풍요를 부러워하지 말고 세상의 빛으로 살게 하소서.

축복받은 후에 잘하라

주의 여종을 잊지 아니하시고 주의 여종에게 아들을 주시면
내가 그의 평생에 그를 여호와께 드리고 (사무엘상 1:11)

하나님이 아들을 주시면 그 아들을 바치겠다고 했던 한나의 서원 기도는 기도 응답 후에 값비싼 대가를 치르겠다는 각오가 담긴 기도였다. 하나님은 부르짖는 기도만 듣기를 원하시지 않고 응답 후에 어떻게 할 것인지에 관한 기도도 듣기를 원하신다. 문제를 풀어 달라고만 기도하지 말고 헌신을 다짐하는 기도도 하라. 하나님은 응답 후의 헌신까지 생각하는 기도에 기쁘게 응답하신다.

계속 받으려고만 하면 반드시 썩는다. 웅덩이 물이 썩는 이유는 받기만 하고 흘려보내지 않기 때문이다. 받은 것만큼 흘려보내면 맑은 생수가 계속 솟아난다. 결국 헌신은 영적인 생수의 원천이고 미래의 큰 복을 예비하는 통로다. 축복받은 것에서 끝나지 말라. 축복받은 후 헌신으로 나아가야 참된 축복이 된다. 결국 선교와 나눔은 남을 위한 것이면서 나를 위한 것이다. 문제 해결만을 목적으로 삼지 말라. 문제 해결은 축복의 과정에 있는 것이고 진짜 목적은 헌신하며 하나님께 영광을 돌리는 것이다.

축복받아도 헌신이 없을 것을 하나님은 미리 아시고 응답을 유보하시기도 한다. 응답 후의 헌신을 준비하라. 그때 하나님이 신속히 개입해 고통스런 환경을 복된 환경으로 변화시켜 주신다. 다급하다고 서원 기도를 함부로 하지 말라. 그 서원을 못 지켜서 본의 아니게 거짓말을 하게 된 불행한 사람이 많다. 서원 기도를 응답의 촉진 수단이 아니라 오히려 응답 이후의 헌신을 굳게 다짐하려는 수단으로 삼으라. 축복과 응답을 받은 후에도 잘해서 늘 진실하기를 힘쓰는 기도가 능력 있는 기도다.

하나님! 하나님께 영광 돌리는 삶의 목적을 늘 기억하면서
응답받고 축복받은 후에 헌신하는 일까지 잘하게 하소서.

나부터 깨끗하게 만들라

의인은 여호와로 말미암아 즐거워하며 그에게 피하리니
마음이 정직한 자는 다 자랑하리로다 (시편 64:10)

성경은 사랑의 하나님에 대해 "사랑이다! 사랑이다! 사랑이다!"라고 하지 않고 전능하신 하나님에 대해 "전능하다! 전능하다! 전능하다!"라고 하지 않는다. 그러나 이사야가 성전에서 하나님을 만났을 때 천사들이 하나님에 대해 외쳤다. "거룩하다! 거룩하다! 거룩하다!" 하나님의 핵심 속성이 거룩함이라는 암시다. 거룩하신 하나님은 깨끗한 마음을 기뻐하신다. 기도 응답이 없는 이유는 깨끗한 마음으로 구하지 않기 때문이다. 기도할 때 간절히 합심 기도나 금식 기도나 서원 기도를 하는 것도 중요하지만 가장 중요한 것은 깨끗하고 정직한 마음으로 기도하는 것이다.

가끔 보면 복에 집착하거나 순간적인 위기를 모면하려고 인간적인 계산을 따라 하나님께 돌아선 척하거나 일시적으로 교회에 나오는 척하는 사람이 있다. 하나님은 숨은 의도와 마음을 아시기에 그런 사람에게는 참된 승리와 축복을 내려 주시지 않는다. 하나님은 깨끗하고 정직한 마음으로 하나님께 피할 때 승리의 고백을 얻게 하신다.

하나님을 떠나면 세상의 노예가 되지만 하나님을 붙잡으면 회복의 길을 열어 주시고 이전보다 더 깨끗한 존재로 다듬어 가신다. 깨끗하게 되는 만큼 길도 열리고 기도 응답과 축복의 문도 열린다. 남에게 깨끗하게 되라고 하기 전에 나부터 깨끗하게 되라. 남의 죄와 허물을 지적하기 전에 나의 죄와 허물부터 고백하라. 회개란 죄로 엉킨 영혼의 실타래를 풀어 나를 깨끗하게 만드는 작업이다. 진실한 회개를 통해 땅에서 풀면 하늘에서도 풀리고 삶에 능력이 나타날 것이다.

하나님! 욕심과 계산을 버리고 깨끗한 마음으로 기도해서
땅에서 풀면 하늘에서도 풀리는 능력의 주체가 되게 하소서.

그저 순수하게 헌신하라

내 하나님이여 내가 이 백성을 위하여 행한 모든 일을 기억하사
내게 은혜를 베푸시옵소서 (느헤미야 5:19)

좋은 리더가 되려면 찬란한 꿈이 있어야 한다. 리더가 무작정 "나를 따르라!" 하면 아무도 안 따라간다. 팔로워는 리더의 몸이 아닌 리더의 꿈을 따라가는 것이다. 더 나아가 리더에게는 꿈을 뒷받침하는 헌신이 있어야 한다. 느헤미야가 성벽 재건의 꿈을 단기간에 성취한 것은 헌신적인 리더였기 때문이다. 그는 기도할 때 자기 헌신을 기억해서 성벽 재건이 이뤄지는 은혜를 달라고 기도했다. 그는 개인적인 복을 구하지 않고 하나님의 큰 뜻이 이뤄지기를 기도하며 순수하게 헌신했다.

하나님이 기억해 주시고 인정해 주시는 것으로 만족하고 사람의 보상을 바라지 말라. 보상을 바라지 않는 순수한 헌신이 더욱 오래 기억된다. 자녀를 키울 때도 보상을 바라지 말아야 실망도 없다. 자녀를 잘 키우는 것까지만 생각하고 나머지는 하나님께 맡기라. 자녀의 성공과 성취에 너무 집착하지 말라. 자녀의 신실한 삶을 위해 기도하는 일에 게으르지 않으면 부모의 할 일은 대략 다한 것이다.

한 권사는 이사하면서 정든 장롱을 버리다가 너무 마음이 아파 눈물을 흘렸다. 물건에게도 그렇게 정드는데 하나님이 순수하게 헌신한 성도에게 어떻게 정을 주시지 않겠는가? 계산이 없는 헌신으로 하나님의 정을 얻는 성도가 되라. 하나님은 하나님을 이용해 이익만 찾는 사람을 기뻐하지 않으신다. 보상 문제는 생각하지 말고 그저 순수하게 헌신하라. 좋은 평가와 칭찬이 없어도 낙심하지 말라. 사람이 알아주지 않으면 하나님이 알아주신다. 내가 잊어버린 작은 헌신도 하나님은 다 기억해 주신다.

하나님! 계산적인 마음을 버리고 순수한 마음으로 헌신해서
하나님의 기쁨이 되고 하나님의 넘치는 은혜가 있게 하소서.

자연을 잘 돌보라

주의 손가락으로 만드신 주의 하늘과
주께서 베풀어 두신 달과 별들을 내가 보오니 (시편 8:3)

자연을 통해 하나님의 손길을 느끼는 사람은 자연을 소중히 여긴다. 자연을 남용하는 것은 자연을 아름답게 지으신 하나님께 죄를 짓는 것과 같다. 하나님은 만물을 지으신 후 "지으신 그 모든 것을 보시니 보시기에 심히 좋았더라(창 1:31)."라고 하셨다. 성도는 하나님이 좋게 지으신 자연을 아름답게 보존할 책임이 있다.

하나님이 복을 주신 것은 땅을 정복하고 모든 생물을 다스리는 것에 목적이 있다(창 1:28). 정복하고 다스리라는 말씀을 오해하면 무자비한 정복자처럼 자연 만물을 함부로 훼손해도 된다는 말씀처럼 들리지만 사실 땅을 정복하라는 명령은 땅을 잘 관리하라는 문화 명령이고 생물을 다스리라는 명령은 생물을 잘 보살펴라는 문화 명령이다. 가장 복된 사람은 생육하고 번성하고 충만하게 되는 성공을 이룬 후 자연을 잘 관리하고 생물을 잘 보살피는 책임을 다하는 사람이다. 자연을 잘 돌보고 풍요롭게 할 책임은 사람에게 주어진 최초의 사명이다.

만물의 주인은 사람이 아닌 하나님이다. 사람은 만물을 맡아 잘 살피고 가꿀 책임이 주어진 청지기다. 사람이 없이 하늘과 땅을 만드신 하나님은 사람을 통해 새 하늘과 새 땅을 준비하기를 원하신다. 사람만 하나님을 찬양하는 것이 아니다. 피조물들도 각각의 방식으로 나름대로 하나님을 찬양하고 있다. 자연을 남용함으로 피조물들의 찬양 소리를 탄식 소리로 바뀌게 하면 하나님의 은총을 잃는다. 반면에 자연에 대한 하나님의 문화 명령을 잘 이행하면 영혼과 사회는 큰 진보를 이룬다.

하나님! 만물을 창조하신 하나님의 문화 명령을 잘 이행해서
만물의 선한 청지기로서 자연을 지혜롭게 잘 돌보게 하소서.

나를 보호하시는 하나님

내가 너 여호수아 앞에 세운 돌을 보라 한 돌에
일곱 눈이 있느니라 내가 거기에 새길 것을 새기며 (스가랴 3:9)

스가랴가 본 8번의 환상 중 넷째 환상인 '대제사장 여호수아의 환상'에서 '여호수아 앞에 세운 돌'은 그리스도를 상징한다. 또한 "돌에 일곱 눈이 있다."라는 표현에서 일곱은 완전수를 뜻하기에 그리스도가 모든 상황을 다 보신다는 암시다. 하나님 보시기에 완벽한 모습이 아니더라도 하나님을 삶의 기초로 삼으면 두려워하거나 염려할 필요가 없다. 삶이 그리스도의 기초 위에 놓일 때 '흔들림'은 있어도 '무너짐'은 없다.

찬송가에 이런 가사가 있다. "만세 반석 열린 곳에 내가 숨어 있으니/ 원수 마귀 손 못 대고 환난 풍파 없도다." 원수들이 성도에게 손을 댈 수는 있지만 성도를 이기지는 못한다. 또한 환난 풍파가 성도에게 있을 수는 있지만 성도를 무너뜨리지는 못한다. 주님의 든든한 보호 때문이다. 힘든 상황을 만나면 하나님이 나를 외면하신 것 같지만 실제로는 외면한 것이 아니라 하나님이 절실하게 필요함을 알려 주려고 잠시 숨으신 것이다.

하나님은 여전히 불꽃같은 눈동자로 나를 살펴보고 계신다. 그리고 나의 뒤를 따르는 단순한 관망자로만 계시지 않고 불기둥과 구름기둥으로 나를 앞서 인도하고 보호하는 권능자로 계신다. 때로 하나님이 잠시 숨으신 것 같이 느껴져도 나를 향한 하나님의 보호의 눈길은 철수된 적이 없다. 그 눈길은 감시의 눈길이 아닌 보호의 눈길이고 죄를 찾으려는 눈길이 아닌 회개로 이끄시려는 눈길이다. 회개로 이끄신 후에는 이전의 죄를 하나님의 등 뒤로 던지시고 영원히 기억하지 않으신다. 그 놀라운 사랑과 보호를 생각하며 늘 자신감을 가지고 살라.

하나님! 완벽하게 살지 못해도 하나님을 마음의 중심에 두고
흔들림은 있을지라도 무너짐은 없는 삶을 살아가게 하소서.

참된 멘토이신 예수님

내가 문이니 누구든지 나로 말미암아 들어가면 구원을 받고
또는 들어가며 나오며 꼴을 얻으리라 (요한복음 10:9)

주전 1200년 그리스 이타카 왕국의 왕 오디세이는 트로이 전쟁을 떠나면서 아들 텔레마코스를 믿는 친구에게 맡겼다. 그 친구의 이름이 멘토였다. 멘토는 오디세이가 전쟁에서 돌아올 때까지 아버지와 선생과 친구 역할을 하면서 왕자를 잘 키웠다. 오디세이가 전쟁을 마치고 10년 만에 돌아와 보니 아들이 당당하고 늠름하고 훌륭하게 성장해 있었다. 아버지 역할을 하며 아들을 가르쳤던 멘토 덕이었다.

멘토란 '지혜와 사랑을 가지고 아버지처럼 이끌어 주는 리더'를 뜻한다. 인생 성공에 가장 필요한 존재가 바로 멘토다. 모든 성도에게는 어려울 때마다 금방 달려와 줄 멘토가 있다. 바로 예수님이다. 실패하고 소망이 없어서 세상 친구들이 다 떠날 때 멘토이신 예수님은 오히려 더 가까이 오신다. 고난 중에도 그 상황이 더욱 큰 축복의 방편임을 깨닫고 하나님의 변함없는 사랑에 대해 흔들리지 말라.

사람이 꿈과 비전을 이루려면 두 종류의 사람이 필요하다. 뒤에서 소리 없이 도와주는 루디아와 같은 사람과 앞에서 이끌어 주는 멘토와 같은 사람이다. 멘토를 얻으려면 하나님이 은혜 주셔야 되지만 나도 미래의 가능성을 바라보며 내일의 멘토와 함께 십자가를 지려고 해야 한다. 무엇보다도 영원한 멘토이신 예수님을 사랑하고 예수님처럼 살려고 해야 한다. 예수님을 믿고 바르게 구하면 누구든지(whosoever) 무엇이든지(whatsoever) 얻는다. 힘들 때도 꿈을 잃지 말고 멘토이신 예수님을 붙잡고 예수님처럼 누군가의 멘토가 되어주며 행복하게 살라.

하나님! 힘들 때마다 금방 달려오실 멘토인 예수님을 붙잡고
예수님처럼 누군가의 멘토가 되어 주며 행복하게 살게 하소서.

예배와 순종을 체질화시키라

하나님은 영이시니 예배하는 자가
영과 진리로 예배할지니라 (요한복음 4:24)

하나님 나라의 역사는 말이 아닌 능력을 통해 이뤄진다. 인간적인 논쟁을 좋아하던 모세가 호렙 산에서 하나님과의 깊은 만남을 체험한 후에는 더 이상 인간적인 논쟁에 빠지지 않았다. 그가 사람과 논쟁할 때는 겨우 애굽 군인 한 명을 모래에 묻을 수 있었지만 호렙 산에서 사명을 받은 후에는 수많은 애굽 군인을 홍해에 단번에 수장시킬 수 있었다. 하나님의 일은 방법이나 기술보다는 하나님의 역사로 되기에 인간적인 방법보다 예배하고 순종하는 삶을 앞세우는 것이 중요하다.

어느 날 폴 에이징어란 세계적인 골프 선수가 33세에 암 진단을 받고 처음에는 두려웠지만 동시에 이런 생각이 들었다. "인생은 암으로 죽든지 다른 것으로 죽든지 어차피 죽는다. 이제 이기는 문제보다는 잘 사는 문제에 관심을 두자." 그때 그는 자신에게 성경을 가르쳐 주던 래리 무디의 말을 기억해 냈다. "에이징어! 우리는 죽은 자들이 있는 곳으로 갈 산 사람이 아니라 산 자들이 있는 곳으로 갈 죽을 사람입니다." 그때 예배하는 삶을 온전히 회복하면서 깊은 평안을 얻었고 결국 암을 극복했다.

에이징어가 나중에 고백했다. "저는 골프로 돈도 많이 벌고 우승도 많이 했지만 우승의 기쁨은 잠깐이었습니다. 참된 기쁨은 예수님과의 관계에 있었습니다. 저는 예수님 안에서 인생의 해답을 발견했습니다." 그처럼 하나님과의 관계에 우선순위를 두면 마음도 잘 다스리게 되고 다른 축복도 뒤따르게 된다. 마음을 잘 다스리려면 예배와 순종을 체질화시키라. 참된 만족은 하나님과의 관계에서 주어진다.

하나님! 인간적인 방법보다 하나님께 예배하는 삶을 앞세워 마음도 다스리고 고난도 이겨 내며 축복도 따라오게 하소서.

말씀을 벗어나지 말라

내가 주의 법도들을 영원히 잊지 아니하오니
주께서 이것들 때문에 나를 살게 하심이니이다 (시편 119:93)

예전에 한 기도원에서 '재벌 서원 기도'를 시키면서 십일조를 거꾸로 하면 재벌이 된다고 했다. 즉 일억 원을 벌고 싶은 사람은 천만 원을 선불 십일조로 내고 십억 원을 벌고 싶은 사람은 일억 원을 선불 십일조로 내면서 믿음의 씨를 뿌리면 재벌이 된다는 얘기였다. 그럴듯한 말이지만 성경에 어긋난 말이다. 그래도 의외로 당시에 재벌 서원 기도를 하는 사람이 꽤 많았다. 결국 재벌이 하나 나오긴 했는데 바로 그 기도원 원장이었다.

왜 그런 미혹을 당하는가? 말씀에 무지하기 때문이다. 오늘날 많은 사람이 미신의 덫에 걸리는 이유는 말씀에 무지한 채 외형적인 성공을 추구하기 때문이다. 신기하게도 미신과 기복주의를 조장하면 진리를 잘못 가르친다면서 교인이 감소하기보다 오히려 늘어나는 경우가 꽤 있다. 그것은 참된 성장과 축복이 아니다. 말씀에서 벗어나면 영혼이 비참해지고 불행해진다. 더나아가 말씀과 가장 반대되는 2대 사상인 신비주의와 기복주의에 사로잡히면 고통과 실패와 패망이 따른다.

말씀에서 벗어나 계산적인 믿음을 가지지 말라. 감사하며 헌금하는 것은 믿음의 표시지만 바치는 만큼 하나님이 더 주실 것으로 여기고 바치는 것은 계산적인 태도다. 신앙생활은 일억 원을 드리고 하나님으로부터 십억 원을 받는 장사가 아니다. 아무리 대단한 축복과 성공으로 유혹해도 말씀을 벗어나지 말라. 신앙생활을 계산을 앞세워 하지 말고 말씀을 앞세워 하라. 계산을 앞세운 믿음은 하늘과 땅과 사람이 다 무시하지만 말씀을 앞세운 믿음은 하늘과 땅과 사람이 다 존중한다.

하나님! 계산적인 믿음을 버리고 말씀 중심적인 믿음을 앞세워 하늘과 땅과 사람이 존중하는 참된 성도의 삶을 살게 하소서.

위의 것을 찾으라

위의 것을 찾으라 거기는 그리스도께서
하나님 우편에 앉아 계시느니라 (골로새서 3:1)

위의 것을 찾으라는 말씀은 예수님을 믿고 하나님의 영광을 위해 비상하는 삶을 살라는 말씀이다. 날개를 가졌지만 날지 못하고 땅의 먹이만 먹고 만족하며 사는 닭처럼 되지 말라. 배만 부르면 좋다는 것은 동물적 차원의 삶이다. 삶의 목적을 먹을 것을 찾는 데 두기보다 차원 높은 세계를 향해 비상하는 데 두라. 말씀과 기도 시간은 비상하는 삶을 배우고 준비하는 시간이다.

어떤 성도는 용기를 내어 비상하려고 하지 않아서 믿음은 있는 것 같은데 믿음을 따라 사는 모습이 없다. 날개를 펴고 비상하지 않으면 믿음은 자랄 수 없다. 매일 믿음과 순종의 날개를 펴고 비상하기를 힘쓰면 새로운 차원의 삶이 시작되고 기쁨과 보람도 넘치게 된다. 갈매기 조나단의 유명한 말처럼 가장 높이 나는 자가 가장 멀리 보게 된다. 높이 날면 세상의 미련을 버리고 참된 자유를 누릴 수 있다. 높이 나는 영혼을 누가 구속하겠는가? 세상의 근심, 걱정, 속박, 심지어는 죽음도 구속할 수 없다.

자기 눈높이에서는 통과할 수 없는 높은 벽도 높은 하늘에서 보면 낮은 벽이다. 고난의 현장을 세상눈으로 보면 고통스럽지만 날개를 펴고 높은 곳으로 올라가 내려다보면 그것도 아름다운 세계로 보인다. 또한 높이 나는 영혼은 남을 차별하지 않는다. 대기권에서는 위아래가 있어도 대기권보다 더 높은 성층권에서는 사실상 위아래의 구분이 없다. 위아래를 너무 구분하는 것은 영적인 수준이 낮은 증거다. 위의 것을 찾아 영적인 수준을 높여서 비천한 영혼도 존중하는 예수님의 마음을 가지라.

하나님! 하나님의 영광을 위해 높이 비상하는 삶을 통해
세상의 미련을 버리고 참된 영혼의 자유를 누리게 하소서.

행복을 포기할 때 불행해진다

그러므로 우리가 낙심하지 아니하노니 우리의 겉사람은 낡아지나
우리의 속사람은 날로 새로워지도다 (고린도후서 4:16)

〈오체 불만족〉의 저자 오토다케 히로타다는 날 때부터 팔과 다리가 10㎝ 밖에 되지 않았지만 자기 처지를 한탄하지 않았다. 요즘은 개성 시대인데 태어날 때부터 자신은 개성이 있어서 좋다고 했다. 그는 어깨와 머리 사이에 연필을 끼워서 글을 쓰고 입과 어깨로 가위질을 했다. 또한 양어깨로 농구 공으로 드리블도 하고 겨드랑이 사이로 철봉을 끼고 턱걸이를 하면서 그런 재주를 자기만의 장기라고 자랑했다.

그는 모든 일에 적극적이어서 어릴 때부터 골목대장 노릇을 했기에 별명 이 '휠체어의 황제'였다. 얼굴에는 어두운 기색이 없고 어머니는 그를 최고 로 여기고 기쁘게 키웠다. 아버지도 그의 자긍심을 높여 주었고 초등학교 은사는 4년간 멘토가 되어 무조건 돕기보다 모든 일을 스스로 하게 도와주 었다. 결국 그는 정상인도 들어가기 힘든 와세다 대학 정치학과에 들어갔고 장애 극복을 위한 사회 운동가로 활동하고 있다. 한때 불륜 사건에 휘말려 호감을 많이 잃었지만 몸은 자유롭지 못해도 영혼은 자유를 찾으려는 그의 도전 정신은 배울 점이 많다.

원래부터 불행한 존재는 없다. 행복을 포기할 때 불행해진다. 사람의 가 능성은 무한하고 축복 가능성도 무한하다. 가능성을 스스로 제한하지 말고 계속 도전하라. 어떤 일을 이루면 다음 단계로 나아갈 수 있지만 도전조차 하지 않으면 다음 단계로 나아갈 수 없다. 자신의 무한한 가능성을 사장시 키지 말라. 하나님이 누구에게나 성공할 수 있는 가능성을 주셨음을 기억하 고 두려워하는 사슴처럼 살지 말고 용맹스러운 사자처럼 살라.

하나님! 부족한 것에 대해 헛된 미련을 가지지 않게 하시고
스스로를 제한하지 말고 계속 도전해서 꿈을 이루게 하소서.

'아멘'의 심령이 되라

하나님의 약속은 얼마든지 그리스도 안에서 예가 되니 그런즉 그로 말미암아
우리가 아멘 하여 하나님께 영광을 돌리게 되느니라 (고린도후서 1:20)

어느 날 천사가 마리아에게 처녀 잉태 사실을 알려 주었다. 청천벽력 같은 소리였다. 당시에 처녀가 아이를 낳으면 돌에 맞아 죽지 않으면 다행이고 살아도 온갖 핍박과 멸시를 당했다. 그래도 마리아는 말했다. "주의 여종이오니 말씀대로 내게 이루어지이다." 아멘이란 "그렇습니다. 말씀대로 내게 이뤄지길 원합니다."라는 말이다. 환란이 와도 기쁘게 "아멘!" 하고 십자가를 지는 일에도 기쁘게 "아멘!" 하라.

흔히 사람들은 "복 받으세요. 인물 되세요."라는 말에는 아멘을 잘 하지만 "죽으세요."라는 말에는 아멘을 잘 하지 않는다. 그러나 죽으라는 말에 오히려 더 아멘을 잘 하라. 죽어야 살기 때문이다. 고통스러운 현실에서 자기 성찰은 하되 고통에 대한 정확한 철학적인 이유를 너무 찾아내려고 하지 말라. 고통의 이유를 잘 찾고 생각과 이성이 납득되도록 잘 설명되어야만 아멘을 할 수 있는 것이 아니다. 세상에는 잘 설명되지 않는 미스터리가 많다. 성도의 고난도 미스터리다. 중요한 것은 고난 중에도 하나님만 바라보고 그저 "아멘!"이라고 하는 것이다.

위기가 닥치고 힘든 상황에서도 죽도록 순종하려고 할 때 은혜의 역사가 넘쳐난다. 죽고자 하면 산다. 하나님이 무슨 말씀을 하든지 아멘을 하고 심지어 죽으라는 말씀에도 아멘을 할 때 말씀은 거침없이 환경과 장벽을 뚫고 역사한다. 내가 말씀에 거침돌이 되지 않도록 마음을 활짝 열고 말씀을 받아들이라. 하나님의 말씀에 철저히 순종하는 "아멘!"의 심령이 되는 것은 성도에게 가장 필요한 자질 중 하나다.

하나님! 십자가를 앞두고 기쁘게 "아멘!"을 하는 심령이 되어
순종할 때 주어지는 은혜의 역사와 행복한 삶이 넘치게 하소서.

진실한 믿음을 가지라

만일 너희에게 믿음이 겨자씨 한 알 만큼만 있어도
이 산을 명하여 여기서 저기로 옮겨지라 하면 옮겨질 것이요 (마태복음 17:20)

옛날에 한 사람에게 갑자기 환상 중에 도깨비가 나타났다. 그는 도깨비와 밤새도록 사투했다. 날이 밝자 도깨비가 급히 도망쳤다. 나중에 알고 보니까 밤새도록 싸운 도깨비는 빗자루였다. 영혼이 어두워지면 귀신이 틈타지만 영혼에 빛이 임하면 귀신이 사라진다. 언제 영혼에 빛이 임하는가? 진실한 믿음이 있을 때다. 진실한 믿음은 나의 부족함을 알고 죄인임을 인정하는 것으로부터 시작된다. 진실한 믿음을 가지면 미혹 가능성은 크게 줄어들고 마음도 넉넉해진다.

내가 죽어 마땅한 죄인인 줄 알면 남이 한 마땅한 말이나 하나님이 허락하신 시련을 넉넉한 마음으로 수용할 수 있다. 결국 진실은 내적인 평안의 핵심 원천이다. 내가 허물 많은 죄인임을 깨끗이 인정하고 출발하면 평안과 용기가 생긴다. 왜 사람들이 용기를 잃고 작은 일에 전전긍긍하며 살아가는가? 겹겹이 쌓인 거짓의 외피가 벗겨질 것을 염려하기 때문이다. 진실하면 두려움에 사로잡힐 가능성이 크게 줄어든다.

진실은 영혼을 지키는 내적인 파수꾼이다. 진실은 먼 곳에 있지 않고 나의 손이 닿는 곳에 널려 있다. 그래도 싸구려는 결코 아니다. 진실은 어떤 값을 주고도 살 수 없는 소중한 것이다. 진실하면 손해 보고 망할 것 같지만 결국 승리한다. 다만 진실하게 살면서도 내가 진실하게 산다는 것으로 인한 강한 프라이드가 남에 대한 습관성 비판으로 나타나지 않게 하라. 또한 나의 진실한 삶에 선한 열매와 보상이 없어도 낙심하지 말라. 진실한 믿음과 땀은 배반이 없이 언젠가 반드시 열매를 가져다준다.

하나님! 하나님이 기뻐하시는 진실한 믿음을 앞세워 살면서
평안과 용기를 잃지 않게 하심으로 마침내 승리하게 하소서.

참된 정의감을 가지라

지금 이후로 영원히 정의와 공의로 그것을 보존하실 것이라
만군의 여호와의 열심이 이를 이루시리라 (이사야 9:7)

기독교는 사랑의 종교다. 그 사랑이 빛을 발하려면 정의가 수반되어야 한다. 정의를 내가 가진 바른 생각으로만 알지 말라. 그렇게 알면 정의를 외치는 사람 때문에 오히려 갈등과 싸움이 커진다. 참된 정의는 하나님이 기뻐하시는 뜻을 따르는 것이기에 대개 목소리가 큰 곳에 자리하지 않는다. 겸손한 자세는 참된 정의를 이루게 하는 핵심 바탕이다. 정의를 이루려면 '겸손한 주인 의식'은 필요하지만 '교만한 주인 행세'는 불필요하다.

어떤 집사가 한 기독교 온라인 카페에 방문해 설교 게시판을 클릭하자 회원 가입 안내문이 나왔다. 그가 불평했다. "어떻게 기독교 카페가 설교를 못 보게 해." 할 수 없이 회원 가입을 하고 다시 게시판을 클릭하자 또 안내문이 나왔다. "이 게시판은 정회원 게시판이기에 운영자에게 정회원 신청을 해 주세요." 그가 크게 흥분했다. "믿는 사람들이 사랑과 섬김도 없이 왜 이리 절차를 까다롭게 해." 결국 그는 자유 게시판에 카페의 회원 가입 원칙을 비난하는 글을 올렸다. 그러자 카페 운영자는 덕이 안 된다고 그 글을 삭제했다. 그는 더 흥분했다. "어떻게 믿는 사람이 정당한 글을 삭제해."

그 집사는 자신이 정의롭게 행동한다고 생각했겠지만 잘못된 생각이다. 남의 집에 가서 남의 가훈이 맘에 안 든다고 "가훈을 바꾸라."라고 할 수는 없다. 참된 정의는 사랑과 겸손의 바탕에서 세워진다. 사람이 정의감을 가질 때 가장 잘 실수하는 것은 말의 정의만큼 삶의 정의가 따라 주지 않는 것이다. 그것은 반쪽 정의다. 좋은 믿음 및 바른 외침과 더불어 선한 행동도 따라오게 하는 것이 참된 정의감을 가진 것이다.

하나님! 목청을 높이기만 해 정의를 내세우지 않게 하시고
사랑과 겸손을 기초로 삼아 참된 정의를 실천하게 하소서.

책임감을 느끼고 헌신하라

너희의 온전한 십일조를 창고에 들여 나의 집에 양식이 있게 하고
그것으로 나를 시험하여 내가 하늘 문을 열고
너희에게 복을 쌓을 곳이 없도록 붓지 아니하나 보라 (말라기 3:10)

어떤 사람은 말한다. "지금은 은혜 시대이기에 구약 시대의 십일조 율법은 지킬 필요가 없다." 무책임한 말이다. 구약 시대나 신약 시대나 하나님의 일을 온전히 하는 사람의 생활비는 필요하다. 십일조는 모세의 율법 전에도 드려졌었다. 아브라함도 십일조를 드렸고(창 14:20) 야곱도 십일조를 드렸다(창 28:22). 예수님은 정의와 긍휼과 믿음과 더불어 십일조도 행하라고 하셨다(마 23:23). 율법주의를 버리려다 기본적인 율법까지 버리는 것은 더러운 목욕물을 버리려다 목욕하는 아이까지 버리는 것과 같다.

어떤 사람은 축복을 위해 십일조를 드리는 것은 기복주의라고 냉소하면서 십일조를 외면한다. 그러나 십일조는 하나님의 은혜에 감사하고 교회 운영 및 사역자의 생활을 위해 드리는 것이다. 거룩한 일과 공동체에 대한 책임감을 가지고 십일조를 드릴 때 하나님이 축복의 문을 열어 주신다는 것이지 축복이란 결과물을 얻으려고 십일조를 드리라는 말이 아니다.

은혜를 내세워 기본 헌신도 외면하는 맹탕 신앙이 되면 은혜도 맹탕이 된다. 미신적인 율법주의도 버려야 하지만 무책임한 맹탕 은혜주의도 버려야 한다. 불신자들은 십일조 드리는 모습이 이해가 안 되겠지만 성도는 십일조를 드려야 마음이 편하고 더 나아가 십일조를 드리면서 기뻐한다. 얻어서 기뻐하는 모습이 아닌 잃어서 기뻐하는 모습은 이기적인 삶을 최대한 압박하면서 어둠의 세력을 무섭게 사로잡을 것이다. 성도가 십일조의 책임을 다하면 하나님도 책임을 다해 그를 지켜 주신다.

하나님! 은혜를 내세워 헌신을 피하는 맹탕 신앙이 없게 하시고
십일조의 헌신을 통해 책임감 있는 성도의 모습이 있게 하소서.

마음이 청결한 자의 복

마음이 청결한 자는 복이 있나니
그들이 하나님을 볼 것임이요 (마태복음 5:8)

예수님은 산상수훈에서 마음이 청결하면 하나님을 보게 된다고 하셨다. 잠언 기자는 여호와를 경외하는 것이 지혜의 근본이고 거룩하신 자를 아는 것이 명철이라고 했다(잠 9:10). 하나님을 보고 알면 자연스럽게 경외하게 된다. 결국 마음의 청결이 지혜의 원천이 되는 셈이다. '청결'이란 헬라어에서 '카타르시스(catharsis)'란 단어가 나왔다. 마음이 청결하면 내면이 시원해지고 고요해진다. 마음의 창이 깨끗해지고 마음의 물결이 고요해지면 하나님은 더욱 뚜렷하게 보인다.

하나님이 보이면 다른 많은 좋은 것들이 보이기 시작한다. 문제 해결의 길도 보인다. 또한 불의를 꺼리게 된다. 불의는 하나님을 보지 못해 저지르는 것이다. 경찰이 보이면 신호 위반을 삼가듯이 하나님이 보이면 죄를 삼가게 된다. 하나님이 보일 때 얻는 지혜는 복된 삶을 낳는다. 지혜가 없으면 복이 화가 되고 쓸모 있는 것도 쓸모없게 된다. 컴퓨터에 많은 훌륭한 기능이 있어도 작동할 줄 모르면 쓸모없듯이 지혜가 없으면 훌륭한 인생도 쓰임 받지 못하고 스스로의 가능성도 사장된다.

인생 최대의 지혜 중 하나는 나를 아는 것이다. 어떻게 나를 아는가? 나에 대한 최상의 이해는 나를 창조하신 하나님으로부터 주어진다. 결국 하나님이 보이면 나도 보이고 하나님을 알면 나도 알게 된다. 캘빈은 하나님을 아는 지혜와 나를 아는 지혜가 같은 선상에 있는 것이라고 했다. 하나님이 보이면 자신과 사물을 보는 지혜가 극대화되면서 냉랭한 세상을 능히 극복할 수 있게 된다. 결국 마음이 깨끗해지면 인생이 따뜻해진다.

하나님! 청결한 마음을 통해 하나님을 보고 죄를 버리게 하시며 하나님을 경외하는 삶을 통해 어디서든지 지혜롭게 살게 하소서.

율법도 소중히 여기라

내가 율법이나 선지자를 폐하러 온 줄로 생각하지 말라
폐하러 온 것이 아니요 완전하게 하려 함이라 (마태복음 5:17)

사람들은 율법을 부정적으로 보는 경향이 있다. 그러나 율법도 중요하다. 예수님은 율법과 은혜의 균형 잡힌 신앙을 가르치셨다. 예수님이 율법과 선지자를 폐하러 온 것이 아니고 완전하게 하려고 오셨다는 말씀은 율법이 필요 없다는 말씀이 아니라 율법과 함께 내용을 갖추라는 말씀이다. 성도가 어떻게 살아야 하는지에 대해 전하는 말씀을 '율법적인 설교' 혹은 '윤리적인 설교'란 딱지 붙이기로 매도하지 말라. 하나님이 구약을 주신 것은 율법도 필요하고 성경적인 윤리도 필요하기 때문이다.

은혜를 내세워 율법을 짓밟는 것은 하나님의 뜻이 아니다. 은혜를 내세워 방종에 빠지지 말라. 내용이 중요하지만 형식도 필요하다. 형식이 주는 유익도 많다. 형식은 내용을 담는 그릇이다. 그릇이 없으면 내용을 담지 못한다. 영성이 깊다는 어떤 사람은 신학을 무시하지만 신앙만큼 신학도 필요하다. 신학이란 틀이 없으면 신앙은 시류와 감정을 따라 본질과 내용까지 바뀔 수 있다.

큰 인물이 되려면 균형 잡힌 사고와 태도가 필요하듯이 좋은 성도가 되려면 내용과 더불어 형식도 다듬을 줄 알아야 한다. '형식'이 문제가 아니라 내용이 없는 '형식주의'가 문제다. 형식과 형식주의는 다르다. 형식주의는 버리되 형식은 존중하고 율법주의는 버리되 율법은 존중하고 권위주의는 버리되 권위는 존중하라. 공동체에 권위가 없으면 기초와 질서가 흔들려 좋은 공동체가 될 수 없다. 율법에 너무 매이면 안 되지만 율법도 소중히 여기는 성도가 하나님이 기뻐하시는 일 등급 성도다.

하나님! 성도가 어떻게 살아야 하는지에 대해 깊이 성찰해서 하나님의 말씀대로 살려고 힘쓰는 일 등급 성도가 되게 하소서.

기도로 스타트를 끊으라

내가 이 말을 듣고 앉아서 울고 수일 동안 슬퍼하며
하늘의 하나님 앞에 금식하며 기도하여 (느헤미야 1:4)

어느 날 아닥사스다 왕의 술 관원인 느헤미야가 예루살렘 성이 폐허로 변했고 예루살렘 거주민들이 큰 환난을 당한다는 소식을 들었다. 그 소식을 듣고 그가 가장 먼저 보인 반응은 기도였다. 결국 예루살렘 성이 재건되는 대역사는 느헤미야 한 사람의 기도에서 시작되었다. 사람들은 문제가 생기면 스스로 해결하려다가 안 되면 친구나 지인을 찾는다. 그래도 안 되면 막다른 길에서 하나님을 찾아 기도한다. 형식적인 교인은 기도를 최후의 수단으로 삼지만 신실한 성도는 기도를 최초의 수단으로 삼는다.

기도는 하나님의 놀라운 역사를 이끌어 내는 시발점이다. 기도는 기대감을 키우면서 기다림의 능력도 키운다. 기도는 마음을 변화시키고 생각과 말도 변화시키고 가능성의 믿음을 가지게 하고 결국 승리하게 한다. 기도는 부정적인 삶을 긍정적인 삶으로 변화시킨다. 기도하지 않는 사람도 믿음은 있는데 대개 "안 된다."라는 믿음이다. 그런데 기도는 "안 된다."라는 믿음을 "된다."라는 믿음으로 변화시킨다.

신실한 기도는 최대한의 역사를 만들어 낸다. 느헤미야는 기도를 앞세워 52일 만에 성벽 재건을 이뤄 냈다. 아무리 절망적인 상황이라도 엎드려 기도하면 그때부터 기적은 시작된다. 꿈같은 축복을 원하면 기도로 스타트를 끊으라. 고민하며 뜬눈으로 맞이한 새벽과 기도로 씨름하며 맞이한 새벽은 큰 차이가 난다. 왜 절망적인 상황이 생기는가? 기도를 통해 절망을 희망으로 바꾸라는 환경 메시지다. 가장 절망적인 삶은 기도가 없는 삶이고 가장 희망적인 삶은 기도가 있는 삶이다.

하나님! 기도를 '최후의 수단'이 아닌 '최초의 수단'으로 삼아
문제 앞에서도 절망하지 않고 가장 희망적인 삶을 살게 하소서.

명예 구제에도 탁월하라

구제를 좋아하는 자는 풍족하여질 것이요
남을 윤택하게 하는 자는 자기도 윤택하여지리라 (잠언 11:25)

위로 드리고 옆으로 나누고 아래로 베푸는 '드나베의 삶'은 행복을 가져다주는 핵심 요소다. 드나베의 삶을 실천할 때는 태도 문제에도 주의를 기울이라. 남에게 물질을 베풀 때 고자세를 가지고 베풀면 받는 사람은 물질은 받지만 정신은 털린 기분이 된다. 반면에 겸손한 어투로 "나눌 수 있어서 저도 감사해요."라고 말하며 베풀면 받는 사람은 물질도 받으면서 인격까지 최대한 존중받는 기분이 든다. 후자의 구제가 참된 구제다.

인도의 선각자 비노바 바베가 어렸을 때 한 초라한 젊은이가 구걸을 오자 어머니는 늘 하듯이 약간의 돈을 주었다. 그가 돌아간 후 바베가 따지듯이 말했다. "멀쩡한 남자에게 그렇게 주면 버릇만 나빠지잖아요? 진짜 도와야 할 사람을 도와야지요." 어머니가 말했다. "우리가 어떻게 도울 사람과 돕지 않을 사람을 판단하겠니? 우리의 할 일은 그저 구걸하는 사람을 최대한 존중하며 힘써 돕는 일이 아니겠니?" 그 어머니의 긍휼한 마음에 대한 감동적인 영상이 결국 그를 인물로 만들었다.

어렵게 사는 사람을 최대한 존중하고 감동이 생기면 천사처럼 대접하라. 그것이 내게서 하나님의 형상을 회복시키는 길이다. 또한 대접한 것을 잘 잊으라. 그래야 대접받은 사람이 빚진 마음으로 위축되지 않는다. 참된 복은 남보다 잘 되는 것이 아니라 아브라함처럼 복의 근원이 되는 것이다. 복의 근원이 된다는 말은 남을 잘 되게 하고 더 나아가 남을 높여 준다는 말이다. 남을 잘 되게 하고 최대한 높여 주면서 물질 구제를 할 때는 명예 구제에도 탁월함이 나타나게 하라.

하나님! 구제할 때 겸손한 마음과 태도를 잃지 않게 하시고
물질 구제를 할 때는 명예 구제에도 탁월함을 보이게 하소서.

두려움을 잘 물리치라

여호와는 나의 빛이요 나의 구원이시니
내가 누구를 두려워하리요 (시편 27:1)

어느 날 한 작은 앵무새가 힘든 하루를 보냈다. 그 힘든 상황은 여주인이 진공청소기로 새장을 청소하면서 시작되었다. 그녀가 청소를 거의 끝냈을 때 전화벨이 울렸다. 통화를 끝낸 후 몸을 돌리자 앵무새가 사라진 것을 알았다. 공황 상태에 빠져 진공청소기의 백을 열자 거기에 먼지 속에서 숨을 헐떡이는 앵무새가 있었다. 그녀는 곧 욕조로 가서 앵무새를 씻겼다. 앵무새는 찬물에 젖어 벌벌 떨었다. 그것을 보고 다시 드라이로 말렸다. 앵무새는 정신이 없었다. 그 후 앵무새는 노래를 잃고 두려움에 젖은 채 멍하니 천장을 응시하며 지냈다.

살다 보면 가끔 그 앵무새와 같은 상황에 처한다. 한참 휘파람을 불 때 갑자기 고난의 소용돌이가 닥쳐 영혼이 매몰된다. 간신히 그 상황을 극복한 줄 알았는데 또 다른 역경이 찾아와 힘들게 한다. 그래도 노래를 잃지 말라. 다윗은 연속된 고난 중에도 노래를 잃지 않았다. 하나님이 누구이고 자신에게 어떤 분이고 얼마나 위대한 분인지를 알았기 때문이다. 하나님 안에 있으면 어떤 대적도 성도의 구원을 빼앗을 수 없고 근심과 두려움에 젖어 살 필요가 없다.

어려울 때 무엇보다 물리쳐야 할 것은 두려움 자체다. 두려움과의 전쟁을 선포하고 두려움을 극복하라. 두려움은 사람을 초라하게 만들고 비겁한 실패자로 전락시킨다. 두려움을 두려워하라. 두려운 기운에 압도되지 말고 행복한 기운에 압도되라. 하나님의 뜻을 멋지게 이루려면 어려움도 잘 물리쳐야 하지만 두려움은 더욱 잘 물리쳐야 한다.

하나님! 하나님을 믿는 굳센 믿음으로 두려움을 잘 물리치고
행복한 기운에 압도되어 하나님의 뜻을 멋지게 이루게 하소서.

아름다운 선순환 인생

그러나 먼저 된 자로서 나중 되고
나중 된 자로서 먼저 될 자가 많으니라 (마가복음 10:31)

하나님은 교회에 존중과 나눔과 친절이 넘치기를 원하신다. 특히 약자를 존중하기를 원하신다. 가난하고 연약한 사람이 교만하지만 않다면 힘써 존중하고 앞세우라. 교회는 처음 된 자가 나중 되고 나중 된 자가 처음 되는 곳이다. 좁은 길로 가는 소수의 위치에 선 사람도 소중히 여기라. 소수 된 자가 다수 되고 다수 된 자가 소수 된다. 거룩한 비전을 가지고 음지에서 애쓰는 소수의 인물이 세상을 바꾼다. 스스로 나설 필요가 없다. 나는 감추려고 하는데 남이 내세워 주는 것이 진짜 복이다.

지금 외로운 영혼들이 따뜻함을 찾아 여기저기 헤매고 있다. 그들에게 힘을 주는 음지의 선행자가 되라. 겸손한 음지의 선행자가 곳곳에 포진하면 세상은 살 만하다. 마음이 높으면 세상은 차갑게 느껴지지만 마음이 낮으면 세상은 따뜻하게 느껴진다. 하나님이 나를 구원하신 이유는 세상에 따뜻함을 전해 가족 범주를 확대시키라는 뜻이다. 굳이 자기 울타리 안으로 다수를 이끌려고 하지 말라. 서로의 영역을 존중하며 자기 자리에서 하나님의 사명을 따라 다수에게 복을 나눠주면 된다.

헌신과 공헌은 행복 가능성을 높여 준다. 성공이 행복하게 만들기보다 공헌이 행복하게 만든다. 인물은 '많이 소유한 사람'이 아니라 '많이 책임진 사람'이다. 환원할 줄 알아야 환영받는다. 돈이 많지 않아도 얼마든지 주는 삶을 살 수 있다. 재정 기부만큼 재능 기부도 중요하다. 따뜻한 격려와 위로도 일종의 기부다. 주는 삶을 꾸준히 실천하는 아름다운 선순환 인생이 많아질 때 아름다운 선순환 사회가 펼쳐진다.

하나님! 외로운 영혼들을 섬기는 음지의 선행자가 되게 하시고
많이 책임지는 삶을 통해 이 땅에서 천국 지경을 넓히게 하소서.

하나님이 알아주심을 믿으라

주께서 나의 비방과 수치와 능욕을 아시나이다
나의 대적자들이 다 주님 앞에 있나이다 (시편 69:19)

하나님을 잘 믿어도 극심한 고난은 찾아올 수 있다. 그때 낙심하거나 절망하지 말라. 극심한 고난과 시험의 과정을 잘 이겨 내야 인물의 길이 펼쳐진다. 인생에서 시험과 고난은 필요하다. 그것이 없이는 큰 인물이 되기 힘들다. 시험과 고난의 수렁에 빠졌을 때 낙심하지 말고 침착하게 하나님을 붙잡고 기도한 후 다시 일어서라. 믿음의 능력은 고난 중에 더 나타나야 한다. 고난이 절망의 수단이 되지 않게 하라. 절망은 죽음에 이르는 병이지만 고난은 진리에 이르는 약이다.

고난은 깊은 깨달음을 준다. 실연을 통해 사랑의 고귀함을 깨닫고, 가난을 통해 나눔의 고귀함을 깨닫고, 실직을 통해 일의 소중함을 깨닫고, 낙방을 통해 노력의 소중함을 깨닫는다. 또한 배신을 통해 충성의 소중함을 깨닫고, 실패를 통해 은혜의 중요성을 깨닫는다. 고난은 진실한 삶을 판가름하는 시금석이다. 그 시금석이 없는 것이 좋은 것만은 아니다. 고난은 삶을 진실하고 아름다운 예술품으로 만든다. 고난이 오면 자기 성찰을 통해 삶의 불순물을 걸러내 더욱 성숙해진 모습을 갖추라.

고난의 유익을 인식하라. 특히 하나님이 나의 고난과 상처를 지켜보고 알아주신다는 사실을 기억하라. 얼마나 위로가 되는가? 모든 상황과 상처를 보고 아시는 하나님께서 가장 적절한 때 공의의 원리를 따라 심은 대로 거두게 하실 것이다. 고난의 밤이 아무리 깊어도 깊은 밤은 오히려 새벽의 여명을 재촉한다. 믿음을 가지고 조금 더 참고 기다리면 고난의 밤이 지나 찬란한 은총의 새 아침이 열릴 것이다.

하나님! 고난 중에 하나님이 모든 상황을 지켜보심을 믿고
선의 씨앗을 힘써 뿌리며 하나님의 때까지 기다리게 하소서.

납작 엎드려서 기도하라

우리가 주를 의지하여 우리 대적을 누르고 우리를 치려
일어나는 자를 주의 이름으로 밟으리이다 (시편 44:5)

심해의 수압은 너무 커서 잠수함도 찌그러질 정도지만 어떤 생명체는 거기서도 살아간다. 잠수함이 찌그러지는 심해의 수압에도 생명체가 넉넉히 견디며 자유롭게 생명 활동을 할 수 있는 이유는 그곳에 사는 생명체의 내적인 압력이 심해의 수압을 견디기 때문이다. 그 엄청난 내적인 압력이 어디서 생기는가? 생명체가 몸을 납작하게 만드는 것도 큰 역할을 한다. 그래서 심해 생명체는 대개 납작하다.

성도가 무수한 외적인 압력들을 어떻게 극복할 수 있는가? 내적인 믿음의 압력을 키우면 된다. 외적으로 질병의 압력, 물질의 압력, 상처의 압력이 나를 눌러도 내적으로 큰 은혜의 압력과 깊은 영성의 압력이 있으면 얼마든지 이겨 낼 수 있다. 큰 믿음의 능력을 가지고 날마다 무거운 짐을 하나님께 맡길 때 어떤 압력도 이겨 낼 수 있다. 내가 원하는 대로 현실이 펼쳐지지 않아도 인생 역전과 최종 승리를 확신하며 은혜와 진리의 빛을 향해 돌아서는 믿음의 능력을 가지라.

추악한 자기 의에 대한 도취를 버리고 자기 변화를 우선시하라. 기독교는 자기 변화를 우선시하고 그것이 능력임을 믿는 종교다. 내가 변화되어야 남도 변화된다. 자기 변화의 능력을 받고 그 능력으로 힘든 세상을 이겨 내라. 나를 짓누르는 무거운 짐의 압력보다 하나님이 주시는 거룩한 힘의 압력이 크면 얼마든지 현실을 극복해 낼 수 있다. 힘들어도 하나님 앞에 납작 엎드려서 기도하면 이런 고백이 나올 것이다. "하나님 때문에 하루도 행복하지 않은 날이 없습니다."

하나님! 삶에 다가오는 무수한 압력들을 능히 이겨 내도록
믿음의 능력을 키우고 그 능력으로 세상을 이기게 하소서.

365
·
DAILY
DEVOTION

6월

June

하나님의 때까지 기다리라

우리의 눈이 여호와 우리 하나님을 바라보며
우리에게 은혜 베풀어 주시기를 기다리나이다 (시편 123:2)

사람들은 힘들 때 허겁지겁 의지할 대상을 찾는 경향이 있다. 그때 사람을 너무 찾아다니지 말라. 사람은 믿음의 대상이 아닌 사랑의 대상일 뿐이다. 남도 너무 믿지 말고 나도 너무 믿지 말라. 너무 서두르지도 말라. 하나님은 서두르지 않고 조용히 지켜보시는데 내가 너무 서두르면 인생의 사고 가능성은 커진다. 하나님의 때가 되지 않았다면 서두른다고 일이 되지 않는다. 그저 하나님을 꼭 붙잡고 거룩한 땀을 앞세워 조용히 그리고 성실하게 하나님의 때를 준비하라.

하나님은 정하신 때가 되면 일어나신다. 그때부터 시련은 끝나고 축복이 시작된다. 그런 체험을 몇 번 하면 그다음에는 문제가 생겨도 걱정 대신 "하나님이 이번에는 어떻게 이 문제를 풀어 가실까?" 하는 기대감을 가지고 기다리게 된다. 물론 기다림은 쉽지 않다. 기다림이 길어지면 샛길과 지름길로 들어서거나 중간 과정을 생략하고 싶다. 그래도 하나님의 선한 섭리를 믿고 바른길에서 이탈하지 말라. 그 길이 현재는 눈물의 길이라도 내일에는 기쁨으로 단을 거두는 길이 된다.

야곱은 요셉의 옷에 피가 묻은 것을 보고 그가 죽은 줄 알고 통곡했다. 하나님의 역사는 계획대로 착착 진행되는데 그것을 모르니까 기뻐해야 할 일에서 통곡한 것이다. 그러나 요셉은 13년간의 시련 후에 마침내 애굽의 총리가 되었다. 애굽에 노예로 팔려 가는 것 같은 상황에서도 절망하지 말라. 애굽으로 내려가는 길이 오히려 꿈의 성취를 위해 올라가는 길이라고 믿으라. 하나님 안에서는 내려가는 길이 올라가는 길이다.

하나님! 어려운 상황이 생겼을 때 너무 서두르지 말게 하시고 바른길에서 눈물로 씨를 뿌린 후 기쁨으로 단을 얻게 하소서.

부정적인 생각을 버리라

모든 지킬 만한 것 중에 더욱 네 마음을 지키라
생명의 근원이 이에서 남이니라 (잠언 4:23)

새들을 보면 어미 새가 갓 태어난 새끼에게 부지런히 먹이를 날라다 먹인다. 눈도 못 뜬 새끼들은 어미 새가 가까이 온 줄 알고 입을 크게 벌린다. 그때 어미 새는 제일 입을 크게 벌린 새끼부터 먹인다. 이미 받아먹은 새끼도 다른 새끼들이 입을 벌릴 때 또 입을 찢어져라 벌린다. 입을 크게 벌려야 많이 얻어먹고 생존 경쟁에서 이긴다. '먹이를 물어 오는 것'은 어미가 하지만 '입을 여는 것'은 새끼가 해야 한다.

하나님은 말씀했다. "네 입을 크게 열라 내가 채우리라(시 81:10)." 어미 새가 좋은 것을 먹여 줄 줄 알고 새끼가 입을 크게 열듯이 하나님이 좋은 것으로 채워 주실 것을 믿고 마음을 열어 준비하라. 특히 부정적인 말이 들릴 때 마음 관리를 잘하라. 부정적인 말이 들리는 것은 나의 잘못이 아니지만 그 말이 내게 뿌리내리게 방치하는 것은 나의 잘못이다. 잘못된 말이 마음속에 뿌리내리면 자기 가능성보다 훨씬 못한 삶을 살게 된다.

과거에 형성된 부정적인 생각이 나를 제한하고 내일의 축복을 막는다. 복된 삶을 원하면 생각을 잘하고 "너는 못해. 자격도 없고 가망도 없어."라고 하는 사탄의 거짓에 귀를 기울이지 말라. 그런 말에 귀를 기울이면 점차 그 틀에서 벗어나기 힘들어진다. 마음과 생각과 입을 크게 열고 하나님을 온전히 받아들일 때 하나님의 은혜와 사랑과 축복도 넘치게 된다. 저주의식, 가난의식, 패배의식, 열등의식도 버리라. 부정적인 생각을 버리고 긍정적인 생각을 해야 부정적인 기운이 사그라지고 긍정적인 현실이 펼쳐진다.

하나님! 하나님이 채워 주심을 믿고 입을 크게 열게 하시고
입술과 마음과 생각을 잘 지킴으로 축복도 지키게 하소서.

승리를 현실로 만들라

이날은 우리 주의 성일이니 근심하지 말라
여호와로 인하여 기뻐하는 것이 너희의 힘이니라 (느헤미야 8:10)

느헤미야는 성벽 재건 후 백성들의 신앙 재건을 도전하면서 하나님으로 인해 기뻐하는 것이 힘이라고 했다. 힘든 현실에서도 기쁨을 잃지 말라. 그때 불평하면 더 힘들어지고 분노하면 그 분노가 자신부터 태운다. 어두운 현실과 싸울 때 슬픔과 한으로 먼저 무너지지 말고 짜증과 분노로 먼저 거칠어지지 말라. 신실한 믿음을 가졌다면 누구에게나 찬란한 미래의 가능성이 있다. 때가 되면 인생 역전의 시발점에 선다. 그때까지 인내하며 하나님을 꼭 붙잡고 기뻐하며 살라.

성도는 최종 승리가 보장되었기에 패배할 때도 큰 의미에서는 이미 승리한 상태다. 이미 승리한 상태에서 승리를 현실로 만들려는 존재가 성도다. 이미 주어진 하늘의 승리를 땅의 승리로 이뤄 내려면 현실에서 최선의 땀을 흘리라. 지혜로운 사람은 내세를 확신하면서도 현실을 외면하지 않는다. 미래를 대비하며 현재를 충실하게 살려는 믿음이 건강한 믿음이다. 땀이 없는 행운은 행복을 주지 않는다. 승리는 하나님의 은혜의 '선물'이면서도 성도가 피땀으로 만들어 내야 할 '산물'이다.

맡은 일과 맡은 자리에 충성하라. 사명감을 가지고 하나님의 일에 깊은 관심을 두라. 현재의 모습이 실망스러워도 실망하지 말라. 믿음은 신비한 은혜가 감춰져 있는 것이다. 외형에 매달리면 진짜를 보지 못하고 외풍도 많이 받는다. 진짜 큰일은 보이지 않는 곳에서 이뤄진다. 인생의 최대 진전도 시련의 때를 지난 후에 이뤄진다. 성도가 최종 승리를 확신하고 현실 속에서 열심히 씨를 뿌리는 자리가 천국이 펼쳐질 자리다.

하나님! 하나님을 온전히 붙잡고 늘 기뻐하며 살게 하심으로 이미 승리한 상태를 구체적인 승리의 현실로 만들게 하소서.

의로운 부자가 되라

선을 행하고 선한 사업을 많이 하고 나누어 주기를 좋아하며
너그러운 자가 되게 하라 (디모데전서 6:18)

성경은 "돈을 사랑함이 일만 악의 뿌리가 되나니(딤전 6:10)."라고 했지만 돈 자체를 나쁘게 보지 않았다. 돈의 성격은 소유자의 인격과 마음에 따라 얼마든지 달라질 수 있다. 돈은 자기만 위해 쓰고 과시와 허영을 위해 쓰면 악한 도구가 되지만 선교와 나눔을 위해 잘 사용하면 선한 도구가 된다. 선의 수단이 충분히 될 수 있는 것을 악의 수단으로 악용하는 것이 잘못이지 돈 자체는 악한 것이 아니다.

의로운 부자의 꿈도 가지라. 신실한 성도가 팔짱을 끼고 있으면 아까운 돈이 쓸 줄 모르는 사람들의 수중으로 넘어가기에 사회의 고통과 상처는 심화된다. 의로운 부자가 많이 일어나야 선한 미담도 많아지고 의로운 사회가 되고 선교도 많이 할 수 있다. 안일하게 지내며 건전한 재산 증식을 외면하는 소극적인 삶을 버리라. '주일에 영과 진리로 예배를 드리는 것'도 중요하지만 경제적인 사명감을 가지고 '주 중에 땀과 삶으로 예배를 드리는 것'도 중요하다. 하나님은 영육 간에 최선을 다하는 최선책을 기뻐하시지 영적인 삶에만 최선을 다하는 차선책을 기뻐하시지 않는다.

의로운 부자가 되기를 마다하지 말라. 의로운 부자가 경제권을 쥐고 사랑과 나눔을 실천하는 것은 하나님의 축복을 개인 영역에서 사회 영역으로 확대시켜 모두가 잘사는 사회로 만드는 선한 비책이다. 진실로 하나님의 영광을 위해 사용할 목적이라면 돈 버는 것이 인생의 전부인 것처럼 최선을 다해 돈을 벌라. 실제 삶에서도 최선의 땀을 흘려야 하나님의 거룩한 뜻을 위해 더욱 쓸모 있는 나무로 헌신될 수 있다.

하나님! 사명감을 가지고 경제적인 영역 확장에도 힘씀으로 의로운 부자로서 꾸어 줄지라도 꾸지 않는 복이 있게 하소서.

나를 변화시키는 기도

여호와여 내 기도를 들으시며 내 간구에 귀를 기울이시고
주의 진실과 의로 내게 응답하소서 (시편 143:1)

기도할 때 즉각적인 응답이 있는 것이 다 좋은 것은 아니다. 때로는 그것이 손해가 되기도 한다. 깊이 생각해 보면 즉각적으로 응답받는 것보다 꾸준히 기도하고 응답받는 것이 축복이다. 꾸준히 기도하면서 얻게 되는 소중한 축복은 바로 나의 변화다. 기도 응답이 지연되면 계속 기도할 수밖에 없다. 그렇게 기도하다 보면 점점 내가 변화되고 그런 변화된 모습을 하나님이 기뻐하시고 가장 좋은 것으로 채워 주신다.

한 목회자가 젊을 때 이렇게 기도했다. "하나님! 세상을 변화시키게 하소서." 그가 목회하면서 세상을 변화시키는 것보다 더 중요하고 우선적인 것이 자기를 변화시키는 것임을 점차 깨닫고 이렇게 기도했다. "하나님! 저를 변화시켜 주소서." 기도할 때 남의 변화나 환경의 변화만 구하지 말고 나의 변화를 먼저 구하라. 하나님은 나의 변화에 관심이 많으시다. 하나님이 가시 같은 사람을 내 곁에 두신 것도 나를 변화시키기 위해서다. 환경의 변화를 바라기보다 내가 선 자리에서 기도하며 힘쓰라.

기도 시간은 나를 축복받을 그릇으로 만드는 시간이다. 꾸준한 기도로 나를 축복받기에 합당한 존재로 만들면 하나님은 더 좋은 것으로 넉넉히 채워 주신다. 문제를 만났을 때만 기도하지 말라. 문제를 만나면 문제 후에는 조만간 축복이 따라올 것을 믿고 기도하라. 반면에 문제가 없을 때는 조만간 문제가 생겨날 것을 알고 더 기도하라. 문제가 있을 때나 없을 때나 꾸준히 기도하며 그 과정을 통해 나를 변화시킬 때 그 기도가 세상을 변화시키는 능력 있는 기도가 된다.

하나님! 기도할 때 즉각적인 기도 응답만 바라지 말게 하시고
나를 변화시키는 기도를 앞세워서 세상을 변화시키게 하소서.

최선을 다해 일하라

그러므로 내 사랑하는 형제들아 견실하며 흔들리지 말고
항상 주의 일에 더욱 힘쓰는 자들이 되라 (고린도전서 15:58)

옛날에 달리기를 아주 잘하는 개가 있었다. 하루는 그 개가 토끼를 발견하고 쫓아가다가 놓쳤다. 대망신이었다. 다른 개들이 놀리자 낙심해서 구석에 침울하게 엎드려 있었다. 그때 엄마 개가 다가와 말했다. "얘야! 토끼를 놓쳤다고 너무 낙심하지 마라. 그 토끼는 살아남으려고 최선을 다해 뛰었고 너는 장난삼아 뛰면서 최선을 다하지 않았기에 놓친 거야. 다음부터는 무슨 일을 하든지 최선을 다해라."

사자는 토끼와 사슴 한 마리를 잡을 때도 최선을 다한다. 내가 할 수 있는 일은 최선을 다하고 내가 할 수 없는 일은 하나님께 과감하게 맡길 때 하나님은 나의 꿈을 이뤄 주신다. 지금까지 초라하게 지냈어도 상관없다. 아직 인생의 전반전만 끝났다고 여기라. 지금부터 후반전이라고 여기고 역전 인생을 만들기 위해 무슨 일을 하든지 최선을 다하라. 인생을 재미로 살지 말고 의미로 살고 장난삼아 일하지 말고 생명을 걸고 일하라.

현재 일이 잘 풀린다고 방심해서 사탄에게 허점을 보이지 말라. 신앙생활에서도 방심하면 금방 추락하거나 뒤처진다. 반대로 지금은 약해 보여도 노력하면 하나님이 디자인하신 내 삶의 목적을 멋지게 감당할 수 있다. 기도할 때도 최선을 다해 기도하고, 예배드릴 때도 최선을 다해 예배하라. 인생은 결과보다 과정이 중요하다. 즉 무엇을 성취하는 것보다 매일 최선을 다하는 것이 더 귀하다. 결과가 성공적인 모습이 아닐지라도 매일의 삶에서 최선을 다했다면 성공한 인생이다. 사람은 결과에 관심이 많지만 하나님은 과정에 관심이 많으시다.

하나님! 무슨 일이든지 하나님이 맡겨 주신 일에 최선을 다해
지금 이후의 인생을 멋진 역전 인생으로 만들어가게 하소서.

하나님께 '올인'을 하라

잘하였도다 착하고 충성된 종아 네가 적은 일에 충성하였으매
내가 많은 것을 네게 맡기리니 (마태복음 25:21)

폴란드의 파데레프스키는 손가락이 짧고 손마디가 굵어 피아노 반주에 적합하지 않았다. 그래도 루빈스타인이 "자네는 자질이 있네. 노력하면 대 피아니스트가 될 수 있네."라고 한 말이 큰 힘이 되어 하루 7시간씩 연습해서 대 피아니스트가 되었다. 내가 가진 것이 부족해도 그것이 하나님의 손에 붙들리면 기적의 재료가 된다. 사람은 많이 가져야만 큰일을 이룰 수 있다고 생각하지만 하나님은 적은 것으로도 큰일을 이루실 수 있다. 가진 것이 적어도 그것을 가지고 생명을 걸면 된다.

학생 때 반에서 싸우면 가끔 헤비급 학생이 플라이급 학생한테 얻어맞고 설설 긴다. 싸움의 승패는 덩치와 비례하지 않는다. 대개 용기 있게 사생결단을 하고 싸울 때 이긴다. 신앙생활도 마찬가지다. 하나님을 믿고 "죽으면 죽으리라. 죽기밖에 더 하겠어?" 하고 나서는 사람이 세상을 변화시킬 수 있다. 외면보다 내면이 중요하다. 하나님께 '올인'을 해서 하나님이 기뻐하시는 존재가 된다면 얼마든지 멋지게 쓰임 받을 수 있다.

예배드릴 때도 마음을 다해 드리면 은혜가 넘친다. 찬송할 때도 마음을 쏟아붓고 찬송하면 힘이 난다. 말씀을 들을 때도 마음의 수술을 받는 심정으로 들으면 변화의 능력을 얻는다. 중요한 것은 환경이 아니다. 환경을 따라 살지 말고 약속을 따라 살라. 하나님이 내 수고를 아심을 믿고 용기를 내라. 두려워하거나 움츠러들지 말라. 한 사람이 거룩한 꿈을 가지고 나아가면 공동체도 살아난다. 한 사람이 중요하다. 제비 한 마리가 봄을 가져다주지는 못해도 봄이 온다는 사실은 알려 준다.

하나님! 적은 소유를 가지고도 큰 일을 이룰 수 있음을 믿고 하나님께 '올인'을 해서 꿈과 비전을 현실로 만들게 하소서.

나눔의 행복을 추구하라

형제의 궁핍함을 보고도 도와 줄 마음을 닫으면
하나님의 사랑이 어찌 그 속에 거하겠느냐 (요한일서 3:17)

하나님은 모든 사람을 똑같이 만들지 않으셨다. 만약 그렇게 만드셨다면 불공평으로 인한 불화는 없었겠지만 그런 기계적인 평화는 하나님의 뜻이 아니다. 하나님이 원하시는 평화는 가진 자가 가지지 못한 자를 돕고 강한 자가 약한 자를 섬김으로 생기는 적극적이고 능동적인 평화다. 화평하게 하는 자가 되려면 잘 베풀라. 나를 잘 버리는 길은 성인의 길이고 돈을 잘 나누는 길은 현인의 길이다.

사람들은 '복' 하면 '소유의 복'을 연상하지만 진짜 복은 위로는 드리고 옆으로는 나누고 아래로는 베푸는 '드나베의 삶'을 통해 주어진다. 물질 문제와 신앙 문제는 관련이 깊다. 물질을 다루는 태도에 믿음의 진실성도 나타난다. 기복적인 종교는 '소유의 복'만을 추구하게 하지만 진실한 신앙은 '나눔의 행복'과 '바침의 행복'을 추구하게 한다. 탐심을 키우면 믿음과 평안은 줄어들고 탐심을 줄이면 믿음과 평안은 커진다. 이기주의는 하나님을 잃고 양심과 도덕성을 잃게 하다가 나중에는 자신이 그토록 소중히 여기는 자신마저 잃게 한다.

돈을 잘 벌어서 잘 지키는 사람보다 잘 나누는 사람이 진짜 잘사는 사람이다. 번 돈보다 쓴 돈이 의미가 있다. 하늘나라의 장부에는 잘 쓴 돈만 기록되어 있다. 샘은 퍼내야 깊어지고 맑아지듯이 복도 퍼내야 영혼의 샘이 깊어지고 맑아진다. 돈이 선하게 돌 때 경제도 살고 사회도 살고 영혼도 산다. 돈을 쌓아 놓으면 돈에 사로잡혀 하늘나라 가기도 어렵게 된다. 돈은 '돌려쓰며 선용하는 대상'이지 '두고 보며 사랑하는 대상'이 아니다.

◦◦ 하나님! 하나님이 주신 재물로 연약한 자를 섬기게 하심으로 ◦◦
소유의 복만 추구하지 말고 나눔의 행복을 추구하게 하소서.

실패 공포증에 빠지지 말라

그들의 넘어짐이 세상의 풍성함이 되며
그들의 실패가 이방인의 풍성함이 되거든 (로마서 11:12)

어느 날 한 사람이 수조 중간에 유리 벽을 세워 두고 한쪽에 금붕어를 넣고 다른 쪽에 굶주린 메기를 넣었다. 그러자 굶주린 메기가 금붕어를 잡아먹으려고 쏜살같이 달려오다가 유리 벽에 부딪쳤다. 그렇게 몇 번 시도하다가 계속 부딪치자 스스로 의식화시켰다. "아! 나는 저 금붕어를 잡아먹을 수 없구나." 얼마 후 유리 벽을 들어냈다. 곧 메기는 쏜살같이 금붕어를 향하다가 도중에 획 돌아섰다. 스스로 금붕어를 잡아먹지 못한다는 본능에 지배되었기 때문이다. 일종의 실패 공포증에 걸린 것이다.

실패 공포증에 걸리면 내게 잠재된 놀라운 가능성이 쓸모없게 된다. 실패해도 실패 공포증에는 빠지지 말라. 실패한 사람보다 한 번의 실패로도 실패 공포증에 걸린 사람이 진짜 실패자다. 즉 일시적 실패자는 실수자에 가깝고 실패를 의식화한 사람이 진짜 실패자다. 한 번의 성공이 성공자로 만들지 않듯이 한 번의 실패가 실패자로 만들지 않는다. 인생 역전의 꿈을 품고 늘 새롭게 도전해야 더 나은 세계가 펼쳐진다.

실패 공포증에 빠져 좋은 일을 시도하지 않으면 좋은 삶도 펼쳐질 수 없다. 인생은 경기와 같다. 경기를 하다 보면 패배할 때도 있다. 승리만 하는 인생은 어디에도 없다. 실패 앞에서 낙심하지 말라. 패배한 인생 경기장을 나서면서 마음이 물처럼 녹아 버리지 말고 패배한 인생 경기장을 다시 바라보며 새로운 투지를 불태우라. 실패했을 때 포기하기를 포기하고 새롭게 도전하기를 포기하지 않으면 하나님은 실패를 재료로 삼아 더욱 위대한 작품 인생을 만들어 가실 것이다.

하나님! 한 번의 실패로 실패 공포증에 빠지지 말게 하시고
실패를 재료로 삼아 더욱 위대한 작품 인생을 만들게 하소서.

자기 십자가를 지라

누구든지 나를 따라오려거든 자기를 부인하고
자기 십자가를 지고 나를 따를 것이니라 (마태복음 16:24)

가끔 눈에는 눈, 이에는 이로 보복하는 테러 소식이 들린다. 구약 성경은 눈에는 눈, 이에는 이의 동해보복법을 인정하지만 사실 그 법은 보복을 장려하기 위해서가 아니라 보복하면 보복 당한다는 두려움을 가지게 해서 사적인 보복을 최대한 막으려고 세워진 법이다. 그 율법 정신이 신약 시대에는 더 승화되어 의를 위한 희생인 십자가를 강조하게 되었다. 예수님이 십자가를 지신 것은 폭력의 악순환을 끊으려는 조치였다.

십자가 위에서 하신 예수님의 용서의 기도는 가장 아름다운 기도다. 그 기도하시는 모습을 보고 백부장은 예수님을 하나님의 아들이라고 고백하지 않을 수 없었다. 힘의 행사를 통한 보복으로 얻어지는 평화는 없다. 서로 죄를 덮어 주고 차이를 용납해서 전체의 조화를 위해 조금씩 양보하는 십자가의 길이 평화와 승리를 이루는 길이다. 바울은 자랑할 것이 있다면 자기의 약한 것과 십자가만 자랑하겠다고 고백했다. 그 투박한 고백에 바울이란 거인의 비밀이 담겨 있다.

십자가의 길은 쉽지 않다. 십자가를 지면 손해처럼 느껴지기에 계산적인 마음으로는 그 길로 갈 수 없다. 그러나 참된 성장과 축복은 계산적인 마음을 버리고 십자가를 기쁘게 질 때 이뤄진다. 하나님을 믿는다는 것은 하나님이 원하시는 공의로운 세상을 만드는 일에 힘써 동참한다는 뜻도 내포되어 있다. 그 일에 동참하도록 어디서든지 자기 십자가를 지려고 하라. 십자가가 모든 문제의 근원적인 해답임을 깨닫고 자기 십자가를 질 때 공평과 정의가 넘치는 세상의 초석이 될 수 있다.

하나님! 폭력의 악순환을 끊으려고 십자가를 지신 예수님처럼
십자가를 기꺼이 지게 하심으로 하나님의 뜻을 이루게 하소서.

불평과 원망을 잠재우라

어떤 사람들이 원망하다가 멸망시키는 자에게 멸망하였나니
너희는 그들과 같이 원망하지 말라 (고린도전서 10:10)

이란의 테헤란에 있는 모자이크 왕궁은 원래 판유리 장식으로 설계되었
다. 어느 날 공사 중에 일꾼들이 판유리를 옮기다 깨뜨렸다. 그들이 당황하
자 왕이 말했다. "너무 걱정하지 말고 그 깨진 조각들을 붙여 모자이크로
만들어 보라." 명령대로 모자이크로 정성스럽게 붙여 만들자 오히려 영롱한
빛을 내면서 판유리보다 더 멋진 작품이 되었다. 그처럼 인생이 부서지고 조
각날 때도 찬송과 감사를 잃지 않으면 그 깨진 고통의 조각들이 멋진 모자
이크 작품 인생의 재료가 된다.

잘 믿어도 힘든 상황에 처하면 탄식이 나온다. "왜 이렇게 되는 일이 없을
까? 인생이 정말 고되구나." 그런 슬픈 감정에 젖지 말고 하나님 안에서 다
시 희망을 찾으라. 희망이 없는 상황에서 희망을 찾아내는 것이 믿음이다.
세상에는 희망이 없다. 세상은 있던 희망도 앗아가는 곳이다. 그런 현실에
부딪쳐 잠깐 연약해져서 원망이 나왔어도 곧 자기 잘못을 깨닫고 찬양과 감
사를 회복하면 은혜도 회복된다.

성도도 완벽하지 않기에 가끔 불평하고 원망하지만 그것도 결국은 하나
님을 더 깊이 체험하고 싶다는 몸부림이다. 불평하고 원망하는 모습은 성도
의 본래 모습이 아니다. 불평과 원망을 삼가라. 그것은 하나님에게는 하나
님을 불의하고 불공평한 분이라고 은근히 비난하는 것과 같고 사람에게는
내가 원하는 사람이 되라고 은근히 압박하는 것과 같다. 사랑은 '네가 나를
위해 어떤 사람이 되는 것'이 아니라 '내가 너를 위해 어떤 사람이 되는 것'
이다. 그 사랑이 불평과 원망을 잠재운다.

하나님! 어렵고 힘든 상황에서 불평과 원망을 삼가게 하시고
삶의 고통들을 잘 활용해서 멋진 작품 인생을 만들게 하소서.

하늘의 능력을 구하라

여호와의 팔이여 깨소서 깨소서 능력을 베푸소서
옛날 옛 시대에 깨신 것 같이 하소서 (이사야 51:9)

사람이 어떤 일을 잘 준비해도 그 일을 이루시는 분은 하나님이다. 최선을 다해 내가 할 일을 하고 나머지는 하나님께 맡기라. 어떤 상황에서는 도저히 길이 없고 도저히 살 수 없을 것 같았지만 사실상 이제까지 산 것도 나의 능력으로 산 것이 아니라 하나님이 길을 열어 주셔서 산 것이다. 하나님이 도와주시지 않으면 인간의 어떤 능력도 소용이 없다.

삼손은 주의 영이 함께할 때 나귀 턱뼈 하나로 1천 명을 무찔렀지만 머리카락이 잘리고 주의 영이 떠나자 두 눈이 뽑히고 초라한 종처럼 맷돌을 돌리게 되었다. 영력과 영안과 영감을 잃는 것은 가장 큰 불행이다. 바람의 흐름을 타면 무거운 비행기가 하늘을 날 수 있고 파도의 흐름을 타면 무거운 사람이 보드를 타고 서핑을 즐길 수 있듯이 성령의 바람을 타면 인생의 무거운 짐을 극복하고 영혼의 자유를 만끽할 수 있다.

주의 영이 임하면 하늘의 능력이 생긴다. 하늘의 능력을 신비한 능력으로만 여기지 말라. 그렇게 오해하기에 이단 교주의 거짓 술수에 속는 것이다. 좋은 인격과 좋은 성품도 능력이고 실력과 재력도 능력이다. 그런 능력이 하나님의 뜻을 위해 사용되면 하늘의 능력이 된다. 신비한 능력을 얻겠다고 교주를 찾아다니지 말고 현재 내가 가진 능력을 하늘의 능력으로 승화시킬 성령 충만한 믿음을 구하라. 좋은 쇠도 자력이 없으면 바늘 하나 못 끌어당긴다. 많이 배우고 많이 가져도 성령이 떠나면 무능해지고 매력도 없어지지만 무식하고 부족해도 성령이 함께하면 일당 천의 삶을 통해 한 시대를 이끄는 인물이 될 수 있다.

하나님! 하나님이 도와주시지 않으면 승리할 수 없사오니
하나님의 손을 꼭 붙잡고 하늘의 능력을 힘입어 살게 하소서.

과감히 십자가를 지라

누구든지 나를 따라오려거든 자기를 부인하고
자기 십자가를 지고 나를 따를 것이니라 (마가복음 8:34)

십자가는 기독교 신앙의 핵심 원리가 집약되어 있는 천국 표식이다. 십자가를 지는 것을 두려워하지 말라. 하나님의 임재가 가장 뚜렷할 때는 십자가를 질 때다. 십자가를 지는 자리가 예수님을 만나는 자리다. 십자가의 길은 주류의 길이 아니고 사람들이 외면하는 인기 없는 길이다. 그러나 무대 위와 무대 중심뿐만 아니라 무대 뒤와 무대 주변으로도 갈 줄 알고 왕관(crown)만 쓰려고 하지 말고 십자가(cross)도 지려고 하라. 그래서 어중간한 중간 존재가 아닌 책임적인 중심 인물이 되려고 하라.

십자가는 자아를 깨뜨려 나를 성숙시키고 은혜와 축복과 최종 승리로 가는 지름길이다. 십자가를 통해 모욕과 멸시와 비난을 당하면서 내가 대단한 존재가 아님을 자각할 때 내적인 평안과 자유의 가능성은 오히려 커진다. 현실만 보고 용기를 잃지 말고 최종 승리를 믿고 과감히 십자가를 지라. 세상의 칭찬을 구하며 유한한 존재로 살지 말고 하나님의 칭찬을 구하며 무한한 존재로 살라. 화려한 것만 추구하지 말고 그늘진 곳도 살필 때 하나님의 사랑과 관심을 더 받고 결국 승리한다.

십자가에는 소리 없는 사랑, 침묵 속의 외침, 굴하지 않는 정의, 한없는 헌신이 내포되어 있고 눈물의 승리가 기약되어 있다. 예수님은 부패한 사회에 대해 혁명 운동을 부추기지 않으셨다. 다만 무엇이 되고자 하기보다 무엇을 주고자 함으로 묵묵히 사랑을 실천하다가 마침내 십자가를 지셨지만 결국 승리하셨다. 예수님처럼 십자가를 묵묵히 지면 언젠가 하나님이 친히 눈물을 닦아 주시며 영광스런 위치로 올려 주실 것이다.

하나님! 성도의 최종 승리를 굳게 믿고 묵묵히 십자가를 지면서
무엇이 되기보다 무엇을 줌으로 하나님의 뜻을 이루게 하소서.

잘못된 고집을 버리라

감독은 하나님의 청지기로서 책망할 것이 없고
제 고집대로 하지 아니하며 (디도서 1:7)

이스라엘 백성을 출애굽 시키지 않으려는 바로 왕의 고집은 애굽에 큰 재앙을 초래했다. 인간적인 고집은 나와 내 주변을 점차 망가뜨린다. 모세도 한때 대단히 고집스러웠지만 미디안 광야의 낮아지는 훈련으로 온유해졌다. 결국 온유해진 모세는 강력한 능력을 발휘했다. 참된 능력은 완고함보다 온유함에서 나온다. 모세는 분명한 목표를 가졌어도 자기 고집대로 살지 않았다. 그의 목표는 자기 뜻의 성취가 아니라 하나님의 백성을 가나안으로 인도하는 것이었기 때문이다.

하나님의 일은 인간적인 고집이나 의기로 되지 않는다. 하나님의 일을 잘하려면 품이 넓어야 한다. 다름을 품고 맞서는 사람도 품는 온유함이 있어야 인물이 된다. 온유함은 힘없이 늘어지고 처지는 성품이 아니다. 우유부단함은 더욱 아니다. 온유함 중에는 강인함이 있다. 온유한 사람은 불의를 보면 힘이 부족해도 강력하게 저항할 줄도 안다. 다만 저항할 때 온유한 방법을 사용할 뿐이다. 새싹이 부드럽고 약해 보여도 땅을 뚫고 나오듯이 부드럽고 약한 것이 딱딱하고 강한 것을 이긴다.

너무 고집스럽게 살지 말라. 잘못된 고집을 버리라. 무식에도 급수가 있다. 무식의 급수는 고집의 세기로 따진다. 무식과 고집은 대개 비례한다. 무식하면 고집이 생기고 유식하면 고집이 없어진다. 가끔 잘 믿는 성도도 고집스런 모습을 표출할 수 있다. 그만큼 사람은 연약한 존재이기에 끊임없이 말씀과 기도로 겸손과 온유를 체질화시켜서 나쁜 고집을 창조적이고 거룩한 고집으로 승화시켜 각종 장벽을 넘어서라.

하나님! 목표는 분명히 하되 잘못된 것을 고집하지 않게 하시고 온유함과 겸손함으로 고난과 시련과 장벽을 잘 극복하게 하소서.

헌신의 철학으로 살라

부끄러울 것이 없는 일꾼으로 인정된 자로
자신을 하나님 앞에 드리기를 힘쓰라 (디모데후서 2:15)

신앙생활에서 가장 고귀한 덕목 중 하나가 자기를 드리는 헌신이다. 헌신하라는 말은 예배하고 기도하면서 땀도 흘릴 줄 아는 책임적인 성도가 되라는 말이다. 믿음 생활에서 '하늘의 원리'만 내세우며 '땅의 원리'를 무시하지 말라. 땅의 원리와 땀의 원리를 무시하는 것은 믿음이 아니다. 어느 날 한 천문학도가 별을 보며 걷다가 우물에 빠졌다. 살려 달라고 외치자 한 현인이 그를 구한 후 말했다. "이제부터는 하늘만 알려고 하지 말고 땅도 알려고 하게."

하늘의 비전을 위해 헌신하면서 땅에 속한 가정이나 일터를 위해서도 헌신하라. 소유의 철학이 아닌 헌신의 철학으로 살라. 소유의 철학으로 살면 아무리 소유해도 만족이 없지만 헌신의 철학으로 살면 뭔가를 나누며 만족을 얻는다. 헌신의 철학으로 살아도 시련은 다가오지만 시련의 밤을 지나면 영광의 새벽이 있다. 꽃나무가 꿀벌로부터 꿀을 탈취당하지만 그때 꿀벌이 꽃가루를 옮김으로 꽃도 피고 열매도 얻는다.

신앙의 길은 광야를 거쳐 가나안에 이르는 길이다. 화려한 출발이 곧 가나안은 아니다. 화려한 출발에 도취해 제 길을 못 찾다가 시간만 낭비한 사람도 많다. 화려한 출발을 했어도 피와 땀과 눈물의 3대 액체를 흘리지 않으면 가나안의 행복은 없다. 하나님 앞에서 기도하라. 기도하는 삶에는 결코 배반이 없다. 기도와 더불어 헌신의 땀을 흘리라. 헌신하는 삶에도 결코 배반이 없다. 헌신의 길은 불신자의 눈에는 가장 손해 보는 길처럼 보이지만 성도에게는 가장 수지맞는 길이다.

하나님! 하늘의 원리뿐만 아니라 땅의 원리에도 정통하게 하시고
헌신의 땀을 흘릴 줄 아는 믿음으로 수지맞는 삶을 살게 하소서.

참된 믿음을 가지라

믿음의 선한 싸움을 싸우라 영생을 취하라
이를 위하여 네가 부르심을 받았고 (디모데전서 6:12)

오늘날 믿음에 대한 오해가 많다. 어떤 성도는 믿음을 자신이 원하는 것을 착착 얻게 하는 마술 도구처럼 여긴다. 그러나 믿음은 마술 도구나 해결 도구가 아니다. 하나님 대신 문제 해결을 바라보지 말라. 문제 해결에 집착하면 조작적인 믿음에 영혼이 넘어가기 쉽다. 무대 위를 휘젓는 가수처럼 강단에서 이리저리 뛰는 부흥사의 모습을 성령이 충만한 행위로 오해하거나 그런 행위로 성령이 임한다고 오해하지 말라. 성령의 역사는 사람의 술수로 나오는 힘이나 마술이 아니다.

믿음 대상을 '하나님'이 아닌 '해결'에 두지 말라. 해결을 믿는 사람은 해결이 없을 때 하나님을 떠난다. 허무한 모습이다. 상대가 돈을 목적으로 사귀다가 그 목적을 이루지 못해 떠난다면 깊은 상처와 배반감을 남긴다. 기복주의적인 믿음도 하나님의 마음에 깊은 상처와 배반감을 남긴다. 지나친 감정적인 믿음도 주의하라. 감정적인 믿음에 빠지면 신비주의로 흐르다가 참된 믿음을 잃기 때문이다. 신비주의는 겉으로는 가장 신앙적인 것 같지만 영혼에 큰 부작용과 피해를 낳는다.

믿음이 변질되거나 비뚤어지는 큰 이유 중 하나는 기복주의와 신비주의에 빠지기 때문이다. 하나님은 참된 믿음을 기뻐하신다. 예수님이 가장 기뻐하셨을 때도 참된 믿음을 가진 사람을 발견하셨을 때다. 그때는 마치 광부가 금맥을 발견한 것처럼 기뻐하셨다. 하나님께 참된 믿음을 보여 드리고 실천적인 행동을 통해 믿음을 끝까지 지킴으로 일시적으로 쓰임 받기보다 오래도록 쓰임 받는 하나님의 일꾼이 되라.

하나님! 해결을 바라기보다 해결해 주시는 하나님을 바라보고
참된 믿음을 통해 오래도록 쓰임 받는 복된 일꾼이 되게 하소서.

참된 금식을 행하라

너희는 이제라도 금식하고 울며 애통하고
마음을 다하여 내게로 돌아오라 (요엘 2:12)

금식 기도를 하는 목적이 무엇인가? 식욕을 죽임으로 하나님 앞에서 자아를 죽이는 훈련을 하는 것이다. 금식의 일차 목적은 병의 치유나 문제 해결이 아니다. 엄밀하게 말하면 병의 치유나 문제 해결에 대한 생각도 죽어야 금식의 목적을 온전히 이루는 것이다. 금식할 때는 미움이나 원한이나 질투도 죽어야 한다. 유대인들은 금식일을 정해 죄를 슬퍼하며 하나님의 용서를 구했지만 점점 금식의 참 정신은 사라지고 형식만 남았다. 그처럼 자아를 팽창시키는 형식적인 금식을 주의하라.

어느 날 수도원의 금식 기간에 주방장이 성 프랜시스에게 말했다. "수도사 중 누군가가 죽을 훔쳐 먹었습니다." 수도사들이 흥분하며 금식 위반자를 반드시 색출해 내자고 했다. 그때 프랜시스가 말했다. "주방장! 죽을 가져와라. 같이 먹자." 수도사들이 말했다. "고정하세요. 왜 그러세요?" "너희가 자기 의를 내세워 죽 먹은 사람을 정죄하다가 교만에 빠져 멸망할까 두렵다. 우리 다 같이 먹고 하나 되자."

종교의 본질은 '신적인 형식의 시행'보다 '신적인 형상의 회복'에 있기에 형식적인 금식은 교만의 독을 마음에 퍼뜨리는 불행이다. 자기 의를 버리라. 작은 은혜는 '분리해 내는 은혜'지만 큰 은혜는 '붙들어 주는 은혜'다. 조금 은혜를 받았다고 남을 쉽게 정죄하지 말라. 정죄를 절제하고 남의 허물을 내가 뒤집어쓰는 것이 영성이다. 금식의 깊은 의미는 '굶는 것'이 아니라 '나누는 것'에 있다. 소외된 영혼을 귀하게 대접하고 배고픈 형제와 이웃과 사명자를 돕는 삶이 금식의 참된 내면적 의미다.

하나님! 하나님 앞에서 자아를 팽창시키는 모습이 없게 하시고
참된 믿음을 통해 자아를 죽이고 나눔을 실천하며 살게 하소서.

참된 기도를 드리라

이 잔을 내게서 지나가게 하옵소서 그러나 나의 원대로 마시옵고
아버지의 원대로 하옵소서 (마태복음 26:39)

이 세상에 기도가 필요 없는 사람은 없다. 늘 문제와 기도 제목이 생기고 근심과 두려움을 주는 일이 생기기 때문이다. 그때 문제 해결을 위해 기도하지만 더욱 중요한 기도는 두려움을 이기는 믿음을 달라는 기도다. 예수님은 먼저 그의 나라와 그의 의를 구하면 모든 것을 더해 주시겠다고 했다. 기도할 때도 믿음과 의를 먼저 구하면 필요가 채워진다. 그러나 필요를 먼저 구하면 늘 불안이 떠나지 않는다.

환경의 변화를 위한 기도 전에 자신의 변화를 위해 기도하라. 하나님께 침묵하지 말아 달라고 기도하기 전에 침묵 중에 하나님의 말씀을 듣게 해 달라고 기도하라. 하나님께 자유의 은혜를 달라고 기도하기 전에 하나님께 잘 매이게 해 달라고 기도하라. 기도는 영혼의 뿌리와 같다. 기도를 통해 영적인 양식과 능력을 공급받으면 어떤 세파에도 흔들리지 않고 굳게 설 수 있다. 또한 기도는 영혼의 공기처럼 보이지 않지만 가장 가치 있는 것이고 약한 것 같지만 가장 강한 것이다.

다만 내가 간절히 기도하면 하나님의 의지도 꺾을 수 있다고 생각하지 말라. 즉 내가 기도로 밀어붙이면 하나님도 밀리게 할 수 있다고 생각하지 말라. 내 뜻이 아닌 하나님의 뜻을 앞세워 기도하는 것이 참된 기도. 기도란 부잣집 대문을 두드려 무엇을 달라고 요구하는 것이 아니라 하나님의 뜻에 맞춘 소원이다. 하나님의 의와 뜻을 먼저 찾고 기도하면 최선의 기도 응답을 얻고 최종적인 실패도 없다. 기도는 미래를 위해 큰 축복의 성을 쌓는 것과 같고 거룩한 종합 보험과 같다.

하나님! 기도할 때 문제 해결보다 믿음을 먼저 구하게 하시고 하나님이 원하시는 뜻을 찾아서 내일을 대비하며 살게 하소서.

카이로스의 때를 기다리라

우리가 선을 행하되 낙심하지 말지니 포기하지 아니하면
때가 이르매 거두리라 (갈라디아서 6:9)

시간 개념을 뜻하는 두 가지 헬라어가 있다. 일반적인 시간 개념을 뜻하는 '크로노스'와 하나님의 정해진 시간 개념을 뜻하는 '카이로스'다. 카이로스의 시간관을 가지는 것이 지혜이고 카이로스의 시간을 기다릴 줄 아는 것이 믿음이다. 선을 행하고 낙심하지 않으면 하나님이 정한 카이로스의 때에 반드시 열매 맺게 된다.

모든 일에는 때가 있다. 좋은 프로그램도 적절한 때에 시행되지 않으면 성공할 수 없다. 작을 때 시행할 프로그램이 있고 클 때 시행할 프로그램이 있다. 성공의 줄을 잡겠다고 세미나 인생처럼 여기저기 방황하지 말고 하나님만 바라보고 나아가면 잡으려는 것이 저절로 따라온다. 사람들은 대개 기도한 후 금방 보상과 효과가 있기를 바란다. 그래서 몇 주간 새벽 기도를 해도 문제가 풀리지 않으면 기도를 포기하기에 준비된 축복을 얻지 못할 때가 많다. 반면에 보상이나 축복에 대한 생각 없이 꾸준히 기도하면 보상과 축복을 더 얻는다.

열매가 없고 고난만 계속된다면서 지친 마음을 가지면 정말로 지게 되지만 열매가 없어도 포기하지 않는 열정을 가지고 나아가면 마침내 목표에 이르게 된다. 차근차근 준비하기보다 손쉬운 방법과 편법을 좋아하면 축복의 샘은 깊어지지 않는다. 또한 성공하기도 힘들고 성공해도 허약한 성공의 탑이 되어 작은 바람에도 금방 무너진다. 견고한 성공을 이루려면 열심히 준비하고 인내하라. 카이로스의 때를 기다릴 줄 아는 인내의 깊이가 있어야 하나님의 축복도 깊어진다.

하나님! 하나님의 때를 기다릴 줄 아는 넉넉한 믿음을 가지고
차근차근 잘 준비함으로 하나님의 깊은 축복을 맛보게 하소서.

은혜를 깨닫고 감사하라

우리를 비천한 가운데에서도 기억해 주신 이에게 감사하라
그 인자하심이 영원함이로다 (시편 136:23)

밥은 40일 안 먹어도 살지만 물은 10일을 안 마시면 죽고 공기는 10분간만 안 들어가도 죽는다. 결국 밥그릇 문제보다 중요한 것은 공기 문제지만 정작 공기의 은혜를 잘 인식하지 못한다. 그처럼 하나님의 은혜는 보이지 않는 곳에서 더 크게 나타날 때가 많다. 작은 것에서 하나님의 은혜와 감사거리를 찾는 시야를 갖추라. 사람은 똑똑해서 사는 것이 아니라 처음부터 끝까지 하나님의 은혜로 사는 것이다.

구원받은 성도는 지옥에 갈 자유도 없다. 그 크신 은혜를 생각할 때 성도의 삶은 사실상 외상 인생이다. 또한 성도는 구원의 은혜뿐만 아니라 날마다 은혜의 빚을 지고 있다. 만약 하나님이 배우자, 자녀, 그리고 운전대 등을 붙잡아 주시지 않는다면 당장에라도 끔찍한 일이 벌어질 것이다. 하나님은 지금도 졸지도 아니하고 주무시지도 아니하며 나를 눈동자처럼 지켜 주시고 있다. 그 은혜를 생각하며 힘들어도 감사와 찬양을 잃지 않으면 가장 적절한 때에 축복의 문이 활짝 열린다.

하나님의 크신 은혜를 깊이 새기고 그 은혜에 보답하며 살겠다고 결심하면 근심과 염려는 차라리 사치가 된다. 복잡한 세상에서 염려 가운데 살지 말고 때를 따라 필요를 채워 주시는 하나님의 은혜 가운데 감사하며 살라. 지금 내 주변에는 큰 시련으로 신음하며 사는 사람이 많다. 나는 그런 큰 시련을 감당하지 못할 줄 알고 하나님이 면제해 주셨다. 결국 받은 것이 없는 것이 문제가 아니라 받은 은혜를 깨닫지 못하는 것이 문제다. 감사하는 삶은 깨닫는 자만 느끼고 누릴 수 있는 특권이다.

하나님! 숨겨진 하나님의 은혜를 발견하는 시야가 있게 하시고
은혜에 보답하며 살겠다는 마음을 가지고 겸손히 살게 하소서.

기대를 포기하지 말라

나의 간절한 기대와 소망을 따라
아무 일에든지 부끄러워하지 아니하고 (빌립보서 1:20)

하나님은 기다리시는 하나님이다. 기다린다는 말은 기대한다는 말이고 사랑한다는 말이다. 하나님의 인내와 기다림은 상상을 초월한다. 예수님은 용서의 원리를 가르칠 때 형제가 잘못하면 일흔 번씩 일곱 번이라도 용서하라고 하셨다. 그 가르침은 예수님의 실제 삶이었다. 그런 하나님의 용서와 기다림이 있기에 늘 희망이 있다. 하나님이 일곱 번쯤 기다리다가 "이제 안 되겠구나."라고 하시면 구원받을 사람이 전무할 것이다.

사람이 잘못되는 큰 이유 중의 하나는 기다리지 않기 때문이다. 어떤 대상에게 희망을 걸지 않으면 그는 잘못되기 쉽다. 사람은 믿지 못할 행동을 해서 믿지 못하기도 하지만 믿어 주지 않아서 믿지 못할 행동을 하기도 한다. 반면에 믿어 주고 기대하면 언젠가 변화된다. 자녀도 믿어 주면 변화되지만 싹수가 노랗다고 계속 잔소리하면 정말 나빠진다. 사랑한다면 계속 믿어 주고 기대하고 부정적인 단정을 삼가라.

사랑하는 사람에게 있는 하나님의 형상을 발견하고 하나님의 사랑으로 양육하고 기대하고 기다리면 그는 언젠가 돌아온다. 하나님이 성도를 보실 때 실망스런 부분이 많아도 계속 기대하듯이 자녀가 속을 자주 썩여도 기대를 쉽게 접지 말라. 누군가에 대해 "그 사람은 틀렸어. 이제 기대를 접었어."라고 쉽게 마침표를 찍지 말라. 나에 대해서도 "이제 나는 끝났어. 기도해도 소용없어."라며 쉽게 마침표를 찍지 말라. 성도의 무한한 가능성을 제한하지 말라. 신실한 성도에게 문제는 끝난 표식이 아니라 잠시 쉬어 가는 표식일 뿐이다.

─∞─ 하나님! 사랑으로 기대하고 기다리시는 하나님의 은혜를 힘입어 ∞─
인생을 속단하지 말고 기대하고 기도하고 기다리며 살게 하소서.

'자기'라는 울타리를 넘으라

하나님이여 민족들이 주를 찬송하게 하시며
모든 민족으로 주를 찬송하게 하소서 (시편 67:5)

축복받는 것보다 더 중요한 것이 있다. 축복을 잘 활용하는 것이다. 축복을 선용해야 사회가 건강해진다. 바닷물이 썩지 않는 이유는 물에 섞인 0.4%의 소금 때문이다. 소수의 의인이 사회를 썩지 않게 한다. 왜 사회가 어두운가? 축복을 원하는 사람은 많지만 축복을 선용하는 사람은 적기 때문이다. 하나님은 사람을 창조하신 후 땅을 다스리고 정복하라는 문화 명령을 주셨다. 남을 학대하라는 명령이 아니라 남에게 선한 영향력을 끼치라는 명령이다.

은혜와 복의 영향력을 널리 확산시키라. 은혜와 복이 내 안에만 머물게 하지 말고 지역과 민족과 국가의 이기심을 넘게 하라. 좋은 것을 힘써 나누려고 하라. 특히 복음이 세계로 확산되어 모든 민족이 하나님을 찬송하도록 기도하고 힘쓰라. 나의 기도하는 손에 세계를 품으라. 그런 기도에는 기복적인 냄새가 전혀 나지 않는다. 폭넓은 마음과 선교하는 마음을 가지고 폭넓은 기도를 하라. 나밖에 모르면 복을 더 못 받는다.

무속 신앙에는 이웃 사랑의 개념이 없다. 이웃을 위해 점을 치고 굿을 하는 무속 신자는 없다. 다 자기 복에만 관심이 있기에 더 복을 못 받는다. 복된 존재가 되려면 '자기'를 넘어 '우리'가 복 받는 최소 대상이 되게 하고 더 나아가 모든 인류가 구원받고 복 받게 되기를 위해 기도하고 선교하라. 소유가 많아지는 복보다 지경이 확대되는 복이 참된 행복을 가져다준다. '자기'라는 울타리를 넘고 '우리'라는 울타리까지 넘으려는 마음을 가지고 기도할 때 능력 있는 기도가 될 것이다.

하나님! '자기'라는 울타리를 넘고 '우리'라는 울타리도 넘어
'세계'를 품고 기도하게 하시고 선교에도 힘써 동참하게 하소서.

천국 백성의 핵심 표식

여호와를 의뢰하고 선을 행하라 땅에 머무는 동안
그의 성실을 먹을 거리로 삼을지어다 (시편 37:3)

미국에서 한 목사가 식당에 갔는데 웨이트리스의 서비스가 엉망이었다. 메뉴판을 던지듯이 놓고 가더니 조금 후 식사도 툭 놓고 갔다. 식사 후 그는 이상한 기운에 끌려 많은 팁을 놓고 식당을 나섰다. 조금 후 그녀가 따라 나오며 말했다. "손님! 돈 놓고 가셨어요." 그가 말했다. "팁으로 놓았어요." "왜 이렇게 많이 주세요?" "왠지 오늘 당신의 얼굴이 어두워 보여서 유쾌하게 해 주고 싶었어요." 그러자 그녀는 자신의 퉁명스러웠던 태도를 사과하며 눈물을 글썽였다. 알고 보니까 전날에 남편과 헤어진 여인이었다.

삶이 힘들다고 쉽게 낙심하면 아무리 "하나님이 소망입니다."라고 외쳐도 사람들은 그 말을 믿지 않을 것이다. 축복 약속을 붙드는 것도 중요하지만 축복받을 준비를 능동적으로 하는 것도 중요하다. 좋게 생각하고 좋게 말하라. 성도의 어려움에는 반드시 하나님의 선하신 뜻이 있다. 때로 나의 기도가 아무런 변화를 일으키지 못하는 것 같아도 낙심하지 말고 계속 기도하고 계속 기대하고 계속 시도하라.

가진 것과 배운 것이 없어도 자기 삶을 긍정하고 사랑을 베풀며 살 때 그 모습을 통해 "네가 믿는 예수님을 나도 믿겠다."라고 할 것이다. 구원받고 천국 백성이 된 핵심 표식은 영생의 능력이 표출되어 이웃에게 용기와 의욕을 주는 것이다. 성도는 '사는 능력'도 탁월해야 하고 '살려 주는 능력'도 탁월해야 한다. 사는 능력과 살려 주는 능력을 겸비해 어디에 가든지 넘치는 생명력을 전하는 믿음이 천국 생활을 가져다준다.

하나님! 어디에 가든지 사는 능력과 살려 주는 능력을 보임으로 하나님의 넘치는 은혜와 복을 전하는 천국 백성이 되게 하소서.

인생을 의미 있게 만들라

하나님은 모든 사람이 구원을 받으며
진리를 아는 데에 이르기를 원하시느니라 (디모데전서 2:4)

가끔 힘든 일이 생기면 맡은 사명을 포기하고 싶은 생각이 든다. 그때 포기하지 말라. 실패와 좌절이 사명을 약화시키지 않게 하라. 이전의 실수와 실패와 잘못에 너무 집착하지 말라. 사명을 따라 살기만 하면 영적인 의미에서 정리해고를 당하지 않는다. 나를 향한 하나님의 계획과 사랑은 오래전부터 있었다. 환경과 현실을 하나님 안에서 재해석하라. 물질적인 어려움은 하나님을 더욱 붙잡으라는 뜻이고 육신적인 약함은 사랑과 용서를 앞세우라는 뜻이고 갈등 상황은 인내와 절제를 배우라는 뜻이다.

현재의 신분과 직분과 처지를 다 하나님이 주신 것으로 여기고 그 현실에서 감사하며 최선을 다하라. 하나님은 각자에게 어떤 목적을 가지고 재능과 물질과 소유를 주셨다. 그것을 활용해 하나님의 뜻을 이루는 데 힘쓰면 하나님이 더욱 큰 은혜로 함께하신다. 어려워도 사명을 따라 복음 전파에 힘쓰며 사는 것이 예수 믿는 삶의 핵심 내용 중 하나다. 건강하고 잘 되고 잘 살기 위해서만 예수 믿는 것이 아니다.

힘들어도 복음 전파의 사명을 버리지 않으면 그 사명을 잘 감당할 수 있는 능력도 얻고 동역자도 얻는다. 불행한 현실을 넘어 새로운 세계를 여는 능력은 복음에 있다. 전도와 선교는 선택이 아닌 필수다. 술 먹고, 담배 피고, 도박하는 것만이 타락이 아니다. 진짜 타락은 영혼 구원의 사명을 외면하는 것이다. 가장 부가 가치가 높은 일은 반도체나 좋은 영화를 만드는 일이 아니라 사람을 살리는 일이다. 내가 가진 모든 것을 활용해 영혼 구원의 사명에 힘써서 남은 인생을 의미 있게 만들라.

하나님! 힘들어도 하나님이 주신 사명을 포기하지 말게 하시고 현재의 환경을 하나님의 은혜 안에서 재해석하며 살게 하소서.

겸손하게 은혜를 구하라

여호와는 긍휼이 많으시고 은혜로우시며
노하기를 더디 하시고 인자하심이 풍부하시도다 (시편 103:8)

배 두 척이 강에서 좌초되었다. 한 배의 주인은 많은 말을 끌고 와서 좌초된 배를 힘으로 끌어내리려고 했다. 결국 배가 산산조각이 났다. 반면에 다른 배의 주인은 조수가 밀려올 때까지 묵묵히 기다렸다. 마침내 조수가 밀려옴으로 쉽게 좌초 상황을 벗어났다. 좌초된 배처럼 좌초된 성품을 자기 힘으로 개선하려고 하다가는 인생 전체가 파산할 수 있다. 그때 무엇보다 필요한 것이 하나님의 은혜의 조수다.

큰 환난을 만나면 하나님의 은혜를 구하며 기도하라. "왜 이런 상황이 생기는지 알 수 없지만 그래도 하나님을 신뢰합니다. 저를 구원하신 하나님이 이 상황도 벗어나게 하실 줄 믿습니다. 저를 불쌍히 여겨 주소서." 하나님은 떼를 써서 무엇을 달라고 기도할 때보다 자신을 불쌍히 여겨 달라고 겸손하게 기도할 때 더 은혜를 내려 주신다. 이슬은 바람이 많은 산꼭대기에 내리지 않고 낮은 골짜기에 내린다. 은혜의 이슬도 겸손한 심령에 내린다. 결국 겸손은 큰 은혜받은 징표이고 앞으로 큰 은혜받을 예표다.

인물이 되려면 선천적인 재능과 더불어 노력과 실력도 필요하다. 그러나 가장 필요한 것은 하나님의 은혜다. 하나님의 은혜가 있을 때 부작용이 없는 참된 승리가 주어진다. 세상에서 제일 좋은 날은 생일도 아니고 원하는 것을 성취한 날도 아니고 로또에 당첨된 날도 아니다. 세상에서 제일 좋은 날은 자신은 아무것도 아닌 존재로서 하나님의 은혜가 없으면 살 수 없음을 깨달은 날이다. 그런 깨달음을 통해 온전한 자기 해방이 이뤄진다.

하나님! 하나님의 은혜의 물결에 깊이 젖어서 살게 하시고
하나님의 약속과 계획을 신뢰하며 최종 승리를 얻게 하소서.

능력을 과시하지 말라

여호와께서 진실한 자를 보호하시고
교만하게 행하는 자에게 엄중히 갚으시느니라 (시편 31:23)

신앙생활을 한다는 것은 나의 죄와 허물과 결핍을 깨닫고 하나님의 은혜에 의지해서 살기로 작정한 것이다. 그래서 교만과는 상극이다. 영성 과시는 영성이 없는 표시이고 능력 과시는 능력이 없는 표시다. 큰 능력이 있어도 능력을 과시하지 말라. 가끔 나의 내면에서 어두운 구석이 느껴질 때가 있다. 어두운 동굴에 빛이 비칠 때 보이지 않았던 벌레들로 인해 놀라는 것처럼 빛이 증가하면 내면의 어둠이 뚜렷하게 보이면서 놀라움과 실망감이 생길 수 있다. 그래도 놀라거나 낙담하지 말라.

거룩한 꿈과 비전을 이루는 데 야망은 큰 방해물이 된다. 야망이란 욕심을 품고 나를 키우려는 충동이다. "주님 뜻대로 한다."라는 말로 포장된 인간적인 야망들이 많다. 개인적인 야망과 영적인 소망은 비슷해서 처음에는 둘 사이의 구분이 힘들다. 사마리아에 살던 마술사 시몬이 회심한 것처럼 보이며 처음에는 잘했지만 베드로의 놀라운 능력을 목격하면서 성령을 받게 하는 능력을 돈으로 사려고 했다. 헛된 욕심을 품고 다수를 이끌려는 원초적인 야망을 다스리지 못한 것이다.

교만은 야망의 친척이다. 갈채와 아첨은 분별력을 잃게 만든다. 교만은 영적인 순수한 열정을 누르고 그 자리를 쇼맨십과 카리스마로 대치하게 만든다. 바른 열정을 가지려면 교만과 야망을 멀리하라. 그것들은 내면 세계의 깊은 정글에 숨어 있다가 의식하지 못하는 상황에서 슬그머니 어둠으로부터 나올 때가 많다. 쓰임 받는 인생이 되려면 교만과 야망을 잘 다스려 내면을 하나님의 뜻과 거룩한 사명감으로 채우라.

하나님! 영성을 과시하는 것이 영성이 없는 행위임을 깨닫고
겸손하게 하나님의 뜻을 앞세워 꿈과 비전을 이루게 하소서.

범사에 힘써 감사하라

범사에 감사하라 이것이 그리스도 예수 안에서
너희를 향하신 하나님의 뜻이니라 (데살로니가전서 5:18)

왜 사람들에게 기쁨과 평안과 행복이 없는가? 원망하고 불평하는 마음 때문이다. 사람들은 예전보다 훨씬 나은 삶을 살고 있지만 마음속에 원망과 불평은 더 심해지고 있다. 그래서 감사할 일이 많아도 감사하지 않고 기뻐하지 않는다. 그 근본 원인은 욕심과 교만 때문이다. 암보다 무서운 병이 '감사 불감증'이다. 원망과 불평은 마음을 병들게 하고 인간성을 파괴한다. 그 사실을 깨닫고 범사에 힘써 감사하라.

고난 중에도 감사하라. 하나님은 고난을 통해 나를 복된 존재로 빚어 가신다. 그 과정에서 아프게는 하셔도 망하게는 하시지 않는다. 고난에 내일의 축복이 숨어 있음을 믿고 꿈을 향해 나아가면 고난의 눈물은 조만간 축복의 무지개로 변한다. 고난을 하나님이 지워 주신 가장 고상한 멍에로 인식하고 이전의 복에 대해 감사하면 하나님이 새로운 복을 허락해 주신다. 작은 것에 감사하면 하나님은 더 큰 것을 주신다.

결과를 보고 감사하기 전에 먼저 감사하라. 결과를 보고 감사하는 것은 감사의 질이 떨어진다. 아직 좋은 결과는 안 보이고 풍성함이 없어도 감사하는 것이 진짜 감사다. 복을 원하면 감사하는 마음과 말을 앞세우라. 예수님은 말씀했다. "누구든지 이 산더러 들리어 바다에 던져지라 하며 그 말하는 것이 이루어질 줄 믿고 마음에 의심하지 아니하면 그대로 되리라 (막 11:23)." 기도해도 응답이 없고 노력해도 열매가 없는 것 같으면 나의 마음과 말에서 감사를 잃었는지를 점검해 보라. 감사하는 마음과 감사하는 말은 최상의 감사거리를 낳는다.

하나님! 욕심과 교만을 버리고 원망하고 불평하는 삶을 삼가며 이미 넘치게 주셨음을 믿고 더 바라기보다 더 감사하게 하소서.

비전을 따라 행동하라

오직 내가 그리스도 예수께 잡힌 바 된
그것을 잡으려고 달려가노라 (빌립보서 3:12)

복된 삶을 살려면 뚜렷한 비전을 가지라. 그러나 비전이 뚜렷해도 구체적인 행동이 따르지 않으면 신기루나 한여름 밤의 꿈이 된다. 행동과 실천과 땀이 없는 비전은 허상이다. 비전이 완벽하게 이뤄져야 하는 것은 아니다. 찬란한 내일의 비전을 가지고 땀 흘리는 것 자체가 중요하다. 자꾸 뒤를 돌아보지 말라. "그때 땅을 사 둘 걸. 그때 아파트를 팔 걸." 하는 '걸걸 인생'이 되지 말라.

한때의 승리로 자만하지도 말고 한때의 패배로 절망하지도 말라. 한때 승리했던 사람보다 한때 패배했던 사람이 더 행복하게 잘사는 경우도 많다. 중요한 것은 앞날이다. 과거가 불행했어도 말씀과 기도를 붙들고 최선을 다해 나아가면 지금보다 더 좋은 앞날이 펼쳐진다. 과거의 좋은 체험만 내세우지 말라. 그 체험이 앞으로도 나타나도록 새롭게 행동하라. 체험을 행동으로 승화시키라. 과거의 체험을 간증만 하러 다니면 과거에 머무는 인생이 되기 쉽다. 진리를 따라 행동하라. 행위로 구원받지는 않지만 구원받은 성도에게는 성도다운 행동이 있어야 한다.

믿음이 더 좋은 미래와 더 좋은 삶을 향해 달려가는 행동으로 나타나게 하라. 믿음은 뒤의 것은 잊어버리고 앞의 것을 잡으려고 푯대를 향해 나아가는 행동이다. 상급의 추구를 차원 낮게 여기지 말라. '성공과 물질에 집착하는 삶'과 '상급을 위해 힘쓰는 삶'은 다른 것이다. 천국 상급을 위해 힘쓰는 행동은 필요하다. 올림픽 메달을 따려고 4년간 땀을 흘리듯이 소중한 천국 상급을 얻기 위해 힘써 행동하라.

하나님! 뚜렷한 내일의 비전을 실천하는 행동으로 뒷받침해서
이전보다 더 좋은 삶을 만들고 천국 상급을 예비하게 하소서.

힘들어도 포기하지 말라

너희를 위한 나의 여러 환난에 대하여 낙심하지 말라
이는 너희의 영광이니라 (에베소서 3:13)

어느 날 록펠러가 친구의 권고로 전 재산을 털어 광산에 투자했다. 그런데 산을 아무리 파도 금이 나오지 않았다. 속은 생각이 들었다. 돈은 다 떨어지고 광부들은 임금을 독촉하자 너무 힘들어 광산 구석에 주저앉아 한탄했다. "하나님! 어떻게 된 일인가요? 가난했어도 신실한 어머니를 따라 어릴 때부터 교회도 열심히 다니고 성경도 열심히 읽고 기도도 열심히 했는데 이렇게 알거지가 되는 것이 하나님의 뜻인가요?"

그렇게 한탄하다가 점점 자기 성찰을 통해 자신의 위선을 깨달았다. 겉으로는 돈을 벌어 하나님의 일을 한다는 목표를 세웠지만 실제로는 돈을 벌어 과시하려는 것이 목표였음을 깨달으면서 원망의 눈물이 곧 회개의 눈물로 변했다. 그때 갈라디아서 6장 9절 말씀이 생각났다. "우리가 선을 행하되 낙심하지 말지니 포기하지 아니하면 때가 이르매 거두리라." 그 말씀을 붙잡고 자기가 주저앉은 땅을 한 번 더 파 보자고 결심했다. 바로 거기서 원유가 터졌다. 회개의 눈물이 터지면서 원유도 터진 것이다.

어려울 때는 회개의 눈물을 터뜨릴 때다. 회개의 눈물이 터지면 축복의 샘물도 터진다. 기도 응답이 없다고 금방 기도를 포기하지 말라. 시련 중에도 비전을 붙잡고 끝까지 나아가면 마침내 큰 은혜가 주어진다. 어떤 일에서 퇴짜 맞은 것이 나중에 보면 전진의 길이 될 때가 많다. 어떤 길이 막혀도 그것 때문에 더 좋은 길이 열림을 믿고 거룩한 비전을 포기하지 말라. 실패로 인해 나의 부족함을 깨닫고 교만이 깨진다면 실패는 비전 성취를 위해 한 계단 올라서는 계기가 된다.

하나님! 응답과 축복이 없다고 비전을 포기하지 말게 하시고
회개를 앞세워 후퇴를 더 나은 전진의 계기로 만들게 하소서.

고통도 하나님의 선물이다

거기에 물 샘 열둘과 종려나무 일흔 그루가 있는지라
거기서 그들이 그 물 곁에 장막을 치니라 (출애굽기 15:27)

힘들고 어려운 상황을 만났을 때는 여기저기 나다니지 말라. 그때는 사람 만나는 것을 줄이고 말씀대로 사는 일에 더 집중하라. '축복받으려는 마음' 보다 '순종하려는 마음'이 클 때 참된 축복이 주어진다. 믿음으로 행동한다는 것은 축복과 치유를 준다는 집회나 기도원이나 유명한 상담가나 설교자를 찾아다니는 것이 아니다. 순종할 시간도 없이 집회나 사람만 쫓아다니면 치유와 축복은 더 멀어지고 문제는 더 커진다.

'복'이나 '복 주는 사람'을 바라보고 찾기보다 '복 주시는 하나님'을 바라보고 찾으라. 시련 중에도 하나님의 선하심을 결코 의심하지 말라. 배우자를 못 믿는 의처증과 의부증이 얼마나 상대를 힘들게 하는가? 의심은 하나님의 마음도 아프게 만든다. 반대로 하나님을 철저히 신뢰하고 말씀대로 살기를 힘쓰면 하나님은 어느새 상황을 바꾸어 축복과 회복의 은혜가 신속히 나타나도록 하실 것이다.

광야의 쓴 물 샘인 마라 앞에서 낙심하지 말라. 하나님은 인생을 마라에서 끝나게 하지 않으신다. 마라 앞에서 간절히 기도하면 하나님은 쓴 물을 단물로 만드시고 곧이어 12개의 물 샘 축복도 허락하신다. 고통이 크면 고통 후에 다가올 축복도 크다. 인생의 마라를 극복하면 영혼이 성숙해지고 비전이 뚜렷해지고 인격도 좋아지고 정신력도 강해진다. 어린아이가 심한 병을 앓고 나면 부쩍 성숙해지고 면역력도 강해지듯이 마라가 클수록 하나님의 은혜와 사랑과 축복도 커지는 체험을 하면서 결국 하나님이 없으면 못사는 존재가 된다. 사실상 고통도 하나님의 선물이다.

하나님! 어려울 때 하나님 외의 것을 찾아다니지 말게 하시고
하나님만 바라보고 하나님의 선하심을 온전히 신뢰하게 하소서.

365
·
DAILY ·
DEVOTION

7월

July

세상의 빛으로 살라

너희 빛이 사람 앞에 비치게 하여 그들로 너희 착한 행실을 보고
하늘에 계신 너희 아버지께 영광을 돌리게 하라 (마태복음 5:16)

예수님이 "너희는 세상의 빛이라"라고 하신 말씀은 세상의 어둠을 전제로 세상으로 들어가라는 말씀이다. 기독교는 수도원적인 종교가 아니다. 세상이 어둡다고 세상을 떠나 한적한 산이나 광야로 은둔하려고 하지 말라. 세상이 어두우면 그때 할 일은 '떠나는 일'이 아니라 '비추는 일'이다. 등불은 어두울 때 켠다. 내가 속한 곳이 어두우면 그곳에 하나님이 나를 등불로 두신 것이다. 세상에 동화되는 '세속주의'도 거부하고 세상을 등지는 '은둔주의'도 거부하라.

하나님이 사람마다 다르게 창조하신 것은 서로의 장점으로 서로를 도우며 살라는 뜻이다. 세상에 어둠이 있는 것도 어둠을 보고 불평하라는 뜻이 아니라 그 속에서 빛나는 삶을 살라는 뜻이다. 요나는 하나님이 가라고 명령하신 부패한 니느웨 성의 반대쪽으로 도망쳤지만 예수님은 부패한 예루살렘 성으로 들어가 마지막 남은 삶의 심지를 태워 구원의 빛이 되셨다. 어둠이 있으면 불평하지 말고 그때 나를 태워 어둠을 밝히라.

어느 날 개구리가 많은 숲에서 꾀꼬리가 불평했다. "하나님! 개구리 소리 때문에 노래할 수 없어요." 하나님이 말씀했다. "네가 노래하지 않아 개구리 소리가 더 크게 들리는 거야. 실망하지 말고 힘껏 노래해 봐." 내가 빛 된 삶을 포기하면 세상의 어둠이 크게 느껴지지만 내가 작은 빛을 비추면 세상이 점차 밝아진다. 작은 별들이 모여 별자리를 이루면 아름다운 수가 놓여 밤하늘을 아름답게 만들듯이 성도들이 곳곳에서 작은 빛을 비추면 어두운 세상도 아름다운 세상으로 변할 것이다.

하나님! 세상이 어둡다고 한탄하며 세상을 외면하지 말게 하시고
샛별이신 예수님을 모시고 어두운 세상에 빛을 비추며 살게 하소서.

비전을 품고 전진하라

너희의 자녀들은 예언할 것이요 너희의 젊은이들은 환상을 보고
너희의 늙은이들은 꿈을 꾸리라 (사도행전 2:17)

미국에서 가장 크고 부유한 주는 알래스카다. 그 땅은 미국 본토의 5분의 1이고 우리나라 남한의 15배가 넘는 크기로 1876년 러시아로부터 720만 달러에 샀다. 처음에 그 땅을 살 때 의회가 반대했다. 한 의원은 국무 장관 씨워드(William Seward)에게 폭언을 퍼부었다. "정 얼음덩어리가 필요하면 미시시피 강의 얼음을 깨서 당신 안방에 채우시오."

씨워드가 설득했다. "여러분! 눈 덮인 땅이 아닌 눈 밑의 보화를 보고 우리 때가 아닌 우리 후손을 위해 사야 합니다." 결국 그 땅을 샀다. 그 후 정부와 의회 공동 조사단이 땅을 탐사하자 금을 비롯한 엄청난 광물과 원유가 매장된 것을 알게 되었다. 지금 미국은 원유를 수입하면서도 알래스카 땅의 원유는 극히 일부만 채굴하고 있다. 미래 지구촌의 자원이 고갈될 때 후손들이 쓰도록 남겨 둔 것이다.

씨워드의 찬란한 비전과 안목을 가지라. 찬란한 비전이 없으면 참된 성공도 없다. 멋진 비전이 멋진 인생을 만든다. 왜 돈키호테가 많은 사랑을 받는가? 이뤄질 수 없는 사랑을 하고 이길 수 없는 적과 싸우고 수많은 고통을 견디면서 잡을 수 없는 하늘의 별을 잡으려고 했던 그의 비전 때문이다. 허황된 돈키호테가 아닌 준비된 돈키호테가 되라. 비전을 버리지 않으면 버림받는 인생이 되지 않는다. 소중한 비전이 소중한 사람을 만들고 위대한 비전이 위대한 사람을 만든다. 살면서 '부실한 꼬리'가 되기보다 '신실한 머리'가 되기를 소원하라. 누가 신실한 머리가 되는가? 뚜렷한 비전을 품고 전진하는 사람이다.

하나님! 보이지 않는 것의 가치를 볼 줄 아는 믿음의 눈을 가지고 부실한 꼬리가 되기보다 신실한 머리가 되는 은혜가 있게 하소서.

삶을 변화시키는 말씀

여호와는 나의 분깃이시니
나는 주의 말씀을 지키리라 하였나이다 (시편 119:57)

사람이 거듭났다는 것을 알려 주는 여러 가지 외적인 표시 중 가장 분명한 하나가 말씀을 더 듣고 싶고 더 보고 싶은 마음이 생기는 것이다. 아기가 배가 고파 본능적으로 울면 부모는 배가 고프다고 생각하고 우유를 가져와 먹인다. 그 우유를 먹으며 아이는 점점 성장한다. 영적으로 탄생했을 때도 본능적으로 말씀을 찾게 되어 있고 그 말씀을 먹으면서 점점 영적으로 성장한다.

길을 잃으면 지도를 보듯이 인생길이 잘 보이지 않으면 먼저 말씀에 귀를 기울이라. 길이 안 보이는 이유는 내면의 어둠 때문이다. 그 어둠은 말씀을 들을 때 힘을 잃는다. 밝음은 배움 이전에 들음으로 생긴다. 말씀과 만나면 참사람과 산 사람의 형상이 나타난다. 그처럼 말씀을 추구하는 것도 중요하지만 더 중요한 것은 말씀대로 사는 것이다. 말씀은 선반 위의 장식품이 아니다. 말씀대로 산다는 것은 어떻게 하는 것인가? 핵심 의미는 '형제 사랑'과 '이웃 사랑'을 실천하는 것이다.

성령 충만이란 찬양할 때 뜨겁게 박수 치고 춤추면서 외적으로 뜨거운 모습을 보이는 것이 아니다. 진짜 성령 충만은 말씀대로 자기중심적인 삶을 버리고 하나님 중심적인 삶을 사는 것이다. 성경은 '앎의 변화'를 위해 주어진 것이 아니라 '삶의 변화'를 위해 주어진 것이다. 말씀을 아는 것에서 끝나면 율법적인 믿음이 된다. 말씀대로 실천할 때 말씀이 주는 축복을 누릴 수 있다. 말씀을 보고 듣는 것으로 끝나지 않고 말씀대로 실천함으로 말씀이 영생과 행복의 씨앗이 되게 하라.

하나님! 말씀을 더 듣고 더 보고 싶어 하는 마음이 있게 하시고
더 나아가 말씀대로 힘써 실천해서 삶의 변화를 이루게 하소서.

어둠에 지배되지 말라

그의 모든 분을 다 쏟아 내지 아니하셨으니 그들은 육체이며 가고
다시 돌아오지 못하는 바람임을 기억하셨음이라 (시편 78:38-39)

구약 시대에 하나님은 이스라엘의 반복된 죄에도 긍휼로 죄악을 덮어 주시며 모든 분노를 다 쏟아 내지 않으셨다. 그렇게 용서하신 이유는 그들이 육체이며 가고 다시 돌아오지 못하는 바람임을 기억하셨기 때문이다. 즉 인간의 연약성을 알아 주셨기 때문이다. 하나님은 율법과 공의로 심판하신 후에는 은혜와 사랑이 따르게 하셨다.

사랑의 하나님은 사람의 방황을 이해하신다. 사람의 방황이 전혀 용납될 수 없다면 매일의 삶이 살얼음판을 걷는 것처럼 될 것이다. 결국 죄와 허물이 많아도 전혀 희망이 없는 것은 아니다. 하나님의 사랑과 긍휼은 자녀의 죄와 허물보다 크다. 하나님은 양아버지가 아니시다. 자녀가 죄가 없기에 사랑하시기보다 그저 자녀이기에 사랑하신다. 세상에서 최고의 신비는 내가 살아 있는 것이다. 그보다 더욱 큰 신비는 한 점처럼 미소한 나를 우주보다 크신 하나님이 사랑하시는 것이다. 그 사랑이 있었기에 내가 지금 이 자리에 있는 것이다.

예수님을 영접하고 하나님의 자녀가 되었다면 하나님의 사랑과 긍휼을 확신하고 어둠에 지배되지 말라. 밤이 지나면 아침이 찾아온다. 위기를 기회로 만들라. 죄와 허물에 집착하지 말고 죄가 있다면 깨끗이 회개하고 새로운 날을 꿈꾸라. 하나님의 사랑과 긍휼 안에서 사람은 늘 새로워질 수 있고 새롭게 일어설 수 있다. 나를 향한 하나님의 사랑을 확신할 때 남도 사랑할 수 있다. 사랑의 하나님을 붙잡고 어둠에 지배되려는 자신을 극복하고 긍정하며 찬란한 내일을 향해 나아가라.

하나님! 아버지 되신 하나님의 무한하신 사랑과 긍휼을 생각하고 하나님의 자녀로서 자신을 긍정하고 자기 변화를 이루게 하소서.

말씀으로 내면을 채우라

내가 하나님을 의지하고 그 말씀을 찬송하올지라
내가 하나님을 의지하였은즉 두려워하지 아니하리니 (시편 56:4)

다윗은 약해지고 흔들릴 때마다 하나님의 약속의 말씀을 생각하고 용기를 얻었다. 그처럼 말씀을 앞세우고 말씀을 높이면 어떤 시련이나 어떤 사람의 말에도 흔들리지 않고 살 수 있다. 가끔 자기 단점을 보인 후 "남이 나를 어떻게 볼까? 나에 대해 어떻게 말할까?" 하고 염려한다. 그러나 단점의 노출이 인간관계에서 꼭 마이너스만은 아니다. 그것 때문에 더 주의하면서 성숙해질 수 있다. 또한 대적이 그 단점을 보고 방심함으로 나의 승리 기회는 더 커질 수 있다.

남의 시선이나 남의 말에 내 영혼을 맡기지 말라. 하나님의 말씀은 전폭적으로 신뢰하되 사람의 말은 가려서 들으라. 사람의 말은 왜곡되기 쉽다. 사탄의 장기가 사람 사이에서 말을 왜곡시키는 것이다. 그런 왜곡된 말에 흔들리지 말라. 오해가 심하면 변명이나 핑계나 설득이 필요 없다. 그때는 입과 귀를 하나님의 말씀으로 가득 채우면 하나님이 오해를 풀 수 있는 기회를 주시고 동시에 나의 영혼은 더욱 빛나게 된다.

전자 제품은 전류가 입력 단자로 들어가 전선을 따라 순환하고 출력 단자로 나오는 일이 계속되면서 작동된다. 영혼을 활력 있게 만드는 영적 전류가 하나님의 말씀이라면 그때 귀는 말씀의 입력 단자가 되고 입은 말씀의 출력 단자가 된다. 하나님의 말씀이 귀로 들어가게 하고 입으로 나오게 하면 영혼에 불이 켜지면서 활력이 넘치는 성령 충만한 영혼이 된다. 말씀은 세상을 변화시키고 심령을 변화시키는 최상의 도구다. 말씀에 마음 문을 열 때 지식의 문도 열리고 치유와 행복과 축복의 문도 열린다.

∞ 하나님! 하나님의 말씀을 앞세워 현실을 잘 이겨 내게 하시며 ∞
말씀을 잘 듣고 순종함으로 넘치는 활력 가운데 살게 하소서.

오늘의 일에 충실하라

잘하였다 착한 종이여 네가 지극히 작은 것에 충성하였으니
열 고을 권세를 차지하라 (누가복음 19:17)

하나님은 미디안과의 전쟁 전에 기드온이 이끄는 이스라엘 군사의 수를 32,000명에서 300명으로 크게 줄이셨다. 먼저 두려움에 떠는 22,000명을 집으로 돌려보냈고 그 후에 남은 10,000명을 물가로 데려가 군인 정신을 시험하셨다. 그때 서서 물을 혀로 핥은 300명만 선택되었고 무릎을 꿇고 고개를 숙인 채 마신 나머지 사람은 선택되지 않았다. 그 두 부류는 준비하는 자세에서 차이가 났다.

하나님은 준비된 사람을 사용하신다. 준비하는 삶은 거창한 삶이 아니다. 하나님은 물을 마시는 평범한 자세를 기준으로 300명을 택하셨다. 일상의 작은 일에 충성하면 큰일이 맡겨진다는 암시다. 사실상 하나님 안에서는 작고 시시한 일이 없다. 하나님은 맡기신 일과 직분을 통해 나를 테스트하신다. 오늘의 일에 충실하면 내일은 더 많은 것이 주어진다. 오늘의 성실한 땀은 내일의 축복으로 귀결된다. 보잘것없는 일이라도 내게 맡겨진 일을 꾸준히 감당하는 것이 위대함이다.

남이 나의 수고를 몰라주어도 맡은 자리를 꾸준히 지키라. 시류에 느린 것 같아도 자기 자리를 굳게 지키면 결국 승리한다. 일상의 작은 일에도 최선을 다하라. 다윗이 언제 선택받았는가? 양을 치고 있었을 때다. 베드로가 언제 부르심을 받았는가? 바닷가에서 고기를 잡고 있었을 때다. 캘빈은 '코람데오(하나님 앞에서)'라는 좌우명을 가지고 누가 보든지 안 보든지 상관없이 최선을 다했기에 하나님의 쓰임을 받았다. 맡겨진 오늘의 작은 일에 충성할 때 점차 큰 인물이 된다.

하나님! 하나님이 맡겨 주신 작은 일에도 최선을 다하게 하시고 시류에 조금 늦어도 변함없이 맡은 자리를 굳게 지키게 하소서.

샬롬의 능력을 얻으라

화평하게 하는 자는 복이 있나니
그들이 하나님의 아들이라 일컬음을 받을 것임이요 (마태복음 5:9)

참된 화평은 하나님과의 화평에서 비롯된다. 회개를 통해 하나님과의 화평을 이루면 사람과의 화평도 이뤄진다. 그때 몸도 건강해진다. 특히 두통, 고혈압, 만성 위장병, 알레르기성 비염, 천식, 불면증, 관절염, 신경통, 그리고 암과 같은 병들은 회개를 통한 화평의 능력이 필요한 병들이다. 마음이 평안하면 골절된 뼈도 잘 붙는다. 결국 화평과 평안의 핵심 원천인 회개는 건강과 치유 가능성을 크게 높여 준다.

한 성도가 심한 알레르기성 비염으로 짜증이 늘고 성격도 나빠짐을 느끼면서 간절히 기도했다. "하나님! 막힌 코가 뻥 뚫리게 해 주세요." 어느 날 기도 중에 자기 문제를 깨달았다. 문제는 코가 막힌 것이 아니라 하나님과의 관계가 막힌 것이었다. 그때부터 나태와 교만과 불순종을 회개하며 기도했다. "코가 뻥 뚫리기 전에 하나님과의 관계가 뻥 뚫리게 하소서." 그날 밤새도록 눈물로 기도하다가 아침이 되었는데 왠지 몸이 개운했다. 그날 이후로 비염이 완전히 사라졌다.

인생에서 뭔가 막힌 것을 느끼면 먼저 하나님과의 관계에서 막힌 것이 있는지 살피고 회개를 통해 그 막힌 것을 뚫고 화평과 평안의 능력을 얻으라. 평안의 헬라 단어는 '에이레네'이고 히브리 단어는 '샬롬'이다. 이웃에게 평안을 많이 빌어 주라. 싫은 사람에게도 빌어 주라. 평안을 빌어 준 대상이 받을 준비가 되어 있지 않았으면 그 평안이 내게 돌아온다(눅 10:6). 행복의 원천은 환경에 있지 않고 내 안에 있다. 하나님과의 깊은 관계를 통해 내 안에 샬롬의 능력이 넘치면 행복도 주어진다.

────∞ 하나님! 하나님과의 화평을 통해 사람과의 화평도 이루게 하시고
참된 회개를 앞세워 샬롬의 능력과 건강의 축복도 넘치게 하소서. ∞────

은혜를 기억하며 살라

예루살렘을 택한 여호와께서 너를 책망하노라
이는 불에서 꺼낸 그슬린 나무가 아니냐 (스가랴 3:2)

대적인 사탄으로 인해 이스라엘 백성이 비참해진 모습을 하나님은 '불에서 꺼낸 그슬린 나무'로 표현하셨다. 그 표현은 세계적인 대 부흥사이자 감리교의 창시자인 요한 웨슬레에게는 잊지 못할 표현이었다. 그가 6살 때 집에 큰불이 났다. 그때 화상을 입은 채 극적으로 구조되었다. 그래서 그의 몸에는 화상의 흔적이 있었다. 그때의 은혜를 늘 마음속에 되새기며 고백했다. "나는 불에서 구원받은 그슬린 나무였다."

미래의 축복은 과거의 은혜를 잊지 않을 때 주어진다. 사람들은 보통 은혜받은 기억은 다리 아래 물처럼 떠내려 보내고 상처 받은 기억은 마음 판에 깊이 새기지만 신실한 성도는 상처 받은 기억은 다리 아래 물처럼 떠내려 보내고 은혜 받은 기억은 마음 판에 깊이 새겨야 한다. 아주 작은 키에 몸무게가 50kg밖에 되지 않은 요한 웨슬레가 세계적인 부흥사가 될 수 있었던 것은 6살 때의 은혜를 늘 잊지 않았기 때문이다.

가끔 도저히 성공할 수 없을 것 같은 사람이 성공하고 실패할 수 없을 것 같은 사람이 실패한다. 인생은 자기 뜻대로 되지 않고 하나님의 뜻대로 된다. 사람의 힘과 능력만으로는 뜻을 온전히 이룰 수 없다. 하나님이 축복하셔야 축복받고 하나님이 길을 열어 주셔야 길이 열린다. 타다 남은 숯 인생도 희망이 있다. 하나님의 은혜만 잊지 않으면 된다. 은혜가 있어도 은혜를 기억할 줄 모르면 결코 복된 인생이 되지 못한다. 상처에 대한 건망증은 많을수록 좋지만 은혜에 대한 건망증은 없을수록 좋다. 은혜를 기억하며 사는 성도에게는 어떤 절망도 없다.

하나님! 고난 중에 지켜 주신 하나님의 은혜를 늘 기억하면서 하나님을 꼭 붙잡고 나아감으로 성공적인 삶을 살게 하소서.

하나님의 소유권을 인정하라

주신 이도 여호와시요 거두신 이도 여호와시오니
여호와의 이름이 찬송을 받으실지니이다 (욥기 1:21)

어느 날 한 주교가 '하나님의 소유권'을 주제로 설교했다. 그 설교에 반감을 가진 어떤 부자 교인이 주교를 자기 집의 점심 식사에 초청했다. 식사 후 부자는 대저택을 구경시켜 주고 나서 저택 전체가 보이는 곳에서 물었다. "이 모든 것이 제 것이 아닙니까?" 주교가 미소를 띠며 말했다. "100년 후에도 같은 질문을 해 보시지요."

내가 가진 것은 조만간 다 내 손을 떠난다. 어느 것 하나도 내 것은 없고 다 하나님의 것이다. 하나님의 소유권을 인정하면서 드리고 나누고 베푸는 돈은 영원한 기쁨을 주지만 움켜쥔 돈은 잠깐의 기쁨만 주고 결국 불행을 낳는다. 많은 것을 가져도 불평하는 불행한 사람이 되지 말고 적은 것을 가져도 감사하는 행복한 사람이 되라. 썩고 없어질 물질과 세상 영광을 부러워하지 말고 영원히 남을 것, 즉 주일성수, 꾸준한 기도, 봉사와 헌신, 선교와 구제 등과 같은 가치 있는 것을 부러워하라.

시편을 보면 다윗은 종종 "내 하나님이여!"라고 외쳤다. 그 외침은 "하나님은 내 소유입니다."라는 고백이 아니라 "나는 하나님의 소유입니다."라는 고백을 반어적으로 표현한 것이다. 하나님의 소유가 되면 하나님의 버림조차도 목적 있는 잠깐의 버림일 뿐이다. 하나님은 나를 돕지 않는 것 같아도 실제로는 돕고 계시고 나의 기도를 듣지 않는 것 같아도 실제로는 듣고 계신다. 하나님의 소유권을 온전히 인정하면 소유로 행복을 저울질하지 않게 된다. 모든 것을 하나님의 선물로 여기고 고난조차 나의 죄와 허물에 비해 가벼운 것으로 여기고 감사하면 결코 행복을 놓치지 않는다.

∞━━━ 하나님! 모든 것이 하나님의 소유임을 겸손하게 인정하면서 ━━━∞
하나님이 주신 것을 힘써 드리고 나누고 베풀며 살게 하소서.

하나님만 바라보고 나아가라

너희가 이것을 바라보나니 주 앞에서 점도 없고 흠도 없이
평강 가운데서 나타나기를 힘쓰라 (베드로후서 3:14)

하나님의 사명과 말씀을 가지면 놀라운 권위가 따른다. 나는 연약해도 하나님 안에 있는 나는 연약하지 않다. 하나님 안에 있다는 말은 하나님의 뜻 안에 있다는 말이고 그렇게 되려면 나를 온전히 비워야 한다. 하나님 안에서 나를 비우는 것은 자기 상실이 아니라 자기 초월이다. 시냇물은 강으로 흘러들어 더 커지고 강물은 바다로 흘러들어 더 커지듯이 하나님 안으로 나를 비우고 들어가면 초월적인 위대한 역사가 나타난다.

왜 세상이 혼란해지는가? 자기 포기가 없기 때문이다. 내가 커지면 나의 고민도 가중된다. 나를 잘 덜어 낼 줄 알라. 힘들어도 소망을 잃지 말고 찬란한 꿈을 이루려고 힘쓰라. 예수님 한 분만으로도 만족하며 살 수 있지만 열심히 땀을 흘리는 이유는 하나님의 뜻을 이루기 위해서다. 하나님의 뜻을 이루려고 하면 하나님이 그 뜻을 이룰 수 있는 물질과 명예와 권세와 지위와 같은 축복 도구들을 주신다. 누가 어떤 길을 방해해서 막힐 때도 믿음을 잃지 않으면 하나님은 더 좋은 길을 열어 주신다.

어떤 상황에 처하든지 그 상황을 통해 하나님이 주신 선한 뜻이 있음을 믿고 하나님만 바라보고 나아가는 것이 성공과 행복의 비결이다. 하나님 유무는 기쁨 유무를 좌우한다. 하나님은 인간적인 공식대로 사람을 인도하시지 않는다. 때로는 물질과 건강의 은혜를 넘치게 주시지만 때로는 일시적인 궁핍과 질병으로 은혜에 눈뜨게 하신다. 하나님은 다양하게 더 좋은 길을 열어 주시기에 힘들다고 원망하지 말고 하나님의 선한 섭리를 믿고 나아가라. 그때부터 기적적인 반전의 역사는 시작된다.

하나님! 하나님의 뜻 안에서 나를 온전히 비워 내게 하시고
예수님 한 분만으로도 풍성한 은혜를 체감하며 살게 하소서.

표적 신앙을 주의하라

악하고 음란한 세대가 표적을 구하나
요나의 표적밖에는 보여 줄 표적이 없느니라 (마태복음 16:4)

신앙은 '조건적인 거래'가 아닌 '책임적인 헌신'으로써 나를 하나님의 품에 드리고 하나님을 내 품에 모시는 것이다. 하나님과의 관계를 '요구'가 아닌 '헌신'을 바탕으로 세우고 '표적'이 아닌 '믿음'을 바탕으로 세우라. 성도가 최고로 추구해야 할 표적은 '요나의 표적'이다. 요나의 표적은 예수님이 무덤에서 3일 만에 부활하신 기적 이상의 의미가 있다. 요나가 물고기 뱃속에 들어가기 전에는 자기 뜻을 앞세웠지만 그 후에는 하나님의 뜻대로 행했다. 결국 요나의 표적이란 '자기 변화의 기적'을 뜻한다.

내 뜻보다 하나님의 뜻을 앞세우는 삶으로의 변화가 성도가 추구해야 할 요나의 표적이다. 미신적이고 무속적인 표적이나 극적인 축복만 너무 원하지 말라. 복은 자기 변화를 이룰 때 하나님의 뜻대로 하나님의 때에 은혜로 주어지는 선물이다. 예수님을 진심으로 만나면 '표적의 요구'를 하기보다 '요나의 표적'이 생기면서 기적과 응답보다 하나님의 뜻과 영혼 구원과 선교 비전을 앞세우게 된다. 그렇게 살다 보면 진짜 표적이 따른다.

세상은 '표적의 요구'가 있는 사람에 의해 바뀌지 않고 '요나의 표적'이 있는 사람을 통해 바뀐다. 요나의 표적이 있을 때 아브람이 아브라함이 되고 야곱이 이스라엘이 되고 시몬이 베드로가 되고 사울이 바울이 된다. 신앙의 가중치를 '표적과 기사'에 두지 말고 '변화와 헌신'에 두라. 표적을 추구하며 기적 집회를 떠돌지 말고 요나의 표적을 가지고 교회를 신실하게 섬기고 선교하라. 하나님께 나아가고 하나님이 주신 비전을 향해 나아갈 때 그 영혼을 사탄이나 이단이 결코 넘어뜨리지 못한다.

하나님! 하나님과의 관계를 요구가 아닌 헌신을 바탕으로 세우고 자기 변화를 앞세워 교회를 잘 섬기고 세상을 변화시키게 하소서.

하나님께 고통을 토로하라

모세가 여호와께 부르짖어 이르되 내가 이 백성에게 어떻게 하리이까
그들이 조금 있으면 내게 돌을 던지겠나이다 (출애굽기 17:4)

인간은 논리보다 감정이 앞서는 존재다. 감정을 최대한 고려하라. 감정이 고려되지 않은 논리는 사태를 더 꼬이게 만든다. 감정을 고려하지 않고 너무 정확한 것만 좋아하다가 문제를 얽히게 만들지 말라. 한 번 더 생각하고 한 번 더 인내하라. 나의 무너진 자존심은 하나님이 멋지게 세워 주실 것이란 믿음을 가지고 모든 것 위에 사랑을 더하라는 말씀대로 문제를 대하라. 그때 문제는 실타래 풀리듯 풀릴 것이다.

광야 생활 때 모세가 원망하는 이스라엘 백성들에게 처음에는 맞대응했지만 점차 고통을 토로하는 대상을 하나님으로 바꿨다. 그처럼 억울한 일이 있거든 하나님께 토로하라. 사람과 싸워 봐야 좋은 열매가 거의 맺어지지 않는다. 그렇다고 한과 상처를 가슴에 담고만 있으면 안 되기에 적절하게 토로해야 한다. 그때 사람에게 토로하지 말고 하나님께 토로하라. 성도는 행복한 존재다. 억울함을 토로할 대상이 있기 때문이다.

기도하면 하나님은 신비하게 기적적으로 문제를 해결해 주시기도 하지만 대개 성도가 어떤 행동을 하도록 힘과 능력과 지혜를 주고 그 행동을 하게 함으로 문제를 해결해 주신다. 결국 기도하면 얻는 것이 '즉석의 문제 해결'보다는 '문제 해결의 참된 길과 지혜'인 경우가 많다. 막힌 길을 뚫고 승리한 사람을 보면 대부분 하나님이 직접 문제를 해결해 주시기보다 막힌 길과 문제를 통해 그를 성숙하고 지혜로운 믿음의 사람으로 만드신 후 해결해 주신 경우가 많다. 간절히 기도한 후 그 기도가 지향하는 방향을 따라 행동하면 문제가 의외로 쉽게 풀린다.

하나님! 상처와 한을 사람이 아닌 하나님께 토로하게 하시고 기도한 후 하나님의 뜻대로 행동함으로 문제를 풀게 하소서.

고난을 통해 날아오르라

의인은 고난이 많으나
여호와께서 그의 모든 고난에서 건지시는도다 (시편 34:19)

미국의 한 신학교에서 학생들로부터 가장 존경받는 교수가 있었다. 그는 치명적인 교통사고로 거의 죽었다가 살아났다. 한번은 그의 간증 글이 잡지에 실렸다. "하나님은 기쁨 중에는 우리에게 속삭이시고, 일 중에는 우리에게 말씀하시고, 고통 중에는 우리에게 소리치신다."(God whispers to us in our pleasures, speaks to us in our work, but shouts to us in our pains)." 고난 중에 하나님의 임재와 음성은 뚜렷해진다는 뜻이다.

고난 중에 하나님은 더 가까이 계신다. 살아 계신 하나님을 벽장 속에 넣어두지 말라. 환경이 뜻대로 풀리지 않을 때 스며드는 부정적인 생각을 떨치고 깨뜨리라. 고난을 당해도 마음과 사명은 약해지지 말고 불굴의 믿음으로 그 상황을 극복해 내야 영적으로 한 단계 승진한다. 고속 승진이 늘 좋은 것만은 아니다. 성경을 보면 시험이 없이 위대한 인물이 된 사람은 거의 없다. 때로는 시험도 있어야 하고 그때 그 시험을 얼마나 잘 이기느냐가 인생 승리의 관건이다.

어떤 목자는 양을 키울 때 염소도 함께 키운다. 양이 배부르고 안전하면 계속 누워 있기를 좋아해서 운동 부족으로 몸이 약해진다. 그때 목자가 일일이 양을 일으켜 운동시킬 수 없기에 염소에게 대신 그 사명을 맡긴 것이다. 염소가 누워 있는 양을 본능적으로 찌르면 양은 도망 다니면서 건강해진다. 양을 찌르는 염소 역할을 하는 고난이 '힘든 것'이지만 '나쁜 것'은 아니다. 고난은 영적인 건강을 지켜 주는 밑거름이 되고 비전을 위해 높이 날아오르게 하고 후일에 주어질 영광의 초석이 된다.

하나님! 고난 중에 들려주시는 하나님의 음성을 잘 수용해서 성숙의 변화를 이루고 비전을 향해 높이 날아오르게 하소서.

하나님은 실패하지 않는다

사랑하는 자들아 너희를 연단하려고 오는 불 시험을
이상한 일 당하는 것 같이 이상히 여기지 말고 (베드로전서 4:12)

사람은 문제가 해결되는 환경의 변화를 원하지만 하나님은 나의 변화에 더 관심을 가지고 계신다. 사람은 막힌 산이 평지가 되길 원하지만 하나님은 막힌 산을 통해 내가 변화되길 원하신다. 결국 환경의 변화가 없다면 거기에는 "네가 먼저 변하라."라는 하나님의 메시지가 내포되어 있다. 하나님은 실패하지 않으신다. 궁극적으로 하나님을 믿는 성도도 실패하지 않는다.

사람은 '좋은 해결'을 원하지만 하나님은 '좋은 해석'을 원하신다. 해결보다 해석이 중요하다. 고난도 믿음으로 해석하라. 사람은 고난 때문에 힘든 것이 아니라 고난의 의미를 모르기 때문에 힘든 것이다. 초대 교회에 극심한 시련이 닥쳤을 때 성도들은 하나님이 기적적으로 교회를 지켜 주실 줄 믿었지만 그런 일은 없었다. 그러나 오랜 핍박 끝에 결국 교회가 승리하게 하심으로 믿음의 해석이 틀리지 않았음을 보여 주셨다. 즉 핍박으로 교인들을 흩어 선교하게 하고 교회를 더욱 순결하게 만드신 것이다. 하나님은 최악에서 최선을 이끌어내시는 반전의 하나님이다.

과거의 실패 때문에 현재의 성공이 있게 된 경우도 많다. 어떤 사람은 고난 속에 담긴 하나님의 섭리를 잘 모르겠다고 한다. 그것이 정상이다. 하나님의 섭리를 다 안다고 자처하면 이단 교주가 된다. 사람은 깊은 바다를 두려워하지만 큰 물고기나 큰 배는 깊은 바다를 더 좋아한다. 안전하고 자유롭기 때문이다. 큰 인물 성도는 큰 시련을 두려워하지 않고 그때 성숙과 변화를 꾀한다. 고난이 복이나 자랑거리는 아니지만 하나님은 고난을 통해 복되고 자랑스러운 존재로 만들어 가신다.

하나님! 시련이 있을 때 믿음을 가지고 좋은 해석을 하면서
실패가 없는 하나님을 붙잡고 성공을 향해 나아가게 하소서.

소리 없이 내리는 은혜

내 교훈은 비처럼 내리고 내 말은 이슬처럼 맺히나니
연한 풀 위의 가는 비 같고 채소 위의 단비 같도다 (신명기 32:2)

영성 중에서 최고의 영성은 범사에 감사하는 영성이다. 범사에 감사하려면 꼭 필요한 것이 '특이한 것'보다 '평범한 것'에서 감사를 발견하는 눈이다. 성경은 하나님의 은혜를 이슬로 비유한다. 이슬이 그치는 것은 저주의 상징이고 매일 조용히 내리는 이슬은 매일 조용히 주어지는 하나님의 은혜를 상징한다. 하나님의 대부분의 은혜는 이슬처럼 임한다.

흔히 불치병이 낫거나 떼돈을 버는 등 기적이 있어야 은혜인 줄 안다. 그러나 영혼을 진짜로 살리는 것은 어쩌다 한번 주어지는 기적이 아니라 매일 소리 없이 내려지는 이슬 같은 은혜다. 기적은 자주 생기지 않는다. 반면에 매일 소리 없이 내려지는 은혜는 한순간도 그치지 않는다. 날 때부터 심장이 한 번도 쉬지 않고 뛰는 것이 진짜 기적이다. 하나님의 축복은 떠들썩한 모습보다 은근한 모습으로 오기에 '무엇을 받는 삶'보다 '이미 주어진 은혜를 깨닫고 감사하는 삶'이 중요하다. 1년에 몇 번 기도원 가는 것보다 365일을 하나님과 동행하며 사는 것이 중요하다.

폭포수 같은 은혜를 구하다가 영혼이 기복주의로 휩쓸려 내려가지 않도록 주의하라. 지금 당장 큰 열매가 없어도 낙심하지 말라. 매일 내리는 이슬 같은 은혜가 한꺼번에 쏟아지는 장맛비 같은 은혜보다 더 식물의 성장과 영혼의 성장에 도움을 준다. 단기간의 횡재를 노리지 말라. 꾸준히 하나님의 은혜를 차곡차곡 받아 챙기라. 건물을 쌓을 때 차곡차곡 쌓아야 높이 쌓는다. 레바논의 백향목도 차근차근 자라기에 크고 높게 자란다. 하나님의 은혜는 지금도 소리 없이 착착 쌓이고 있다.

하나님! 이슬처럼 내리는 하나님의 소리 없는 은혜에 감사하고
은혜를 차곡차곡 쌓아서 영혼의 성장과 성숙을 이루게 하소서.

넉넉한 믿음으로 기다리라

또 네가 참고 내 이름을 위하여 견디고
게으르지 아니한 것을 아노라 (요한계시록 2:3)

기다리는 마음은 하나님의 속성이 잘 드러난 마음이다. 사람들은 자기가 많이 기다리는 줄 알지만 사실상 기다림의 진짜 주체는 하나님이다. 사람들은 가끔 하소연한다. "하나님! 왜 응답과 심판의 때가 이렇게 더디 옵니까? 왜 이렇게 더디게 변화됩니까?" 그렇게 기다림에 지친 것처럼 탄식하지만 그때 하나님은 이렇게 말씀하실 것이다. "아들아! 딸아! 나는 네 변화를 기다리고 있단다."

하나님은 계속 나를 기다리시면서 나에 대한 기대를 포기하지 않으신다. 엄밀하게 말하면 '사람이 하나님을 기다리는 것'이 아니라 '하나님이 사람을 기다리시는 것'이다. 사람의 변화는 매우 더디고 힘들다. 그래도 하나님은 계속 기다리신다. 때로는 훈련으로 밀어내고 때로는 위로로 당겨 주는 밀당을 하며 기다리신다. 삶은 하나님의 때까지 기다림의 연속이다. 화려함이 없어도 기다림의 세월을 각오하고 하나님의 뜻을 따라 좁은 길로 가면 오늘의 승리는 없는 것 같아도 내일의 승리는 반드시 주어진다.

단번의 성공은 가능해도 단번의 성숙은 가능하지 않다. 단번에 무엇인가를 이루겠다면서 기다릴 줄 모르는 것은 일종의 기복주의다. 하나님이 쓰신 사람을 보면 대개 오랜 훈련 기간을 통과했다. 요셉과 다윗은 13년의 죽음의 고통을 겪었고 모세도 40년의 광야 체험을 했다. 여호수아도 40년 이상 모세의 시종으로 지낸 후 가나안 정복 전쟁의 영웅이 되었다. 빨리 자라면 레바논의 백향목처럼 쓰임 받는 거목이 될 수 없다. 조급해하지 말고 넉넉한 믿음과 마음으로 하나님의 때를 기다리라.

∞ 하나님! 하나님의 응답의 때가 늦어져도 낙심하지 말게 하시고
넉넉한 믿음과 마음으로 하나님의 때를 온전히 기다리게 하소서. ∞

하나님께 영광을 돌리라

하나님의 이름을 비방하며 또 회개하지 아니하고
주께 영광을 돌리지 아니하더라 (요한계시록 16:9)

회개의 궁극적인 목적이 무엇인가? 나의 복과 회복이 아니라 주께 영광을 돌리는 것이다. 하나님께 영광 돌리게 해 달라고 기도할 때 대개 어떤 생각을 하는가? 하나님을 위해 많은 일을 하는 것이 하나님께 가장 영광 돌리는 길인 줄로 생각한다. 그런 생각도 틀린 것은 아니지만 사실상 하나님께 마음을 온전히 드려 회개하는 것 자체만으로도 하나님께 최고로 영광 돌리는 것이다.

두 종류의 사람이 있다. 성공할수록 나를 크게 보고 높아지는 사람과 성공할수록 하나님을 크게 보고 낮아지는 사람이다. 후자가 되어야 보람과 기쁨을 주는 진짜 성공이 된다. 옛날에 어떤 깊은 이치를 깨달으면 득도했다고 말한다. 기독교에서는 실패해도 하나님을 높이고 성공해도 하나님을 높이는 것이 득도한 것이다. 놀라운 기적을 체험하고 큰 복을 받았을 때 대뜸 떠올려야 할 것은 나의 의가 아니라 나의 죄와 하나님의 긍휼이다. 그 경지까지 가야 믿음의 본질을 잃지 않는다.

성도란 남들이 죄라고 여기지 않는 시시한 죄에도 깊이 회개할 줄 아는 존재다. 회개를 통해 첫사랑도 회복하라. 불신자에게 회개는 '주님을 향한 순수한 첫사랑을 가지게 된 것'이고 기존 신자에게 회개는 '주님을 향한 순수한 첫사랑을 다시 찾는 것'이다. 참된 회개가 있을 때 하나님의 은혜가 임하기에 '회개의 깊이'는 '은혜의 높이'와 비례한다. 회개는 '나'는 물론 '우리'에게도 하나님의 은혜와 축복이 임하게 하는 최상의 통로이고 그것을 통해 하나님은 최고로 영광 받으신다.

하나님! 실패해도 하나님을 높이고 성공해도 하나님을 높이는
참된 믿음과 참된 회개로 하나님께 큰 영광을 돌리게 하소서.

온유함으로 정상에 오르라

그러나 온유한 자들은 땅을 차지하며
풍성한 화평으로 즐거워하리로다 (시편 37:11)

영어의 '피스(peace)'는 라틴어 '팍스(pax)'에서 유래했다. 예수님 때는 로마의 힘에 의한 평화 시대였기에 '팍스 로마나(Pax Romana, 로마의 평화) 시대'라고 한다. 잠깐의 평화는 있었지만 역사가들은 오히려 그때가 짙은 암흑기였다고 한다. 힘에 의한 평화는 참된 평화가 아니다. 니체의 힘의 철학은 그를 미치게 만들었고 그 철학을 숭배한 히틀러와 나치도 패망했다. 땅이 부드러우면 씨앗을 뿌리며 가꾸지만 딱딱하면 곡괭이로 내리친다. 힘을 내세우면 언젠가는 곡괭이를 맞는 신세가 된다.

힘은 외적인 팍스(pax)는 주지만 내적인 샬롬(shalom)은 주지 못한다. 샬롬은 십자가의 헌신으로 주어진다. 외적인 팍스는 환경과 기분에 따라 주어지지만 내적인 샬롬은 말씀으로 길들여질 때 주어진다. 미국에서 가장 살기 좋다는 시애틀은 우울증 환자도 가장 많다. 완벽하게 좋은 곳은 한 곳도 없다. 말씀 안에 있으면서 온유한 마음을 가질 때 깊은 내적인 샬롬이 생긴다. 온유해야 승리하고, 큰일을 하고, 하나님과 사람의 사랑도 받는다.

사회 각 분야에서 높이 오른 사람을 보면 온유한 사람이 많다. 어떤 분야든지 원숙한 정상급에 이르면 대체로 온유해진다. 골프도 초보자는 힘을 주지만 고수는 힘을 빼고 부드럽게 쳐서 멀리 날린다. 믿음이 좋다는 것은 대체로 부드럽다는 뜻이다. 믿음이 좋은 사람은 얼굴과 언행과 성품이 대개 부드럽다. 목도 부드러워서 고개를 잘 숙이고 얼굴 근육도 부드러워서 잘 웃는다. 온유한 자에게 하나님은 물질적인 축복과 넘치는 평안을 약속하셨다. 결국 온유함은 승리와 축복의 핵심 비결이다.

─────∞ 하나님! 힘을 내세우며 힘의 철학으로 살지 말게 하시고 ∞─────
온유하고 겸손한 마음으로 복과 승리를 예비하게 하소서.

하나님이 침묵할 때 침묵하라

너희가 그리스도의 것이면 곧 아브라함의 자손이요
약속대로 유업을 이을 자니라 (갈라디아서 3:29)

아브라함은 75세에 하나님의 부름을 받고 많은 후손의 복을 약속받았다. 그러나 하나님은 24년간 침묵하시다가 그가 99세 때 다시 찾아오셨다. 그때는 아브라함과 사라가 자식을 가질 수 있는 인간적인 가능성이 끝난 때였다. 그때까지 하나님은 기다리셨다. 만약 그가 자녀를 낳을 만한 상황에서 이삭이 태어났다면 자연히 아들이 생겼다고 생각할 수도 있지만 이삭은 모든 인간적인 가능성이 끝난 상황에서 얻은 아들이었다.

하나님이 침묵하실 때 낙심하지 말라. 하나님의 침묵은 성도의 인내와 기다림을 시험하고 축복하시려는 준비 과정이다. 하나님이 침묵하실 때 같이 침묵하는 법을 배우면 그때 오히려 신비한 은혜가 임한다. 하나님이 침묵하시면 상황이 다 끝난 것 같고 답답하지만 인간의 끝은 하나님의 시작이다. 인간의 모든 가능성이 끝난 자리가 오히려 하나님의 은혜가 임하는 자리다. 하나님은 한계 상황에서 찾아오시는 하나님이다.

하나님은 절망할 때 찾아오시고 기다리다 지쳐서 포기하고 싶을 때 만나 주시고 마음속에 품은 꿈이 깨져갈 때 다시 일으켜 주신다. 인간의 위기는 하나님의 기회이고 인간의 막다른 골목은 하나님의 새로운 지평이다. 하나님의 침묵에 낙심하지 말고 그때 기도하며 하나님을 깊이 만나라. 자녀가 큰 잘못을 해서 야단맞을 것을 각오하는데 엄한 아빠가 그냥 침묵하면 그 침묵에서 더 깊은 사랑을 느낀다. 하나님의 침묵과 기다림이 때로는 깊은 사랑을 표시하는 수단이다. 많은 경우에 나쁜 일이 좋은 일과 잇닿아 있듯이 인간의 절망도 하나님의 희망과 잇닿아 있다.

하나님! 하나님이 침묵하실 때 믿음을 가지고 함께 침묵함으로
인간의 위기와 절망을 하나님의 기회와 희망으로 만들게 하소서.

기적에 집착하지 말라

여호수아가 길갈에서 밤새도록 올라가 갑자기 그들에게 이르니
여호와께서 그들을 이스라엘 앞에서 패하게 하시므로
여호수아가 그들을 기브온에서 크게 살육하고 (여호수아 10:9-10)

준비나 전략도 없이 믿음만 내세우며 싸우러 나가는 것은 하나님을 시험하는 행위다. 믿음으로 나아갈 때도 최대한 계획과 전략을 세우고 열심히 땀을 흘리며 준비하라. 가나안 정복 전쟁에서 이스라엘이 정상적으로는 아모리 족속의 다섯 왕들의 연합군을 이기기 힘들었기에 여호수아는 치밀한 전략으로 기습 작전을 폈다. 결국 아모리 연합군은 갑자기 공격을 받아 순식간에 패퇴했고 그들이 도망칠 때 하나님의 기적이 더해져서 큰 우박에 죽은 사람이 칼에 죽은 사람보다 더 많았다.

기적적으로 치유된 사람을 보면 기필코 치유의 기적을 체험하겠다는 집념을 가진 경우가 별로 없다. 대개 열심히 회개의 눈물을 흘리다 보니까 어느덧 치유가 일어난 경우가 많다. 사람에게는 하루에도 수백 개의 종양이 생기고 수많은 바이러스가 침투한다. 모두가 예비 난치병 환자인 셈이다. 그 병의 가능성이 어떻게 소멸되는가? 대개 말씀과 기도를 앞세워 최선의 땀을 흘리다 보면 저절로 소멸된다.

기적은 베짱이처럼 지내는 사람보다 땀을 흘리는 사람에게 잘 일어난다. 기적은 게으른 사람을 위한 신적인 대용품이 아니다. 기적보다 "어떻게 더 성도답게 살까?"에 더욱 관심을 기울이라. 누가 기적의 주인공이 되는가? 하나님의 형상이 나타나는 자다. 기적에 집착하면 사탄의 미끼 기적은 체험할 수 있어도 하나님의 진짜 기적은 체험하기 힘들다. 하나님의 기적은 기적에 거의 무관심할 정도로 사명에 힘쓸 때 주어지는 하늘의 선물이다.

하나님! 하나님이 외면될 정도로 기적에 집착하지 않게 하시고 사명에 최선을 다함으로 기적이 더해지는 역사가 있게 하소서.

좋은 의식을 의식화하라

거만한 자를 쫓아내면
다툼이 쉬고 싸움과 수욕이 그치느니라 (잠언 22:10)

왜 사람들 사이에 갈등과 다툼이 생기는가? 남보다 더 땀을 흘리지 않으면서 남보다 더 취하려는 데 관심이 많기 때문이다. 문제는 '빈곤 자체'가 아니라 '상대적 빈곤 의식'이다. 베풀려는 마음보다 받으려는 마음이 크고 섬기는 마음보다 바라는 마음이 크면 상대적 빈곤 의식도 커진다. 자기 밥그릇을 일정 부분 포기할 줄 알고 스스로 새로운 영역을 개척할 줄도 알아야 불평이 사라지고 하나님과 사람 앞에 인정받는다.

갈등과 다툼을 줄이려면 "내가 이렇게 많은 공헌을 했는데..."라는 공로 의식을 버리라. 예수님이 오른손이 한 일을 왼손이 모르게 하라고 하신 것은 선행을 남에게 감추라는 뜻도 있지만 스스로 잘 잊으라는 뜻도 있다. 공로 의식은 교만을 부르고 결국 고난을 부른다. 공로 의식과 상대적 빈곤 의식을 버리고 섬김 의식과 같은 좋은 의식을 의식화하라. 교회 생활을 할 때도 교회를 통해 무엇을 얻겠다고 하지 말고 교회를 위해 무엇을 드리겠다고 하라. 헌신할 때도 보상을 바라며 헌신하지 말라. 헌신에 대한 보상과 축복은 전적으로 하나님의 뜻에 맡기라.

성도가 우선적으로 해야 할 일은 사심 없이 충성하고 헌신하는 일이다. 어디에 가든지 '소리쳐 바라는 사람'이 되지 말고 '소리 없이 섬기는 사람'이 되라. 무엇을 달라고 손을 벌리면 삶이 불행해지지만 무엇을 주겠다고 손을 펴면 삶이 행복해진다. 섬겨 줄수록 행복해진다. 어디서든지 손을 벌리는 모습보다 손을 펴는 모습을 앞세워 섬김 의식과 섬김의 철학으로 살면 하나님이 잘 섬길 수 있는 능력과 축복도 주신다.

하나님! 남보다 더 취하기보다 더 땀을 흘리는 데 관심을 두고
나눔과 섬김 의식과 같은 좋은 의식을 의식화하며 살게 하소서.

사랑을 사랑답게 만들라

이는 하나님이 그 해를 악인과 선인에게 비추시며
비를 의로운 자와 불의한 자에게 내려 주심이라 (마태복음 5:45)

하나님은 비를 의인과 악인에게 똑같이 내려 주신다. 그것이 모든 사람을 같은 거리에서 같은 정도로 사랑해야 한다는 뜻은 아니다. 사랑은 천편일률적인 것이 아니다. 차별하지 말라는 말이 분별하지 말라는 말은 아니다. '무조건적인 사랑'과 '무차별적인 사랑'은 다른 것이다. 하나님은 사랑의 하나님이면서 동시에 공의의 하나님이기에 모든 사람을 무차별적으로 다 구원하거나 세심한 부분까지 똑같이 사랑하지는 않으신다.

때로 멀리해야 할 사람은 멀리하며 사랑하라. 하나님이 의인과 악인에게 똑같이 해를 비춰 주시고 비를 내려 주시는 것은 일반 은총이다. 그런 일반 은총 외에 특별한 사람에게 주어지는 특별 은총도 있다. 일반 은총을 강조하는 사람은 원수 사랑 및 공평과 관련된 말씀을 내세워 무분별한 사랑을 조장한다. 그러나 원수 사랑 및 공평과 관련된 말씀은 복된 태도를 가지고 복된 길을 가라는 뜻으로 주신 말씀이지 무조건적인 평등사상으로 무분별한 사랑을 조장하려는 말씀이 아니다.

흔히 구약 성경은 사랑보다 복수를 강조하고 신약 성경은 복수보다 사랑을 강조한다고 여기지만 구약 성경에도 원수 사랑을 언급한 구절이 많고 신약 성경에도 타락한 사람을 강력히 꾸짖는 구절이 많다. 사랑에 공의를 동반시키라. 때로는 고난과 징계나 출교 등으로 멀리하며 사랑하는 모습도 있어야 개인이나 교회가 깨달음과 성숙함을 얻는다. 사랑이 많으신 하나님이 자녀에게 고난의 채찍을 허락하시고 사랑하는 부모가 자녀를 징계하는 것은 사람을 사람답게 만들고 사랑을 사랑답게 만들기 위해서다.

하나님! 무분별한 사랑으로 참된 사랑을 빼앗기지 않게 하시고
공평과 정의를 바탕으로 삼아 사랑을 사랑답게 만들게 하소서.

말씀에 순종하며 사랑하라

너희가 나를 사랑하면 나의 계명을 지키리라 (요한복음 14:15)

어느 날 디베랴 바닷가에서 부활하신 예수님이 베드로에게 물으셨다. "네가 나를 사랑하느냐?" 그 질문은 하나님이 지금 내게도 하시는 질문이다. 파스칼이 철학자로서 신을 탐구할 때는 신이 나타나지 않았지만 병들어 어린아이같이 하나님 앞에 엎드릴 때는 하나님이 구원의 은혜를 베푸셨다. 하나님을 철학 대상으로 삼는다고 잘 알게 되지는 않는다. 하나님을 알려고 신학자가 될 필요도 없다. 지식보다 사랑이 우선이다. 하나님을 사랑하는 것은 모든 능력과 행복의 원천이다.

하나님을 사랑한다는 것은 무엇인가? 하나님의 말씀에 순종하는 것이다. 사랑과 순종은 일란성 쌍생아와 같다. 사랑이 감정적인 사랑보다 순종적인 사랑이 되게 하라. 사랑에는 '목 위 사랑'과 '목 아래 사랑'이 있다. 목위 사랑은 머리와 혀로 사랑하고 귀로 듣기만 하지만 목 아래 사랑은 가슴으로 사랑하고 손과 발을 움직여 행동한다. 목 위의 추상적인 사랑이 목 아래의 순종적인 사랑으로 진전될 때 삶이 풍성해진다.

받기보다 주기를 좋아하시는 하나님은 하나님을 위해 무엇을 하는 것보다 하나님이 무엇을 하시도록 기회를 드리는 것을 더 기뻐하신다. 그런 의미에서 "하나님이 도와주시지 않아도 괜찮아요."라고 말하는 것보다 "하나님의 도우심이 정말 필요해요."라고 고백하는 것을 더 귀하게 여기신다. 하나님이 필요하다는 고백 속에는 하나님을 향한 깊은 사랑과 믿음이 깃들어 있기 때문이다. 하나님을 사랑하고 하나님의 말씀에 힘써 순종하라. 예수님이 크신 희생으로 나를 구원하셨다면 진실한 사랑으로 하나님의 말씀에 순종하는 것은 마땅한 일이다.

하나님! 하나님에 대한 사랑이 순종적인 사랑이 되게 하시고 손과 발을 움직여 사랑을 실천함으로 기쁨이 넘치게 하소서.

먼저 좋은 동지가 되라

좁은 문으로 들어가기를 힘쓰라 내가 너희에게 이르노니
들어가기를 구하여도 못하는 자가 많으리라 (누가복음 13:24)

거룩한 꿈을 향해 바르게 나아갈 때도 종종 반대자를 만난다. 그때 하나님의 뜻과 길에서 이탈하지 않으면 하나님이 뜻을 같이 하는 동지를 보내주신다. 중요한 것은 반대자가 아닌 동지에 초점을 맞추는 것이다. 동지 때문에 힘을 얻고 비전도 이뤄진다. '내 앞의 반대자'가 보일 때마다 '내 옆의 동지'를 보면서 힘을 내라. 사도 바울이 평생 동역자인 브리스길라와 아굴라 부부를 만난 것은 데살로니가와 베뢰아의 반대자들의 핍박을 피해 고린도로 갔을 때였다.

내가 바른길에 있다고 확신하면 반대자만 생각하지 말고 숨은 동지를 더 생각하라. 반대자 때문에 사람 자체에 실망해서 동지까지 외면하지 말고 어려울 때는 동지와 더욱 함께하라. 가끔 내 곁에 어떤 동지가 있는지 꼽아 보라. 그때 꼽을 동지가 적다면 반성의 고백을 하라. "내가 누군가의 동지가 되어 주지 못했구나." 그런 고백을 바탕으로 열심히 누군가의 동지가 되어 주면 거꾸로 좋은 평생 동지를 얻는다.

언제 평생 동지를 얻는가? 넓은 길로 가는 다수보다 좁은 길로 가는 소수의 일원이 되기를 마다하지 않을 때다. 소수일 때는 동지를 통해 힘을 얻지만 다수일 때는 힘을 얻고 동지를 잃을 때가 많다. 힘을 얻어도 동지를 얻지 못하면 사실상 복된 삶이 아니다. 다수 및 무리에 속하면 신실한 평생 동지를 얻기가 어렵다. 좁은 문으로 들어가고 좁은 길을 따라가며 소수의 거룩한 이너 서클에서 동지가 되기를 두려워하지 말라. 먼저 좋은 동지가 되려고 하면 좋은 동지가 생기면서 남은 인생길이 외롭지 않게 된다.

∞─ 하나님! 누군가의 동지가 되기를 힘써서 동지를 얻게 하시고
반대자가 보일 때마다 내 옆의 동지를 보고 힘을 얻게 하소서. ─∞

지혜와 분별력을 기르라

영을 다 믿지 말고 오직 영들이 하나님께 속하였나 분별하라
많은 거짓 선지자가 세상에 나왔음이라 (요한일서 4:1)

이단 교주의 화려한 약속은 죽음으로 이끄는 사이렌의 미혹 소리다. 그 소리는 하나님 사랑이 어느 정도인지를 알게 하는 리트머스 시험과 같다. 하나님을 진실로 사랑하면 그런 소리에 잘 미혹되지 않는다. 사탄의 저단계 전략은 핍박이다. 핍박할수록 더 하나님을 붙드는 사람에게는 고단계 전략을 쓴다. 그것이 미혹이다. 교주는 두려움을 주는 가짜 뉴스나 헛된 예언을 내세워 사람 마음에 침투해 영혼을 미혹하고 넘어뜨린다. 그때 미혹되는 것은 하나님을 온전히 사랑하지 않은 증거다.

선천적으로 잘 속는 사람은 미혹되기 쉽기에 이단 신자 중에는 순진한 피해자도 많다. 자세히 보면 잘 속는 사람 중에 착한 사람도 많다. 자기는 착해서 잘 속이지 않기에 이단 교주도 자기처럼 속이지 않는 줄 알고 잘 믿는 것이다. 즉 잘 속이는 이단 교주가 잘 속이지 않는 자기와 같은 사람인 줄 아는 것이다. 그러므로 남을 속이지 않으면서도 동시에 잘 속지 않는 지혜와 분별력을 기르라.

이단 신자 중에는 순진한 피해자가 많지만 사실상 미혹당한 자신의 책임도 크다. 공포를 자극하는 이상한 예언이나 현상에 이끌리고 눈에 보이는 축복과 기적에 너무 가중치를 둔 책임이다. 그것도 결국 하나님을 전심으로 사랑하지 않는 표시다. 응답이 늦어지고 눈에 보이는 증거가 없어도 하나님만 전심으로 사랑하고 섬기겠다고 굳게 결심하라. 또한 인생의 우선적인 목적을 나의 안위와 축복보다 하나님의 사명 이행에 두고 묵묵히 말씀을 앞세워 살아감으로 사탄의 미혹으로부터 나를 지키라.

─∞ 하나님! 헛된 예언과 가짜 뉴스로 두려움에 빠지지 않게 하시고 ∞─
외적인 증거나 기적이 없어도 하나님만 사랑하고 섬기게 하소서.

믿음을 가진 진짜 부자

내가 너희에게 이르노니 너희 목숨을 위하여 무엇을 먹을까
몸을 위하여 무엇을 입을까 염려하지 말라 (누가복음 12:22)

신앙생활에서 죄가 아닌 것 같은 죄가 있다. 그것은 염려다. 염려는 불신의 결과다. 돈이 많고 필요가 채워지면 염려가 사라질 것 같지만 사람들은 그때 또 다른 염려거리를 찾는다. 염려는 습관적이고 감정적인 것이다. 감정대로 살지 말라. 흔히 좋은 생각이 좋은 행동을 낳는다고 말하지만 반대로 의지적인 행동이 생각과 감정을 좌우할 때도 많다. 힘들고 어려울 때 활기 있게 행동하면 그 행동이 생각과 감정을 바꿀 수 있다.

항상 기뻐하고 범사에 감사하면서 의지적인 믿음으로 자신을 먼저 굳게 세우라. 믿음이란 기분대로 살지 않는 것이다. 기분파가 되는 것이 좋을 때도 있지만 나쁠 때도 있다. 사랑하거나 헌신하는 좋은 일에는 기분파가 되고 미워하거나 파괴하는 나쁜 일에는 기분파가 되지 말라. 힘들 때는 감정과 기분과 환경대로 살지 말고 믿음으로 살라. 염려되는 일이 있어도 염려에 빠지지는 말라. 세상적인 소유를 추구해 의지하려고 하지 말고 예수님만 의지하면서 묵묵히 땀을 흘리라.

어느 날 한 미국인이 거액의 로또에 당첨되었다. 그 후 아내와 이혼했고 성폭행죄로 걸렸다. 한 형제는 그를 죽이려고 했고 예전 집주인은 고소해서 로또 당첨금의 3분의 1을 빼앗아 갔다. 나중에 그가 고백했다. "돈은 저를 변화시키지 않고 제 주변 사람들을 변화시켰습니다. 그들은 제 돈에만 관심을 보였습니다. 돈은 파리를 들끓게 합니다." 돈이 많아도 예수님이 없으면 염려가 끊이지 않게 된다. 사실상 소유와 환경과 기분과 감정을 넘어서는 믿음을 가진 사람이 진짜 부자다.

하나님! 세상적인 것에 연연해서 염려에 빠지지 않게 하시고
감정과 기분을 넘어서는 의지적인 믿음으로 승리하게 하소서.

자기를 잘 준비시키라

어리석은 자의 퇴보는 자기를 죽이며
미련한 자의 안일은 자기를 멸망시키려니와 (잠언 1:32)

사람들은 좋은 기회가 오기를 기다린다. 때로는 고난도 좋은 기회가 된다. 고난의 기회를 잘 활용하면 나를 더 좋게 변화시키고 리더십도 키울 수 있기 때문이다. 때로는 성공 기회가 찾아오는데 상당한 시간이 걸린다. 그래도 걱정하지 말라. 광야로 도망친 모세에게 인생 역전의 기회가 오는데 40년 걸렸다. 큰 인물이 될 사람일수록 기회가 늦게 올 때가 많다. 진짜 걱정할 것은 찾아온 기회를 수용할 준비가 되었느냐는 것이다. 어떻게 찾아온 기회를 잘 살리는가? 해답은 '자기 관리'에 있다.

지금도 하나님은 수시로 기회를 허락하신다. 자기 관리를 통해 그 기회를 붙잡으라. 자기 관리가 철저한 한 사람의 힘이 때로는 한 민족의 힘보다 강하다. 이스라엘 백성들이 출애굽 후에 끊임없이 불평했어도 가나안에 들어갈 수 있었던 것은 하나님의 뜻 안에서 자기 관리에 철저했던 모세의 역할이 컸다. 사람의 가능성은 무한하다. 나를 잘 붙들고 마음에 끊임없이 뿌려지는 자기 파멸의 씨앗만 극복하면 큰일을 이룰 수 있다.

자기 파멸의 씨앗이 싹을 내면 훌륭한 사업가도 사업을 포기하고 싶고 사명감을 가진 목사도 목회가 싫어진다. 자기 관리를 통해 내재된 자기 파멸의 씨앗이 싹트지 않게 하라. 하나님을 목마르게 추구하라. 그러면 신비한 내적인 힘이 생기고 하늘의 지혜에 기초를 둔 진실한 믿음과 비전이 뚜렷해진다. 그때 내게도 무한한 가능성이 있고 꿈을 이룰 수 있다는 고백이 나온다. 힘든 현실에서도 자기 가능성의 고백을 끊임없이 할 수 있다면 결코 실패한 인생으로 끝나지 않는다.

하나님! 하나님의 때를 기다리며 자기 관리에 철저히 임해서 좋은 기회가 왔을 때 그 기회를 놓치지 않고 잘 잡게 하소서.

사랑을 바탕 화면으로 깔라

미움은 다툼을 일으켜도
사랑은 모든 허물을 가리느니라 (잠언 10:12)

세상에서 제일 큰 힘의 원천은 사랑이다. 사랑에서 충성도 나오고 평화도 나온다. 평화를 깨뜨리는 정의는 복된 정의가 아니다. 많은 사람들이 불의가 평화를 깨뜨리는 것은 알지만 정의가 평화를 깨뜨리는 것은 잘 모르고 있다. 그러나 사랑이 없는 정의가 평화를 깨뜨릴 때도 많다. 구조적인 불의와 악으로 깨진 세상의 평화를 지킨다는 명목으로 평화를 깨뜨리는 모습도 심심찮게 목격된다. 정의는 있고 사랑은 없기 때문이다.

정의를 앞세워 질서와 평화를 깨뜨리지 않도록 주의하라. 정의는 사랑의 그릇에 담겨 있을 때 참된 힘을 발휘한다. 옳다는 생각이 다 정의는 아니다. 미움과 교만과 열등의식의 그릇에 담기면 정의는 변질되고 오히려 정의를 명목으로 악이 저질러진다. 사랑의 바탕에서 정의가 형성되게 하라. 사랑하는 마음이 없다면 차라리 침묵하는 것이 낫다. 기독교의 사랑은 '소극적인 무저항주의'가 아니라 '적극적인 사랑 저항주의'다.

사랑으로 원한과 미움을 정복하고 사랑을 삶의 바탕 화면으로 깔고 거기서부터 모든 일을 시작하라. 사랑스런 사람을 사랑하는 것은 누구나 할 수 있지만 예수님은 "너희 원수를 사랑하며 너희를 핍박하는 자를 위하여 기도하라."라고 말씀하셨다. 멀리해야 할 사람은 멀리하더라도 그를 미워하거나 증오하지는 말라. 용서하고 마음속으로 화해한 후 드리는 예배가 하나님 앞에 상달된다. 한문의 '사람 인(人)'은 서로 기대고 있는 모습이다. 사람은 서로 기대고 살아야 행복하도록 창조되었다.

하나님! 사랑이 없는 정의감으로만 소리를 높이지 않게 하시고
사랑과 용서를 앞세워 어디서든지 행복을 누리며 살게 하소서.

하나님을 더욱 가까이하라

무릇 주를 멀리하는 자는 망하리니...
하나님께 가까이함이 내게 복이라 (시편 73:27-28)

가끔 악몽 같은 삶이 펼쳐진다. 악몽도 하나님께 가까이 가는 계기로 삼으면 길몽이 되고 악몽과 같은 삶도 하나님께 가까이 가는 계기로 삼으면 내일의 희망적인 삶으로 인도된다. 내게 사람과 물질이 없고 길이 막혀서 기댈 곳이 없어도 하나님이 함께하신다는 사실로 인해 기뻐하라. 하나님이 함께하시면 절망적인 현실에서도 희망을 노래하는 역설의 삶이 펼쳐지고 인생의 짐이 인생의 힘으로 변한다. 악인의 일시적인 형통을 보고 하나님을 가까이하는 삶에 회의를 품지 말라.

아삽이 하나님을 가까이하겠다고 한 고백에는 하나님을 적극적으로 추구하겠다는 의미가 내포되어 있다. 하나님을 적극적으로 추구하게 하는 핵심 수단이 무엇인가? 바로 기도다. 기도가 없으면 영혼이 무력해지고 영적 센서가 점차 고장 난다. 타락하는 것도 죄지만 기도가 없는 것도 죄다. 기도가 없으면 하나님과 멀어지기 때문이다. 일이 안 되고 길이 막히는 것이 축복이 될 수 있다. 그때 기도를 되찾기 때문이다.

기도하는 삶은 그 자체가 축복이지만 가시적인 축복과 승리도 따라오게 한다. 기도를 물질적인 헌신이나 육신적인 봉사보다 앞세우라. 기도는 만민을 위해 기록된 말씀인 로고스가 나를 위해 선포된 말씀인 레마로 들려지게 하는 영적인 정지 작업이다. 자기 요구만 나열하는 이기적인 기도를 주의하라. 기도는 '필요의 요청'이기 전에 '사랑의 고백'이다. 기도를 '필요의 나열'이 아닌 '사랑의 대화'로 삼을 때 필요도 채워지고 하나님과 가까워지는 최상의 복과 수많은 부수적인 복도 따라온다.

하나님! 말씀과 기도를 통해 하나님과 더욱 가까워짐으로
절망적인 현실에서도 내일의 희망을 노래하며 살게 하소서.

자기 분수를 알라

이 일에 분수를 넘어서 형제를 해하지 말라 (데살로니가전서 4:6)

하나님은 각 사람의 특징대로 이 사람에게는 이런 은사를 주고 저 사람에게는 저런 은사를 주셨다. 즉 내게 없는 것이 남에게 있고 남에게 없는 것이 내게 있게 하심으로 겸손한 삶과 협력하는 삶을 가르치셨다. 남의 것이 부럽다고 그것을 가진 것처럼 억지로 흉내 내지 말라. 분수를 알고 분수를 지키라. 자기 분수를 모르고 날뛰면 언젠가는 제사장 스게와의 일곱 아들처럼 큰 수치를 당한다(행 19장).

어느 날 부흥회 참석자들이 죄를 애통해하며 회개하고 있었다. 그때 한 성도가 그 분위기에서 소외되는 것 같아 애통을 흉내 냈다. 그런 거짓된 애통은 부끄러운 태도다. 차라리 잠잠히 있는 것이 낫다. 어떤 은사 집회에서 여러 참석자들이 예언의 말을 했다. 그때 몇몇 사람은 그 분위기에서 소외되는 것 같아 예언을 만들어 냈다. 그런 행위는 양심을 배반하는 행위이며 심령을 꿰뚫어 보시는 하나님을 속이는 행위다. 믿음은 흉내 낼 수도 없고 흉내 내서도 안 된다.

자기 믿음의 분수와 사명에 충실하라. "남이 하니까 나도 해 보자."라고 하며 아무 일에나 뛰어들면 망한다. 과신과 교만을 버리고 영적인 삼권 분립의 원리에 따라 돈과 명예와 권세 중 하나만 가져도 만족하라. 좁은 문으로 들어가라는 말씀에는 이것저것 다 가지려고 하지 말라는 뜻도 있다. 회개란 버릴 것은 버리는 것이다. 남이 한다고 다 하려고 하지 말고 남이 가졌다고 다 가지려고 하지 말라. 넘어져도 실망할 것이 없고 일어서도 교만할 것이 없다. 그저 자기 분수와 사명에 충실하면 언젠가 하나님이 축복의 문을 활짝 열어 주실 것이다.

하나님! 분수를 모르고 남의 은사를 흉내 내지 말게 하시고 좁은 문으로 들어가는 삶을 통해 축복의 문을 열게 하소서.

오직 하나님만 사랑하라

너희 중에 계신 너희의 하나님 여호와는 질투하시는 하나님이신즉
너희의 하나님 여호와께서 네게 진노하사 (신명기 6:15)

성경에서 가장 이해할 수 없는 표현 중 하나가 '질투하시는 하나님'이란 표현이다. 창조주 하나님이 어떻게 질투하시는가? 초월을 강조하는 불교에 비하면 집착을 연상시키는 '질투하시는 하나님'이란 표현은 기독교의 수준을 낮추는 것 같다. 그러나 그 표현에는 하나님의 깊은 사랑이 담겨 있다. 깊은 사랑을 할 때는 내가 사랑하는 대상이 나만 사랑하는 독실함을 원한다. '독실'과 '집착'은 다르다. 사랑이 깊어지면 한 사람이 한 대상을 사랑한다. 하나님은 성도와 그런 사랑을 나누길 원하신다.

하나님의 질투는 하나님의 뜨거운 사랑의 표현으로써 성도가 하나님만 바라보며 살기 원하신다는 의미다. 하나님은 하나님보다 성공과 기적을 더 바라보는 것을 기뻐하시지 않는다. 성공이나 기적을 통해 하나님을 바라보면 하나님에 대한 영상이 왜곡되고 언젠가 시험에 든다. 가장 큰 기적은 환경이 변한 기적보다는 죽을 인생이 하나님의 자녀로 변한 구원의 기적이다. 또한 축복 중의 축복은 하나님만 바라보는 것이다.

하나님을 외면하고 다른 것을 바라보면 하나님은 참된 축복을 주려고 간혹 매를 드신다. 그 매에는 이런 메시지가 담겨 있다. "제발 바른길로 들어서라. 나 없이 너는 살 수 없다. 나만 바라보아라." 하나님과 함께하는 시간을 더 가져서 하나님을 쓸쓸하게 만들지 말라. 수많은 사람이 하나님을 바라보아도 내가 바라보지 않으면 하나님은 쓸쓸해하신다. 다른 것도 바라보면서 많은 것을 얻기보다 차라리 하나님만 바라보면서 많은 것을 잃는 길을 선택하라. 그때 오히려 더 많이 얻는다.

하나님! 하나님보다 복과 성공과 기적을 더 바라보지 않게 하시며
오직 하나님만 바라보고 필요한 것을 풍성하게 채움 받게 하소서.

365
·
DAILY
DEVOTION

8월

August

작은 일 하나도 주의하라

우리를 위하여 여우 곧 포도원을 허는 작은 여우를 잡으라
우리의 포도원에 꽃이 피었음이라 (아가 2:15)

느헤미야는 탁월한 리더십을 발휘해 예루살렘 성벽 재건 사업을 52일 만에 이루었다. 또한 성벽 재건 후 여러 후속 조치도 잘했다. 성벽 재건만큼 성벽 관리도 중요했기 때문이다. 아무리 성벽을 견고하게 지어도 방심해서 정탐꾼 하나를 지키지 못하면 큰 위험에 빠진다. 어느 분야에서든지 후속 조치를 잘해야 한다. 결혼하는 것보다 가정을 지키는 것이 더 어렵고 구원받는 것보다 구원받은 성도답게 사는 것이 더 어렵다. 또한 리더가 되는 것보다 리더십을 잘 발휘하는 것이 더 어렵다.

고린도전서 10장 12절에 이런 말씀이 있다. "그런즉 선 줄로 생각하는 자는 넘어질까 조심하라." 스스로 설 수 있다고 생각하지 말고 하나님 안에서 설 수 있다고 인식하라. 하나님이 없으면 아무것도 할 수 없는 줄 알고 끊임없이 기도의 파수를 서라. 일이 잘될 때는 오히려 더욱 절실하게 기도해야할 때다. 무엇인가 이루면 더욱 겸손해지라. 큰일을 이루고도 작은 방심으로 일을 망칠 수 있다. 포도원을 허는 작은 여우를 주의하라.

작은 일 하나도 주의하라. 작은 일 하나의 뚫림을 막는 것이 큰일을 이루는 것만큼 중요하다. 나의 약점도 잘 지키라. 사람은 여러 잘못으로 넘어지기보다 대개 하나의 약점으로 넘어진다. 그 작은 부분이 뚫리면 점차 인생 전체가 뚫린다. 작은 것을 소홀히 하지 말라. 작은 의미도 신실한 성도의 손을 거치면 큰 의미가 된다. 나의 작은 모습에도 탄식하지 말라. 현재의 작은 모습 때문에 작은 것을 살필 줄 아는 안목이 생기면 그 안목이 나중에 위대한 인물을 빚어내는 핵심 요소가 된다.

하나님! 일을 성취한 후에 후속 조치에도 탁월하게 하시고
작은 일 하나도 주의해서 복의 성벽이 뚫리지 않게 하소서.

바른 지식으로 충만해지라

내 백성이 지식이 없으므로 망하는도다
네가 지식을 버렸으니 나도 너를 버려 (호세아 4:6)

참된 믿음은 참된 진리를 바탕으로 형성된다. 진리란 영원한 지식을 뜻한다. 무속 신앙과 기복주의 신앙에는 진리가 없기에 지식을 경시하고 정성만 중시한다. 그러나 정성을 드리는 대상이 누구인지를 바르게 알지 못한 상태에서 우상 앞에서 드린 정성은 아무런 소용이 없다. 하나님을 아는 지식만큼 하나님을 바르게 믿을 수 있다. 알고 믿는 것은 믿음이지만 모르고 믿는 것은 미신이다.

하나님을 아는 지식이 넘쳐야 한다는 말은 세상 지식을 무시하라는 말이 결코 아니다. 의학 지식을 무시하고 기도를 통해 병을 고치겠다는 것은 하나님을 아는 지식이 넘치는 모습이 아니다. 하나님을 아는 지식이 넘치면 의학적인 지식이나 과학적인 지식도 품을 줄 안다. 성경을 기준으로 삼으면서 세상 지식도 존중하라. 믿음과 지식은 기본적으로 반대되는 개념이 아니고 서로의 길을 존중해야 하는 개념이다. 믿음이 있다고 지식을 경시하지 말라. 믿음은 게으름과 무식을 조장하는 것이 아니다.

성경적인 믿음을 기초로 삼아 더 알려고 하라. 알고 가는 길은 쉽다. 알고 가면 여유가 생기고 두려움이 줄어든다. 믿을수록 성경 지식과 하나님을 아는 지식도 넘치게 하라. 바른 지식을 외면하면 원시성을 탈피하지 못해 미신에 사로잡히고 혼돈과 의문이 떠나지 않는다. 바른 믿음을 가지려면 바른 지식이 충만해야 한다. 메시야가 오실 때 하나님을 아는 지식이 세상에 충만하게 된다(사 11:9). 말세에 있을 성령 충만의 뚜렷한 표식은 '은사 충만'보다 '지식 충만'이다.

하나님! 참된 믿음의 실체에 대해 무지한 모습이 없게 하시고
하나님을 아는 지식으로 충만해서 말세를 잘 대비하게 하소서.

원수를 축복할 때 축복받는다

오직 너희는 원수를 사랑하고 선대하며 아무것도 바라지 말고
꾸어 주라 그리하면 너희 상이 클 것이요 (누가복음 6:35)

예수님은 원수도 용서하고 사랑하라고 하셨다. 폭력은 폭력을 낳고 사랑은 사랑을 낳는다. 예수님은 실제로 하나님이지만 삶에서도 하나님이셨다. 폭력이 넘치는 세상의 삶과는 아주 낯선 화평의 삶을 사셨기 때문이다. 예수님처럼 원수까지 용서하고 사랑하고 축복하라. 받은 상처에 너무 집착하지 말라. 살다 보면 연약한 사람끼리 얼마든지 상처를 주고받을 수 있다. 나만 상처받은 것이 아니라 내가 상처를 준 때도 많다. 상처를 받은 것만 알고 상처를 준 것은 모르는 무지가 내게 있음을 깨닫고 하나님께 용서하는 마음을 구하면 넘치는 은혜와 축복도 따라온다.

정의감을 내세워 혈기를 부리고 이웃과 싸우면 하나님이 기뻐하시지 않고 평안과 건강도 잃는다. 그것은 작은 것을 얻으려고 더 크고 소중한 것을 잃는 소탐대실이다. 찬란한 꿈과 비전을 이루려면 사랑과 용서는 필수 이수 과목이다. 원수를 사랑할 때 하나님은 그 원수를 사랑하기보다 그 원수를 사랑하는 사람을 사랑하신다. 또한 원수를 축복할 때 하나님은 그 원수를 축복하기보다 그 원수를 축복하는 사람을 축복하신다.

원한과 미움을 다리 아래 물처럼 떠내려 보내고 편안한 마음과 사명감을 가지고 내일의 축복과 후대의 축복을 예비하라. 살아가면서 '관계의 화평'과 '금전의 이익' 중 하나를 선택해야 할 상황을 만나면 이익보다 화평을 선택하라. 화평 중에 마음의 평안을 얻고 평안을 통해 꿈과 비전을 위해 나아갈 수 있는 건강과 지혜와 창조성을 받으면 조만간 찬란한 꿈을 이루고 나눔의 모델이 되는 은혜가 있게 될 것이다.

하나님! 인간 세상에서 낯선 화평의 삶을 살았던 예수님처럼
원수를 사랑하고 용서하고 축복하는 마음이 넘치게 하소서.

새벽에 도우시는 하나님

무리가 아침마다 각 사람은 먹을 만큼만 거두었고
햇볕이 뜨겁게 쬐면 그것이 스러졌더라 (출애굽기 16:21)

하나님은 이스라엘 백성들에게 광야 40년 동안 하늘의 만나를 내리셨다. 만나는 햇볕이 뜨겁게 쬐면 스러졌다. 스러졌다는 말은 녹아졌다는 말이다. 만나는 맷돌에 갈거나 삶거나 구울 수 있었는데 햇볕에 저절로 녹아진 것은 신기한 일이다. 결국 해뜨기 전에 만나를 거두러 나가야 했다. 그 사실은 새벽 기도의 중요성을 상기시킨다. 하루의 첫 시간을 하나님께 드리는 새벽 기도는 쉽지 않고 교회의 다른 프로그램에 비해 별로 드러나지도 않고 화려하지도 않지만 매우 중요하다.

루터는 새벽의 두 시간을 기도로 보내지 않으면 그날의 승리는 마귀 것이 된다고 했다. 모세의 승리 비결은 새벽 기도에 있었다. 그는 새벽마다 주의 인자함을 맛보며 평생을 즐겁게 사는 소망을 가졌다(시 90:14). 예수님은 새벽에 기도하셨고 새벽에 부활하셨다. 새벽은 영혼이 가장 깨끗해지고 순수해지는 때다. 아내가 새벽 기도 나가면 좋아하는 불신자 남편도 있다. 새벽은 영혼이 풍성해지는 가장 소중하고 복된 시간이다.

하나님은 새벽에 도우신다고 했다(시 46:5). 새벽에 큰 감동에 휩싸이지 않아도 된다. 새벽에 하나님 앞으로 나오기만 해도 하나님은 도와주신다. 새벽 기도는 성공과 축복의 핵심 요소다. 새벽을 깨우면 축복을 감싸고 있는 껍질도 깨진다. 새벽 승부에서 이길 때 인생 승부에서 이긴다. 영혼이 풍성해지려면 밤 시간보다 새벽 시간에 충실하라. 체력이 약하면 가급적 일찍 자서 밤 체질을 새벽 체질로 바꾸라. 하루 중에 가장 의미 있고 복된 일은 하루의 첫 시간을 하나님과 함께 보내는 일이다.

∞— 하나님! 드러나지 않고 화려하지 않은 새벽 기도의 삶을 통해 영혼을 깨끗하게 만들어 이슬 같은 은혜를 준비하게 하소서. —∞

주님 안에서 운명을 바꾸라

애굽 요술사들도 자기들의 요술로 그와 같이 행하므로
바로의 마음이 완악하여 그들의 말을 듣지 아니하니 (출애굽기 7:22)

하나님은 이스라엘의 출애굽을 위해 애굽에 열 가지 재앙을 내리셨다. 첫 번째가 나일 강이 피로 변하는 재앙이었다. 그때 모세와 아론이 지팡이로 나일 강을 치자 강물이 다 피로 변하고 고기가 죽고 그 강물을 마시지 못하게 되었다. 그러자 애굽 요술사들도 똑같이 물을 피로 만들었다. 아마 눈속임이나 약품 사용 등으로 변하게 했을 것이다. 지금도 눈속임과 거짓으로 영혼을 미혹해 운명과 한계와 저주 안에 가두려는 술수들이 있다. 그것들을 극복해야 축복의 지평이 넓어진다.

한 사람이 결혼 일 년 만에 6.25 전쟁을 겪고 남편의 생사를 모르게 되었다. 전쟁 후 그녀는 아이를 데리고 어떻게 살지 막막하고 어떤 소리라도 들어야 살 것 같아서 점집을 자주 찾았다. 그러다가 교회를 다니면서 하나님이 점치는 행위를 무섭게 심판하시는 줄 깨닫고 점집을 끊었다. 그러자 점쟁이가 그녀의 집안에 줄초상이 이어지고 자녀도 단명한다고 저주를 퍼부었다. 그때 믿음으로 무시했다. 그 후 줄초상은 없었고 그녀의 아들은 훌륭한 인물이 되어 모친의 설움과 상처를 씻어 주었다.

사람들이 미래를 알고 싶어 하는 것은 운명론과 연관이 깊다. 운명론이란 내게 규정된 운명을 거부할 수 없고 미래는 나의 노력과 상관없이 이미 결정되었다는 주장이다. 그러나 운명은 하나님 안에서 얼마든지 바뀔 수 있다. 예수님은 운명을 바꿔 주려고 오셨다. 주님 안에서 운명을 바꾸라. 인생은 운명이 결정하지 않고 하나님과의 인격 관계를 통해 다양하게 펼쳐진다. 하나님을 꼭 붙잡고 찬란한 운명을 개척해 나아가라.

하나님! 사탄과 이단의 거짓과 눈속임에 속지 않게 하시고
예수님 안에서 한계와 운명을 극복하며 나아가게 하소서.

천 대까지 은혜받는 길

나를 사랑하고 내 계명을 지키는 자에게는
천 대까지 은혜를 베푸느니라 (출애굽기 20:6)

구약 시대에 하나님의 축복 언약을 굳게 붙들어 대대손손 복 받은 대표
자가 아브라함이다. 하나님의 축복 언약은 당대로 끝나지 않고 대대손손 이
어진다. 저주는 삼사 대까지 이어지지만 은혜와 축복은 천 대까지 이어진다.
하나님이 영원한 기업을 약속하셨을 때 아브라함은 자신의 나이만 보고 모
든 것이 끝장났다고 여겼지만 하나님은 포기하지 않으셨다. 언약 백성에게
는 끝났다고 할 때가 오히려 시작할 때다.

구약의 언약을 붙들어도 아브라함의 축복이 약속되는데 예수님의 피로
세워진 새 언약을 붙들면 그 은혜가 얼마나 크겠는가? 아브라함의 축복 이
상을 꿈꾸며 나의 한계로 인해 낙심하지 말라. 사람의 끝은 하나님의 시작
임을 믿으라 하나님의 약속이 있는 자녀에게는 절망적인 때가 오히려 희망
적인 때다. 나는 포기해도 하나님은 결코 포기하시지 않는다. 힘들어도 꿈
을 포기하지 말라. 기도할 때 하나님의 영원한 언약을 떠올리면 존재 의식
과 가치관이 달라지면서 복된 길이 펼쳐진다.

자녀의 축복을 원하면 자녀에게 무엇을 요구하기 전에 나부터 하나님을
사랑하고 하나님의 계명을 힘써 지키라. 하나님을 미워하는 자의 죄는 삼사
대에 이르지만 하나님을 사랑하고 계명을 지키면 천 대까지 은혜를 베푸신
다는 말씀을 기억하라. '조상의 저주'라는 표현으로 겁을 주는 이단 교주의
거짓 술수에 미혹되지 말고 흔들리지 않는 반석이신 예수님을 믿고 어떤 험
담과 저주를 듣고 어떤 역경을 만나도 흔들리지 않음으로 천 대까지 이어질
복과 은혜를 예비하라.

하나님! 천 대까지 은혜를 베푸신다는 하나님의 언약을 믿고
힘들 때도 하나님을 꼭 붙들어 마침내 비전을 이루게 하소서.

서로의 허물을 덮어 주라

허물을 덮어 주는 자는 사랑을 구하는 자요
그것을 거듭 말하는 자는 친한 벗을 이간하는 자니라 (잠언 17:9)

어느 날 교회의 가족 찬송 경연 대회에서 한 집사가 찬송가를 부르다가 가사가 틀렸다. 교인들이 깔깔대며 웃었고 그 집사는 얼굴이 홍당무가 되어 고개를 들지 못했다. 바로 이어 담임목사 가정이 찬송을 불렀다. 그때 담임목사도 가사를 틀리게 불렀다. 교인들은 다시 깔깔대며 웃었고 사모와 자녀들은 핀잔을 주는 얼굴로 목사를 힐끗 쳐다보았다.

후일에 목사가 과로로 쓰러졌다. 장례 후 장로들이 담임목사의 유품을 정리하다 일기장을 발견했다. 죽 읽다가 어느 글을 보고 모두 한바탕 울었다. 이런 글이었다. "오늘 가족 찬송 경연 대회가 있었다. 김 집사가 찬송을 부르다 틀려서 교인들이 다 웃는데 김 집사가 너무 무안해했다. 분위기가 이상해져서 그 다음 차례로 우리 가정이 찬송할 때 일부러 가사를 틀리게 불렀다. 교인들이 또 깔깔대며 웃었다. 그때 슬쩍 김 집사를 보니 얼굴이 평안해졌다. 오늘도 작은 일로 한 영혼을 위로한 기쁜 하루였다."

제일 아름다운 마음은 남의 수치를 가려 주려고 나의 수치를 감수하는 마음이다. 남의 허물을 들춰내려는 삶은 불행한 삶이고 남의 허물을 덮어 주려는 삶은 행복한 삶이다. 상대의 허물을 덮어 주라. 특히 상대가 꼭 감추고 싶어 하는 것은 몇 겹으로라도 감싸 주라. 약점도 덮어 주고 모른 체하라. 상대에게 꽃을 사 주고 분위기를 맞춰 주면 순간적인 감동을 주지만 상대의 허물로 어려움이 닥쳤을 때 그 허물을 덮어 주면 오래도록 감동을 준다. 다이아몬드 반지를 선물하는 것이 사랑이 아니라 이해하고 배려하고 허물을 덮어 주는 것이 사랑이다.

하나님! 남의 허물과 수치를 가려 주려는 마음이 넘치게 하시고 참고 배려하고 덮어 주는 사랑으로 평화의 사자가 되게 하소서.

문제는 영원하지 않다

여호와여 일어나사 인생으로 승리를 얻지 못하게 하시며
이방 나라들이 주 앞에서 심판을 받게 하소서 (시편 9:19)

여호수아가 이끈 가나안 정복 전쟁은 미완의 전쟁이었다. 여전히 곳곳에 소수의 대적들이 산재해 있었다. 그 상황은 정복 전쟁을 경험하지 못한 후대를 위해 필요했다. 전쟁 후 세대들은 하나님의 은혜를 생생하게 실감하지 못했기에 하나님은 그들 주변에 약간의 대적들을 남겨 두어 그들의 믿음을 시험하셨다. 그처럼 하나님은 문제를 단번에 다 해결해 주지 않고 어느 정도 시험거리로 남겨 두신다. 문제를 통해 하나님과 더 가까워지고 하나님의 은혜를 실감하게 하는 재료로 쓰시기 위해서다.

문제를 하나님과 가까워지는 기회로 삼으면 그 문제는 좋은 열매를 남기고 조만간 해결된다. 위기 중에도 찬란한 꿈을 포기하지 말라. 그때 하나님을 더 붙잡고 순종할 것을 찾아 순종하면 위기는 기회가 된다. 어두우면 별이 더 밝게 보인다. 절망 중에도 말씀대로 살면 더 진리를 깨닫고 더 하나님의 은혜가 넘치게 된다. 문제 앞에서 자신감을 잃지 말라. 절망만 하지 않으면 조만간 문제를 극복할 수 있다.

산이 높으면 계곡도 깊다. 실패 없이 성공한 사람은 없다. 대부분의 성공한 사람은 몇 번의 죽음 같은 시련 중에도 꿈을 잃지 않고 일어나서 승리한 사람이다. 실패할 때는 낙심할 때가 아니라 일어설 때다. 문제와 실패는 영원하지 않다. 성공은 연속적인 승리로 얻기보다 오히려 실패 후에 얻는다. 하나님은 늘 새로운 기회를 주신다. 꿈이 더디 이뤄져도 꿈을 포기하지 말라. 환경은 깨져도 마음은 깨지지 말라. 믿음만 잃지 않는다면 깨지는 것도 결론적으로 유익이 된다.

하나님! 문제가 수시로 닥치는 상황을 두려워하지 말게 하시고 실패해도 꿈을 포기하지 않음으로 실패를 딛고 일어서게 하소서.

겸손한 주의 종이 되라

종을 어렸을 때부터 곱게 양육하면
그가 나중에는 자식인 체하리라 (잠언 29:21)

한 목사가 교회 개척 초기에 주보를 많이 만들어 매일 새벽 신문을 돌리 듯이 직접 돌렸다. 그때 새벽마다 갈등했다. 기도는 더 하고 싶고 주보 돌리 러 나가기는 싫었기 때문이다. 그때 기도의 생활화 대신 기도 자체에만 몰입 하는 것은 영적 게으름이 될 수 있음을 깨달았다. 결국 싫은 마음을 뿌리치 고 아파트를 오르며 즐겁게 주보를 돌리고 나면 다리는 더 튼튼해지고 몸은 더 건강해지고 마음은 더 상쾌해졌다.

편안함만 추구하면 영혼과 육체의 건강을 잃는다. 미국 해안에서 내륙으 로 물고기를 운송할 때 수조에 문어를 몇 마리 넣는다. 문어를 피해 물고기 들이 달아나느라고 계속 움직여 싱싱함이 유지되기 때문이다. 사도 바울이 평생 싱싱한 영혼으로 살았던 것은 마치 편안함을 피해 다니듯이 복음의 사 명을 따라 계속 불편한 길로 갔기 때문이다. 그는 주의 종이 된 것을 기쁘고 자랑스럽게 여기면서 복음 전파의 사명에 힘썼다.

사도 바울처럼 어디서든지 "저는 그리스도의 종입니다."라고 떳떳하게 말 하면서 '죄의 종'이 '주의 종'이 된 것을 늘 기억하고 감사하라. 다만 예언의 종, 치유의 종을 자칭하며 거만하게 행동하는 사람은 멀리하라. 종을 어렸 을 때부터 곱게 양육하면 그가 나중에는 자식인 체한다는 말씀은 마음이 높은 종은 버림받는다는 암시다. 그런 종을 따라가면 나도 버림받는다. 옆 으로 걷는 게로부터 똑바로 걷는 게가 나올 수 없다. 늘 자기 위치를 잊지 않 는 겸손한 주의 종을 따르고 겸손한 주의 종이 되라. 그때 하나님의 은혜도 지속적으로 따르게 된다.

──∞ 하나님! 죄의 종이었다가 주의 종이 된 것을 영광스럽게 여기고 ∞── 늘 겸손한 모습을 통해 은혜받기에 합당한 존재가 되게 하소서.

비우고 버리고 바치라

여호와여 나를 판단하소서 여호와여 나를 살피시고 시험하사
내 뜻과 내 양심을 단련하소서 (시편 26:1-2)

한 사람이 뉴욕 75번가의 상점에서 사업상 중요한 만남을 가지게 되었다. 조금 늦게 출발해 택시를 탔다. 상점 앞에서 택시비를 주고 서둘러 내린 후 급히 들어갔다. 다행히 별로 늦지 않고 기다리던 사람과 상담을 잘 마쳤다. 몇 시간 후 다음 미팅 장소로 가려고 또 택시를 탔는데 좌석 구석에 눈에 익숙한 지갑이 보였다. 열어 보자 운전면허증 사진에 자기 얼굴이 있었다. 너무 서둘러서 지갑을 흘린 줄 몰랐던 것이다.

가면서 곰곰이 생각하자 뉴욕의 많은 택시 중 같은 택시를 또 타게 된 것이 너무 감사해서 속으로 생각했다. "오늘은 정말 재수 좋은 날이다." 하루 종일 행복하게 지낸 후 저녁에 귀가했다. 그때 또 낮에 있었던 좋은 일을 떠올렸는데 한편으로 이런 생각이 들었다. "재수 좋은 날을 이렇게 그냥 보내다니. 로또라도 사 놓을걸…." 그런 생각이 들자 모처럼 가졌던 행복감이 사라지고 왠지 기분이 찜찜해졌다.

행복은 마음먹기에 달렸다. 귀와 눈과 입과 발도 잘 지키면서 특히 마음을 잘 지키라. 죽고 사는 일이 마음에 달렸다. 육신의 병보다 마음의 병이 무섭다. 마음은 인생을 지키는 핵심 관문이다. 마음을 잘 먹으면 작은 일에서도 행복과 감사의 조건을 많이 찾아낼 수 있다. 반면에 욕심이 생기면 좋았던 마음은 사라지고 왠지 불행한 것 같다. 마음을 비우고 감사하라. 행복과 축복은 마음에서 비롯된다. 잘났다는 마음을 비우고 못났다는 마음도 버리고 감사한 마음을 하나님께 바치면 하나님이 그 마음을 기억해 주신다. 비우고 버리고 바치는 삶은 행복의 요체다.

하나님! 귀와 눈과 입과 발도 잘 지키면서 마음도 잘 지키고
하나님의 뜻 안에서 양심을 잘 단련해서 행복을 얻게 하소서.

희생적인 리더십을 가지라

유다 땅 총독으로 세움을 받은 때... 십이 년 동안은 나와
내 형제들이 총독의 녹을 먹지 아니하였느니라 (느헤미야 5:14)

느헤미야가 예루살렘 성벽 재건의 꿈을 단기간에 이룰 수 있었던 이유는 그의 희생적인 리더십 때문이었다. 그는 12년 동안 유다 총독으로 있으면서 마땅히 받을 권리가 있는 총독의 녹을 먹지 않았고 형제와 친인척 관리도 철저히 했다. 그처럼 '자기 권리'보다 '자기 관리'를 앞세우라. 참된 리더십은 버릴 줄 알 때 생긴다. 기도할 때도 "더 주세요."라는 기도만 하지 말고 "잘 버리게 하소서."라는 기도도 잘하라. 잘 버리면 더 얻는다.

'해야 할 일을 하는 것'도 능력이지만 '버려야 할 것을 버리는 것'도 능력 이다. 한 알의 밀알이 땅에 떨어져 죽지 않으면 한 알 그대로 있듯이 아무리 교회를 오래 다니고 성경을 잘 알아도 희생이 없으면 열매도 없다. 하나님의 뜻과 영광을 위해 나의 소중한 것을 포기하면 포기한 만큼 얻고 낮아진 만큼 높아지며 동시에 기쁨과 보람과 행복도 커진다. 나의 권리를 포기하는 태도는 크게 보면 이웃과 나누며 살려는 태도다. 나눌 줄 알아야 행복해지고 몸과 마음도 건강해진다.

복된 리더가 되려면 희생하는 법부터 배우라. 교회에 얻으려고 나오면 불화가 넘치지만 드리려고 나오면 평화가 넘친다. 경건을 이익의 재료로 생각하면 다툼이 생겨서 나도 죽고 교회도 죽는다. 리더가 되려면 자기 관리를 잘하라. '자기 관리'에 탁월한 사람이 궁극적으로는 '자리 관리'에도 탁월한 사람이 된다. 섬기기 위해서라면 높은 자리도 추구하라. 제자들의 발을 씻겨 주신 예수님은 낮은 자리에서 낮아져서 섬기는 것보다 높은 자리에서 낮아져서 섬기는 것을 더 기뻐하신다.

하나님! 희생정신을 품고 '자기 권리'보다 '자기 관리'에 힘써서
궁극적으로는 '자리 관리'에도 탁월한 인물 리더가 되게 하소서.

정신적인 행음을 버리라

헛된 말을 하는 자들의 징표를 폐하며 점치는 자들을 미치게 하며
지혜로운 자들을 물리쳐 그들의 지식을 어리석게 하며 (이사야 44:25)

하나님은 십계명 외에 세세한 율법을 주시면서 "무당을 살려 두지 말라 (출 22:18)."라고 단호하게 말씀했다. 당시 무당은 요술을 부리고 마법을 쓰면서 교묘하게 점치는 무녀들이었다. 그들은 사람들을 영적인 무지에 빠뜨리고 우상숭배를 조장해 공동체를 죄로 물들였기에 그들을 살려 두지 말라고 했다. 그것은 무속적인 복술 행위가 사회에 얼마나 큰 폐해가 되는지를 잘 경고하는 말씀이다.

인간의 몸은 신비하다. 앞으로 부활한 몸은 더욱 신비하게 되어 영원히 썩지 않고, 늙거나 질병에 걸리지도 않고, 다시 죽지도 않고, 시공간의 제한도 받지 않을 것이다. 결국 죽음은 새로운 몸을 입는 과정에서 허락된 하나님이 주신 또 하나의 축복이라고 여기고 죽음을 너무 겁내지 말라. 왜 무당과 점치는 사람이 있는가? 앞날과 죽음에 대한 두려움 때문이다. 세상 사람은 그럴 수 있지만 성도는 결코 점을 치면 안 된다.

점은 하나님을 신뢰하지 않고 하나님의 사랑을 불신함으로 하나님의 인격에 상처를 입히는 행위로써 성도가 지을 수 있는 최악의 죄 중 하나다. 오늘날 성도들 중에 속칭 예수 점을 좋아하는 사람이 있다. 하나님은 예수 점을 치는 사람을 그냥 점치는 사람보다 더 미워하신다. 예수님의 이름을 망령되게 일컫는 3계명까지 범하는 것이기 때문이다. 결코 정신적인 행음에 빠지지 말고 죽으면 죽으리라는 믿음을 가지고 하나님이 나의 앞날을 어떻게 펼치시더라도 "아멘!" 하고 순종하며 나아가라. 그때 앞날은 최선의 모습이 될 것이다.

하나님! 영적인 무지로 인해 우상숭배에 빠지지 않게 하시고 죽으면 죽으리라는 신앙을 가지고 하나님을 기쁘시게 하소서.

믿음이 최대 지혜다

믿음이 없어 하나님의 약속을 의심하지 않고
믿음으로 견고하여져서 하나님께 영광을 돌리며 (로마서 4:20)

삶이 쉬운 것은 아니다. 수시로 삶의 무게가 어깨를 짓누른다. 그래도 허리를 펴고 가슴을 펴라. 믿음은 영혼의 척추와 같다. 아무리 힘들어도 비굴한 허리나 축 처진 어깨를 가지지 말라. 믿음을 낯선 단어로 만들면 행복도 낯선 단어가 된다. 반면에 믿음을 지키면 행복도 지켜지고 믿음을 곧추세우면 인생도 곧추세워진다.

삶의 목표를 물질에 두면 행복을 소유하기가 힘들다. 참된 행복의 길을 잃지 말라. 낙심한 채 구부러진 등은 행복의 길을 잃은 표시다. 굽어진 영혼의 척추를 세워 줄 희망 건축가는 누구인가? 참된 믿음을 가진 성도다. 사람은 생각하는 동물이지만 너무 생각만 많이 하지 말라. 행동이 없는 생각에 몰두할 바에야 차라리 잠자는 것이 낫다. 생각을 많이 하지 말고 깊이 하라. 삶이 울적하게 느껴질수록 기초를 살피라. 믿음의 기초가 흔들리면 평안도 없고 편안도 없게 된다. 삶에서 가장 큰 위기는 가정적인 위기나 경제적인 위기가 아니라 믿음이 흔들리는 위기다.

씨에 함축된 생명의 신비를 생각해 보라. 씨가 하나님의 질서대로 싹트고 자라 엄청난 자태를 만들고 산소를 내주면서 생명을 살리고 지구를 살린다. 씨가 그런 위대한 성장을 하는 이유는 하나님의 창조 질서에 저항하지 않고 자신을 맡기기 때문이다. 작은 씨앗도 하나님의 창조 질서에 저항하지 않고 맡기면 수천만 배로 자기 존재와 형상을 확대시킨다. 뭘 좀 배워서 안다고 잘난 척하며 불순종의 이유를 대기보다 하나님의 말씀에 나를 잘 맡기는 믿음을 가지라. 믿음이 최대 지혜다.

∞ 하나님! 믿음을 잘 지켜서 고난 중에도 흔들리지 않게 하시고
하나님의 뜻을 따라 순종함으로 위대한 성장을 이루게 하소서. ∞

최후의 승리자가 되라

내 아버지 집에 거할 곳이 많도다 그렇지 않으면 너희에게 일렀으리라
내가 너희를 위하여 거처를 예비하러 가노니 (요한복음 14:2)

예수님의 마지막 유언 설교인 다락방 강화의 첫 부분에서 예수님은 "내가 너희를 위하여 거처를 예비하러 가노니"라고 말씀했다. 거처는 몇몇 영역본에서 '맨션'으로 번역되어 있다. 예수님은 거룩한 맨션을 예비하려고 천국에 가셨다. 앞으로 천국에 가서 그 맨션을 보면 놀란 입을 다물지 못할 것이다. 한 청년이 약혼녀를 위해 은밀하게 준비해 놓은 아름다운 처소를 보여 줄 때 약혼녀가 자기를 위해 준비해 놓은 것을 보고 행복에 젖어 어쩔 줄 모르는 모습을 상상해 보라. 그처럼 예수님은 예비하신 천국 거처를 보여 주시려고 설레는 마음으로 기다리실 것이다.

왜 하나님은 성경에서 천국을 좀 더 구체적으로 묘사하시지 않았는가? 나중에 자녀가 천국에 왔을 때 큰 반전의 행복을 주시기 위해서일 것이다. 또한 인간의 언어 및 성경 지면의 한계로 더 구체적으로 묘사하실 수 없었기 때문일 것이다. 즉 천국의 광대한 모습과 체계를 구체적으로 설명하려면 성경 분량이 너무 방대해질 것이기에 하실 수 없었을 것이다. 다만 한 가지 사실만 분명히 알면 된다. 그것은 천국은 나의 상상으로는 꿈도 꿀 수 없는 좋은 곳이란 사실이다.

천국은 찬란하고 아름답고 광대한 곳이다. 그러나 성도가 천국을 원하는 이유가 그것 때문만은 아니다. 그곳에 예수님이 없다면 그 아름다움은 의미가 없다. 천국이 다른 곳보다 좋은 이유는 예수님과 영원히 거하는 곳이기 때문이다. 이 땅에서 열심히 살다가 때가 되면 멋지게 천국에 입성하는 최후의 승리자가 되라.

하나님! 예수님이 예비하신 천국의 거처를 늘 사모하게 하시고
이 땅에서 예수님과 늘 동행하며 최후의 승리자가 되게 하소서.

은혜를 책임으로 승화시키라

너희가 내 말을 잘 듣고 내 언약을 지키면
너희는 모든 민족 중에서 내 소유가 되겠고 (출애굽기 19:5)

요즘 어떤 사람은 기독교인을 무섭게 욕한다. 안타까운 일은 기독교인을 욕하다가 생명의 근원이신 예수님까지 욕하는 것이다. 그런 사람도 캄캄한 절망을 만나고 죽을 것만 같고 너무 외로우면 하나님 앞에 찾아 나올 때가 많다. 결국 고통을 통해 심령이 가난해지는 체험은 은혜받는 자의 필수 코스다. 위대함으로 가는 첫 발자국은 나의 무력함에 대한 자각이다. 나의 무력함을 자각할 때 비로소 나의 지성과 의지가 아닌 하나님의 뜻과 은혜를 찾는다. 물론 지성과 의지도 필요하지만 하나님의 뜻과 은혜를 앞세우면 지성과 의지는 더 가치 있게 된다.

한 사람의 '변화의 역사'는 '역사의 변화'로 이어져야 한다. 문제는 교인들도 불신자들과 거의 똑같이 죄를 짓는다는 사실이다. "믿는다면서 왜 똑같은가?"라고 하면 할 말이 없지만 기독교인과 비기독교인의 가장 큰 차이가 있다. 그것은 기독교인은 죄를 지으면 마음이 더 편치 않다는 것이다. 그래서 죄와 투쟁한다. 죄와 투쟁해 이기지 못하는 것은 안타깝지만 그래도 그런 투쟁이 있다는 것이 믿음을 가진 삶의 축복이다.

왜 기독교인이 죄를 저지르면 더 욕하는가? 특권적인 지위를 가진 것처럼 교만하게 행동하는 일부 기독교인의 잘못도 있다. 선택은 특권이 아니라 책임이다. 선민이라면서 그 호칭에 따르는 책임적인 삶이 없으면 불신자로부터 더 미움받는다. 구원의 은혜를 특권이 아닌 책임으로 승화시키라. 특별한 은혜를 받았으면 특별한 책임을 느끼는 '노블리스 오블리제(고귀한 자의 책임)'의 자세를 가져야 특별한 은혜도 계속된다.

하나님! 하나님의 거룩하신 뜻과 크신 은혜를 앞세워 살면서 특권을 책임으로 승화시켜 특별한 은혜도 계속되게 하소서.

계산보다 사랑을 앞세우라

이 향유를 어찌하여 삼백 데나리온에 팔아
가난한 자들에게 주지 아니하였느냐 하니 (요한복음 12:5)

어느 날 마리아가 예수님의 발에 값비싼 향유를 부어 드렸다. 그 모습을 보고 가룟 유다는 왜 그 고가의 향유를 팔아 가난한 자들에게 나눠주지 않느냐고 분노했다. 사람은 누군가 탁월한 헌신을 하면 자신이 헌신하지 못하는 것에 대한 정당한 이유를 찾으려고 이상한 논리를 내세워 오히려 헌신한 사람을 비판할 때가 많다.

언뜻 보면 가룟 유다가 매우 정의롭고 이웃 사랑과 긍휼의 화신같이 보이지만 실상은 달랐다. 자기 것을 드리는 것도 아니면서 남의 눈물과 사랑이 담겨 드려지는 물질에 대해 정의의 잣대를 들이대 비판하는 모습이 가룟 유다의 모습이다. 그는 탐욕스러웠기에 의를 내세워 남을 비판했지만 정작 자기 헌신은 없었다. 은혜와 사랑의 실체를 모르는 사람이었다. 결국 예수님을 은 30냥에 팔았다.

옳은 주장도 한 가지가 빠지면 옳은 주장이 아닐 때가 많다. 그것은 사랑이다. 사랑이 빠진 정의는 정의 구실을 못한다. 믿음 생활에서 '계산'보다 '사랑'을 앞세우라. 계산적인 가룟 유다에게는 예수님을 향한 사랑이 없었기에 마리아의 사랑의 헌신이 낭비로 보여 정죄했다. 낭비처럼 보일 정도의 헌신은 아픔이 아닌 기쁨이다. 그런 기쁨을 모르면 선교는 불가능하다. 계산을 넘어선 사랑의 헌신은 아름답지만 헌신도 없이 의를 내세워 비방 소리만 높이는 모습은 아름답지 않다. 신앙이 어릴 때는 축복받아야 행복하지만 성숙해지면 사랑의 낭비를 해야 행복하다. 사랑은 '얻으려고 나부대는 것'이 아니라 '나누려고 애태우는 것'이다.

하나님! 마리아처럼 하나님을 향한 깊은 사랑을 가지게 해서 많이 선교하고 많이 나누는 이웃 사랑의 큰손이 되게 하소서.

교회를 귀하게 여기라

교회는 그의 몸이니 만물 안에서 만물을
충만하게 하시는 이의 충만함이니라 (에베소서 1:23)

요새 교회는 '사랑의 대상'이 되기보다는 '비판의 대상'이 될 때가 많다. 사람들은 각자 나름대로의 교회관을 가지고 "교회는 이래야 돼."라고 하며 교회를 비판한다. 불신자들이 그렇게 비판하는 것은 이해되지만 일부 교인들도 그런 비판에 무분별하게 동조해 교회에 상처를 줄 때가 많다. 그런 비판에 무조건 휩쓸리지 말라. 교회에 대해 비판적이고 냉소적인 시각을 가지면 결국 쓰러지는 사람은 자신이 된다.

교회 문제는 두렵고 떨리는 마음으로 조심스럽게 접근하라. 이상적인 교회는 없다. 성경에 나오는 대표적인 교회들도 허물과 약점이 있었기에 현대 교회에서 어떤 부족한 모습이 보여도 놀라지 말라. 남을 비판할 겨를이 없다. 나도 부족한 점이 많기 때문이다. 무엇보다 교회에 대한 기본 생각을 바꾸라. 교회는 기본적으로 완벽한 점보다 부족한 점이 많은 곳이다. 만약 완벽한 교회를 찾으면 그 교회에 등록하지 말라. 그 완벽한 교회를 내가 더럽힐 수 있기 때문이다.

교회는 주님의 몸이고 주님의 신부다. 아무리 이 땅의 교회가 못나 보여도 신부의 얼굴에 상처를 내거나 신부의 옷을 찢으면 안 된다. 교회를 경외할 정도로 귀하게 여기라. 교인끼리 서로 세워 주라. 그래야 남도 성숙시킬 수 있고 나도 치유를 경험할 수 있다. 교회는 구원받은 성도들이 이 땅에서 잠시 가족처럼 지내는 곳이다. 서로 의지하고 도움이 되어 주라. 더 나아가 교회는 병원이다. 이 세상에 치료가 완성된 사람은 없다. 다 치료 중인 사람들이다. 이 땅의 교회는 완성품이 아니다.

하나님! 교회 비판에 무분별하게 휩쓸리는 모습이 없게 하시고
교회를 귀하게 여김으로 이 땅의 천국 가정으로 만들게 하소서.

사람의 마음을 얻으라

너는 반드시 그에게 줄 것이요
줄 때에는 아끼는 마음을 품지 말 것이니라 (신명기 15:10)

요즘 많은 제품 광고는 현대인의 허전한 마음을 채워 줄 것처럼 한다. 좋은 광고는 '제품을 알리는 것'으로 끝나지 않고 '마음을 사로잡는 것'도 잘한다. 마음을 얻는 기업이 장래성도 있고 위기도 잘 극복한다. 사람들이 자신의 마음을 사로잡아 줄 영웅을 절실히 원할 때 하나님이 주신 자원으로 그 마음을 채워 주면 얼마나 좋은가? 누군가의 마음을 채워 주려고 하면 그의 마음을 얻으면서 점차 축복 지경도 확대된다.

물질과 인기처럼 조만간 신기루같이 사라질 것에 인생을 구축하면 혼란과 허무는 필연적이다. 돈을 사랑하면 참된 자유를 잃고 돈에 집착하면 영혼이 더 목말라진다. 집착해서 어떤 것을 붙들면 사실상 그것을 붙든 것이 아니라 그것에 붙들린 것이다. 집착은 대개 결핍감에서 생긴다. 결핍감이 심해지면 뭔가를 채우려다가 사람과 단절되어 생기는 고독감으로 더 소유에 집착하는 악순환에 빠진다. 소유에 집착하면 병과 절망이 찾아오지만 나눔을 실천하면 행복을 얻고 그 행복이 축복을 선도한다.

작은 것이라도 힘써 나누면 공허가 치유되고 인생에 빛과 기쁨과 보람이 넘치게 된다. 가난한 나라 아이들의 해맑은 얼굴을 보면 마음이 저절로 밝아지는 느낌을 받는다. 가난이 낫다는 뜻이 아니라 행복은 물질이 주는 것이 아니라는 뜻이다. 참된 행복은 물질보다 마음을 얻을 때 주어진다. 정직과 진실, 실천적인 말씀 생활, 건전한 종말 의식을 가지고 힘써 땀을 흘리면서 많은 재화를 창출한 후 많이 나눔으로 하나님의 마음과 사람의 마음을 얻고 행복을 누리며 살라.

∞ 하나님! 하나님께서 주신 물질을 의미 있게 최대한 나눔으로 ∞
하나님의 마음과 사람들의 마음을 얻는 행복이 있게 하소서.

고난 중에 회개를 앞세우라

여호와여 내게 은혜를 베푸소서
내가 주께 범죄하였사오니 나를 고치소서 (시편 41:4)

다윗이 "나를 고치소서."라고 고백한 것은 육신의 병을 고쳐 달라는 의미지만 회개를 통해 자신이 변화되기를 원하는 의미도 있다. 건강의 은혜를 입으려면 회개를 통해 자기 변화를 추구하라. 세상에서 가장 위대한 힘은 자기 변화에서 나오는 힘이다. '자기'란 껍질을 깨는 것은 쉽지 않지만 그것은 복된 삶을 위해 꼭 필요한 진통이다. 고난이 있으면 잠시 실망도 되고 낙심도 되지만 그 고통을 자기 변화의 기회로 삼으면 반드시 더 나은 미래가 펼쳐진다.

고통이 생기면 마땅하게 주어졌다고 여기는 회개자의 마음을 가지라. 다윗은 아들 압살롬의 반란으로 피신할 때 시므이의 저주를 듣고 하나님이 그 상황을 허락하셨다고 고백했다. 그 저주를 들으면서 밧세바를 범한 죄와 우리아를 죽인 죄를 생각하며 "내가 마땅히 당할 시련이다."라고 여겼을 것이다. 그는 고난 중에 자기 죄를 생각하며 시므이를 죽이는 대신 자기를 죽이는 회개 고백을 했다. 그처럼 남으로부터 악한 말을 듣거든 분노만 하지 말고 자신의 허물과 죄를 돌아보는 계기로 삼으라.

고통 중에 원망하지 않고 원수조차 미워하지 않는 것은 나의 죄를 회개하는 마음의 표시다. 하나님은 끝까지 잘했다고 우기는 사람보다 다윗처럼 잘못을 인정하는 사람을 더 인정해 주신다. 인간관계의 탑도 자기 잘못을 인정하는 터전에서 견고하게 쌓이고 참된 믿음도 자기 죄와 허물을 인정할 때부터 시작된다. 힘든 일이 생길 때 분노 대신 다윗처럼 자기 죄와 허물을 바라보며 가슴을 치고 하나님의 은혜의 손길을 붙들라.

하나님! 시련과 고난 중에 분노를 품고 상처로 신음하기보다
참된 회개 고백을 앞세워 하나님의 은혜를 예비하게 하소서.

효도는 마땅한 것이다

네 아버지와 어머니를 공경하라 이것은 약속이 있는 첫 계명이니
이로써 네가 잘되고 땅에서 장수하리라 (에베소서 6:2-3)

성도는 시간의 칠일조 및 물질의 십일조 생활을 한다. 부모를 대할 때도 시간의 칠일조 및 물질의 십일조 생활을 해 보라. 자기 일정을 다 소화하고 시간이 남을 때 비로소 "부모님께 한번 가볼까? 전화 한번 드려 볼까? 부모님과 식사나 할까?"라고 하지 말라. 부모를 위해 바빠도 시간을 내고 돈이 없어도 호주머니를 비우라. 효도는 마땅한 것이다. 평소에는 관심이 없다가 칠순 및 팔순 잔치 때만 요란하게 효도하는 형식적인 이벤트성 효도도 삼가라.

어떤 사람은 평소에 부모 마음을 많이 아프게 했다가 돌아가신 후 열심히 제사를 지낸다. 돌아가신 후에 제사로 효심을 보이지 말고 살아 계실 때 힘써 효도하라. 부모를 위해 기쁘게 십자가를 지는 심정으로 힘써 물질과 시간과 관심과 마음을 드리라. 불효는 모든 축복을 막는다. 성공하고 싶으면 효자가 되라. 효자가 장수의 복을 얻는다는 말씀은 오래 산다는 것 이상의 의미가 있다. 그 말씀에는 자녀가 잘된다는 뜻과 자신의 영향력 및 축복이 오래간다는 뜻도 내포되어 있다.

큰 복도 단기간에 끝나면 참된 복이 아니다. 복의 결과 및 영향력이 오래가는 것이 참된 복이다. 효자는 복도 받지만 그 받은 복이 오래간다. 효도할 때 하나님은 지상 최대의 축복으로 삶과 미래를 책임져 주신다. 부모의 주름살과 흰머리는 부모의 사랑의 흔적이다. 그 주름살과 흰머리를 보고 속으로 다짐하라. "부모님은 제 존재의 뿌리이고 마음의 고향입니다. 이제 앞으로는 더욱 잘해 드리겠습니다."

하나님! 부모를 인생의 뿌리와 마음의 고향으로 알고 잘 섬김으로 잘 되고 땅에서 장수하는 복도 얻고 선한 영향력도 넘치게 하소서.

하나님이 기뻐하시는 길

주 하나님 곧 전능하신 이시여 하시는 일이 크고 놀라우시도다
만국의 왕이시여 주의 길이 의롭고 참되시도다 (요한계시록 15:3)

하나님이 기뻐하시는 길은 의롭고 참된 길이다. 가장 복된 삶은 하나님의 편에 서고 하나님의 길 위에 있는 삶이다. 그 길 위에 있었으면 가룟 유다도 베드로처럼 성자가 되었을 것이다. 하나님의 길 위에 있으면 뒤로 물러서는 상황도 오히려 전진하는 상황이다. "지금까지 하나님이 가장 선한 길로 이끄셨다."라는 에벤에셀의 찬양이 늘 가슴과 입술에 있게 하라. 어느 길로 가느냐보다 하나님의 길 위에 있느냐가 중요하다.

이단 교주의 집회에 가서 받는 이상한 가르침을 신비한 가르침이라고 오해하지 말라. 또한 예언한다면서 점을 쳐 주는 곳이나 넘어뜨려서 성령 충만과 치유를 준다는 곳에는 호기심으로라도 가지 말라. 평범해 보일지라도 진리 안에 굳게 있는 것이 하나님이 기뻐하시는 길이다. 이상한 기적 집회에서 한 번 더 넘어지는 것보다 내가 섬기는 교회를 한 번 더 청소하는 것이 진짜 복이고 진짜 기적의 원천이다.

하나님의 길 위에 있으면 상황이 좋아도 겸손을 잃지 않고 상황이 나빠도 감사를 잃지 않는다. 매일 내리는 이슬 같은 무수한 은혜가 있고 앞날이 어둠이 아닌 빛임을 확신하기 때문이다. 왜 점치는 식의 예언을 배격해야 하는가? 점치는 행위는 하나님의 인도와 은혜를 불신하는 대표적인 행위이기 때문이다. 미래를 정교하게 미리 알려는 것은 하나님의 영역을 범하는 태도다. 미래의 일을 정교하게 알기보다 하나님의 인도 따라 한 걸음씩 정성스럽게 나아가려고 하라. 하나님의 길과 인도를 따라 계속 가다 보면 하나님이 약속하신 곳에 이른다.

하나님! 하나님이 기뻐하시는 의롭고 참된 길 위에 있으면서 하나님의 인도하심 따라 약속하신 곳에 이르게 하소서.

나 자신을 잘 극복하라

오직 주 예수 그리스도로 옷 입고
정욕을 위하여 육신의 일을 도모하지 말라 (로마서 13:14)

믿음 생활을 하다 보면 종종 박해를 받지만 외부적인 박해보다 더 겁나는 것은 '믿음 없는 나'가 나를 박해하는 내부적인 박해다. 남이 기도해 주는 것도 중요하지만 더 중요한 것은 내면에서 생성되는 믿음의 소리다. 문제를 내면에서부터 믿음으로 압도할 때 성령님의 역사로 문제의 산이 맥을 못추고 무너진다. 특히 신앙생활을 잘하려고 하면 나의 육신이 유혹한다. "아 피곤하다. 오늘은 새벽 기도를 쉬고 싶다. 이번 주에는 예배를 한 번 쉬자." 그 육신의 유혹을 통한 박해를 잘 이겨 내라. 나를 이기지도 못하면서 환경을 이기는 역사가 나타날 수는 없다.

어느 날 감리교의 창시자 요한 웨슬레가 길을 가다가 생각해 보니까 지난 며칠간 어떤 박해도 없었다. 그래서 길에서 무릎 꿇고 간절히 기도했다. "하나님! 지난 며칠간 박해가 없었는데 혹시 제가 잘못된 길로 가고 있나요?" 간절히 눈물로 기도하자 지나가던 행인이 소리쳤다. "이놈아! 시끄럽다." 그 욕을 듣고 비로소 기뻐하며 말했다. "감사합니다. 저를 박해당하는 축복에서 소외시키지 마소서."

가장 큰 대적은 나의 정욕이다. 무디는 말했다. "내게 가장 큰 골칫거리가 있다. 그것은 바로 무디다." 진짜 적은 내 안에 있다. 내 안의 육체의 정욕을 잘 다스리느냐에 따라 인생 성패가 달라진다. 같은 잘못을 해도 믿는 사람을 훨씬 더 욕하는 세상에서 나를 잘 극복함으로 "역시 믿는 사람은 달라."라는 말이 생기게 하라. 가장 복된 삶은 나 때문에 누군가 교회에 다니고 싶은 생각이 들게 하는 삶이다.

하나님! 육신적인 정욕으로 인한 내부적인 공격을 잘 이겨 냄으로 성도다운 삶을 통해 누군가를 교회로 이끄는 존재가 되게 하소서.

기도 생활에서 승리하라

예루살렘으로 향한 창문을 열고 전에 하던 대로 하루 세 번씩
무릎을 꿇고 기도하며 그의 하나님께 감사하였더라 (다니엘 6:10)

다니엘의 영적인 능력과 놀라운 리더십은 꾸준한 기도 생활의 산물이었다. 그는 30일 동안 왕 외에 어느 신에게도 기도하지 말라는 다리오 왕의 칙령을 잘 알았지만 자기 집에서 예루살렘으로 향한 창문을 열고 하루에 세 번씩 무릎 꿇고 기도하며 하나님께 감사했다. 그는 늘 하나님의 임재 가운데 있었기에 사자 굴 속에서도 태연할 수 있었다. 결국 그의 복된 인생은 하루하루의 기도 생활에서 승리함으로 이뤄졌다.

아침 시간을 말씀과 기도 시간으로 구별해 하나님 앞에 드리면 그날 무슨 일이 일어나든 다 의미 있는 일이 된다. 심지어는 실패와 고통도 아름다운 빛을 뿌리게 된다. 매일 하나님의 임재 가운데 살기를 힘쓰라. 어두운 하늘의 샛별처럼 하나님의 밝은 기운이 마음에 넘치면 어떤 환경도 이겨 낼 수 있는 복이 평생 끊어지지 않는다. 시련을 당하면 즉시 하나님을 찾으라. 그것이 시련을 이기는 최선의 길이지만 더욱 중요한 자세는 시련과 상관없이 늘 하나님의 임재를 추구하는 삶이다.

매일 한 번이라도 하나님을 찾아 기도하는 것이 습관처럼 되고 필생의 과제가 되게 하라. 현대인들은 새벽 시간의 축복을 많이 잃었다. 영적인 건강은 하루의 첫 시간을 말씀과 기도로 드리는 삶의 리듬에서 얻어진다. 어떤 사람의 하루를 보면 대략 그의 일생이 그려진다. 인생은 점묘법 그림과 같다. 화가가 찍는 점 하나의 의미가 그때는 잘 인식되지 않아도 나중에는 그 점들이 모여 의미 있는 그림을 만든다. 한 사람의 일생은 그의 하루에 좌우되고 그의 하루는 그의 아침 시간에 좌우된다.

하나님! 매일 한 번이라도 하나님을 찾는 꾸준한 기도 생활로
어떤 환경도 이겨 낼 수 있는 복이 평생 끊어지지 않게 하소서.

건전한 자아상을 가지라

이는 여호와께서 그 손의 권능으로
우리를 애굽에서 인도하여 내셨음이니라 할지니라 (출애굽기 13:16)

복된 길에는 종종 시련 과정이 펼쳐진다. 그 시련은 다양한 원인에 의해 생긴다. 때로는 세상 유혹을 이기지 못해 생기고 때로는 시기와 질투를 극복하지 못해 생긴다. 때로는 두려움 때문에 생긴다. 하나님은 두려워하면 참된 복과 성공의 문이 열리지 않을 것을 아시기에 먼저 두려움을 극복하도록 하는 시험 과정을 허락하신다.

왜 하나님은 이스라엘 백성을 가나안으로의 직행 대신 광야 길로 돌아가게 하셨는가? 그들이 두려움에 사로잡혀 있었기 때문이다. 그들이 가나안을 취할 수 있다는 건전한 자아상을 가졌으면 광야의 시련은 없든지 혹은 그 시련 기간이 크게 단축되었을 것이다. 건전한 자아상을 가지라. 예수님은 구원 문제와 함께 삶의 문제도 해결해 주셨다. 과거에 두려움과 상처가 많았어도 얼마든지 지금 이후부터 복된 삶의 주인공이 될 수 있다. 현재 가진 자원이 없다고 한탄하지 말라. 하나님이 최고의 자원이다.

나약함과 상처를 극복하고 청년의 마음으로 살라. 나를 성공적인 존재로 보고 행동하라. 자아상이 건전하면 인생 시련도 크게 줄어든다. 아무리 힘써도 내가 나를 인정하지 않으면 좋은 열매를 얻지 못한다. 사람은 스스로 생각한 대로 될 때가 많다. 나를 메뚜기라고 생각하면 계속 메뚜기처럼 광야 인생으로 머물지만 긍정적인 자아상을 회복하면 광야 인생에서 벗어날 수 있다. 신앙 여정에 고난은 있어도 그 고난 중에 하나님은 더욱 가까이하신다. 성도의 시련은 하나님이 외면하신 표시가 아니라 복된 삶으로 이끄시려는 훈련 과정이다.

하나님! 현실이 힘들지라도 건전한 자아상을 잃지 않게 하시고
시련 중에 더욱 가까이하시는 하나님을 붙잡고 승리하게 하소서.

적절한 시련은 유용하다

하나님이여 주께서 우리를 시험하시되
우리를 단련하시기를 은을 단련함 같이 하셨으며 (시편 66:10)

1980년대 초 소련의 우주 비행사 2명이 우주에서 211일간 있다가 귀환하면서 건강이 아주 나빠졌다. 맥박이 빨라지고 심한 현기증이 생겼고 일주일간 걷지 못했다. 그때 근육과 심장 강화 치료를 한 달 이상 했다. 그 후 그런 현상을 방지하려고 우주 비행사를 위한 힘든 훈련 과정을 만들었다. '펭귄복(penguin suit)'이란 고무 밴드가 달린 운동복을 개발해서 우주 비행사가 움직이는 방향의 반대로 저항력이 생기게 해 힘을 쓰게 했다. 그런 준비가 된 우주 비행사들은 오랜 우주여행 후에도 건강에 이상이 없었다.

압력이 없는 무중력 상태에서는 근육이 점차 퇴화된다. 사람들은 시련과 스트레스를 싫어하지만 그것들은 인생에 유익이 될 때가 많다. 사람은 도전받고 응전하는 과정에서 성장하고 성숙해진다. 문제가 없고 기적과 성공의 주인공이 되는 것이 축복만은 아니다. 인생에서 중요한 것은 신기한 기적 체험이 아니다. 기적은 성도만의 전유물이 아니다. 오히려 삶 자체를 기적으로 보고 작은 것에 감사하며 시련 중에도 하나님의 선한 손길을 깨닫고 감사를 잃지 않는 것이 더 중요하다.

사람들은 시련이 없기를 원하지만 하나님은 좋은 길을 열어 주시려고 때로는 시련도 허락하신다. 적절한 시련은 유용하다. 시련을 잘 활용하면 뿌리 깊은 진중한 인생이 되지만 너무 삶이 편하면 뿌리 뽑힌 초라한 인생이 된다. 시련을 무서워하지 말라. 시련을 믿음으로 승화시키면 그 시련을 통해 더욱 뿌리 깊은 나무가 될 수 있고 버린 돌이 머릿돌이 되는 역전 인생의 주인공이 될 수 있다.

하나님! 시련이 있는 삶을 성숙의 기회로 알고 감사하게 하시고
문제를 믿음으로 잘 승화시켜 훌륭한 인물 성도가 되게 하소서.

용기와 패기로 전진하라

그러므로 우리가 이 직분을 받아
긍휼하심을 입은 대로 낙심하지 아니하고 (고린도후서 4:1)

삶은 문제의 연속이기에 문제를 대하는 태도가 중요하다. 문제 앞에서 한숨을 쉬면 더 큰 문제가 다가오지만 믿음으로 대처하면 문제는 사라지고 문제의 위기가 축복의 기회가 된다. 큰 인물이 되려면 자신감을 가지라. 가난이나 출신이나 외모 때문에 자신감을 잃지 말라. 외적으로 부족한 사람 중에도 성공적인 삶을 살았던 사람이 많다. 패배의식에 사로잡히지 말라. 실패해도 용기와 패기로 전진하라.

약점보다 강점에 초점을 맞춰 살라. 인생의 비극은 충분한 강점을 가지지 못한 것이 아니라 가진 강점을 충분히 활용하지 못한 것이다. 같은 시간을 써도 자신감이 없이 약점을 보완하는 데 쓰기보다 자신감을 가지고 강점을 강화하는데 쓰라. 자신감을 가지고 당당하고 야무지게 살면 남들에게 무언의 설득력을 주면서 좋은 사람도 만난다. 더 나아가 하나님도 감동하시고 좋은 길을 열어 주신다.

에디슨이 140번의 실패 끝에 전구를 발명하자 한 기자가 물었다. "140번 실패하면서 포기하지 않았나요?" 에디슨이 말했다. "저는 140번 실패한 것이 아니라 전구를 만들 수 없는 140가지 방법을 발견한 것입니다." 실패를 잘 활용하면 놀라운 창조성이 생긴다. 실패보다 나쁜 것은 "난 안 돼!"라는 패배의식이다. 스스로 포기하지 말라. 꿈을 이룰 수 있는 능력을 하나님이 이미 내 속에 두셨음을 믿고 작은 일부터 하나씩 정복하라. 자기 불신을 낳기 쉬운 큰 성취에 집착하기보다 자신감을 주는 작은 성취를 늘려 가면 내일은 더욱 복된 상황이 펼쳐질 것이다.

하나님! 문제와 실패로 인해 패배의식에 빠지지 않게 하시고
용기와 자신감을 가지고 계속 도전해서 꿈을 이루게 하소서.

오직 하나님만 의지하라

이는 우리로 자기를 의지하지 말고 오직 죽은 자를
다시 살리시는 하나님만 의지하게 하심이라 (고린도후서 1:9)

옛날에 한 정결한 수도사가 있었다. 귀신들이 돈과 명예와 여자로 유혹해도 끄떡하지 않았다. 귀신들이 허탈해할 때 한 귀신이 자신 있게 자기가 유혹하겠다면서 그를 찾아가 말을 걸었다. "수도사님!" 그가 의연하게 대답했다. "왜 그래?" 귀신이 조용히 말했다. "오늘 아침 수도사님의 친구가 알렉산드리아의 대주교가 되었어요." 그 말을 듣자 대번에 수도사의 얼굴빛이 시기심에 젖어 흙빛으로 변했다.

누구에게나 욕심이 있다. 사람은 다 연약하다. 사람에 대해 너무 기대하지 말라. 사람에 대한 지나친 기대는 요구가 많은 것이다. 요구하는 태도를 버리고 감사하는 태도를 늘리라. 감사하는 사람은 은혜받을수록 더 은혜를 깨닫지만 요구하는 사람은 은혜받을수록 은혜를 잘 모른다. 또한 요구하는 사람은 요구대로 되지 않으면 "역시 사람은 믿을 수 없어." 하고 돌아선다. 그런 평범한 진리를 그때서야 깨달은 것처럼 탄식하는 것은 그때까지 요구하는 습성이 몸에 배였다는 암시다.

인간관계에서 배신감을 토로하며 "사람은 역시 믿을 수 없어."라고 말하는 것은 스스로 문제가 많은 사람임을 자인하는 것이다. 하나님을 진정으로 의지하지 않고 사람을 의지하며 살았다는 반증이기 때문이다. 인간적인 것이나 세상적인 것을 앞세우지 말라. 말씀과 기도를 가까이하라. 하나님이 눈길을 주시는 곳에 나도 눈길을 주고 하나님이 마음을 쏟으시는 곳에 나도 마음을 쏟고 하나님의 발걸음이 닿는 곳에 나의 발걸음도 닿게 하면서 오직 하나님만 의지하고 살라.

하나님! 사람을 의지하지 말고 오직 하나님만 의지하게 하시며
말씀과 기도를 가까이하고 옳은 길에서 이탈하지 않게 하소서.

인내하고 맞서서 승리하라

내 형제들아 너희가 여러 가지 시험을 당하거든
온전히 기쁘게 여기라 (야고보서 1:2)

사람이 고통에 빠지면 불평이 생기고 조급해진다. 때로는 신실한 성도에게도 이런 질문이 생긴다. "하나님! 도대체 어디에 계신가요? 세상의 불의를 왜 그냥 보고만 계신가요?" 그런 질문에 초점을 맞추기보다 사명과 약속에 초점을 맞추라. 성경에는 패배와 고통 얘기도 많지만 믿음은 반드시 해피엔딩으로 끝날 것이라고 약속한다. 어려움 중에도 최종 승리를 확신하며 더욱 하나님을 찾고 믿음의 자리를 지키라.

야고보는 시험을 만나면 온전히 기쁘게 여기라고 했다. 어떻게 시험 중에도 온전히 기뻐하는가? '성도의 최종 승리'란 결과를 뻔히 알기 때문이다. 믿음이란 최종 승리라는 뻔한 결과가 일어나게 하는 것이고 기도란 그 뻔한 결과가 더 빨리 일어나게 하는 것이다. 하나님은 최종 승리란 뻔한 결과로 가는 과정에서 시험의 순간도 통과하게 하시기에 고통과 시련 중에도 마음 푹 놓고 최종 승리의 때를 준비하며 살라.

시련과 환난이 있어도 인내하고 선한 발걸음을 포기하지 말라. 인내하면 원하는 것을 얻는다. 믿음을 가지고 인내해서 결과가 나빠지는 경우는 없다. 가야 할 길이라면 울면서라도 그 길로 가라. 두려워서 피하면 두려움은 끝까지 나를 따라와 속박하려고 하지만 인내하고 맞서면 그 두려움이 오히려 도망친다. 말세의 특징은 서두르고 참지 못하는 것이기에 말세의 핵심 성공 비결은 인내다. 링컨 대통령은 어려울 때마다 "나는 기다릴 겁니다."라는 말을 자주 했다. '시련'이란 원료를 통해 '인내'란 영적인 화장품을 만들어 영성과 인격을 아름답게 빚어내라.

하나님! 현재의 고난보다 하나님의 사명과 약속에 집중하고 하나님의 때까지 인내함으로 아름다운 열매를 맺게 하소서.

뚜렷한 환상을 가지라

믿음은 바라는 것들의 실상이요 보이지 않는 것들의 증거니
선진들이 이로써 증거를 얻었느니라 (히브리서 11:1-2)

믿음은 실상과 증거를 소유하게 함으로 한발 빠른 인생을 만든다. 남들은 바라고만 있는데 그 바라는 것을 한발 빨리 구체화시키는 능력은 엄청난 능력이다. 한발 빠른 것 때문에 인생의 성패가 갈릴 때가 많다. 사업에서도 한발 빠른 안목을 가질 때 성공한다. 그 성공을 보고 뒤늦게 많은 사람이 따라가지만 뒤늦게 따라가면 성공의 문이 크게 좁아진다. 그때 뒤따라가는 사람은 탄식한다. "저 사람은 저렇게 길이 잘 열려 성공하는데 왜 나는 이렇게 재수가 없을까?" 재수가 없는 것이 문제가 아니라 믿음이 부족해서 한발 뒤처지는 것이 문제다.

어떤 책이 히트하면 그 다음에는 비슷한 제목의 책을 내도 첫 번째 책만큼 히트를 치지 못한다. 내용이 못해서가 아니라 한발 늦은 상태에서 짝퉁 취급을 받기 때문이다. 한발 빠른 것과 한발 늦은 것이 큰 차이를 낳는다. "5분 앞을 정확히 예측하면 2주 안에 세계를 정복한다."라는 말이 있다. 한발 빠른 힘은 어떤 힘보다 큰 힘이다. 역사는 먼저 예감한 후 어떤 길을 선택해서 가는 환상이 있는 자의 편이 되었다.

미래에 대한 구체적이고 환상적인 믿음을 가지면 어떤 상황에서도 길이 보이고 어떤 막힌 상황도 뚫고 나아갈 수 있다. 미래의 뚜렷한 환상을 가진 믿음은 세상을 변화시키는 위대한 힘이다. 환상적인 믿음이 없으면 현실이 따분해지고 수시로 감정도 저하되지만 인간적인 계산을 넘어선 환상적인 믿음을 가지고 좁은 문으로 과감히 들어서면 잠깐 고독한 과정을 거쳐도 조만간 찬란한 비전이 이뤄지는 역사의 주인공이 된다.

하나님! 믿음을 가지고 한발 빨리 하나님의 뜻대로 행동함으로 미래의 뚜렷한 환상을 구체화시켜서 세상을 변화시키게 하소서.

십자가의 삶을 선택하라

좁은 문으로 들어가라... 생명으로 인도하는 문은 좁고
길이 협착하여 찾는 자가 적음이라 (마태복음 7:13-14)

성도의 삶은 화려한 삶만 예약하지 않고 십자가의 삶도 예고한다. 십자가의 삶은 결코 불행한 삶이 아니다. 십자가를 지면 십자가 안에서 신비한 기쁨을 누릴 수 있다. 어떤 사람은 산을 오를 때 힘든 등반 코스를 택한다. 그 코스에서 더 큰 묘미와 신선한 기쁨을 느끼기 때문이다. 십자가를 지는 삶도 힘든 등반 코스를 택하는 것과 같다. 어디서든지 십자가를 지지 않는 수동적인 다수의 일원이 되지 말고 십자가를 기꺼이 지는 소수의 길을 통해 다수가 되는 번성의 축복을 꿈꾸라.

십자가의 사랑을 실천하기는 쉽지 않다. 왜 그런가? 첫째, 나만을 위하지 않고 모두를 위해야 하기에 신경도 많이 쓰이고 소원도 절제해야 하기 때문이다. 둘째, 거짓을 최대한 주의해야 하기 때문이다. 진실하게 살려고 하면 세상에서 손해를 볼 때가 많다. 셋째, 남에게 상처를 주지 않으려고 애써야 하기 때문이다. 남을 위해 좋은 일을 하는 것보다 남에게 상처를 주지 않는 것이 실제로는 더 힘들다.

십자가의 사랑으로 살면 험한 인생 코스가 펼쳐지지만 그때 주어지는 보람과 행복과 기쁨은 무엇보다 크다. 쉬운 길을 선택하면 기초가 튼튼한 인생이 되지 못하고 단기적인 성공에 집착해서 방법과 기술만을 배우는 세미나 인생이 되기 쉽다. 십자가의 원리가 녹아들지 않는 세미나 인생은 샘이 넘치는 인생을 낳지 못한다. 인생은 선택이다. 넓은 바벨론의 길보다 좁은 십자가의 길을 선택할 때 복된 자리에도 앞서 선택받는다.

하나님! 선택의 갈림길에서 쉽지 않은 십자가의 길을 선택함으로 뿌리 깊은 인생이 되고 어디서든지 선택받는 존재가 되게 하소서.

돈을 의지하지 말라

포악을 의지하지 말며 탈취한 것으로 허망하여지지 말며
재물이 늘어도 거기에 마음을 두지 말지어다 (시편 62:10)

우상숭배에는 두 가지 개념이 있다. 좁은 개념으로는 어떤 형상을 만들어 숭배하는 것이고 넓은 개념으로는 하나님께 돌려야 할 에너지와 사상과 애정을 피조물에게 돌리는 것이다. 후자의 개념으로 볼 때 오늘날 돈은 최대 우상이다. 그러나 무력한 우상이다. 돈은 돈 숭배자를 결정적인 때에 도와주지 못한다. 내가 가진 것과 이룩한 것과 만든 것을 의지하면서 나보다 열등한 것을 의지하려는 것처럼 어리석은 일은 없다.

하나님은 모든 피조물 중 사람을 으뜸으로 창조하셨다. 만물을 다스리도록 지음 받은 인간이 자기보다 열등한 황금을 의지하는 것은 어리석은 일이다. 상위의 실체가 하위의 실체를 의지하면 복이 없게 된다. 반면에 하위의 실체가 상위의 실체를 의지하면 복을 얻게 된다. 그런 의미에서 만물 중에 인간이 의지할 수 있는 대상은 하나도 없다. 만물 중에서 가장 상위의 피조물이 사람이기 때문이다.

사람은 상위의 전능자인 하나님만 의지할 때 참된 복을 얻는다. 인간이 돈을 의지하는 것은 자기를 파멸시키는 것이다. 돈을 하위의 실체로써 사용 대상으로 삼고 상위의 실체처럼 우상 대상으로 삼지 말라. 하나님과 돈을 함께 섬길 수 없다. 돈에 집착하면 하나님은 슬쩍 떠나신다. 무엇이든지 우상을 받아들이면 하나님은 떠나신다. 질투의 하나님이기 때문만은 아니다. 진리와 비진리가 함께 존재할 수 없기 때문이다. 돈에 지배되지 말고 돈을 관리하라. 돈을 남용하지 말고 활용하라. 돈을 섬기면 삶이 고단해지지만 선교 도구로 활용하면 천국 평안을 얻는다.

하나님! 하나님께 돌려야 할 영광을 우상에게 돌리지 않게 하시고
돈을 섬김 대상이 아닌 관리 대상으로 삼아 잘 관리하게 하소서.

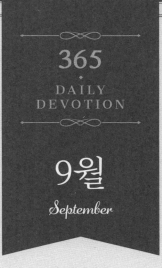

365

DAILY
DEVOTION

9월

September

내가 가진 것을 살피라

이르시되 그물을 배 오른편에 던지라 그리하면 잡으리라 하시니
이에 던졌더니 물고기가 많아 그물을 들 수 없더라 (요한복음 21:6)

큰 꿈과 비전을 향해 나아갈 때 내가 현재 가진 것이 적을 수 있다. 그래도 실망하지 말라. 하나님이 주신 거룩한 비전을 따라 하나님이 지게 하신 사명의 십자가를 잘 지면 가치 없어 보이는 것도 가치 있게 된다. 특히 하나님이 주신 거룩한 직분을 세상의 다른 어떤 직분보다 소중히 여기고 사명을 따라 나아가면 하나님은 기적적으로 길을 열어 주시고 예수 믿고 인물 되는 역사를 허락하실 것이다.

지금도 기적은 일어날 수 있다. 모세의 지팡이 같은 기적의 원천이 이미 내 안에 있다. 제자들이 "현재 가진 것이 오병이어밖에 없습니다."라고 했을 때 예수님은 "그것을 내게 가져오라."라고 하시고 그것으로 오천 명을 먹이는 기적을 일으키셨다. 기적은 멀리서 찾아오는 것이 아니라 이미 내가 가진 것을 통해 주어진다. 기적적인 축복을 원하면 지금 내가 가진 것을 살피고 하나님의 뜻을 위해 내어 드리라.

예수님은 베드로에게 그가 이미 가지고 있는 낡은 그물을 배 오른편에 던지라고 하셨다. 베드로가 말씀에 의지해서 던지자 그물이 찢어질 정도로 큰 고기가 153마리 잡혔다. 그것은 경제적인 기적을 상징한다. 베드로가 가진 낡은 그물에는 이미 경제적인 축복 가능성이 들어 있었다. 축복의 원천이 이미 내 안에 있고 나의 가정 안에 있다. 나의 자녀가 그런 기적을 이룰 재목일 수도 있다. 현재의 초라한 모습만 보고 판단하지 말고 미래의 찬란한 모습을 그리며 하나님의 뜻을 앞세워 살면 내가 가진 초라한 것이 찬란한 기적의 도구가 될 것이다.

하나님! 하나님이 주신 것과 맡겨 주신 직분을 소중히 여기고
하나님의 뜻을 위해 드림으로 내일의 축복을 예비하게 하소서.

인생 최대의 보물 창고

죽고 사는 것이 혀의 힘에 달렸나니
혀를 쓰기 좋아하는 자는 혀의 열매를 먹으리라 (잠언 18:21)

말에는 창조적인 힘이 있다. 믿음의 기도도 잘하고 믿음의 말도 잘하라. 사람의 말이 가장 긍정적으로 될 때는 기도할 때다. 부정적인 말보다 긍정적인 말을 하고 더 나아가 말보다 기도를 앞세우라. 믿음의 말과 믿음의 기도는 동일선상의 것이다. 기도하면 믿음도 생기고 말도 달라진다. 기도의 가장 큰 목적 중 하나가 말이 달라지게 하기 위해서다. 기도를 통해 말이 달라지면 인생도 달라지고 가정도 달라진다.

왜 출애굽 후 20세 이상의 남자 중에서 여호수아와 갈렙만 가나안 땅으로 들어갈 수 있었는가? 믿음의 말 때문이었다. 이스라엘 백성은 애굽에서 나왔지만 입술이 바뀌지 못해 끊임없이 원망했다. 결국 하나님은 그들을 다 광야에서 죽게 하셨다. 원망과 불신의 말은 복된 결과를 낳지 못한다. 좋은 말을 심어야 좋은 열매를 거둔다. 말이 씨가 된다면 늘 긍정적으로 말하라. 실제로 말한 대로 될 때가 많다.

하나님이 인간에게만 말할 수 있는 능력을 주셨다. 말의 능력이 지식과 정보의 축적을 낳아 문명을 발전시켰다. 말은 문명도 꽃피우지만 개인의 삶도 꽃피운다. 천국 입국 시험에는 필기시험이 없고 면접시험만 있다는 말이 있다. 그만큼 입술의 고백이 중요하다는 뜻이다. 하나님이 은혜를 주실 때도 믿음의 말을 보신다. 축복을 원하면 말을 믿음의 말로 바꾸라. 입술에서 나오는 말이 좋은 말은 영적으로 살아 있는 증거이고 나쁜 말은 영적으로 죽은 증거다. 좋은 입술은 이 땅의 수많은 축복을 따라오게 할 인생 최대의 보물 창고다.

하나님! 믿음의 기도를 통해 긍정적인 입술을 만들게 하시고
좋은 말의 씨를 뿌림으로 좋은 열매를 맺는 삶을 살게 하소서.

삶 자체를 감사하라

사람이 만일 온 천하를 얻고도 자기 목숨을 잃으면 무엇이 유익하리요
사람이 무엇을 주고 자기 목숨과 바꾸겠느냐 (마가복음 8:36-37)

믿음은 죽으면 죽으리라는 행동가가 되게 해서 작품 인생도 만들지만 믿음이 커지면 삶 자체를 감사하면서 범사에 감사하게 된다. 범사에 감사하는 믿음은 최고의 믿음이다. 하나님이 나를 귀하게 여기고 지켜 주시는 것도 감사하지만 기본적으로 나의 존재와 삶 자체로 인해 감사하라. 수많은 감사 제목 중 지금 건강하게 살아 있는 것 자체가 최대 감사 제목이다. 살아 있기에 사랑하는 사람도 볼 수 있으니 얼마나 감사한가? 많은 문제가 살아 있음의 감격을 잠재우지는 못한다.

사형수 수기를 보면 구구절절 삶에 대한 간절한 염원이 담겨 있다. 특히 극적으로 사형을 모면한 사람의 글을 보면 삶의 감격이 더 생생히 느껴진다. 그에게는 숨 쉬는 호흡마다 감격이고 내딛는 발걸음마다 감격이다. 살아 있기만 하면 자신의 위대성을 증명할 기회가 있으니까 삶 자체가 큰 축복과 특권이다. 도스토옙스키는 반역죄로 총살되기 1분 전에 황제의 특사로 극적으로 살아났다. 그는 나중에 수기에서 살아난 감격을 이렇게 적었다. "3천 년을 노예로 살아도 좋다. 아니 외로운 섬에서 영원히 살아도 좋다. 다만 살아 있기만 하면 된다."

힘든 문제로 인생을 비관하지 말라. 살아 있기만 하면 축복과 반전의 기회는 얼마든지 있다. 기회가 있는 것이 축복이다. 가장 중요한 생명을 남겨 주신 하나님께 감사하는 마음만 잃지 않으면 하나님이 나의 앞길을 멋지게 열어 주실 것이다. 현재 힘들어서 기뻐할 일이 없다고 하지 말고 현재의 삶 자체를 기뻐하라. 이 세상의 어떤 것도 생명보다 큰 것은 없다.

하나님! 믿음으로 삶 자체를 감사하며 범사에 감사함으로
현재의 모습이 초라해도 곧 반전의 축복을 이루게 하소서.

참된 친구가 되라

친구는 사랑이 끊어지지 아니하고
형제는 위급한 때를 위하여 났느니라 (잠언 17:17)

고난은 참된 친구를 판가름하는 리트머스 시험지다. 어려운 때도 가끔 필요하다. 그때 진짜 친구를 얻기 때문이다. 교회의 어려움도 가끔 필요하다. 그때 생명 동지를 얻기 때문이다. '빠른 삶'보다 '바른 삶'을 추구하라. 약삭빠르고 발 빠르게 계산적으로 살기보다 바르게 살라. 어려울 때 찾아와 주는 바른 친구를 가까이하고 이익을 따라 왔다갔다하는 약삭빠른 친구는 멀리하라. 이익 관계로 가까워진 친구는 참된 친구가 아니다. 어려울 때 함께하며 희생할 줄 아는 친구가 참된 친구다.

하나님의 뜻과 거룩한 비전에 동참하는 참된 친구가 되라. 친구의 필요를 볼 수 있는 시야를 가지고 그 필요에 응답하려고 나의 일부를 떼어 내는 결단도 하고 친구의 비전을 위해 나의 안전을 희생하려는 마음도 가지라. 그런 희생적인 상황을 몇 번쯤 겪고 넘어서면 비전을 이루는 꿈같은 때가 찾아온다. 예수님은 어려울 때 친구가 되어 주는 사람을 친구로 삼아 주시고 풍성한 축복을 내려 주신다.

누가 응답과 기적의 주인공이 되는가? 하나님의 사랑받는 자다. 소원과 기적에 너무 집착하지 말라. 하나님은 나의 필요와 마음의 소원을 잘 아신다. 예수님의 사랑받는 친구와 이웃의 사랑받는 친구가 되면 하나님은 가장 좋은 것을 허락하신다. 누군가 말했다. "돈보다 친구가 중요하다. 돈은 내가 지켜야 하지만 친구는 나를 지켜 주기 때문이다." 서로 지켜 주는 친구 관계를 만들라. 내가 지켜 준 친구는 내가 위급할 때 찾아와 준다. 그런 친구 관계 속에 하나님의 임재와 축복도 넘치게 된다.

하나님! 계산에 빠른 사람이 되지 말고 바르게 행동하게 하시며
힘들 때도 동참하는 참된 친구가 되어 참된 친구를 얻게 하소서.

끝을 잘 마무리하라

너희도 길이 참고 마음을 굳건하게 하라
주의 강림이 가까우니라 (야고보서 5:8)

19세기에 영국 사회가 한참 믿음으로 뜨거웠을 때 의회 회의 중에 번개와 천둥이 무섭게 치자 한 의원이 말했다. "하늘 상황을 보니 주님이 곧 재림하실 것 같습니다. 회의를 중단하고 주님 맞을 준비를 합시다." 여러 의원들이 동조하는 분위기였다. 그때 다른 의원이 일어나 말했다. "정회하기보다는 주님이 맡기신 일을 하다가 주님을 맞으면 더 좋을 것 같습니다. 회의를 통해 좋은 결정을 하는 것도 주님의 일로 여기고 계속 회의합시다." 결국 후자 의원의 말을 더 옳게 여기고 회의를 계속했다.

예수님의 재림을 기다리면서도 내가 맡은 일에 충실히 임하라. 재림이 더딘 것 같지만 천 년을 하루 같게 여기시는 하나님께는 더딘 것이 아니다. 넉넉한 마음으로 거꾸로 하루가 천 년 같은 창조적인 삶을 살아서 인생의 끝을 잘 마무리하도록 열심히 준비하라. 세상의 일은 시작은 거창한데 끝이 흐지부지될 때가 많다. 반면에 하나님 나라의 일은 시작은 겨자씨처럼 작아도 나중에는 큰 겨자나무처럼 된다. 시작도 잘해야 하지만 끝을 잘 마무리하는 것은 더 중요하다.

끝을 잘 마무리하려면 잘 참고 기다리라. 믿음으로 잘 참고 기다리면 바보 취급을 받기도 하지만 결국에는 승리한다. 예수님은 수많은 고통을 겪고 최후에는 십자가를 지셨지만 결국 대승리를 이루셨다. 천국으로 부름받아 가든지 아니면 예수님이 이 땅에 오시든지 해서 조만간 나는 예수님을 만나게 된다. 그때 예수님은 나의 눈물을 친히 닦아 주시며 참는 자에게 복이 있다는 말씀대로 나를 영광스런 위치에 세워 주실 것이다.

하나님! 예수님의 재림을 사모하면서도 현재 맡은 일에 충실하고 어려울 때도 끝까지 참고 인내해서 최종적으로 승리하게 하소서.

오직 십자가를 자랑하라

내게는 우리 주 예수 그리스도의 십자가 외에
결코 자랑할 것이 없으니 (갈라디아서 6:14)

　　어느 날 그리스 신화에 나오는 디오니소스 신이 마이더스에게 어떤 소원
이든 다 들어주겠다고 했다. 그때 마이더스는 자기 손이 닿는 것은 다 황금
으로 변하게 해 달라고 했다. 소원대로 그의 손이 닿는 것은 다 황금으로 변
했다. 그러나 돌이 황금이 되는 것은 좋았지만 먹을 것도 황금으로 변해 먹
을 수 없었고 심지어는 사랑하는 딸도 황금으로 변했다. 결국 '마이더스의
손'은 '마이너스의 손'이 되었다.

　　황금은 정당하게 얻고 지혜롭게 쓸 때만 복이 된다. 아무리 황금을 충성
스럽게 움켜쥐려고 해도 충성스럽게 있어 주지 않고 기회만 되면 어느새 다
른 연인을 찾아 매정하게 나를 버리고 떠난다. 무의미하게 주어진 황금은
복이 되기보다 오히려 재앙이 된다. 그 사실을 깨닫고 마이더스는 디오니소
스에게 자기 손이 닿으면 다 황금이 되는 무서운 재앙에서 벗어나게 해 달
라고 빌었다. 디오니소스가 말했다. "팍톨로스 강에 가서 머리와 몸을 강물
에 담그고 너의 과오를 씻으라."

　　성도에게는 거룩한 팍톨로스 강이 있다. 바로 예수님의 십자가의 보혈이
다. 그 보혈로 과오를 씻음 받고 깨끗하게 변화된 사람을 통해 세상도 변화
된다. 십자가의 보혈을 자랑하며 십자가의 삶을 실천하라. 십자가를 자랑하
고 기쁘게 지면 평안의 능력이 생긴다. 반면에 십자가 외에 다른 것을 자랑
하면 능력이 사라진다. 자랑이 많아지면 대개 사랑도 사라진다. 성도가 유
일하게 자랑해야 할 것은 십자가의 사랑이다. 십자가를 자랑하면 모든 세상
자랑이 인식 속에서 사라진다.

　　하나님! 주님의 십자가만 자랑하고 주님의 사랑을 실천하며
기쁨과 평안 가운데 세상을 변화시키는 초석이 되게 하소서.

두려워할 분을 두려워하라

이들이 무엇이니이까 하니 내게 대답하되 이들은
유다와 이스라엘과 예루살렘을 흩뜨린 뿔이니라 (스가랴 1:19)

스가랴 1장에 나오는 '네 뿔과 네 대장장이의 환상'이 현대를 살아가는 성도에게 주는 핵심 메시지는 "하나님께서 모든 상황을 컨트롤하신다."라는 것이다. 때로 악이 기승을 부리고 축복과 문제 해결이 더디게 주어져도 하나님은 가장 적절한 때에 가장 적절한 방법으로 축복과 문제 해결의 역사가 나타나게 하실 것이다. 잠시 대적들의 득세로 인해 당하는 고통을 신앙을 성숙시키는 통로로 삼으라.

옆을 바라보지 말고 위를 바라보라. 옆을 바라보면 미혹된다. 요즘 많은 사람이 모니터 제단 앞에서 시간을 바치며 안목이 왜곡되어 일등 배우자감은 돈키호테, 즉 돈이 있어야 하고 키가 커야 하고 호탕해야 하고 테크놀로지에 능해야 한다고 한다. 그런 돈키호테를 추구하라는 사탄의 속삭임에 넘어가지 말라. 돈이나 권력을 가진 사람 앞에서 믿음은 아무런 힘이 없는 것 같지만 지금도 여전히 하나님은 하늘에서 모든 상황을 지켜보시며 불신자의 잘난 체하는 모습을 비웃고 계신다. 그 사실이 신자에게는 위로가 되고 불신자에게는 경고가 된다.

하나님을 크게 보고 하나님의 사랑을 크게 보라. 실패하면 사람은 떠나도 그때 하나님은 오히려 더 찾아오신다. 어떤 것도 두려워하지 말라. 두려워할 분만 두려워하라. 두려워할 분은 오직 하나님 한 분뿐이다. 리빙스턴의 묘비에는 '하나님을 두려워했기에 사람을 두려워하지 않은 자'란 글이 쓰여 있다. 하나님을 두려워할 때 다른 모든 두려움은 사라지고 내가 하나님 앞에 엎드리면 다른 모든 문제가 내 앞에 엎드린다.

하나님! 모든 상황을 컨트롤하시는 하나님께 온전히 엎드려서
문제와 사탄을 두려워하지 않고 평안 가운데 승리하게 하소서.

참된 경건의 표식

하나님 아버지 앞에서 정결하고 더러움이 없는 경건은
곧 고아와 과부를 그 환난 중에 돌보고 (야고보서 1:27)

히브리 사회에서 고아와 과부는 사회적 약자의 대명사였다. 율법은 그들을 해롭게 하지 말라고 했다. 해롭게 해서 그들이 하나님께 부르짖으면 하나님이 그 부르짖음을 반드시 듣겠다고 하셨다. 고아와 과부를 긍휼히 여기라는 뜻이다. 어떤 사람은 불쌍한 약자를 보고 탄식한다. "왜 하나님은 세상을 이렇게 불공평하게 만드셨을까?" 그런 탄식만 하고 자기 일상으로 숨어들면 아무런 변화도 일어나지 않는다. 깊은 이해나 사랑의 고백보다 더 중요한 것이 사랑의 실천이다.

고아와 과부를 돌보는 것은 참된 경건의 표식이다. 그들을 학대하는 것을 하나님은 어떤 죄보다 크게 심판하셨다. 고아와 과부는 옛날에는 무방비로 노출된 약자로서 노예가 되기 쉬웠기에 그들을 잘 돌보라고 하셨다. 약자를 돌보라는 하나님의 뜻을 따라 돈이나 지위를 통해 사람을 보지 말고 하나님의 시각으로 사람을 보라. 없는 사람을 무시하지 말라. 참된 경건은 모든 사람에게서 하나님의 형상을 발견하는 것이다.

예수님의 재림을 기다릴 때 제일 중요한 것은 현재 시점에서 예수님을 맞이할 만한 자세를 갖추는 것이다. 무엇이 예수님을 맞이할 만한 자세인가? 작은 자를 살펴 주는 작은 일에서부터 하나님의 뜻을 기억하고 실천하는 것이다. 기독교에서 말하는 새 하늘과 새 땅은 공평과 정의가 넘치는 땅이다. 그 땅을 소망하며 이기심과 정신적인 가난을 극복하고 사회적 약자를 돕기 위해 내면에 잠재된 선의 씨앗을 힘써 뿌리라. 그때 성도는 성도답게 되고 교회는 교회답게 된다.

하나님! 불쌍한 약자를 보고 정의롭고 깊은 탄식만 하지 말고 도울 능력과 마음을 길러 사랑의 실천에 힘써 나서게 하소서.

열매 인생을 추구하라

아무든지 나를 따라오려거든 자기를 부인하고 날마다
제 십자가를 지고 나를 따를 것이니라 (누가복음 9:23)

십자가가 없는 영광은 없다. 십자가는 자기 극복을 위해 꼭 필요한 것이다. 자기 상처와 감정도 극복하지 못하고 이루는 성공과 성취는 큰 의미도 없고 행복도 가져다주지 않는다. 세상에서 가장 복된 일은 나를 극복하는 일이다. 나를 극복해야 남도 극복할 수 있고 환경도 극복할 수 있다. 공부를 잘해도 나를 극복하지 못하면 불행해진다. 명문 대학을 나와야만 행복하고 잘되는 것이 아니다.

일시적인 승리자가 아닌 영원한 승리자가 되라. 언제 영원한 승리가 주어지는가? 남과의 경쟁에서 이길 때보다 나와의 경쟁에서 이길 때다. 남보다 조금 더 실력 있고 조금 더 소유한 것은 믿음의 시각으로 보면 큰 차이가 없다. 가을의 찬바람에 낙엽이 우수수 떨어질 때 큰 잎이나 작은 잎이나 다 똑같이 떨어진다. 중요한 것은 무엇을 남기느냐 하는 것이다. 즉 '낙엽으로 남느냐 열매로 남느냐?' 하는 문제가 중요하다.

낙엽 인생과 열매 인생은 십자가를 지는 삶에서 극적으로 갈라진다. 십자가를 외면하면 낙엽 인생이 되지만 십자가를 기꺼이 지면 열매 인생이 된다. 십자가를 지고 열매 인생을 추구하면 남과 싸워서 이긴 상대적인 승리자가 아닌 나와 싸워서 이긴 절대적인 승리자가 될 수 있다. 성공할 사람과 성공하지 못할 사람은 성공 전의 태도로 이미 파악된다. 희생의 십자가를 지면서 죽기를 각오하면 나도 살고 남도 살고 공동체가 산다. 웃음거리가 되는 것도 너무 두려워하지 말라. 그것도 일종의 십자가로 여기고 잘 극복하면 내가 웃는 날이 펼쳐진다.

하나님! 십자가를 지고 남도 잘 극복하고 환경도 잘 극복해서
낙엽 인생이 아닌 열매 인생으로 복된 삶을 살아가게 하소서.

대가를 치르며 믿으라

너희는 여호와 너희 하나님께 서원하고 갚으라 사방에 있는 모든 사람도
마땅히 경외할 이에게 예물을 드릴지로다 (시편 76:11)

아삽은 '하나님께 서원하고 갚는 삶'을 '하나님께 예물을 드리는 삶'과 유사한 의미로 사용했다. 하나님께 서원하고 갚는 삶은 내 뜻이 아닌 하나님의 뜻을 이루려는 삶이다. 아삽이 서원을 강조한 것은 이스라엘 백성이 하나님의 도움으로 구원받은 후 은혜를 망각함으로 예배를 등한시하는 어리석음에 빠져들까 염려했기 때문이다. 성도는 하나님을 두려워하고 두려우신 하나님 앞에서 서원했던 것을 힘써 지켜야 한다.

서원 기도는 거룩한 다짐이 수반된 기도다. 어떤 사람은 지키지 못할 것 같다고 아예 서원 기도를 하지 않는다. 그러나 아삽은 서원하고 갚으라고 했다. 서원하고 축복받은 후 서원했던 것을 힘써 지키려는 삶이 더욱 복된 삶이다. 서원 기도를 통해 했던 하나님과의 약속을 힘써 지키면 하나님이 약속하신 축복의 말씀도 그대로 이뤄 주실 것이다. 하나님의 도움이 급히 필요하면 때로는 진실한 서원 기도를 하라. 물론 돈키호테처럼 지키지 못할 허황된 다짐을 하지 않는다는 전제에서 하라.

왜 서원 기도가 좋은가? 기도 응답을 얻게 하는 지름길이기 때문이 아니다. 서원한다는 것은 대가를 치르겠다는 다짐인데 그 다짐이 소중한 것이다. 대가를 치르려는 태도는 사랑의 실제적인 증거이고 나를 위대하게 만드는 분수령이다. 대접하려는 것도 황금률 자세지만 대가를 치르려는 것도 황금률 자세다. 믿을 때 값싸게 믿으려고 하지 말고 비싸게 대가를 치르며 믿으라. 대가를 치르려고 진실하게 서원하는 삶도 복된 삶이지만 서원을 힘써 지키려는 삶은 더욱 복된 삶이다.

하나님! 은혜받은 후 은혜를 잊어버리는 건망증이 없게 하시고
계산적인 믿음이 아닌 대가를 치르는 믿음으로 살아가게 하소서.

하나님의 마음을 감동시키라

너희가 준 것을 받으므로 내가 풍족하니 이는 받으실 만한
향기로운 제물이요 하나님을 기쁘시게 한 것이라 (빌립보서 4:18)

오래전 어느 날 한 신학교 교수가 학생들이 제출한 쪽지 시험 답안지들 가운데서 출처 불명의 작은 편지지를 발견했다. 그 안에는 만 원짜리 지폐와 함께 이렇게 적힌 간단한 메모가 있었다. "교수님! 감사해요. 정말 작은 마음의 표현이지만 맛있는 거 사 드세요. 교수님을 닮고 싶고 사모하는 마음은 무지 커요. 최고의 것을 드리게 하심을 감사드려요."

그 일은 그 교수가 신학교에서 강의할 때 겪었던 가장 감동적인 일이었다. 자신의 최고의 것인 만 원을 드린 신학생은 분명히 가난한 신학생이었을 것이다. 그때 교수는 너무 감격해서 그 가난한 신학생이 준 만 원짜리 지폐를 붙들고 한참 동안 간절히 축복 기도를 했다. "하나님! 최고의 것을 준 그 학생에게 최고의 것을 주소서."

축복의 원리는 간단하다. 하나님을 감동시키면 된다. 힘든 상황에서 오병이어의 헌신을 보여 주면 그 '헌신의 눈물'이 하나님을 감동시키고 결국 '은혜의 빗물'로 변화되어 내린다. 어렵다고 낼 줄 모르는 사람으로 인식되면 사람들의 마음도 멀어지고 하나님의 마음도 멀어진다.

내야 할 때는 굶기를 각오하고 한 턱 내라. 아무리 재정적으로 힘들어도 식사비 한 번 정도는 낼 수 있다. 마음 문제이고 각오 문제이고 책임 문제이고 인간성 문제다. 하나님의 지갑에서 돈복을 빼낼 생각만 하지 말고 먼저 하나님의 마음을 감동시키라. '드림'을 아는 사람이 '드림(dream)'을 이루고 하나님께 드릴 때 하나님이 그를 복된 품으로 들이신다.

하나님! 사심 없는 감사 표현으로 하나님의 마음을 감동시키고
어려울 때도 힘써 헌신해서 오병이어의 기적을 체험하게 하소서.

복음의 통로가 되라

내가 지금 다시 말하노니 만일 누구든지 너희가 받은 것 외에
다른 복음을 전하면 저주를 받을지어다 (갈라디아서 1:9)

사도 바울은 다른 복음을 전하면 저주를 받는다고 했다. 그처럼 강한 표현을 쓴 것은 잘못된 복음을 수용하는 일부 갈라디아 교인들을 바로 잡기 위해서였다. 사람을 바로 잡기는 힘들다. 틀 전체를 완전히 바꾸는 혁명은 오히려 쉽고 틀린 부분을 바로 잡는 개혁은 훨씬 어렵다. 그런 상황에서 교인들의 잘못된 신앙을 바로 잡으려는 간절함이 그의 강한 표현에 드러난다. 강한 표현을 써서 말하면 강한 반대자도 생기지만 그는 참된 복음을 지키기 위해 인기 없는 말을 했다. 사람으로부터 받는 인정보다 하나님의 소명 이행을 중시했기 때문이다.

복음은 '나의 영혼을 살리는 소식'이지 '내가 듣고 싶은 소식'이 아니다. 영혼이 사는 길을 제시하려면 때로는 남이 듣고 싶지 않은 말도 해야 한다. 바르게 되려고 외롭게 되는 상황을 두려워하지 말라. 존경에도 흔들리지 말고 반대로 경멸에도 흔들리지 말라. 또한 칭찬으로 우쭐대지도 말고 반대로 비난으로 주눅 들지도 말라. 사람에 따라서 마음이 달라지지 말고 결과와 반응에 따라서도 마음이 흔들리지 말라.

복음을 전할 때 치유와 기적과 축복을 너무 내세우며 집착하면 복음이 다른 복음으로 흐르면서 치유와 기적과 축복이 더 없게 된다. 반면에 "오직 예수!"를 내세우며 집착하지 않으면 오히려 치유와 기적과 축복 가능성은 커진다. 말씀을 통해 "오직 예수!"의 믿음을 더욱 굳게 하고 복음에 나타난 예수님의 사랑으로 무장 해제 당한 존재로서 세상을 예수님의 사랑으로 무장 해제시키는 복음의 통로가 되라.

하나님! 세상을 예수님의 사랑으로 무장 해제시키게 하시고
축복에 집착하지 않음으로 참된 축복을 얻어 누리게 하소서.

의인은 하나도 없다

내가 죄악 중에서 출생하였음이여
어머니가 죄 중에서 나를 잉태하였나이다 (시편 51:5)

사람은 원래부터 죄악된 본성을 가지고 태어났다. 요새 성격 차이로 이혼한다는 말이 많지만 이혼의 근본 이유는 성격 차이가 아니다. 성격은 원래 차이가 나야 정상이다. 인간은 똑같은 상품이 아니다. 사실상 인간의 모든 고통과 불행과 저주는 뿌리 깊은 죄성 때문이다. 죄의 문제는 인생의 오랜 숙제다. 철학은 '나는 누구인가?'라는 질문이 출발점이지만 신학은 '나는 죄인이다.'라는 명제가 출발점이다.

원죄란 말이 거부감을 주는 이유는 옛날 조상의 죄가 자기를 규정한다는 점 때문이다. 그러나 원죄는 교리가 아닌 실체다. 유아는 걷는 순간부터 누가 가르쳐 주지도 않았는데 어느새 위험한 길로 가기에 잠시도 한눈을 팔수 없다. 나도 곁길로 가는 죄인인 줄 모르고 남을 비웃고 욕하며 의인인 척할 때가 많다. 의인인 척하는 사람은 있어도 의인은 하나도 없다. 사람은 하나님 앞에 다 본성상 죄인이다. 그러므로 바른 믿음을 가지면 남을 쉽게 정죄하기보다 나의 죄와 허물을 애통해한다.

부인하고 싶지만 하나님의 시각으로 보면 창기나 수도사나 죄 문제에서 큰 차이가 없다. 수도사가 창기를 손가락질하면 그것도 죄가 된다. 범죄도 나쁜 것이지만 하나님의 시각에서 정죄는 더 나쁜 것이다. 범죄보다 정죄는 은혜의 가능성을 더 떨어뜨리기 때문이다. 의인인 척해도 소용없다. 하나님은 내면의 진실을 원하신다. 인간의 깨달음 중 핵심은 나의 뿌리 깊은 죄성에 대한 깨달음이다. 그 깨달음이 옛 삶의 틀을 깨고 새로운 존재로 들어서게 하는 관문이다.

하나님! 하나님의 시각으로 볼 때 의인은 하나도 없음을 깨닫고
남을 정죄하지 않고 늘 애통해하는 겸손한 심령으로 살게 하소서.

고난은 축복의 디딤돌이다

나는 가난하고 궁핍하오니 하나님이여 속히 내게 임하소서
주는 나의 도움이시요 나를 건지시는 이시오니 (시편 70:5)

다윗은 심령이 가난하고 궁핍한 상태였을 때 신속한 기도 응답으로 자신을 그 상태에서 속히 벗어나게 해 달라고 하나님께 기도했다. 가난하고 궁핍할 때는 하나님의 신속한 도움을 더 받을 때다. 하나님의 은혜가 없으면 살 수 없다는 가난한 심령을 잃지 말라. 심령이 가난할 때가 더 은혜받을 때이고 잃어버렸을 때가 더 얻을 때이고 궁핍할 때가 하나님의 신속한 도움의 손길을 입을 때다.

가난하고 궁핍해도 낙심하지 말고 힘들어도 희망을 잃지 말라. 하나님의 사랑에 대한 확신이 흔들리지 말라. 하나님의 사랑은 고난도 허용하시는 사랑이다. 왜 사랑이 많으신 하나님 아버지가 사랑하는 자녀의 고난을 허용하시는가? 고난은 자기 발견 및 믿음의 성숙을 위한 좋은 기회가 되기 때문이다. 고난 중에 믿음의 진가가 드러나고 나의 진가도 드러나면서 만족감과 행복감도 커진다. 눈물 젖은 빵 껍질을 씹어 본 사람만이 빵의 소중함과 사랑의 소중함을 깨닫는다.

누가복음 15장을 보면 탕자가 극심한 고난 중에 비로소 아버지의 사랑을 깨달았다. 하나님은 사랑의 하나님이다. 때로 어떤 목적을 가지고 벼랑에서 밀지만 그때 하나님께 항복하면 벼랑 밑에서 받아 주고 독수리처럼 더 높이 날아오르게 하신다. 편할 때는 신자와 불신자의 구분이 잘 되지 않지만 어려울 때는 그 구분이 뚜렷해진다. 성도는 '고난이 없는 사람'이 아니라 '고난에 대한 해석이 달라진 사람'이다. 고난을 믿음으로 해석한 후 믿음으로 행동하면 그 고난은 축복의 디딤돌이 된다.

하나님! 고난을 허용하신 하나님의 뜻과 사랑을 깊이 깨닫고 고난의 위기를 믿음의 성숙을 위한 좋은 기회로 삼게 하소서.

말씀을 더 가까이하라

여호와의 말씀은 순결함이여
흙 도가니에 일곱 번 단련한 은 같도다 (시편 12:6)

다윗 때 사람들은 은의 순도를 높이려고 흙 도가니에 일곱 번 단련했다. '일곱'이란 숫자는 거룩성과 완전성을 상징한다. 하나님의 말씀이 흙 도가니에 일곱 번 단련한 은 같다는 표현은 하나님의 말씀이 거짓의 불순물이 섞이지 않아 온전히 신뢰할 거룩한 말씀이라는 뜻이다. 성경은 문자적 비판과 이성적 의심이란 용광로를 통과했지만 번역상의 사소한 오류를 제외하고는 하나도 손상되지 않았다. 하나님의 말씀은 진실하고 거짓이 없다. 하나님은 반드시 그 약속하신 말씀을 지키신다.

하나님의 말씀은 세상에서 가장 소중한 것이다. 어떤 사람은 성경에서 특별히 소중한 구절마다 줄을 긋는 습관을 가졌다가 점차 그런 습관이 없어졌다. 성경 말씀 전체가 다 소중하게 느껴졌기 때문이다. 세상이 타락할수록 소중한 말씀을 더 가까이하라. 세상이 아무리 악해도 하나님의 말씀 위에 굳게 서 있고 하나님의 품 안에 있는 사람은 건드리지 못한다. 성경은 무수히 공격을 받았지만 그럴수록 더 진가를 드러냈다.

하나님의 말씀은 인생길이 잘 보이지 않을 때마다 가장 먼저 봐야 할 인생 지도다. 세상 것에 집착하면 불안과 피곤이 떠나지 않지만 말씀에 마음의 닻을 내리면 평안과 활력이 솟는다. 기도도 말씀 안에서 바르게 기도할 때 능력 있게 된다. 말씀에 귀를 기울이라. 내면의 어둠은 말씀을 들을 때 힘을 잃는다. 밝음은 배움 이전에 들음으로 생긴다. 말씀을 듣고 말씀과 만나면 참 사람과 산 사람의 형상이 나타난다.

하나님! 거룩하고 진실하고 완전한 말씀을 온전히 신뢰해서
내면의 어둠을 물리치고 늘 은혜와 평안 가운데 살게 하소서.

참된 행복을 얻는 길

하나님이여 사슴이 시냇물을 찾기에 갈급함 같이
내 영혼이 주를 찾기에 갈급하나이다 (시편 42:1)

어느 날 한 어린아이가 공원에서 엄마를 잃어버렸다. 아이는 울면서 엄마를 찾았다. 사람들이 불쌍해서 과자를 사 주며 달랬지만 계속 울었다. 경찰이 엄마를 찾아 주자 아이가 비로소 눈물을 그쳤다. 그때 아이에게는 아쉬울 것이 없었다. 과자보다 소중한 엄마 품에 안겼기 때문이다. 그 아이의 모습이 "여호와는 나의 목자시니 내게 부족함이 없습니다."라고 고백한 다윗의 모습이다. 다윗은 하나님 한 분으로 만족했다. 필요가 다 채워져서가 아니라 필요를 채워 주시는 하나님을 만났기 때문이다.

하나님은 필요하면 채워 주시지만 필요 없으면 채워주지 않고 더 소중한 다른 것을 주신다. 하나님의 선한 섭리를 믿으라. 행복의 절대 조건은 하나님밖에 없다. 환경과 처지가 어떻든 하나님이 함께하시면 행복해지고 하나님이 함께하시지 않으면 불행해진다. 소유는 행복을 위한 작은 가능성을 제공할 뿐이다. 소유해야 행복하다면 영원히 행복은 없다.

어떤 사람은 "이제 끝장났다."라고 하지만 이 세상에 끝장난 인생은 없다. 성도에게는 더욱 그렇다. 성도에게는 아무리 큰 시련이 있어도 그 시련 중에 하나님의 선한 손길이 있다. 그 손길이 너무 섬세해 덤벙대는 내 눈에 보이지 않을 뿐이다. 행복은 많이 가진 사람의 전유물이 아니다. 부자들은 그 진리를 이미 삶에서 깊이 체험했기에 잘 안다. 돈이 사람을 행복하게 만들지 않는다는 지혜로운 부자의 충고를 잘 받아들이라. 행복의 파랑새는 많이 소유할 때 찾아오지 않는다. 소유를 통해 존재를 저울질하지 말라. 참된 행복은 하나님을 깊이 만날 때 주어진다.

하나님! 필요를 채워 주시는 하나님을 찾기에 갈급하게 하시고 세상적인 소유보다 하나님 안에서 참된 행복을 누리게 하소서.

하나님의 얼굴을 바라보라

찬송과 영광과 지혜와 감사와 존귀와 권능과 힘이
우리 하나님께 세세토록 있을지어다 (요한계시록 7:12)

어떤 교인은 신앙생활하면서 자기 욕망을 채우는 데 관심이 많다. 예수님을 복 주시는 대상으로만 여기면 성숙한 신앙도 생기지 않고 참된 복도 얻지 못한다. 반면에 찬송과 영광을 받으시기에 합당한 분으로 여기면 더 축복받는다. 예배의 본질은 하나님을 높이는 것이다. 하나님은 예배하는 삶을 가장 기뻐하신다. 역경 중에도 하나님을 높이고 찬양하는 것이 예배이기 때문이다.

왜 아브라함이 믿음의 조상이 되었는가? 가는 곳마다 예배의 단부터 쌓았기 때문이다. 미국으로 건너간 청교도들이 크게 축복받은 이유도 집이나 학교를 세우기 전에 교회부터 세우고 예배드렸기 때문이다. 하나님은 하나님을 높이고 예배를 중시할 때 큰 축복을 내리신다. 왜 성도의 삶에 문제가 생기는가? 그 문제를 통해 하나님을 높이고 하나님께 영광 돌리는 삶을 되찾으라는 뜻이다. 하나님께 영광을 돌릴 때 영광스런 위치에 선다.

예수님의 이름을 복을 얻어내려는 도구로 삼지 말라. 예수님을 만왕의 왕이요 찬양받으시기에 합당한 분으로 알아야 하나님의 은혜와 축복도 넘치게 된다. 신앙생활에서 하나님의 복을 추구하기보다는 하나님의 존재 자체를 추구하라. 위대한 믿음의 선진들은 하나님의 존재 자체를 추구했다. 복 주시는 하나님의 손길만 바라보기보다 복에 연연하지 않고 선하신 하나님의 얼굴을 바라볼 때 오히려 참된 복을 얻는다. 세상의 화려한 욕망의 빛에 길들여진 눈으로는 하나님의 얼굴을 볼 수 없다. 욕망을 버리고 낮아진 마음에 은혜의 샘물이 고인다.

하나님! 믿음 생활의 목적을 욕망을 채우는 데 두지 말게 하시고
하나님의 손보다 하나님의 얼굴을 앞서 구하며 살게 하소서.

하나님의 일을 신뢰하라

그 말하는 것이 이루어질 줄 믿고
마음에 의심하지 아니하면 그대로 되리라 (마가복음 11:23)

하나님이 저울로 나를 달아보실 때 가장 먼저 달아보시는 것은 나의 믿음이다. 그리고 믿음대로 복을 내려 주신다. 눈앞의 장면과 현실만 보고 너무 실망하지 말라. 하나님은 전후좌우와 미래까지 살피며 가장 좋은 길로 이끄신다. 때로 어렵고 힘든 상황이 벌어져도 그것조차 나를 위한 하나님의 선한 배려임을 믿으라. 하나님은 나의 생각을 초월해 일하신다. 나의 일에는 실패가 있어도 하나님의 일에는 실패가 없다.

가끔 잘 믿었는데 망했다는 얘기를 듣는다. 그것은 잘 믿어서 망한 것이 아니라 하나님이 더 좋은 계획이 있어서 잠깐 회수해 가신 것이다. 하나님은 선한 목적을 위해 잠시 형통함을 유보하시기도 한다. 나는 이 땅에 빈손으로 왔기에 나의 소유는 다 하나님의 것이다. 하나님은 그 소유가 선용되기를 원하신다. 그 소유를 하나님이 회수해 가시면 이렇게 기도하라. "하나님! 물질은 회수해 가셔도 믿음은 남겨 주소서." 오랫동안 했던 기도가 응답되지 않거나 일이 이뤄지지 않아도 너무 실망하지 말고 그때도 감사하라. 그런 큰 믿음을 가진 것이 진짜 복이다.

일을 속단하지 말고 하나님의 일을 신뢰하라. 실망스런 일 하나로 하나님의 은혜를 부정하지 말라. 때로 내가 원하지 않는 길로 인도되어도 그 길이 축복의 길임을 믿으라. 하나님이 하시는 일도 신뢰하고 더 나아가 하나님의 성품 자체를 신뢰하라. 정의와 공평의 하나님은 이것이 없으면 저것을 주시고 저것이 없으면 이것을 주신다. 없는 것에 초점을 맞춰 불평하지 말고 있는 것에 초점을 맞춰 감사하라.

하나님! 눈앞의 현실만 보고 속단해서 실망하는 모습을 버리고
하나님의 선하신 계획을 신뢰하고 범사에 감사하며 살게 하소서.

성도의 가장 큰 복

천사가 내게 말하기를 기록하라 어린양의 혼인 잔치에
청함을 받은 자들은 복이 있도다 (요한계시록 19:9)

　죄를 뜻하는 헬라어 하말티아(hamartia)는 '과녁이 빗나간 것'이란 개념을 가지고 있다. 인생의 참된 목적을 잃어버린 것도 죄라는 암시다. 인생의 목적은 무엇인가? 하나님의 뜻을 행하는 것이다. 하나님의 뜻이 무엇인가? 성경을 보면 3가지로 요약된다. 첫째, 하나님을 힘써 사랑하는 것이다. 둘째, 나를 바르게 사랑하는 것이다. 셋째, 나의 이웃을 나처럼 사랑하는 것이다. 예수님을 영접하고 하나님의 뜻대로 사는 것이 최고의 복이다.

　성경은 어린양의 혼인 잔치에 자기 힘으로 참여한 자가 아닌 하나님의 은혜로 청함을 받은 자가 복이 있다고 했다. 일이 잘되고 자녀가 잘되고 몸이 건강한 것도 복이지만 가장 큰 복은 어린양 예수님의 신부로서 천국 혼인 잔치에 참석하게 된 구원의 복이다. 구원의 복은 내일의 찬란한 은혜의 때를 약속한다. 그 은혜를 확신하면 현재 약점이 있어도 실망하지 않고 그 약점을 더욱 큰 은혜의 통로로 삼게 된다. 강점 때문에 스스로 자만하면 그 강점이 영혼을 죽이는 약점이 되지만 약점 때문에 하나님을 꼭 붙잡으면 그 약점이 영혼을 살리는 강점이 된다.

　기독교에서 '국보 1호의 복'은 구원의 복이다. 다른 복은 아무리 커도 '보물 1호의 복'일 뿐이다. 왜 구원이 가장 큰 복인가? 아무리 많은 것을 감춰도 죄의 저주 아래에서는 행복할 수 없기 때문이다. 죄 문제를 처리하지 못하면 삶은 지옥이 되고 가정은 감옥이 된다. 죄인에게는 성공도 위태한 성공일 뿐이다. 결국 성도의 가장 큰 복은 예수님의 피로 죄 사함 받고 하나님의 자녀가 되는 구원의 복이다.

　　하나님! 예수님의 보혈로 구원해 주신 은혜에 감사하고
늘 예수님의 신부답게 기쁨과 행복 가운데 살게 하소서.

하나님과 함께 해결하라

너희가 얻지 못함은 구하지 아니하기 때문이요 (야고보서 4:2)

사람이 최선을 다해도 하나님이 도와주시지 않으면 참된 승리를 이룰 수 없다. 최선의 땀을 흘리면서도 기도를 게을리하지 말라. 자기 능력을 신뢰하는 자의 최대 약점은 기도하지 않는 것이다. 너무 양심적인 사람이 자주 실수하는 것도 기도하지 않는 것이다. "내가 노력해서 성공해야지. 어떻게 성공을 달라고 하나?"라고 하며 기도를 통해 주어지는 하나님의 은혜를 경시하는 것이 문제. 성도가 축복받지 못하는 가장 큰 이유 중 하나도 기도가 없기 때문이다. 노력도 하면서 기도도 하라. 다른 관리도 잘하면서 특히 기도 생활 관리를 잘하라.

가나안 정복 전쟁에서 여호수아가 아모리 족속 다섯 왕들의 연합군과 싸울 때 "태양아 기브온 위에 멈춰라. 달아 너도 아얄론 골짜기에 그리하라."라고 소리친 것은 선포임과 동시에 간절한 기도였다. 하나님이 그 기도를 들으셨다. 그래서 성경은 이렇게 기록하고 있다. "여호와께서 사람의 목소리를 들으신 이 같은 날은 전에도 없었고 후에도 없었나니 이는 여호와께서 이스라엘을 위하여 싸우셨음이니라(수 10:14)."

혼자 싸우면 사람은 이겨도 사탄은 이길 수 없다. 기도의 손길로 하나님의 손길을 움직이게 하라. 하나님이 도와주시지 않으면 일이 잘 되는 것 같아도 결국 지고 하나님이 도와주시면 일이 안 되는 것 같아도 결국 이긴다. 지금 큰 문제로 힘들면 간절히 기도하라. 문제를 하나님과 함께 해결해야 완벽히 해결된다. 기도는 가장 시급한 때 가장 시급히 요구되는 것이다. 기도가 없으면 기쁨도 없게 되고 기력도 없게 된다. 성도는 발로 활동할 때보다 무릎으로 기도할 때 더 멀리 나아갈 수 있다.

하나님! 최선의 땀을 흘리면서도 동시에 기도하는 삶을 앞세워 어둠의 세력을 이기고 하나님과 함께 문제를 해결하게 하소서.

비판을 남용하지 말라

비판을 받지 아니하려거든 비판하지 말라
(마태복음 7:1)

비판하지 말라는 예수님의 말씀은 전혀 비판하지 말라는 말씀이 아니다. 건강한 사회가 되려면 건강한 비판은 필요하다. 비판 자체가 영혼과 공동체를 망치는 것은 아니다. 옳은 판단에 근거한 용기 있는 비판을 지혜롭고 때에 맞게 하는 것은 필요하다. 그러나 남용하지는 말라. 비판의 남용은 상처도 키우고 문제도 키운다. 비판과 비난은 다르다. 정당한 비판은 문제를 해결하지만 남용된 비난은 문제를 악화시킨다.

어떤 사람은 말한다. "나는 목에 칼이 들어와도 할 말은 해." 바르고 강직한 모습 같지만 그런 사람으로 인해 공동체가 더 어려워질 수 있다. 스스로 생각하는 바름이 문제를 더 얽히게 만드는 것이다. 비판할 때 '바름과 그름'이라는 측면만 생각하지 말라. 비판을 '정확하게' 잘하는 것만큼 '지혜롭게' 잘하는 것도 중요하다. 비판하는 사람은 비판할 때 상대가 비판을 잘 받아들이도록 지혜롭게 비판할 책임도 있다.

남용된 비판은 감정을 상하게 만든다. 바름과 그름만 따지다가 이성을 작동시키지 못하고 감정만 자극시키는 비판은 좋은 것이 아니다. 비판이 비난이 되지 않도록 비판하는 능력을 내세우기 전에 감정적인 언어와 태도를 순화하는 능력부터 키우라. 비판이 잦으면 비판 중독에 빠져 남의 허물을 발견하고 캐내는 것에서 쾌감을 느낀다. 즉 바른 비판자는 남의 허물을 보면 안타까워하지만 비판 중독자는 남의 허물을 들춰내며 희열을 느낀다. 비판을 절제하라. 비판에 공들이는 시간을 줄이고 믿음으로 행하는 시간을 늘릴 때 창조적인 인생이 되고 지경이 넓혀지는 복도 얻는다.

하나님! 때로 건강한 비판을 할지라도 남용하지 말게 하시고
비판을 정확하게 잘하는 만큼 지혜롭게 잘하는 능력도 주소서.

번성의 은혜를 구하라

그러나 학대를 받을수록 더욱 번성하여 퍼져 나가니
애굽 사람이 이스라엘 자손으로 말미암아 근심하여 (출애굽기 1:12)

요셉이 죽은 후 이스라엘 자손은 심한 학대를 받았지만 그럴수록 더 번성했다. 시련을 넘어선 번성의 은혜를 구하라. 어떤 사람은 예수님이 가난하게 사셨기에 성도도 가난해야 한다면서 가난을 수준 높은 믿음의 표시로 여기고 부를 정죄한다. 그러나 예수님은 가난하게 살면서 가난을 독려하시지 않았다. 하나님이 천지를 창조하실 때 "보시기에 심히 좋았다."라고 하신 것은 창조 세계가 풍성했다는 뜻이다.

에덴동산은 풍요로운 동산이었지만 범죄 후 저주의 가시와 엉겅퀴로 인해 가난을 맛보게 되었다. 가난은 원래 주어진 것이 아니라 범죄 후에 주어진 것이다. 성경을 보면 하나님은 믿음의 조상들에게 대개 풍족한 복을 주셨다. 아브라함과 이삭과 야곱은 다 거부였다. 성도의 바른 성공과 번성을 보면 사탄은 싫어하고 하나님은 기뻐하실 것이다. 그렇다면 영혼의 구원뿐만 아니라 생활의 축복을 위해서도 힘쓰라. 믿을 때 영혼만 복을 받고 물질적인 복은 없는 것이라고 오해하지 말라.

하나님의 일을 하는 사역자는 가난해야 한다는 주장도 하나님의 뜻이 아니다. 사역자에게나 일반 성도에게나 하나님은 가난을 권고하시지 않았다. 가난이 죄나 잘못의 증거는 아닐지라도 하나님의 원래 창조 목적을 따라 가난을 극복하려고 힘쓰라. 가난하다고 삶의 긍지를 잃거나 영혼이 약해져도 안 되지만 가난을 과시하거나 자랑하지는 말라. 가난을 부끄러워하지 말되 가난을 이겨 내려는 노력이 게으른 것은 부끄러워하라. 매일 땀 흘려서 풍성한 삶을 위한 기도가 실체가 되도록 힘쓰라.

하나님! 가난을 영성이 있는 믿음으로 오해하지 않게 하시고
하나님의 창조 목적을 따라 풍성한 은혜를 추구하게 하소서.

힘써 순종한 후 믿으라

네가 네 하나님 여호와의 말씀을 청종하면
이 모든 복이 네게 임하며 네게 이르리니 (신명기 28:2)

한 시각 장애 여성이 6.25 때 실명해 고아원에서 자라다가 미군의 도움으로 미국과 오스트리아에서 공부해 훌륭한 성악가가 되었다. 그녀가 간증했다. "사람들이 저를 인도할 때 100m 전방에 뭐가 있다고 말하지 않습니다. 바로 앞에 물이 있으니 건너뛰라고 하고 층계가 있으니 발을 올려놓으라고 합니다. 그렇게 인도자를 믿고 한 걸음씩 내디디면 어느새 목적지에 도착합니다. 그처럼 10년이나 20년 후를 잘 몰라도 매일 순종하는 마음으로 살면 하나님이 목적지로 이끌어 주실 것입니다."

매 순간 순종하는 마음으로 사는 것은 성공적인 삶의 출발점이다. 힘써 순종하면 하나님은 그 삶에 놀라운 기적을 보여 주신다. 먼저 내가 원하는 것을 정해 놓고 하나님께 달라고만 기도하지 말고 하나님께 여지를 드리면서 나는 더욱 순종하는 삶을 살겠다고 기도하라. 때로는 '순종하지 않는 나'가 사탄보다 더욱 큰 인생의 대적이 된다. 순종이 있으면 축복도 있고 순종이 없으면 축복도 없다.

하나님 안에서 나의 의지, 나의 생각, 나의 주장을 잘 꺾으라. 복은 하나님이 기뻐하시는 삶의 선택에 달려 있다. 새벽 시간에 잠과 기도라는 2가지 중 무엇을 선택하느냐에 따라 인생은 크게 달라진다. 그처럼 선택의 순간에 "하나님이 어떤 일을 기뻐하실까?"라는 생각과 함께 한 걸음씩 순종하며 살면 하나님은 심히 기뻐하실 것이다. 순종한 후에는 의심하지 말고 믿으라. 의심은 '장벽'을 보게 해서 한 걸음 떼기도 두렵게 만들지만 믿음은 '대로'를 보게 해서 영혼을 하늘 높이 치솟게 만든다.

하나님! 하나님을 믿고 순종의 발걸음을 한 걸음씩 잘 내딛어 시온의 대로가 활짝 펼쳐지고 영혼은 하늘 높이 치솟게 하소서.

베로니카 성도가 되라

예수의 소문을 듣고 무리 가운데 끼어
뒤로 와서 그의 옷에 손을 대니 (마가복음 5:27)

예수님이 수많은 군중에 둘러싸여 있을 때 12년 동안 혈루증을 앓는 한 여자가 예수님의 옷자락을 만졌다. 그때 예수님이 말씀했다. "누가 내 옷에 손을 대었느냐?" 제자들이 말했다. "지금 많은 무리가 에워싸고 있는데 누가 내게 손을 대었느냐고 물으십니까? 그냥 스치다 닿았겠지요." 그러나 예수님은 그렇게 행한 여자를 찾으려고 둘러보셨다. 그리고 찾으신 후 그녀에게 믿음의 축복에 관한 말씀을 주셨다.

하나님은 지금도 예수님의 옷자락을 만지고 예수님의 피 묻은 손을 붙들고 예수님의 품에 안기기를 원하는 한 사람을 찾으신다. 영적인 의미로 예수님이 "누가 내 옷에 손을 대었느냐?"라고 물으시면 이렇게 대답하라. "주님! 고통의 멍에가 너무 무겁고 길이 보이지 않아 제가 댔습니다. 주님의 위로가 필요합니다. 주님의 손을 꼭 붙잡고 다시는 놓지 않게 하소서." 그런 고백과 함께 믿음의 손을 내밀고 예수님을 붙들면 그 여자처럼 놀라운 치유와 회복의 은혜를 체험할 것이다.

초대 교회 문헌을 보면 그 여자의 이름은 베로니카였다. 그녀는 나중에 예수님이 십자가를 지고 골고다 언덕에 오르다 넘어지셨을 때 무리에서 뛰어나와 자기 손수건으로 예수님 얼굴의 땀과 피를 닦아 드렸다. 그때 그녀의 손수건에 예수님의 얼굴의 흔적이 새겨졌다고 한다. 예수님의 사랑에 감격해 예수님을 꼭 붙잡고 예수님을 위해 일하는 베로니카 성도가 되면 몸과 마음에 나도 모르는 예수님의 흔적이 새겨질 것이다. 그 흔적이 사탄을 두렵게 만들고 천국을 진동시키는 절대 반지가 될 것이다.

하나님! 군중 속의 한 사람을 찾는 하나님의 부르심에 응답해
예수님을 꼭 붙잡고 잘 섬김으로 하나님의 마음을 얻게 하소서.

종 의식을 잃지 말라

예수 그리스도의 종이며 사도인 시몬 베드로는 우리 하나님과
구주 예수 그리스도의 의를 힘입어 (베드로후서 1:1)

베드로는 늘 자신을 예수 그리스도의 종으로 여겼다. '종'으로 표현된 헬라어 '둘로스'는 노예를 뜻한다. 당시 성도들은 예수님의 수제자인 베드로를 높이 추앙했다. 그런 위대한 사도가 스스로를 '예수님의 종'으로 여길 정도로 베드로는 나이가 들고 명성이 높아져도 끝까지 겸손했다. 나이가 들고 자리가 높아지고 재물이 생기면 적절하게 누리며 살아도 좋다. 다만 겸손한 마음만은 끝까지 잃지 말라. 교회에서도 헌금과 봉사를 많이 할수록 겸손하라. 겸손의 챔피언이 은혜의 챔피언이 된다.

프랑스에 한 귀족이 있었다. 그는 젊었을 때 남의 집 하인으로 있다가 열심히 공부해서 큰 부자가 되고 귀족이 되었다. 부자가 된 후에도 자기집에 '하인의 방'이란 장소를 만들고 그 방에 자기가 하인일 때 입었던 옷과 낡은 모자 등을 보관해 두었다. 가끔 자기도 모르게 우쭐해지면 그 방에 들어가 과거를 되새기며 마음을 가다듬었다. 그런 하인의 방을 마음에 둘 때 하나님의 은혜와 평강도 계속 주어진다.

공동체에서 주인 의식을 가지면서도 동시에 종 의식을 잃지 말라. '소유'보다 '관계'가 더 중요하다. 특히 사람 관계도 중요하지만 하나님 관계는 더 중요하다. 아무리 바빠도 하나님과 교회를 섬길 시간을 구별해 내라. 늘 주님의 종이란 의식을 가지고 내가 원하는 시간과 장소에서만 하나님을 섬기려고 하지 말고 "하나님! 언제든지 명령만 하세요."라는 마음의 준비를 하고 하나님과 교회와 이웃을 겸손히 섬기라. 그때 하나님이 섬길 수 있는 능력도 넉넉히 주실 것이다.

하나님! 주인 의식을 가지면서도 종 의식을 잃지 않게 하시고
높은 자리에서도 겸손히 섬기는 참된 주님의 종이 되게 하소서.

문제 해결의 길은 있다

주의 손에 권세와 능력이 있사오니
능히 주와 맞설 사람이 없나이다 (역대하 20:6)

인생을 의미 있게 살려면 하나님의 뜻대로 하나님의 일을 하려는 거룩하고 찬란한 비전이 있어야 한다. 비전 성취는 쉽지 않다. 비전을 향해 가다 보면 늘 문제를 만난다. 그러나 출제자가 문제를 출제할 때는 반드시 해답이 있듯이 하나님이 문제를 주실 때도 이미 해답을 가지고 주신다. 그 문제가 때로는 한참 후에 풀린다. 중요한 것은 문제를 해결하거나 해소할 수 있는 믿음과 지혜를 구하는 것이다.

처음에 나이아가라 폭포에 케이블 조교를 만들 때 사람들은 다 조교 설치가 불가능하다고 여겼다. 다리를 지탱할 거대한 케이블을 걸칠 방법이 없었기 때문이다. 그때 누군가 아이디어를 내서 처음에 연을 날려 연줄이 폭포 건너편에 닿게 했다. 그 연줄을 잡아당기면서 조금씩 굵은 줄을 매어 계속 당기고 나중에는 굵은 로프를 달고 계속 당기다가 마침내 거대한 케이블까지 매고 당겨서 그 조교를 만들었다.

문제 앞에서 포기하지 말라. 문제로 인해 힘들면 사람을 찾아 사정하며 애걸하기보다 하나님을 찾아 사모하며 기도하라. 기도한 후 사람을 찾아 나설 때도 '존경하며 사모할 대상'은 찾되 '애걸하며 사정할 대상'은 찾지 말라. 사정하며 사는 것과 사모하며 사는 것은 크게 다르다. 문제 앞에서 비굴해지지 말라. 문제 해결의 길이 있음을 믿고 문제 극복과 비전 성취를 위해 계속 기도하고 준비하고 시도하라. 그러면 하나님이 지혜와 창조성도 주시고 적절한 때에 축복의 문도 활짝 열어 주실 것이다. 성도에게는 늘 찬란한 내일이 약속되어 있다.

하나님! 비전을 향해 나아갈 때 문제 중에도 포기가 없게 하시고
사람을 찾기 전에 하나님을 찾아 기도한 후 계속 전진하게 하소서.

교회를 사랑하고 섬기라

이는 성도를 온전하게 하여 봉사의 일을 하게 하며
그리스도의 몸을 세우려 하심이라 (에베소서 4:12)

사람들은 보통 '가야 하는 곳'보다 '가고 싶은 곳'으로 가지만 축복은 '가고 싶은 곳'보다 '가야 하는 곳'으로 갈 때 주어진다. 가고 싶은 곳에 초점을 맞춰 살면 뿌리 깊은 인생이 되기 힘들지만 가야 하는 곳에 초점을 맞춰 살면 뿌리 깊은 인생이 된다. 요새 교회에 깊이 뿌리 내리는 의리 있는 성도가 적어지고 있다. 그러나 의리 있는 인생이 되어야 뿌리 깊은 인생이 되고 뿌리 깊은 인생이 될 때 행복의 뿌리도 깊어진다.

교회에 문제가 있다고 쉽게 다른 교회로 훌훌 날아가면 나의 존재 의미는 약화된다. 물건을 싸게 사려는 계산적인 마음으로 단골 마트는 쉽게 바꿀 수 있어도 교회는 '계산'을 따라가는 곳이 아니라 '의미'를 따라가는 곳이다. 교회에 뿌리를 잘 내리라. 그것을 위해 교회의 성격과 목적을 늘 기억하라. 교회가 존재하는 핵심 목적은 죽을 영혼을 살리고 힘든 영혼에게 위로와 소망을 주는 것이다. 교회는 구제 기관이 아니다. 사람들이 교회를 비난하는 이유는 구제에 초점을 맞추기 때문이다. 물론 구제도 잘해야 하지만 교회의 본질은 '구제'가 아닌 '구원'에 있다.

또한 교회는 친교 기관도 아니다. 어떤 사람은 교회를 친교 기관으로 알고 나를 알아주길 원하지만 알아 달라고 하면 더 알아 주지 않는 것이 보통 현실이다. 교회에 사람을 만나러 나오지 말고 예수님을 만나러 나오라. 교회를 힘써 사랑하고 섬기라. 내가 헌신했던 것을 기억하지 말라. 내가 헌신을 기억할수록 하나님은 더 기억하시지 않고 내가 헌신을 기억하지 않을수록 하나님은 더 기억하신다.

하나님! 교회의 본질적인 목적을 따라 영혼 구원에 일조하면서
교회를 힘써 사랑하고 섬김으로 하나님의 기쁨이 되게 하소서.

감사하며 정직하게 살라

여호와께서 은혜와 영화를 주시며 정직하게 행하는 자에게
좋은 것을 아끼지 아니하실 것임이니이다 (시편 84:11)

어느 날 스코틀랜드에 사는 13살의 앤드류 카네기 가족에게 미국에 사는 숙모가 미국 이민을 제안하는 편지를 보내왔다. 그 편지를 받고 그의 부모는 재산을 팔아 이민 준비를 했지만 여비 20프랑이 부족했다. 어머니가 친구를 찾아가 말했다. "이번에 미국 이민을 가려는데 20프랑이 모자라. 미국에 가도 언제 갚을지 약속할 수 없는데 빌려줄 수 있어?" 그때 핸더슨 부인이 기꺼이 도와주어 이민을 갈 수 있었다.

미국에 도착한 후 그의 어머니는 삯바느질 일을 하면서 20프랑을 갚으려고 돈을 모았다. 어느 날 귀가한 카네기의 손을 잡고 어머니가 기뻐하며 말했다. "오늘은 참 기쁜 날이다. 내 생애에 최고로 기쁜 날인 것 같다." 카네기가 물었다. "뭐가 그렇게 기쁘세요?" "핸더슨 부인에게 빌린 20프랑을 오늘에서야 다 갚았다. 너는 앞으로도 핸더슨 부인에게 감사하는 것을 잊지 말아라." 그때 카네기는 생각했다. "어머니는 정직하고 감사할 줄 아는 분이구나."

정직과 감사, 그 두 가지가 카네기의 성공 비결이었다. 카네기는 늘 하나님의 은혜에 감사하고 도움을 준 사람에게도 감사하면서 정직하게 살려고 애썼다. 그래서 억만장자가 되었고 그와 함께 일했던 비전 동지 40명도 백만장자로 만들 수 있었다. 요즘 사회의 혼란상을 보면서 사람들이 "정치가 문제야."라는 말을 많이 한다. 그러나 사실상 더 관심을 두고 해결해야 할 사회 문제 및 인간 문제는 '정치 문제'보다 '정직 문제'다. 정직하고 더 나아가 범사에 감사하는 삶에 은혜와 평강이 넘치게 된다.

하나님! 정직과 감사로 사람의 마음과 하나님의 마음을 얻고
많은 사람에게 선한 영향력을 끼칠 수 있는 복도 얻게 하소서.

믿음을 가지고 이겨 내라

내게 능력 주시는 자 안에서
내가 모든 것을 할 수 있느니라 (빌립보서 4:12-13)

하나님은 사람을 창조하시고 복을 주시며 생육하고 번성하라고 하셨다. 생육과 번성은 복의 핵심 내용이다. 예수님이 이 땅에 오신 것도 구원과 더불어 풍성한 꼴을 주시기 위해서였다. 하나님은 궁핍한 상태에서 불행하게 사는 것을 원하시지 않는다. 현재의 삶에 '감사하는 만족'은 하되 '안주하는 만족'은 하지 말라. 더 나은 세상을 향해 줄기차게 준비하고 달려가라. 지금보다 더 나은 인생은 얼마든지 가능하다. 하나님 안에서 역전 인생의 꿈을 품고 잠재된 나의 가능성을 최대한 살리라.

식물이나 동물도 품종 개량으로 수확과 수입을 크게 높이는데 하물며 최상의 피조물인 사람에게 놀라운 개선의 원리가 왜 적용되지 못하겠는가? 내게도 놀라운 가능성이 잠재해 있다. 믿음 안에서 유쾌한 소망을 가지고 절망 중에도 넘치는 희망을 가지라. 현실에 대해 불평하고 리더를 욕하고 동료를 깎아내리면 점차 성공이 힘들어진다. 반면에 현실에 대해 감사하고 리더를 높이고 동료를 세워 주면 점차 성공이 따라온다.

사도 바울은 하나님을 믿는 믿음 안에서 모든 상황을 이겨 낼 수 있다고 했다. 그런 믿음을 가지고 기념하고 기억할 만한 존재가 되라. 위대함이란 외형적인 것보다 인격적인 것이다. 어떤 환경도 극복할 수 있다는 굳건한 믿음과 평안을 가진 것이 위대한 것이고 선한 영향력을 미치는 인물이 되어 세계 선교와 세계 평화에 기여하는 것이 위대한 것이다. 음지의 선한 인물이 되거나 음지의 선한 인물을 키워 내라. 은밀하게 인물을 키워 미래를 대비하는 일은 어떤 일보다 중요하다.

하나님! 현재의 삶에 감사하되 안주하는 만족은 없게 하시고 믿음으로 승리해서 선한 영향력을 끼치는 인물이 되게 하소서.

예수님의 고독을 덜어 드리라

아버지께서는 모든 충만으로 예수 안에 거하게 하시고
그의 십자가의 피로 화평을 이루사 (골로새서 1:19-20)

사도 바울이 전도 사역에서 가장 강조한 것이 십자가의 피였다. 십자가의 피는 그에게 최대 감사 제목이기도 했다. 성도의 감사는 십자가의 피로 죄를 사하고 구원하신 은혜에 대한 감사에서 시작되어야 한다. 사실 구원의 은혜는 거의 무한대에 가까운 은혜다. 그 은혜를 입고도 현실적인 은혜가 없다고 불평하면 있던 은혜도 잃는다. 어떤 사람은 사랑을 잃은 후 사랑의 중요성을 깨닫고 후회한다. 그처럼 좋은 것에 대해 깨닫지 못하는 무지가 없도록 힘든 현실에서도 구원의 은혜를 생각하고 감사하라. 그러면 그 현실도 조만간 좋은 행복의 재료가 된다.

십자가 앞에서 감격하며 우는 것도 중요하지만 십자가를 감격적으로 지는 것은 더 중요하다. 길에 오물이 있을 때 어떤 사람은 욕하고 어떤 사람은 모른 척 지나치고 어떤 사람은 치운다. 치우는 사람처럼 십자가를 지려는 책임적인 성도에 의해 세상은 조금씩 밝아진다. 기도할 때도 십자가의 책임을 무겁게 느끼며 기도하면 하나님도 무거운 책임감을 느끼시고 그의 기도에 기쁘게 응답해 주실 것이다.

2천 년 전에 예수님은 외롭게 갈보리 십자가의 길로 가셨다. 지금도 많이 외로우실 것 같다. 동행자가 적기 때문이다. 예수님을 사랑한다는 사람은 많지만 예수님의 십자가를 지려는 사람은 적은 것이 문제다. 바울은 복음의 일꾼이 되었음을 고백하며 그리스도의 남은 고난을 자기 육체에 채우겠다고 했다. 그처럼 예수님의 십자가의 길에 동행하겠다는 고백으로 하나님을 기쁘시게 하고 예수님의 고독을 덜어 드리라.

하나님! 십자가의 피를 가슴 깊이 새겨 범사에 감사하게 하시고
예수님의 십자가를 함께 지는 일에도 적극적으로 나서게 하소서.

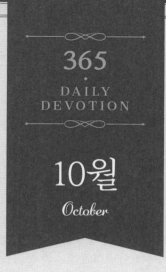

365
·
DAILY
DEVOTION

10월

October

온유한 마음으로 인내하라

온유한 자는 복이 있나니
그들이 땅을 기업으로 받을 것임이요 (마태복음 5:5)

흔히 힘이 있어야 번성하는 줄 알지만 실제로는 온유해야 번성한다. 동물 세계를 보면 힘 있는 동물이 자연 세계를 지배할 것 같지만 호랑이나 사자나 늑대 같은 강한 육식 동물은 번식력이 약해 개체 수가 줄어드는 반면 사슴이나 토끼나 다람쥐 같은 약한 초식 동물은 번식력이 강해 개체 수가 늘어난다. 맹수들은 다른 짐승을 해치기에 평화가 없고 평소에는 주로 홀로 있다가 사냥할 때만 접근한다. 반면에 온순한 동물들은 다른 동물들과 함께 평화롭게 잘 어울려 산다.

사람도 강한 성격의 사람 곁에는 다칠까 봐 가까이 가지 않아서 영적인 번식력이 약해지지만 온유한 성격의 사람 곁에는 가까이 가서 영적인 번식력이 강해진다. 온유하면 번성의 축복이 따른다. 사랑은 오래 참는 것이지만 하나님은 영원히 참고 손해 보라고 하시지 않는다. 인내하면 언젠가 인내의 끝이 오고 그와 더불어 번성의 축복이 주어진다. 가끔 참기 힘든 일이 생겨도 온유하면 번성한다는 원리를 기억하고 참으라.

다만 온유함을 힘과 강단이 없는 유약함으로 오해하지 말라. 유약함을 벗고 힘을 기르라. 강자로서 횡포를 부리기 위해서가 아니라 강자들의 횡포를 막기 위해서다. 힘이 있어도 힘없는 사람에게는 한없이 부드럽게 행동하라. 그것이 진짜 강한 것이다. 온유함은 약한 것이 아니라 힘이 있어도 대의를 위해 참고 인내하는 것이다. 온유한 마음으로 인내하면 언젠가 인내의 때가 끝나고 축복의 때가 시작된다. 그때는 믿음 때문에 손해 본 것에 대해 손해 이상의 천국 보상이 주어질 것이다.

하나님! 온유한 믿음으로 영적인 번식력이 넘치게 하시고
힘이 있어도 참고 인내함으로 천국 보상도 넘치게 하소서.

말씀에 열린 삶의 축복

하나님의 말씀을 받을 때에 사람의 말로 받지 아니하고
하나님의 말씀으로 받음이니 (데살로니가전서 2:13)

예수님 당시에 예수님이 친히 전하는 말씀에도 귀를 닫고 듣지 않는 사람이 많았다. 결국 은혜 유무는 '탁월하게 말씀을 전하는 것'보다 '탁월하게 말씀을 듣는 것'과 관련이 깊다. 듣는 자세에 따라 말씀이 은혜가 될 수도 있고 은혜가 되지 않을 수도 있다. 또한 말씀이 능력의 원천이 될 수도 있고 공허한 파동이 될 수도 있다. 심령이 변화되고 축복을 받게 하는 핵심 요소는 말씀을 열린 귀와 열린 마음으로 받아들이는 것이다.

목사란 '목으로 사는 길을 제시하는 사람'이란 유머가 있다. 의미심장한 유머다. 설교자는 다른 준비보다 말씀 준비에 자신의 목숨을 걸 정도가 되어야 하고 그런 설교자의 말씀을 성도는 열린 마음으로 잘 들어야 한다. 말씀을 잘 받아들이고 말씀대로 살면 은혜와 축복 가능성은 크게 높아진다. 또한 영혼과 인생에 창조적인 역사도 넘치게 나타난다. 말씀은 하나님과 나 사이에 영적인 연결 고리 역할을 하는 놀라운 능력의 원천이다.

말씀에 열린 귀를 가지라. 말씀이 하나님의 말씀으로 들려지지 않으면 종말이 오기도 전에 신앙생활과 영혼에 종말이 온 것과 같다. 반면 말씀에 열린 마음을 준비한 것은 종말을 잘 준비한 모습이 된다. 교회에 가서 예배 때 열정적으로 손뼉만 치다가 오는 것은 큰 의미가 없다. 중요한 것은 예배 때 말씀 속에서 하나님을 만나 삶의 변화를 이루는 것이다. 말씀을 하나님의 말씀으로 듣는 것은 축복의 핵심 원리다. 말씀을 듣는 시간이 즐겁고 말씀을 은혜롭게 듣고 말씀으로 나를 잘 깨뜨리면 깨진 환경이 복원되고 꿈이 회복되고 몸과 마음의 질병도 치유된다.

하나님! 말씀을 힘써 가까이하고 말씀을 은혜롭게 잘 들음으로 몸과 마음에 회복의 은혜가 있게 하시고 비전도 이루게 하소서.

마라를 두려워하지 말라

마라에 이르렀더니 그곳 물이 써서 마시지 못하겠으므로
그 이름을 마라라 하였더라 (출애굽기 15:23)

이스라엘 백성들은 기적적으로 홍해를 건넌 후 기뻐하며 찬양했다. 그 후 3일 만에 마라의 쓴 물을 만나 불평했다. 이 세상에 완벽하게 만족스런 환경은 없다. 구원받은 성도에게도 마라는 찾아온다. 왜 마라가 필요한가? 더욱 큰 믿음과 축복을 주시려는 하나님의 뜻이다.

결혼 후 배우자의 단점을 보기 시작하면 끝이 없다. "키도 작고, 눈도 작고, 얼굴도 안 생겼고, 돈도 없고..." 그러나 자세히 보면 단점을 커버하는 장점도 많다. "키는 작지만 정신의 키는 크구나. 눈은 작지만 시야는 넓구나. 얼굴은 안 생겼지만 인상은 좋구나. 돈은 없지만 책임감은 있구나." 중요한 것은 만족하기 힘든 마라 상황에서도 감사하는 것이다.

옛날에는 클럽에서 신나게 춤춰도 거리낌이 없었고 노래방에서 신나게 노래하면 스트레스가 풀렸지만 교회를 다닌 후부터는 그런 자리가 불편해지고 그런 삶에서 더 공허를 느낀다. 은혜를 받으면 술과 담배 맛이 쓰게 느껴진다. 그처럼 세상 즐거움이 마라의 쓴 물로 느껴지는 것이 오히려 축복이다. 그 마라를 통과하면서 참된 축복과 행복을 얻는다.

마라를 만날 때 오히려 감사하라. 하나님은 사랑하는 성도에게 마라의 쓴 맛도 보게 하신다. 그때 잘 통과하면 평생 흔들리지 않는 굳센 믿음을 얻는다. 마라의 삶은 성도가 꼭 거쳐야 할 통과 의례다. 성도에게도 마라가 있음을 인정하고 마라를 두려워하지 말라. 마라를 친구처럼 편히 받아들이면 마라는 큰 믿음을 남기고 곧 떠날 것이다.

하나님! 구원받고 기뻐해도 마라가 찾아올 수 있음을 인정하고 담대하게 마라 상황을 잘 승화시켜서 큰 믿음을 얻게 하소서.

기뻐하며 선을 행하라

사람들이 사는 동안에 기뻐하며 선을 행하는 것보다
더 나은 것이 없는 줄을 내가 알았고 (전도서 3:12)

성도는 승리가 약속되었고 이미 승리한 자로서 큰마음과 큰 시야와 큰 손길을 가진 믿음의 대장부가 되어야 한다. 선을 행할 때도 상대의 태도나 행동에 좌우되지 말고 칭찬이나 보상을 바라지 말아야 불평과 원망과 후회가 없다. 모든 수단과 방법을 통해, 모든 장소와 시점에서, 그리고 모든 사람에게 구준히 선을 행하라. 실천적인 사랑의 손길이 빠진 손가락질만으로는 세상을 변화시키지 못한다. 실천적인 사랑을 가지고 은밀하게 선을 행할 때 세상은 조금씩 변화된다.

한 성도가 25년의 수도원 생활을 청산하고 예수님의 사랑을 몸으로 실천하고 싶어서 세속으로 돌아왔다. 그는 장기수들을 도우며 노숙자들에게 무료로 식사를 제공하는 국숫집을 열고 밥 대접과 함께 사람대접을 했다. 그리고 어떻게 살라고 설교하지 않고 그저 노숙자들의 이름을 따뜻하게 불러주면서 그들의 존재감을 높여 주었다. 그런 관계와 돌봄 속에 하나님이 임하시고 행복이 자리한다.

하나님을 깊이 만나면 선한 일에 대한 갈증이 생긴다. 그 갈증을 따라 해로운 일은 최대한 절제하고 기뻐하며 선을 행하라. 나의 선한 행위는 누군가의 마음 밭에 심은 생명의 씨앗이 되고 하나님의 마음 밭에 심은 복의 씨앗도 된다. 잠언 19장 17절에 이런 말씀이 있다. "가난한 자를 불쌍히 여기는 것은 여호와께 꾸어 드리는 것이니 그의 선행을 그에게 갚아 주시리라." 복을 얻으려고 계산적인 선행을 베풀면 복된 일이 아니지만 순수하게 선행을 베풀면 계산을 초월한 하나님의 은혜가 주어진다.

하나님! 구원받은 자로서 선한 일에 늘 갈증을 느끼게 하시고 비판보다 실천적인 사랑의 손길로 세상을 변화시키게 하소서.

희망을 포기하지 말라

이 잔을 내게서 옮기시옵소서 그러나 내 원대로 마시옵고
아버지의 원대로 되기를 원하나이다 (누가복음 22:42)

하나님은 성도에게 종종 고난도 겪게 하시지만 결국은 최종 승리로 이끄신다. 하나님의 선한 섭리를 신뢰하고 힘들어도 희망을 포기하지 말라. 천국에 대한 소망과 영원에 대한 소망을 가지고 반전의 역사를 꿈꾸며 나의 믿음과 기도와 헌신과 사랑이 결코 헛되지 않음을 믿으라. 하나님은 지금도 멋진 반전의 드라마를 쓰고 계신다. 그 드라마의 주인공이 되도록 믿음과 사랑과 덕성을 준비하라.

가끔 일이 뜻대로 되지 않거나 기도한 대로 응답되지 않아도 현재의 모습만 보고 판단하지 말라. 내일의 환상을 가지고 계속해서 따뜻한 시선으로 나를 바라보며 하나님이 기뻐하시는 기도를 드리라. "하나님! 감사합니다. 제 뜻대로 마옵시고 아버지의 뜻대로 하옵소서." 나의 간절한 기도가 금방 응답되지 않아도 하나님의 침묵은 외면이 아닌 더 좋은 것을 주시려는 크신 사랑의 조치라고 믿으라.

기도에는 '예스'의 응답과 '노'의 응답과 '다르게 주겠다'는 응답과 '기다리라'는 응답이 있다. 하나님의 때까지 넉넉한 믿음으로 준비하며 기다리라. 나쁜 일은 좋은 일과 잇닿아 있을 때가 많다. 유대인 포로의 딸로 고아가 된 기구한 사연의 에스더가 시련 중에도 믿음과 덕성을 잃지 않음으로 결국 바사의 왕비가 되었다. 힘들어도 하나님의 선한 섭리를 신뢰하면서 묵묵히 준비하며 기다리면 하나님은 좋은 사람도 붙여 주시고 좋은 날도 보게 하신다. 성도는 최종 승리가 보장된 존재다. 고난 중에도 믿음을 잃지 않으면 절망적인 자리에서도 다시 일어날 수 있다.

하나님! 하나님의 선한 손길을 믿고 희망을 포기하지 않음으로
시련 후에 곧 다가올 축복을 준비하면서 믿음으로 살게 하소서.

하나님만 온전히 의지하라

내가 네 입과 함께 있어서 할 말을 가르치리라 모세가 이르되
오 주여 보낼 만한 자를 보내소서 (출애굽기 4:12-13)

하나님은 모세에게 사명을 맡기실 때 확신을 주려고 그를 통해 여러 표적이 나타나게 하셨다. 또한 확신을 주는 말씀들을 통해 그를 안심시키려고 하셨다. 그때 모세는 집요하게 사명을 회피할 핑계를 댔지만 하나님은 집요하게 사명을 맡기셨다. 그를 위대한 인물로 만들어 주시려는 조치였다. 하나님은 나의 축복을 나보다 더 원하신다. 하나님의 뜻과 영광이란 초점을 분명히 한 후 큰 축복을 구하라.

하나님이 주신 비전과 사명을 품고 땀을 흘리면 하나님은 약속하신다. "내가 너와 함께하리라." 그 약속을 믿고 흔들리지 않고 나아가면 위대한 역사의 주체가 될 수 있다. 모세는 처음부터 위대한 존재가 아니었고 하나님이 함께하심으로 위대하게 되었다. 혼자 힘만으로는 작은 일도 하기 힘들지만 하나님이 함께하시면 큰일도 할 수 있다. 그 능력의 하나님이 결코 나를 버리지 않고 떠나지 않겠다고 하셨다(히 13:5).

경제가 어려워서 사람들이 해고당해도 하나님은 성도를 결코 해고하시지 않는다. 전세가 불리하고 전망이 어려워도 희망을 잃지 말라. 영적인 평생직장이 보장된 성도는 어떤 시련도 감당할 수 있다. 희망은 늘 장벽을 만나지만 현재의 상황만 바라보지 말라. 믿음의 눈으로 나를 통해 이뤄질 놀라운 일을 바라보라. 하나님은 능력보다 태도를 귀하게 보시고 태도보다 믿음을 귀하게 보신다. 환경을 탓하거나 돕는 사람이 없다고 탄식하지 말라. 사람을 의지하면 얻는 것보다 잃는 것이 많지만 하나님만 온전히 의지하면 하나님이 사람을 통해 신비하게 채워 주신다.

하나님! 하나님이 주신 거룩한 사명을 회피하지 말게 하시고
고난 중에도 꿈과 희망을 잃지 않고 말씀을 따라 살게 하소서.

하나님을 알기에 힘쓰라

범사에 기쁘시게 하고 모든 선한 일에 열매를 맺게 하시며
하나님을 아는 것에 자라게 하시고 (골로새서 1:10)

최고의 지혜는 하나님의 뜻을 아는 것이다. 학력과 지혜는 비례하지 않는다. 말씀 묵상과 진실한 기도와 폭넓은 배움을 통해 하나님의 뜻을 깨달아 알면 학력이 부족해도 영적인 지식은 깊을 수 있다. 학력보다 학식이 중요하다. 잘 모르면 믿음이 잘못될 수 있다. 신앙도 중요하지만 신학도 중요하다. 둘 중의 하나를 무시하면 이원론에 빠져 균형 잡힌 믿음을 잃고 인물의 길에서 멀어진다. 배움을 멀리하고 영성만 자랑하지 말라. 영향력 있는 인물이 되려면 하나님을 아는 지식에도 탁월하기를 힘쓰라.

왜 하나님의 뜻을 알려고 해야 하는가? 지식이 많음을 자랑하기 위해서가 아니다. 하나님의 뜻대로 행함으로 범사에 하나님을 기쁘시게 하고 선한 열매를 많이 맺으면서 하나님을 더욱 깊이 알기 위해서다. 결국 '하나님의 뜻'을 많이 아는 것보다 '하나님'을 깊이 아는 것이 더욱 귀한 복이다. 하나님의 뜻을 많이 아는 것에서 끝나지 말고 하나님을 깊이 아는 것으로 믿음이 성숙해지게 하라.

스스로 능력을 얻은 것이 아니라 하나님이 능력을 얻게 하셨고 스스로 기뻐하며 오래 참은 것이 아니라 하나님이 기뻐하며 오래 참게 하셨고 스스로 기업을 얻은 것이 아니라 하나님이 기업을 얻게 하신 것이다. 하나님의 뜻도 스스로 알게 되기보다 하나님이 알게 해 주셨고 하나님도 스스로 알게 된 것이 아니라 하나님이 알게 해 주신 것이다. 하나님의 뜻을 알기 위해 더욱 말씀과 기도를 가까이하고 하나님의 뜻대로 살면서 하나님을 아는 지식에서 더욱 자라게 되라.

하나님! 학력보다 학식을 갖추고 더 나아가 말씀 지식을 앞세워
하나님의 뜻을 알고 하나님의 뜻대로 신실하게 행동하게 하소서.

누군가의 버팀목이 되라

그는 가난한 자와 궁핍한 자를 불쌍히 여기며
궁핍한 자의 생명을 구원하며 (시편 72:13)

어느 날 성 프랜시스가 십자군 전투에서 쓸쓸히 돌아오는 한 늙은 패잔병을 만났다. 그는 옷이 누더기가 된 채 빼빼 마른 말을 끌고 쓸쓸히 가고 있었다. 그날따라 몹시 추웠는데 바람이 불자 그 노병이 몸을 부르르 떨었다. 너무 안쓰러워서 프랜시스는 자기의 망토를 그에게 씌워 주었다. 그날 밤 프랜시스는 꿈에서 그가 벗어준 망토를 입고 계신 예수님의 모습을 보았다.

누가 하나님과의 깊은 만남을 이루고 예수님의 형상을 닮는 최고의 복을 얻는가? 자신의 눈동자 속으로 감동 가운데 들어온 작은 사람 곁에 서 주려는 사람이다. 사람들은 복 받는 사람을 보면 그를 붙잡고 말한다. "저도 당신과 함께하고 싶습니다." 그런 말을 듣는 존재가 된다면 큰돈을 벌거나 큰 성공을 하지 못했어도 지극히 복된 삶이다. 많은 사람들이 함께하기를 원하는 복의 근원이 되라. 그것을 위해 어렵고 외롭게 사는 누군가의 버팀목이 되려고 하라.

주변을 보면 소외된 사람들이 많다. 그들을 음지에서 양지로 향하도록 환대할 때 부지중에 천사를 대접하는 은혜를 입는다. 외로운 존재들이 서로 환대하면 세상은 그런대로 살 만한 세상이 된다. 때로는 활활 타오르는 불길보다 작은 불꽃에서 더 희망을 느낀다. 특히 어렵고 외로운 사람은 내게 삶의 의미와 용기와 희망을 주는 작은 불꽃과도 같은 존재다. 그 작은 불꽃들을 큰 불길로 피워 내는 거룩한 불쏘시개가 되라.

하나님! 작은 자와 힘들어하는 자의 필요에 힘써 반응함으로 하나님의 은혜를 받고 세상을 변화시키는 존재가 되게 하소서.

내일의 승리를 바라보라

나의 영혼아 잠잠히 하나님만 바라라
무릇 나의 소망이 그로부터 나오는도다 (시편 62:5)

하나님의 계획은 성도의 최종 승리를 위해 짜여 있다. 실패도 최종 승리를 향하고 있고 고난도 최종 승리를 준비하는 과정이다. 현재의 모습만 보지 말고 내일의 승리를 바라보라. 또한 현재의 부족한 현실과 과정을 보고 너무 안달하지 말고 최종 승리를 믿으라. 안달한다고 승리하는 것이 아니라 하나님이 은혜로 지켜 주셔야 승리한다. 하나님이 없으면 아무것도 할 수 없지만 하나님이 함께하시면 결국 승리한다.

결과보다 과정이 중요하다는 말은 과정도 중시하라는 말이지 과정을 보고 판단하라는 말이 아니다. 과정을 중시하는 사람은 과정을 보고 판단하지 않고 과정에서 실패가 있을 수 있음을 깨닫고 그것을 실패로 결론 내리지 않는다. 과정을 중시하면 눈에 보이는 것으로 성급하게 판단하지 않고 믿음과 소망과 사랑도 잃지 않는다. 결국 최종 승리를 얻는다. 과정에서의 초라한 모습으로 인생의 성패를 단정 짓지 말라. 땀과 헌신과 사랑은 긴 시간으로 보면 결코 배반이 없다.

누가 오 리를 가자거든 십 리를 가 주라. 오 리 인생은 종 인생이고 십 리 인생은 주인 인생이다. 오 리 인생은 최종적인 실패로 귀결되지만 십 리 인생은 최종적인 성공으로 귀결된다. 오 리 인생은 시계를 보지만 십 리 인생은 미래를 본다. 현재의 모습으로 판단하거나 실망하지 말라. 하나님 안에서 땀을 흘리며 과정에 충실하면 하나님이 반드시 인생 및 사역의 물꼬가 터지게 하시고 거룩한 만남도 허락하시면서 꿈과 같은 영적인 승진을 이루게 하실 것이다.

하나님! 부족한 현실로 인해 안달하거나 실망하지 말게 하시고
하나님만 붙잡고 십 리 인생으로 살면서 결국 승리하게 하소서.

일할 때 주께 하듯 하라

기쁜 마음으로 섬기기를 주께 하듯 하고
사람들에게 하듯 하지 말라 (에베소서 6:7)

한 목사가 대학생에게 말했다. "학기말 시험 때는 굳이 새벽 예배에 참석하지 않아도 돼." 그래도 그 학생은 열심히 공부하면서 평소와 다름없이 새벽 예배를 드렸다. 목사는 크게 감동했다. 그런 감동이 축복을 예비하는 전조등이다. 하나님께 영광 돌리는 일을 하다가 일시적으로 성적이나 실적이 뒤처지게 되어도 낙심하지 말라. 꾸준히 예배하며 최선을 다하면 조만간 하나님이 최상의 길을 열어 주신다.

일할 때 욕심을 채우려고 일하지 말고 나를 향한 하나님의 뜻을 이루는 과정으로써 하나님께 하듯 일하라. 성경은 나를 고용한 주인도 주님처럼 섬겨 주라고 도전한다. 직장과 일터를 신중히 잘 선택하고 그렇게 선택했으면 그곳에 있는 동안은 주인과 상사를 주님처럼 섬겨 주라. 그러면 나만 손해 보는 것 같고 성경이 마치 주인과 상사 편을 드는 것 같지만 사실상 그 원리는 내가 진정으로 축복받는 길이다.

사람에게 순종하려고 할 때 가끔 기분 나쁘고 자존심 상할 수 있다. 그래도 사람이 아닌 하늘의 뜻에 순종하는 것으로 여기고 순종하면 그것이 위대함이고 축복의 씨앗이다. 불순종하는 사람은 사랑받지 못한다. 기쁘게 순종해야 사랑받는다. 부부도 서로 순종할 때 살맛나고 행복해진다. 순종하면 보상을 받고 불순종하면 보응을 받는다. 하나님은 보상과 보응을 외모나 지위로 결정하시지 않고 내면의 진실과 순종하는 행동으로 결정하신다. 사람이 보지 않아도 주께 하듯 내가 할 일에 최선을 다할 때 나도 변하고 남도 변하고 사회도 변한다.

하나님! 하나님의 길로 가다가 실패해도 낙심이 없게 하시고
모든 일을 주께 하듯 함으로 세상 변화의 초석이 되게 하소서.

섬김을 실천하는 영웅

그러나 그 자유로 육체의 기회를 삼지 말고
오직 사랑으로 서로 종노릇하라 (갈라디아서 5:13)

영국에 이런 속담이 있다. "하루 행복하려면 이발을 하라. 일주일 행복하려면 여행을 떠나라. 한 달 행복하려면 결혼을 해라. 일 년 행복하려면 새집을 지어라. 평생 행복하려면 이웃을 섬겨라." 신혼 기간을 허니문(honeymoon)이라고 한다. 결혼 자체만으로는 한 달 정도만 행복을 줄 수 있다는 뜻이다. 그러나 자발적인 종이 되어 희생하고 헌신하기로 작정하면 평생 행복할 수 있는 허니라이프(honeylife)가 펼쳐질 것이다.

왜 인간관계가 파괴되는가? 서로 종노릇하지 않고 서로 주인 노릇하려고 하기 때문이다. 사랑으로 서로 종노릇하라. 예수님은 친히 종이 되어 주심으로 종이란 비천한 단어를 영광스런 단어로 만들었다. 그렇다면 성도가 종이 되지 못할 이유는 없다. 인생을 평가할 때 중요한 것은 '얼마나 많은 종을 거느리고 살았느냐?'보다 '얼마나 많은 사람을 위해 종노릇했느냐?'는 것이다. 결혼이란 종노릇을 각오함으로 부부 관계 안에서 무한한 행복을 찾는 것이다.

자유를 누리는 삶 중 가장 고귀한 삶은 사랑하는 마음으로 자발적으로 종노릇하는 삶이다. 예수님은 자발적으로 섬기려고 이 땅에 오셔서 위대한 섬김의 영웅이며 승리자의 표본이 되셨다. 누구의 종이 되어야 하는가? 영원한 자유를 주신 주님의 종이 되어야 한다. 늘 이런 고백으로 살라. "주님은 저의 주인이십니다." 자발적인 섬김을 통해 예수님처럼 위대한 섬김의 영웅과 승리자의 길을 따라가려고 하라. 자신의 소유 및 전 존재로 최대한 섬김을 실천하는 작은 영웅이 진짜 영웅이다.

하나님! 서로 주인 노릇을 하기보다 서로 최대한 종노릇함으로 예수님처럼 위대한 섬김을 실천하는 작은 영웅이 되게 하소서.

지금 사랑을 실천하라

이 모든 것 위에 사랑을 더하라
이는 온전하게 매는 띠니라 (골로새서 3:14)

어떤 사람이 5명의 유명한 유대인과 관련해서 이렇게 말했다. "모세는 옳고 그름을 잘 판단하는 '머리'가 제일 중요하다고 말할 것이다. 칼 막스는 진리는 빵에서 나온다고 말하며 '위'가 가장 중요하다고 말할 것이다. 프로이드는 모든 정욕이 여기서 비롯된다고 하며 '하체'를 가리킬 것이다. 아인슈타인은 모든 것은 상대적이라며 '상대성'을 강조할 것이다. 그러나 예수님은 '사랑'이 제일 중요하다고 말씀하실 것이다."

사도 바울이 모든 것 위에 사랑을 더하라고 한 것은 사랑하면 모든 덕이 완성된다는 뜻이다. 또한 그는 "그런즉 믿음, 소망, 사랑, 이 세 가지는 항상 있을 것인데 그 중의 제일은 사랑이라(고전 13:13)."라고 했다. 그 말씀에 어떤 성도는 의문을 갖는다. "믿음으로 구원받는데 왜 사랑이 믿음보다 중요한가?" 그 이유는 수단보다 목적이 중요하기 때문이다. 믿음은 영혼을 하나님과 연결시켜 주지만 사랑은 영혼이 하나님의 마음을 갖게 만든다. 사랑이 구제보다 중요한 이유도 전체가 부분보다 중요하기 때문이다.

인간관계에서 승리하려면 인품과 덕성을 갖추는 것도 중요하고 용납하고 용서하는 것도 중요하지만 가장 중요한 것은 역시 사랑하는 것이다. 사랑하는 마음을 가지고 지금 사랑해야 할 대상에 대해 생각해 보라. 어제의 아픈 일은 잊고 내일 찾아올 불행도 생각하지 말고 지금 사랑해야 할 사람을 힘써 사랑하라. 그가 언제 사라질지 모른다. 내일은 흐린 날이 될지 모르고 다시는 밝은 날이 주어지지 않을 수도 있다. 사랑할 말이 있다면 오늘 하고 실천할 사랑이 있다면 오늘 실천하라.

하나님! 사랑을 제일 중요하게 여기고 실천하신 예수님처럼
사랑하는 마음을 품고 사랑해야 할 사람을 사랑하게 하소서.

믿음으로 대책을 세우라

눈의 아들 여호수아가 싯딤에서 두 사람을 정탐꾼으로 보내며 이르되
가서 그 땅과 여리고를 엿보라 하매 (여호수아 2:1)

하나님은 이스라엘 백성들에게 가나안 땅을 주겠다고 무수히 약속하셨다. 여호수아 1장을 보면 그들이 요단 강을 건너 가나안 땅으로 들어가기 직전에 또 약속을 주셨다. 그렇다면 가나안은 그들의 것이나 다름없다. 그때 어리석은 긍정주의자는 이렇게 생각할 것이다. "전능하신 하나님이 약속했는데 전략이나 전술이 왜 필요한가? 가슴을 펴고 당당하게 북소리를 울리며 요단 강으로 전진하면 하나님이 기적을 베풀어 주실 것이다."

하나님의 약속을 왜곡해 적용하지 말라. 사람이 하나님의 약속을 무기로 무대책, 무대응, 무전략, 무전술로 나아가면 하나님이 기뻐하시지 않는다. 그것은 하나님을 시험하는 행위로써 결국 지게 만든다. 하나님이 약속했어도 힘써 전략과 전술을 세우고 땀을 흘리라. 여호수아는 하나님이 약속하셨어도 최선을 다해 전략과 전술을 세웠다. 그리고 가나안 정복을 위해 먼저 요단 강 동편 싯딤에서 2명의 정탐꾼을 조용히 가나안으로 보내 정탐하게 했다. 소심해서도 아니고 긍정적인 신앙이 없어서도 아니었다. 그는 누구보다 긍정적인 대장군이었지만 세심하게 작전을 짰다.

긍정적인 삶이란 세심한 계획과 대책 없이 멋지게 "전진!"이라고 외치며 만용을 부리는 삶이 아니다. 참된 믿음이 있다면 기도하면서 하나님이 주시는 지혜를 따라 더 세심한 대책을 세우라. 믿음으로 살지만 땀을 흘려야 할 때는 힘써 땀을 흘리고 필요하다면 미래를 대비해 저축도 하고 보험도 들라. 믿음은 무대책을 낳는 것이 아니라 대책을 세우는 것이고 차선으로 만족하는 것이 아니라 최선을 만들어 내는 것이다.

하나님! 하나님의 약속을 내세워 대책 없이 살지 않게 하시고
하나님이 약속했어도 힘써 땀 흘려 찬란한 미래를 얻게 하소서.

사람은 나누면서 행복해진다

그는 종일토록 은혜를 베풀고 꾸어 주니
그의 자손이 복을 받는도다 (시편 37:26)

어느 날 성 프랜시스가 말을 타고 가다가 거지 나병 환자를 보았다. 갑자기 신비한 기운에 사로잡혀 말에서 내려 그에게 돈을 주고 손에 키스를 했다. 다시 말을 타고 길을 가는데 갑자기 뒤를 돌아보고 싶었다. 멀리서 돌아보자 거지가 있던 곳에 거지 대신 예수님이 미소를 띠고 서 계셨다. 위대한 믿음의 선진은 예수님과 복음을 위해 '낮아질 줄 아는 능력'을 가진 사람이었다. 낮아지는 삶이 능력 있는 삶이고 낮아지려는 마음을 가진 것이 기적 중의 기적이다.

소유보다 나눔에서 기쁨을 찾고 비천한 사람도 힘써 존중해 주는 것이 참된 신앙 및 인격의 열매다. 작은 자를 존중하는 것은 주님을 존경하는 것이다. 하나님이 내 눈에 들이신 작은 자를 내게 주신 큰 선물로 여기고 나눔을 실천할 때 그 나눔을 통해 예수님의 환하고 따뜻한 미소를 체험한다. 돈은 나눌 때 진짜 가치와 힘도 생겨난다. 받으려는 가치관은 상처와 불행의 어머니지만 주려는 가치관은 치유와 행복의 어머니다. 왜 인간관계에 상처가 생기는가? 서로 받으려고만 하기 때문이다.

행복은 부에 있기보다 부를 나누려는 마음에 있다. 사람은 사랑을 나눌 마음과 대상이 있어야 행복하게 되어 있다. 태초에 에덴동산은 모든 것이 풍족했지만 아담은 행복하지 못했다. 사랑 대상이 없었기 때문이다. 그래서 하나님은 하와를 주셨다. 그때부터 아담의 행복은 시작되었고 하나님도 그것을 보고 심히 좋아하셨다. 사람은 나누면서 행복해지고 나눔의 능력이 커지면서 비로소 철들게 된다.

하나님! 낮아지려는 마음을 가진 기적의 주인공이 되게 하시고 힘써 나누며 행복을 만들어가고 내일의 복도 예비하게 하소서.

물거품을 무지개로 만들라

항상 기뻐하라 쉬지 말고 기도하라 범사에 감사하라
이것이 그리스도 예수 안에서 너희를 향하신 하나님의 뜻이니라 (데살로니가전서 5:16-18)

교만은 패망의 선봉이고 거만한 마음은 넘어짐의 앞잡이다(잠 16:18). 그 말씀을 거꾸로 하면 겸손은 승리의 전조이고 낮아진 마음은 축복의 길잡이라는 뜻이다. 겸손하면 은혜에 대한 감동으로 항상 기뻐하게 되고, 나의 부족을 알기에 쉬지 않고 기도하게 되고, 모든 것이 감사하게 느껴지기에 범사에 감사하게 된다. 결국 "항상 기뻐하라. 쉬지 말고 기도하라. 범사에 감사하라."라는 말씀은 더 겸손해지라는 말씀이다. 나의 겸손은 하나님이 가장 원하시고 기뻐하시는 뜻이다.

나를 낮추면 올라갈 일만 있기에 역경도 쉽게 딛고 일어선다. 역사는 늘 역경을 딛고 일어서는 사람 편에 섰다. 교만하면 나로부터 나가는 것이 행복도 나가게 만들지만 겸손하면 나로부터 나가는 것이 열매가 되어 돌아온다. 교만하면 불평하고 원망하는 영혼의 약자의 버릇이 생기지만 겸손하면 감사하고 책임지는 영혼의 강자의 체질이 생긴다.

겸손한 믿음을 잃지 않으면 걸림돌은 디딤돌이 되고 물거품은 무지개가 된다. 행복은 소유가 아닌 존재에 있다. 더 나아가 겸손한 헌신에 있다. 나를 위한 존재 의식보다 남을 위한 존재 의식이 더 소중한 것이다. 믿음을 가지고 시선을 얼마나 남에게 돌리느냐에 따라 믿음의 진실성과 성숙성과 순수성과 건강성이 나타나고 감사도 넘치게 된다. 겸손과 감사는 한통속이다. 불행을 행복으로 바꾸는 핵심 매개체는 겸손과 감사다. 겸손과 감사를 통해 물거품의 삶을 무지개의 삶으로 만들라.

하나님! 겸손과 감사를 앞세워서 걸림돌을 디딤돌로 만들고 물거품의 삶을 무지개의 삶으로 만드는 행복이 있게 하소서.

하나님의 무한한 사랑

사람이 친구를 위하여 자기 목숨을 버리면
이보다 더 큰 사랑이 없나니 (요한복음 15:13)

옛날에 절대 권위를 가진 존경받는 한 왕이 왕궁에서 떨어진 오두막에 사는 한 비천한 여종을 사랑하게 되었다. 왕은 진실한 사랑을 그 여종과 나누기를 원했기에 고민했다. "어떻게 그녀에게 나의 사랑을 고백할까?" 그냥 고백하고 싶어도 왕의 신분이 진실한 고백을 주저하게 했다. 왕의 신분을 밝히고 청혼하면 그녀는 제의를 거절할 수 없겠지만 그러면 여종의 진실한 사랑과 마음을 얻지 못할 것 같았다.

왕은 대등하고 진실한 사랑을 원했다. 그리고 여종이 자신을 왕이 아닌 한 인격체로 여기고 순수하게 사랑해 주기를 원했다. 결국 그 소원을 이루려고 스스로 비천한 신분이 되기로 결정하고 평민의 옷을 입고 여종이 사는 오두막으로 향했다. 그때 왕은 단순히 변장만 하지 않고 참된 사랑을 얻기 위해 왕좌를 깨끗이 포기하고 진짜 평민이 되었다. 그 왕이 바로 예수님이다.

하나님은 참된 사랑을 위해 아들까지 내어 주셨고 아들이신 예수님은 이 땅에 오셔서 기꺼이 죽으셨다. 그 사실을 깨닫고 고난 중에도 하나님의 사랑을 의심하지 말라. 고난 중에 사탄이 찾아와 "너는 버림받았다."라고 말해도 그 말을 무시하라. 하나님의 사랑은 무한하다. 예수님이 나의 구원을 위해 성육신해서 십자가의 피를 흘리신 것을 믿고 구원받았다면 그 다음부터는 어차피 죽었다가 살아난 존재로서 덤으로 사는 인생이다. 그러므로 어떤 고난이 있어도 이미 플러스 인생을 살고 있음을 깨닫고 하나님의 절대 사랑을 의심하지 말라.

하나님! 참된 사랑을 보여 주시려고 성육하신 예수님을 생각하며 고난과 시련 중에도 하나님의 절대 사랑을 의심하지 말게 하소서.

작은 일에도 충성하라

작은 일의 날이라고 멸시하는 자가 누구냐 (스가랴 4:10)

스가랴 선지자의 8개 환상에서 다섯 번째는 '순금 등잔대와 두 감람나무의 환상'이다. 그 환상에서 하나님은 스가랴를 통해 '작은 일의 날'을 멸시하지 말라고 하셨다. 작은 일의 날은 스룹바벨 성전 건축을 시작하던 날을 뜻한다. 왜 그날을 작은 일의 날이라고 표현했는가? 솔로몬 성전 건축과 달리 스룹바벨 성전 건축은 작고 초라하게 시작되었기 때문이다. 결국 그 말씀은 작고 초라한 모습으로라도 하나님의 일에 나서면 하나님이 기뻐하시고 그 일을 이뤄 주신다는 뜻이다.

작은 것을 살피고 작은 일에도 최선을 다하면서 세상 방식과 거꾸로 살면 세상의 보상은 없거나 적어도 하나님의 넘치는 보상이 있다. 사람들은 의미보다 재미를 추구하고 평안보다 편안을 추구하며 큰 곳으로 몰리는 경향이 있다. 그러나 '큰물에서 노는 삶'보다 '큰물을 지향하는 삶'이 복된 삶이고 '큰 것을 누리는 삶'보다 '작은 것을 살피는 삶'이 복된 삶이다. 작은 시작을 두려워하지 말라. 미지의 영역을 개척해 나가면 개척자에게 주어지는 특별한 축복과 보상이 있다.

크지만 작은 것이 있고 작지만 큰 것이 있다. 외면보다 내면을 보는 안목을 개발하고 화려함보다 올바름을 지향하는 자세를 갖추라. 작은 것을 소중히 여기는 마음과 작은 진주를 발견하는 안목은 미래의 축복을 선도한다. 작은 것을 중시하면 작은 일에도 충성하게 된다. 큰일로 인정받지 못하는 일에서도 변함없이 충성하면 천국에서는 더 인정받는다. 작은 것의 소중함을 깨닫고 최선을 다하는 믿음을 가지면 큰 산조차 평지가 되면서 오히려 나의 존재 의미가 큰 산처럼 커진다.

하나님! 하나님의 시각에서 작은 일이 결코 작은 일이 아니고 작은 한마디의 기도가 결코 작은 것이 아님을 깨닫게 하소서.

왕 같은 제사장으로 살라

> 너희는 다시 무서워하는 종의 영을 받지 아니하고 양자의 영을
> 받았으므로 우리가 아빠 아버지라고 부르짖느니라 (로마서 8:15)

어느 날 시정을 잘 이끄는 한 시장 부부가 주유소에서 주유 일을 하는 아내의 전 남자친구를 우연히 보게 되었다. 남편이 아내를 보며 말했다. "여보! 당신이 저 남자와 결혼했다면 주유 일을 하는 사람의 아내가 되었을 텐데 나와 결혼한 것이 복인 줄 알아요." 그때 아내가 말했다. "저 남자가 나와 결혼했다면 그가 시장이 되었을 거예요."

겸손한 자기 확신은 행복의 중요한 요소다. 하나님을 나의 아버지로 믿고 자신감을 가지라. 믿음으로 걷고, 믿음으로 생각하고, 믿음으로 말하고, 믿음으로 행동하라. 남을 축하해 주고 높여 주는 것도 잘하면서 나를 축하해 주고 높여 주는 것도 잘하라. 남의 소유나 성취나 부정적인 말로 인해 소심해지지 말라. 성도는 하나님의 자녀이면서 왕 같은 제사장이다. 열등감과 좌절감을 버리고 실패자나 낙오자처럼 살지 말라. 성도는 자기 능력이 아닌 하나님이 주신 힘으로 산다. 하나님의 자녀로서 당당하게 살고 남과 비교하며 자기를 비하시키지 말라.

예수님은 하나님께 직접 나아갈 수 있는 놀라운 특권을 주셨다. 예수님 때문에 천국 길도 열렸지만 하나님과의 깊은 교제의 길도 열렸다. 사람은 하나님과의 교제가 가능한 귀한 존재이고 구원받은 성도는 더욱 귀한 존재다. 내가 왕 같은 존재로서 누구와도 비교할 수 없는 독특한 사랑을 받고 있는 존재임을 기억하라. 더 나아가 왕 같은 존재 의식을 가지면서 실생활에서도 왕답게 살라.

하나님! 실패가 있어도 실패자처럼 사는 모습이 없게 하시고
늘 하나님의 은혜를 앞세워 왕 같은 제사장으로 살게 하소서.

간절히 끈질기게 기도하라

구하라 그리하면 너희에게 주실 것이요 찾으라 그리하면 찾아낼 것이요
문을 두드리라 그리하면 너희에게 열릴 것이니 (마태복음 7:7)

신앙생활에서 소원 성취와 문제 해결을 간절히 구하는 것도 필요하다. 복을 구하는 것 자체가 기복주의는 아니다. 복을 추구하는 것도 믿음 생활의 중요한 목적 중 하나다. 믿음이란 하나님의 은혜와 축복이 있어야 살 수 있음을 인정하는 것도 포함한다. 하나님이 집을 세워 주시지 않으면 세우는 자의 수고가 헛되고 하나님이 성을 지켜 주시지 않으면 파수꾼의 깨어 있음이 허사가 된다(시 127:1).

기복 신앙도 조심해야 하지만 복을 무조건 거부하는 맹목 신앙도 주의하라. 기복 신앙이란 복을 추구하는 방법이 성경적이 아니고 미신적인 것을 뜻한다. 한때 한국 교회는 기복 신앙을 통해 외적인 성장을 추구하는 잘못을 범했다. 그런 잘못을 지적하는 뜻 있는 비판도 들을 필요는 있지만 그것이 지나쳐서 바른 성경적인 복의 추구까지 외면하면 그것은 맹목 신앙이 된다. 맹목 신앙도 기복 신앙처럼 위험하다.

하나님의 축복을 기대하지도 않고 자기 노력만으로 살려는 것은 참된 믿음을 무력하게 만들 수 있다. 무력한 신앙과 경건한 신앙은 다르다. 예수님은 "구하라. 찾으라. 두드리라."라고 말씀했다. 하나님의 뜻을 앞세워 간절히 끈질기게 기도하라. 하나님은 나의 필요를 알고 금방 응답하시기도 하지만 끈질긴 기도와 정성을 통해 나중에 더 차원 높은 축복을 주시기도 한다. 응답이 더디다고 기도를 포기하면 많은 소중한 것을 포기하는 것이다. 많은 기도 제목들을 나중에 나는 잊어버리지만 하나님은 기억하셔서 신비하고 기묘한 방법으로 응답해 주신다.

하나님! 기복 신앙을 주의하되 바른 축복 신앙을 가지게 하시고
찬란한 꿈과 비전을 품고 계속 구하고 찾고 두드리게 하소서.

감사해야 은혜가 간직된다

여호와여 주는 의인에게 복을 주시고
방패로 함 같이 은혜로 그를 호위하시리이다 (시편 5:12)

은혜란 병이 낫고 문제가 풀리고 원하던 것을 얻는 것만이 아니다. 진짜 은혜는 말씀을 듣고 생각과 말과 삶이 변해 선한 열매를 많이 맺고 하나님의 기쁨이 되는 것이다. 백 가지의 재미있고 감동적인 말씀을 듣고 그냥 끝나는 것보다 한 가지의 말씀이라도 실천하는 것이 은혜받은 것이고 또한 평범한 삶에서 하나님의 은혜를 깨닫는 것이 은혜받은 것이다. 현재의 은혜를 깨닫지 못하고 마치 은혜가 없는 것처럼 새로운 은혜 체험만 사모하면 하나님이 먼저 큰 시련과 고통과 병을 겪게 한 후 은혜를 체험하게 하실 수도 있다. 복된 모습이 아니다.

은혜는 깨닫는 것이 중요하다. 내가 부족한 줄 알면 모든 것이 은혜임을 깨닫는다. 내가 작아지면 은혜는 커진다. 이미 주어진 은혜를 깨달을 때 더 은혜가 주어진다. 또한 현재의 은혜를 깨닫는 것만큼 중요한 것이 현재의 은혜를 지키는 것이다. 어떤 교인은 치유되었다고 자랑하면서 은혜의 주인공처럼 행동하다가 얼마 후에는 그 은혜가 어디로 갔는지 모를 정도로 행동한다. '은혜 체험'도 중요하지만 '은혜 간직'은 더 중요하다.

어떻게 해야 은혜가 간직되는가? 범사에 감사할 때 최고로 간직된다. 이미 받은 은혜를 깨닫지 못하고 "은혜 체험을 하고 싶다."라고 하면서 감각적인 은혜를 추구하는 것은 현재 감사하는 삶이 부족하다는 암시다. 반면에 현재 주어진 은혜를 깨닫고 감사하며 그 은혜를 간직하면 현재의 환경이 모질고 힘들어도 얼마든지 행복하게 살 수 있다. 결국 환경이 어떠한가보다 감사가 있는가가 중요하다.

하나님! 기적적이고 감각적인 은혜만 추구하지 말게 하시고
이미 주신 하나님의 은혜를 깨닫고 범사에 감사하게 하소서.

병마를 많이 두지 말라

그는 병마를 많이 두지 말 것이요 병마를 많이 얻으려고
그 백성을 애굽으로 돌아가게 하지 말 것이니 (신명기 17:16)

병마를 많이 두지 말라는 규례는 군사력을 믿고 교만해지지 말고 늘 겸손하라는 뜻이다. 사실상 솔로몬의 타락은 병마를 많이 두면서 시작되었다. 솔로몬의 전성기 때 매년 받은 세금은 금 666달란트로써 거의 백만 명의 노예를 살 수 있는 막대한 금액이었다. 그 돈으로 병거 1,400대를 구비하고 마병 12,000명을 양성했지만 그런 인간적인 힘의 과시가 솔로몬을 타락하게 만들었다. 결국 그의 사후에 나라가 둘로 갈렸다.

모세가 애굽 왕자로서 힘이 있었을 때는 한 명의 동족도 구하지 못했다. 그가 광야로 도망가 40년 만에 광야 학교를 졸업할 때 졸업식장은 호렙 산이었고 졸업 복장은 맨발이었다. 그때 인간적인 힘은 없었지만 하나님의 힘을 의지해 수백만 명의 동족을 구했다. 하나님이 없는 힘센 왕자보다 하나님이 있는 맨발의 목자가 더 큰일을 한다. 그래서 인간적인 힘을 의지하지 않도록 병마를 많이 두지 말라고 명령하셨다.

돈과 힘을 의지하지 말고 하나님만 의지하라. 고난은 자기 힘을 의지하지 않도록 하나님의 선한 섭리 가운데 일시적으로 주어진 맨손 체험 및 맨발 체험이다. 아이들이 맨발로 밖에 나가면 위험하니까 부모는 신발을 신겨 주지만 하나님은 오히려 신을 벗으라고 하신다. 그것은 "내가 너를 업어 주며 가겠다"라는 뜻이다. 사람의 힘을 의지하지 말라. 삶이 힘겨운 이유는 사람의 힘을 너무 의지하려고 하기 때문이다. 하나님을 온전히 의지할 때 참된 힘이 생기고 하나님께 항복할 때 참된 행복이 찾아온다. 사람에게 항복하면 불행해지지만 하나님께 항복하면 행복해진다.

하나님! 고난 체험을 잘 승화시켜 하나님만 의지하게 하시고
맨발 중에 업어 주시는 하나님께 항복해 행복을 얻게 하소서.

하나님의 임재 안에 살라

주 여호와의 영이 내게 내리셨으니
이는 여호와께서 내게 기름을 부으사 (이사야 61:1)

중세 시대에 브라더 로렌스라 불렸던 니콜라스 헤르만은 식당 요리사였다. 어느 날 그는 나무를 보고 나무의 비밀은 보이지 않는 뿌리에 있다는 진리를 발견했다. 그때부터 하나님과의 비밀스런 영적 대화에 나섰다. 그는 평생 은밀한 수도원 부엌에서 지냈지만 주변인들은 그로부터 신비한 기운을 느끼고 그의 방식대로 하나님을 느끼고 싶어 했다. 누군가 그에 대해 이렇게 썼다. "그 선한 형제는 언제 어디서나 하나님을 느꼈습니다. 신발을 수선할 때도 기도할 때처럼 똑같이 하나님을 느꼈습니다."

그가 죽은 후 사람들은 그의 편지와 대화를 모아 책으로 만들어 행복한 영혼의 실체를 묘사했다. 그 책이 브라더 로렌스의 〈하나님의 임재 연습〉이란 책이다. 할리우드 스타는 행복을 얻지 못했어도 옷 몇 벌 없던 부엌의 수도사는 누구보다 행복하게 살았고 사후에는 누구보다 영향력 있는 존재가 되었다. 그런 행복과 영향력이 어떻게 생겼는가? 하나님의 임재를 늘 체험하며 살았기 때문이다.

브라더 로렌스는 매일 수도사들을 위해 음식을 준비하며 부엌에서 노래했다. "모든 식기의 주인 되시는 주님! 주님은 제게 노래하며 식사를 준비시키고 저 많은 그릇을 닦게 하셨나이다." 그는 하나님의 임재 훈련을 통해 초라한 부엌을 지상 천국으로 만들었다. 참된 진리는 고상한 장소나 고상한 이론에서 발견되는 것이 아니다. 마음이 진리를 향해 열려 있기만 하면 작고 초라한 곳에서도 얼마든지 진리는 발견된다. 예수님은 인간의 삶을 화려하게 만들기 위해서가 아니라 인간 자체를 위대하게 만들려고 세상에 오셨다.

하나님! 언제 어디서나 하나님을 느끼는 체험이 넘치게 하셔서
작고 초라한 곳을 기쁨이 넘치는 지상 천국으로 만들게 하소서.

예수님에 대해 목말라하라

의에 주리고 목마른 자는 복이 있나니
그들이 배부를 것임이요 (마태복음 5:6)

'의에 주리고 목마른 자'란 표현은 강한 표현으로써 '남보다 더 의로운 자'를 뜻하는 것이 아니라 '의가 없으면 살 수 없는 자'를 뜻한다. 의에 주리고 목마른 자에게 의는 음식이나 물처럼 중요하다. 윤동주 시인은 하늘을 우러러 한 점 부끄럼도 없기를 원했지만 그것이 쉽지 않아서 잎새에 이는 바람과 같은 작은 죄에도 흔들리는 자신 때문에 괴로워했다. 작은 죄를 짓는 것으로도 괴로워하는 심령이 많아져야 세상은 소망이 넘치게 된다.

의에 주리고 목말라하는 것은 사회 정의에 대한 목마름도 포함된 개념이다. 사람들이 불의를 봐도 그냥 지나치는 이유가 있다. 불의를 지적하면 불편과 고난이 예상되기 때문이다. 그러나 기독교는 산중에 숨은 은둔의 종교가 아니라 삶 중에 사랑을 전하는 종교다. 어려움이 예상되어도 필요하다면 불의를 지적하라. 다만 지적할 때는 고집, 편견, 폭력적 언행 등을 버리고 사랑을 바탕에 깔라.

의에 주리고 목마른 삶의 더 차원 높은 개념은 '예수님에 대해 목말라하는 것'을 뜻한다. 예수님과의 관계가 깊어져야 영혼의 만족도 커진다. 할리우드의 최고 미인 중 하나였던 라켈 웰치(Raquel Welch)는 말했다. "저는 부와 명예 등 원하는 것을 다 얻었지만 영혼은 너무 불행했어요. 사람이 자신이 원하는 것을 다 얻고도 여전히 그렇게 불행할 수 있는지 놀라워요." 그녀의 고백이 인생의 중심에 하나님을 두어야 하는 이유다. 영혼은 예수님을 만나야 참된 만족과 행복을 얻는다.

하나님! 작은 죄를 짓고도 신음하는 의로운 심령이 되게 하시고
예수님을 꼭 붙잡고 죄를 이겨서 참된 만족 가운데 살게 하소서.

예수님께 꼭 붙어 있으라

나는 포도나무요 너희는 가지라 그가 내 안에
내가 그 안에 거하면 사람이 열매를 많이 맺나니 (요한복음 15:5)

삶에 고난이 찾아오는 이유를 사람은 정확하게 알 수는 없다. 다만 고난을 행동 변화를 요구하시는 하나님의 섭리로 알고 선한 변화를 지향하라. 하나님이 성도를 흩으시는 이유는 결국 성도를 모으시기 위해서다. 내가 믿음을 지키면 하나님은 그런 나를 책임지고 지켜 주신다. 지금 힘들어도 내일의 승리에 대한 소망을 가지라. 그 소망이 헛되지 않도록 힘들 때 가장 먼저 해야 할 일은 예수님께 꼭 붙어 있는 일이다.

양심과 책임감이 있는 성도는 가끔 이렇게 생각한다. "내가 하나님의 자녀로서 열매를 많이 맺지 못하고 있구나." 열매에 대한 생각이 지나치면 내가 해야 할 일에 집착해서 영적인 신경 쇠약에 걸릴 수 있다. 성도에게 필요한 우선적인 질문은 '내가 열매를 많이 맺는가?'라는 질문이 아니라 '내가 예수님께 꼭 붙어 있는가?'라는 질문이다. 예전에 한 사람이 죽어 가면서 돈에 집착했던 삶이 바보 같은 삶이었다고 했다. 행복은 돈에 붙잡힐 때 주어지지 않고 예수님께 붙잡힐 때 주어진다.

성도가 해야 할 우선적인 일은 많은 열매를 맺으려고 애쓰는 일이 아니라 포도나무이신 예수님께 꼭 붙어 있는 일이다. 그러면 때가 되어 열매를 맺는다. 신앙생활에서 예수님께 꼭 붙어 있는 삶의 대표적인 모습인 주일성수와 매일 새벽 기도는 무엇보다 중요하다. 봉사도 화려한 봉사보다 꾸준한 봉사가 중요하다. 심지가 흔들리고 기울어지고 늘어진 초는 연기를 많이 낸다. 심지가 견고한 초는 남에게 빛을 비추면서 자신도 빛나게 되고 삶의 거침돌이 조만간 삶의 디딤돌이 된다.

∞— 하나님! 언제 어디서나 변함없이 예수님께 꼭 붙어 있게 하심으로 —∞
현재의 고난이 미래의 열매를 많이 맺게 하는 재료가 되게 하소서.

위기를 기회로 만들라

여호와께서 너희를 위하여 싸우시리니
너희는 가만히 있을지니라 (출애굽기 14:14)

살다 보면 위기가 찾아온다. 말씀대로 순종해도 어떤 때는 사업이 코너에 몰리고 인간관계가 힘들어지고 자녀 문제가 생기고 일이 더 안 풀린다. 위기가 찾아오는 정확한 이유는 몰라도 거기에는 하나님의 선한 뜻이 있다고 믿고 변함없이 감사와 순종을 다짐하라. 그러면 이미 그 상황을 극복한 것이 되고 곧이어 상황도 역전되면서 복된 길이 펼쳐진다.

삶의 위기는 더욱 하나님을 붙잡고 살라는 하나님의 음성을 키워 주는 확성기와 같다. 하나님의 말씀은 성경이나 설교는 물론 고난을 통해서도 주어진다. 때로는 철없는 아이를 통해서도 하나님의 음성이 들리고 하나님의 뜻이 깨달아진다. 아이가 조금만 아파도 기도하면 이런 하나님의 음성이 들린다. "이제 너 혼자서는 아무것도 할 수 없음을 알겠지? 다 내게 맡겨라." 노련한 뱃사공이 역풍을 이용해 더 빨리 목적지로 가듯이 위기 때 하나님을 꼭 붙잡으면 더 빨리 꿈을 이룰 수 있다.

세상 사람은 위기가 오면 망하게 되었다고 하지만 성도에게 위기는 하나님을 더욱 붙잡고 축복받는 기회다. 위기를 기회로 만들라. 위기 앞에서 쓰러지거나 비틀거리지 말라. 어떤 위기도 성도를 넘어뜨릴 수 없다. 위기를 두려워하지 말라. 두려워해야 할 대상은 하나님 한 분뿐이다. 진짜 문제는 두려워하면서 문제를 문제시하는 것이다. 위기 때 믿음을 잃지 않으면 내가 끝장나지 않고 위기가 끝장난다. 성도는 위기 때문에 망하지 않는다. 진짜 위기는 신앙의 위기다. 하나님의 뜻대로 살기로 새롭게 작정하면 위기는 사탄과 문제가 박살나는 기회가 된다.

하나님! 삶의 위기 속에서 하나님의 선한 섭리를 깨닫게 하시고
하나님을 더욱 신속하게 찾음으로 위기를 기회로 만들게 하소서.

경건한 두려움을 가지라

모든 사람이 두려워하여 하나님의 일을 선포하며
그의 행하심을 깊이 생각하리로다 (시편 64:9)

어느 날 밤, 두 명의 가출 학생이 한 교회에 찾아와 잠을 재워 달라고 했다. 목사는 따뜻한 사랑의 말로 잘 타이른 후 허락했다. 다음날 두 학생은 따뜻한 사랑에 감동받았는지 앞으로는 자기들도 교회를 다니겠다고 말하고 떠났다. 목사는 그들이 변화된 줄 알고 기뻤다.

얼마 후 그들이 다시 가출해 다른 4명의 학생들과 함께 와서 그때는 허락도 없이 교회에서 자면서 기물들을 파손하고 난장판으로 만들었다. 곧 경찰들이 와서 학생들에게 고압적으로 소리쳤다. "이 자식들아! 너희들 다 유치장에 처넣는다. 뒤돌아 일렬로 서!" 그때 경찰 앞에서 학생들은 두려움에 젖어 있었다. 목사는 따뜻하게 품어 준 자신은 두려워하지 않고 큰소리치는 경찰은 두려워하는 모습을 보며 씁쓸했다.

두려움에는 경건한 두려움과 비열한 두려움이 있다. 경건한 두려움은 영혼을 비상하게 만들지만 비열한 두려움은 영혼을 비천하게 만든다. 은혜의 하나님 앞에서 경건한 두려움을 가지라. 은혜만 믿고 방종에 빠지면 어느새 하나님은 무서운 경찰의 모습으로 나타나실 수 있다. 사랑과 은혜를 깨닫고 경건한 두려움으로 옷깃을 여미는 삶이 복된 삶이다.

종에게는 시키는 일을 하지 않으면 주인에게 야단맞는다는 비천한 두려움이 있다. 반면에 자녀에게는 사랑하는 아버지를 실망시키지 말아야 한다는 경건한 두려움이 있다. 후자처럼 하나님을 사랑하기에 하나님을 경외하고 교회를 사랑하기에 교회를 소중히 여기는 경건한 두려움을 가지라.

하나님! 하나님의 사랑을 남용해서 방종에 빠지지 않게 하시고 하나님을 사랑하기에 더 잘하려는 경건한 두려움이 있게 하소서.

은금을 쌓아 두지 말라

자기를 위하여 은금을 많이 쌓지 말 것이니라 (신명기 17:17)

자기를 위하여 은금을 많이 쌓지 말라는 규례는 물질을 잘 나누라는 규례다. 한때 믿음이 성공과 부를 준다는 번영 신학이 크게 유행했다. 믿음을 내세워 세상적인 성공과 부를 추구하는 기복주의는 기독교의 진리가 아니다. 단순히 부자가 되기보다 하나님의 뜻과 영광을 위해 나누려는 부자가 되라. 나눌 것이 적어도 잘 나누는 사람이 진짜 부자다. 믿음이란 욕망을 부풀려 돈과 성공에 사로잡히게 하는 것이 아니라 자기를 비워 하나님을 마음의 중심에 모시는 것이다.

은금을 쌓으려는 욕망에 잘 저항하라. 프로테스탄트란 저항자란 뜻으로써 중세 교권에 저항한 사람들이다. 교권에도 잘 저항해야 하지만 금권에도 잘 저항하라. 특히 남의 돈을 억지로 빼앗아 저항하지 말고 기쁘게 나눔으로 저항하라. 미래를 위해 저축하되 은금을 너무 쌓아 두지 말고 선의 재료로 잘 활용하라. 쌓아 두는 삶에 힘써 저항하고 나누려는 삶에 힘써 순종하라. 구원과 성공과 건강의 목적은 하나님의 손과 발이 되어 하나님의 뜻을 이루는 데 있다.

나무가 가을에 잎을 떨어뜨려서 사용 에너지를 최소화시켜 겨울을 대비하듯이 욕망의 가지를 잘 치고 사치와 허영의 잎을 잘 떨어뜨려서 내일을 준비하라. 가난해야 된다는 말이 아니다. 가난에 머물러 나눌 것을 적게 만드는 삶은 복이 아니다. 나눌 것이 많아지게 해서 힘써 나눔으로 선한 영향력을 끼치라. 인생의 허전함과 외로움은 많이 가지지 못한 환경 탓이 아니라 많이 나누지 못한 마음 탓이다. 나눔의 뿌리를 튼튼하게 해야 행복의 열매가 풍성히 맺어진다.

하나님! 물질에 집착하지 말고 하나님의 영광을 힘써 나눔으로 영혼의 뿌리를 깊고 튼튼하게 만들어 열매를 많이 맺게 하소서.

사랑의 샘물을 퍼 올리라

주라 그리하면 너희에게 줄 것이니 곧 후히 되어 누르고 흔들어
넘치도록 하여 너희에게 안겨 주리라 (누가복음 6:38)

한 작가가 10대 때 아버지와 함께 서커스 구경을 갔다. 앞에는 8명의 자녀를 거느린 부부가 줄 서 있었다. 마침내 차례가 되어 그 부부가 매표소 직원에게 입장료를 물어 보는데 가족 모두가 입장하기에는 돈이 부족했던지 곧 남자의 얼굴이 흙빛으로 변했다. 그때 작가의 아버지가 말없이 20달러 지폐를 바닥에 떨어뜨린 후 그 지폐를 다시 줍고 남자의 어깨를 두드리며 말했다. "당신 호주머니에서 이것이 떨어졌소." 남자는 곧 낌새를 알아채고 그 돈을 받고 눈물을 글썽이며 조용히 말했다. "고맙습니다. 저희 가족에게 잊지 못할 선물입니다."

그 남자와 가족들이 서커스 장으로 들어갔다. 대신 그의 가정은 입장료가 없어서 매표소 앞에서 돌아서야 했다. 그날 그는 돈이 없어서 서커스 구경은 못 했지만 마음은 행복했다. 그날 후에도 아버지의 20달러에 대한 기억이 계속 머리에 좋은 영상으로 남아 따뜻한 마음을 주었고 그 마음으로 빚어낸 따뜻한 얘기들을 모아 책을 써서 나중에 20달러의 백만 배가 넘는 2천만 달러 이상의 돈을 벌었다.

내면에서 고갈된 사랑의 샘물을 퍼 올리라. 사랑을 받을 수 없을 만큼 부유한 사람도 없고 사랑을 줄 수 없을 만큼 가난한 사람도 없다. 나눔은 능력과 물질의 문제가 아니라 마음과 관심의 문제다. 무거운 짐을 지고 돌아다니는 차보다 가만히 서 있는 차가 더 빨리 녹슬어 망가지듯이 가만히 있는 영혼은 더 망가지지만 헌신의 짐을 지고 사랑의 샘물을 나눠주면 기도의 능력도 커지고 내면에 축복의 샘물은 더 고인다.

하나님! 내면에서 고갈된 사랑의 샘물을 열심히 퍼 올림으로
새로운 축복의 샘물이 계속해서 고이는 은혜가 있게 하소서.

교회를 아끼고 사랑하라

주의 뜰에 살게 하신 사람은 복이 있나이다 우리가 주의 집
곧 주의 성전의 아름다움으로 만족하리이다 (시편 65:4)

나그네 인생길에서 한 가지 꼭 기억해야 할 사실이 있다. 힘들고 밤이 깊어갈 때 편히 쉬어갈 안식처가 있다는 사실이다. 그곳은 바로 교회다. 해가 저물어 더 이상 목적지를 향해 갈 수 없을 때 나그네는 주막집을 찾아 밥을 먹고 쉬었다가 다음날 출발한다. 그때 주막집 주인에게 길을 물으면 주인은 친절하게 길을 안내해 준다. 그 경우에 주막집은 교회이고 주막집 주인은 목회자다.

나그네 인생길에서 잠깐 안식하고 본향으로 가는 길에 도움이 되는 지혜로운 지침을 받은 후 새롭게 길을 나서려고 영적인 주막(主幕, 주님의 장막)인 교회에 출석하는 것이다. 교회에서 고향으로 갈 사람들이 함께 고향 음식을 먹으며 고향 소식을 듣는 시간이 바로 예배 시간이다. 예배를 통해 말씀을 들으며 천국 평화를 찾고 천국 소망을 뚜렷하게 하라. 신실한 교회 생활에 참된 승리와 행복의 길이 있다.

교회를 사랑하고 교회의 필요에 깊은 관심을 가지고 힘을 보태라. 어릴 때는 사랑을 받다가 철이 들면 사랑을 주게 된다. 남을 생각하며 사랑을 실천하는 것이 성숙의 증거다. 교회를 위해 힘써 드리라. 사랑에는 낭비적인 요소가 있다. 참된 사랑은 잃어버리기를 주저하지 않는다. 잃어버리고 손해 보고도 행복한 것이 사랑이다. 예수님과 교회를 사랑하기에 뭔가를 잃어버리고 기꺼이 손해 본 경험이 있어야 신앙의 진수를 알게 된다. 교회를 위해 눈물과 재물, 젊음과 시간, 피땀과 에너지를 드리면서 행복해하는 사람에게 참된 복과 만족이 따라온다.

하나님! 주님의 몸 된 교회를 최대한 아끼고 사랑하고 섬김으로 교회를 위해 기꺼이 손해를 감수하는 삶이 복임을 알게 하소서.

문제를 남겨 두시는 하나님

그러나 이 모든 일에 우리를 사랑하시는 이로 말미암아
우리가 넉넉히 이기느니라 (로마서 8:37)

왜 하나님은 성도에게 문제가 있게 하시는가? 문제를 통해 하나님의 뜻에 순종하며 사는지를 보고 더 성숙한 믿음을 주시기 위해서다. 하나님은 문제를 남겨 두시는 하나님이다. 문제 앞에서 큰일 났다면서 문제를 문제시하고 하나님을 문제보다 작게 보는 것이 진짜 문제다. 문제를 문제시하지 않고 하나님을 크게 보면 문제는 그렇게 크게 보이지 않는다. 가끔 문제를 만나도 풀리지 않는 문제는 거의 없다. 문제는 풀기 위해 있는 것이다. 성도는 문제를 넉넉히 이길 수 있다.

출애굽 때 하나님은 이스라엘 백성들에게 "너희는 두려워하지 말고 가만히 서서 여호와께서 오늘 너희를 위하여 행하시는 구원을 보라(출 14:13)."라고 하셨다. 출애굽 과정에서 그들은 가만히 있고 하나님이 얼마나 위대한 일을 행하시는가를 보기만 하면 되었다. 실제로 애굽에 10가지 재앙이 내릴 때와 홍해가 갈라져 추격하던 애굽 군대가 멸망할 때에 그들이 한 일은 아무것도 없었다.

출애굽 후에 아말렉 대적을 만났을 때는 하나님이 모세에게 나가 싸우라고 명령하셨다. 그들이 직접 나서서 싸워야 할 아말렉의 문제가 있다는 말은 그만큼 그들이 성장했다는 암시다. 결국 문제는 성장한 사람을 더 성장시키려고 하나님이 두신 것이다. 구원받기 위해 내가 할 일은 아무것도 없지만 구원받은 내가 영적 전쟁에서 승리하고 성숙해지려면 문제를 극복해야 한다. 그런 선한 목적을 위해 문제를 남겨 두는 것이기에 문제 앞에서 낙심하지 말고 그때 오히려 믿음을 굳게 하라.

하나님! 문제를 문제시하며 하나님을 작게 보지 않게 하시고 성숙한 믿음으로 문제를 성장의 기회로 만들어 가게 하소서.

패배자의 딱지를 떼어 내라

예수께서 하나님의 아들이심을 믿는 자가 아니면
세상을 이기는 자가 누구냐 (요한일서 5:5)

인생에서 가장 중요한 것 중 하나가 정체성을 분명히 하는 것이다. 아인슈타인은 학생 때 무엇을 해도 성공하기 힘들다는 말을 들었지만 그 말과는 달리 20세기의 가장 위대한 과학자가 되었다. 남의 부정적인 평가로 나를 규정하지 말라. 나의 운명은 남이 정하지 않고 하나님이 정하신다. 나를 비하하거나 나의 가능성을 사장시키지도 말라. 나는 하나님의 자녀임을 기억하고 사탄과 남과 환경이 내게 붙인 나쁜 딱지를 떼어 내어 인물의 길을 준비하라.

한 고등학생이 공부를 못해 무능한 패배자란 딱지가 붙었다. 자신도 스스로 비천에 빠져 오랫동안 무능한 패배자란 딱지를 붙인 채 근처 공장에서 몇 년간 하위직 일을 했다. 어느 날 공장이 망하면서 다른 공장에 지원했다. 새로 찾아간 공장에서 아이큐 테스트를 했다. 그 공장 60년 역사상 그의 아이큐가 가장 높게 나왔다. 그때 고등학교 졸업 후 17년 만에 무능한 패배자란 딱지를 떼어 냈다. 그 후 사업을 시작해 몇 가지 획기적인 상품을 출시해 크게 성공했다.

내게 붙여진 무능한 패배자란 딱지를 떼어 내라. 성도의 가능성은 무한하다. 현재 모습에 그냥 머물러 있는 것은 사탄과 나쁜 사람의 전략이다. 나쁜 사람이 내게 붙인 딱지로 나를 규정하지 말라. 사람들이 나를 어떻게 생각하느냐보다 하나님이 나를 어떻게 생각하시느냐가 중요하다. 내게 붙은 나쁜 딱지에 강력히 저항하며 수시로 고백하라. "나는 나만의 재능을 가진 특별한 존재다. 하나님이 나를 사랑하신다."

하나님! 남과 환경이 붙인 패배자의 딱지를 잘 떼어 내게 하시고
독특한 재능을 가진 유일무이한 존재로서 승리하며 살게 하소서.

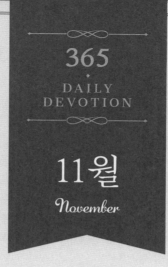

365
·
DAILY
DEVOTION

11월

November

이단에게 미혹되지 말라

이단에 속한 사람을 한두 번 훈계한 후에 멀리하라 (디도서 3:10)

언뜻 보면 화려한 거짓이 소박한 진실을 이기는 것 같다. 거짓말쟁이는 침묵하시는 하나님을 두려워하지 않고 역사를 두려워하지 않지만 거짓된 삶의 추락은 시간문제일 뿐이다. 진실하면 잠깐은 더 배고파지고 실패하는 것 같지만 곧 반전의 역사가 준비된다. 부조리한 현실 속에서 기가 막힐 때도 있지만 정의와 진실의 최종 승리를 믿으라. 하나님이 침묵하시는 것 같을 때 같이 침묵을 즐기며 기도하라. 기도하면 하나님의 계획과 시간과 속도에 조금 더 적응되면서 감사할 수 있다.

말씀에 바로 서면 거짓은 빛을 보지 못한다. 늘 진실하기를 힘쓰라. 한 유명한 간증자는 더 이상 간증을 다니지 않겠다고 했다. 간증할수록 감동적인 사연이 은근히 덧붙여져 자기기만에 빠질 위험성을 알고 스스로 자제한 것이다. 양식 있는 사람은 그렇게 자제하지만 영혼을 노예화하려는 거짓 종교인은 계속해서 거짓말로 영혼을 미혹한다. 거짓말을 잘 분별하고 걸러 내어 나를 지키라. 대박 축복에 너무 목매지 말고 진실한 삶을 살면서 땀을 흘리면 조만간 축복의 때가 찾아온다.

큰돈을 벌어 준다는 미혹에 빠져 가진 돈을 다 날리고 천국의 특별한 선택과 자리를 보장해 준다는 미혹에 빠져 소중한 가정이 깨지면 씻기 힘든 상처가 된다. 이단에 미혹되면 몇십 년간 쌓은 헌신과 행복의 탑이 단번에 무너진다. 성경적인 성공은 외적인 성공이나 내면의 행복 이상의 것이다. 예수님을 믿고 구원받으면 인생에서 거의 성공한 것과 다름없고 이단의 미혹에 넘어가지만 않는다면 인생에서 절반은 성공한 것과 다름없다. 이단 경계는 아무리 강조해도 지나치지 않다.

하나님! 침묵하시는 하나님을 두려워하고 역사를 두려워하며 늘 진실하기를 힘써서 거짓을 물리치는 데 일조하게 하소서.

말씀에 귀를 열라

하나님의 말씀은... 좌우에 날선 어떤 검보다도 예리하여
혼과 영과 및 관절과 골수를 찔러 쪼개기까지 하며 (히브리서 4:12)

말씀의 가장 큰 특징 중 하나가 '찔러 쪼개는 것'이다. 말씀을 들으면 마음이 찔려서 아플 때가 있다. 그것은 말씀이 제대로 잘 들린 것이다. 사람들은 보통 찔리지 않는 말씀만 듣고 싶어한다. 찔리는 말씀을 들을 때 남에게 해당된다고 여기고 나와는 상관없는 말씀으로 들으면 내 영혼에 큰 손해가 된다. 말씀을 보고 들을 때는 수술대에 누운 환자의 심정과 제단 위에 놓인 제물의 심정으로 보고 들으라.

완벽한 하나님의 말씀도 부족한 사람의 언어로 표현되기에 때로는 말씀을 듣고 시험에 들 수도 있다. 그러나 사람에게 전혀 찔림이 없는 말씀은 없기에 늘 어떤 말씀도 받아들일 마음의 준비를 하라. 찔림이 없는 말씀만 듣겠다고 하면 말씀을 제대로 받기 힘들다. 왜 하나님의 말씀이 혼과 영과 관절과 골수를 찔러 쪼개는가? 시험에 빠뜨리기 위해서가 아니라 잘못된 것과 불필요한 것을 잘라 내기 위해서다.

가끔 남으로부터 억울한 비판의 말을 들으면 속이 상하지만 그런 말도 하나님이 내게 주신 말씀으로 들으면 회개 기회로 삼을 수 있다. 누가 나에 대해 부정적인 말을 하면 오해 때문에 하는 말일 수도 있지만 가만히 기도하며 나를 성찰하면 그 말이 맞을 때도 많다. 악인의 말이나 환경 메시지도 취할 것은 취하라. 성도는 말씀을 품고 살아야 복 받도록 운명 지워진 존재. 하나님은 열린 마음으로 말씀을 기쁘게 경청하는 성도를 누구보다 기뻐하시며 복 주신다. 목청을 높이기보다 경청을 앞세워 살라. 말씀에 귀가 열릴 때 은혜의 문도 열린다.

하나님! 말씀을 들을 때 찔리는 말씀도 열린 마음으로 듣고
목청을 높이기보다 경청을 앞세워 은혜의 문을 열게 하소서.

말씀과 기도를 앞세우라

이에 예수께서 곧 그들에게 말씀하여 이르시되
안심하라 내니 두려워하지 말라 (마가복음 6:50)

말씀과 기도는 신앙생활의 핵심 요소다. 말씀과 기도의 하모니가 잘 이뤄지게 하라. 말씀은 하나님으로부터 내려오는 것이고 기도는 하나님께 올라가는 것이다. 말씀을 듣고 기도해야 응답 가능성이 커진다. 하나님의 말씀을 내가 들을 때 나의 기도가 하나님께 들려진다. 기도는 탄원만이 아니다. 기도 내용만큼 중요한 것이 기도 태도다. 기도의 상행선과 말씀의 하행선의 조화가 매끄럽게 이뤄져야 은혜도 매끄럽게 내려진다.

기도할 때 말씀을 가까이하라. 말씀을 힘써 높이고 기도할 때도 말씀을 듣고 기도하라. 하나님은 말씀을 바탕으로 기도할 때 응답의 문이 열리게 하셨다. 그래야 기도를 많이 해도 교만해지지 않고 기도 결과로 인해 실망하지 않기 때문이다. 기도하면서 실망이 잦은 것은 욕심을 이기지 못한 상태에서 기도하기 때문이다. 말씀과 약속을 앞세워 기도하면 시험에 들거나 실망하는 일이 별로 없다.

사람은 다 부족한 존재다. 부족함을 너무 감추려고 하거나 부족함 때문에 열등감을 가지지 말라. 말씀과 기도를 앞세워 살면 약함은 강함이 되고 고통의 위기는 축복의 기회가 된다. 특히 하루의 첫 시간을 말씀과 기도로 시작하면 하나님의 뜻을 깨달으면서 영혼이 하나님의 뜻으로 채워진다. 그때 하나님은 나의 마음을 달래 주며 "안심하라 내니 두려워 말라."라는 음성도 들려주신다. 너무 사람을 찾아 상담받으려고 하지 말라. 상담받을 준비가 충분히 되신 하나님께 물으라. 남의 권면과 충고는 참고하되 최종 결정은 말씀과 기도로 하나님과 깊이 소통한 후 내리라.

하나님! 기도의 상행선과 말씀의 하행선의 조화가 잘 이뤄져서 하나님과의 깊은 소통으로 지혜로운 결정을 하며 살게 하소서.

구원의 은혜를 기뻐하라

나는 오직 주의 사랑을 의지하였사오니
나의 마음은 주의 구원을 기뻐하리이다 (시편 13:5)

다윗은 주의 구원이 아직 임하지 않았을 때도 앞으로 임할 것으로 믿고 기뻐하며 고통 중에도 좌절하지 않았다. 그처럼 이미 구원의 큰 은혜를 받은 존재로서 고난 중에도 기쁨을 잃지 말라. 구원받았으면 사실상 거의 다 받은 것이나 다름없다. 지금 나의 모습이 부족해 보여도 낙심하지 말라. 구원의 은혜를 주신 하나님이 생활의 은혜도 주실 것이다. 예수님이 나를 위해 십자가에 돌아가심으로 나는 예수님처럼 소중한 존재가 되었다. 그런 존재 의식을 가지고 살면 작품 인생 가능성도 커진다.

살다 보면 수많은 상처와 실패를 겪는다. 그때마다 자책과 신음에 빠지기도 한다. 그런 아픔의 흔적들을 단번에 다 지우고 덮을 수 있는 것이 무엇인가? 구원의 밀물이다. 예수님을 영접함으로 얻는 구원의 확신은 은사 체험처럼 '화끈한 체험'은 아니어도 마음의 깊은 곳을 치유해 주고 아물게 해 주는 '지긋한 체험'이다. 형태도 없고 소리도 없는 지긋한 구원의 체험을 한 사람이 세상 어둠의 장막을 걷을 수 있다.

지금까지의 삶은 은혜의 연속이다. 하나님의 감춰진 은혜는 머리털보다 많다. 그것을 생각하며 마음에 감사의 기념비를 우뚝 세우라. 왜 이스라엘 백성이 요단 강을 건넌 후 길갈에 12개의 돌을 세웠는가? 하나님의 은혜로 요단 강을 건넜음을 기억하기 위해서였다. 그런 은혜도 감사하지만 가장 감사한 것은 구원의 은혜다. 생활 속의 은혜가 별과 같은 은혜라면 구원의 은혜는 태양과 같은 은혜다. 가끔 별의 은혜는 잊어도 태양의 은혜는 잊지 말라. 그러면 기쁨도 빼앗기지 않는다.

하나님! 시련 중에도 가장 큰 축복인 구원의 은혜를 생각하고 하나님의 자녀 의식을 가지고 멋진 작품 인생을 만들게 하소서.

사랑의 십자가를 지라

또 자기 십자가를 지고 나를 따르지 않는 자도
내게 합당하지 아니하니라 (마태복음 10:38)

하나님은 지금도 천국 회복을 위해 준비하는 남은 자를 찾으신다. 남은 자란 십자가의 길을 걷는 사람을 뜻한다. 십자가의 길은 한가한 산보가 아니라 가시밭길을 걷는 것처럼 힘겹지만 일단 그 길을 걸으면 생각을 초월한 평안과 기쁨이 생기고 때가 되면 놀라운 회복과 축복의 은혜가 펼쳐진다. 십자가의 좁은 길로 가면 바보처럼 보이지만 그런 거룩한 바보가 세상의 희망이고 그를 통해 세상은 점차 변한다.

십자가의 길로 들어서기를 두려워하지 말라. 거룩한 꿈은 쉽게 이뤄지지 않는다. 거룩한 꿈을 향해 나아갈 때 누구나 고통과 시련을 겪는다. 기다림이 생각보다 오래 지속되기도 한다. 그러나 중요한 사실은 거룩한 꿈은 무의미한 실패로 끝나지 않는다는 것이다. 바람이 세게 불면 들풀은 잠시 몸을 굽히지만 곧 일어선다. 십자가의 길은 절망적인 길이 아니다. 사탄은 십자가를 가장 무서워한다. 십자가는 거룩한 혁명의 씨앗으로써 언젠가 반드시 열매 맺는 날이 온다.

사랑의 십자가를 기꺼이 지라. 참된 혁명은 힘과 폭력으로 변화시키는 것이 아니라 사랑으로 품어 변화시키는 것이다. 끊임없이 평화를 추구하고 남을 쉽게 적으로 규정하지 말라. 정의를 추구하고 불의에 비폭력으로 저항하고 미움과 증오를 극복하라. 미움과 증오로는 세상을 바꾸지 못한다. 예수님은 힘으로 원수를 없애지 않고 인간으로 오셔서 십자가를 통해 갈 길을 밝혀 주셨고 살길을 열어 주셨다. 십자가의 길은 어리석고 더딘 길처럼 보이지만 결국 승리하는 길이다.

하나님! 가시밭길처럼 힘겨울지라도 십자가의 길을 잘 걷고
예수님의 사랑과 용서를 앞세워 세상을 변화시키게 하소서.

승리자로서 치열하게 살라

또 그 땅의 소산물을 먹은 다음 날에 만나가 그쳤으니
이스라엘 사람들이 다시는 만나를 얻지 못하였고
그 해에 가나안 땅의 소출을 먹었더라 (여호수아 5:12)

만나는 이스라엘 백성들이 출애굽 후 신 광야에서부터 먹기 시작했다. 그때는 애굽에서 가져온 음식이 바닥난 절망적인 상태였다. 그때부터 40년간 내리던 만나가 가나안 땅의 소출을 직접 먹게 된 시점부터는 그쳤다. 하나님은 필요를 채워 주셔도 맹목적인 의뢰는 용납하지 않으신다는 암시다. 필요가 채워진다는 믿음이 나태와 게으름을 조장하지 않게 하라. 믿음은 무책임한 것이 아니라 책임을 지는 것이다.

이미 승리가 약속된 존재라도 승리의 환상에만 젖어 아무런 땀도 흘리지 않는 것은 하나님의 뜻이 아니다. 사람의 힘으로 불가능한 것은 하나님이 기적을 통해서라도 이뤄 주시지만 사람의 힘으로 해결할 수 있는 것은 땀과 열심을 통해 이루게 하심으로 달란트를 썩히지 않게 하신다. 그래서 이스라엘 백성들이 가나안에서 필요한 음식을 구할 수 있게 되자 비로소 하나님은 하늘 창고를 닫고 더 이상 만나를 내리지 않으셨다.

승리가 약속된 존재라도 나태하지 말고 승리자로서 치열하게 살라. 가끔 하나님이 하늘 창고를 닫으실 때는 하늘의 기적만을 고대하며 눈만 껌벅이고 있지 말고 팔을 걷어붙이고 일하며 땀샘을 열라. 하나님은 책임적인 삶을 원하신다. 치우친 신앙인은 생활의 책임을 외면하고 날마다 기도원에 가서 산다. 자기 책무를 팽개치고 기도원에 가서 살다시피 하는 이원론적인 믿음을 버리라. 경제적으로나 가정적으로나 사회적으로 책임적인 삶을 살려는 믿음이 복된 믿음이다.

하나님! 하늘의 만나가 더 이상 내리지 않아도 낙심하지 말고
그때 땀샘을 열고 현실을 극복해 내려는 책임감이 있게 하소서.

삶으로 드리는 예배

내가 낙헌제로 주께 제사하리이다
여호와여 주의 이름에 감사하오리니 (시편 54:6)

하나님은 감사를 알 때 참된 축복의 문을 열어 주신다. 특히 잘 될 때의 감사보다 안 될 때의 감사는 더욱 소중한 감사다. 모래에서 금을 찾아내듯이 현실 속에서 감사의 이유를 찾아내라. 복은 감사의 문으로 들어왔다가 불평의 문으로 나간다. 하나님은 감사하는 마음에 임하신다. 믿음이 커지면 감사가 커지고 감사가 커지면 평안이 커진다. 감사 충만이 결국 성령 충만이다. 복된 공동체는 프로그램이나 세미나로 형성되지 않고 거룩한 공통 비전과 넘치는 감사로 형성된다.

예배의 핵심 목적은 축복을 얻기 위한 것이 아니라 감사하기 위한 것이다. 감사하는 마음으로 하나님께 엎드리는 것이 예배다. 영어로 워십(worship)은 원래 워쓰십(worthship)에서 유래한 말로 '하나님께 최고의 가치를 표시해 드리는 행위'를 뜻한다. 경제적인 목적이나 정치적인 목적이나 이성을 만나려는 목적으로 교회에 나오는 것은 하나님이 기뻐하시지 않는 모습으로써 그 목적을 이루지 못한다.

하나님 앞에서 소유권을 주장하면 영혼은 점차 억눌리지만 하나님께 소유권을 이양하면 영혼은 점차 자유롭게 된다. 소유 자체가 잘못이 아니지만 소유한 후 기쁘게 소유권을 이양하는 태도로 연결시키라. 그래서 하나님께 예배하는 마음이 이웃 사랑으로 표현되게 하라. 복된 믿음은 울부짖고 금식하는 삶보다 사랑하고 나누는 삶으로 드리는 예배로 더욱 잘 나타난다. 나눠주며 살면 하나님께도 영광이 되고 내게도 기쁨이 된다. 그리고 나눠준 것은 결국 내게 축복으로 되돌아온다.

하나님! 감사를 아는 마음을 품고 영과 진리로 예배하게 하시고 하나님이 주신 것을 힘써 나눔으로써 삶으로도 예배하게 하소서.

기적보다 말씀이 우선이다

악하고 음란한 세대가 표적을 구하나
선지자 요나의 표적 밖에는 보일 표적이 없느니라 (마태복음 12:39)

신앙생활을 할 때 표적과 기적에 집착하면 기독교 신앙의 본질적인 목적을 잃는다. 흔히 삶이 힘들고 내일에 대한 불안이 심하고 만족이 없을 때 기적과 표적을 추구한다. 그때 기적을 준다는 곳으로 몰려드는 것은 하나님이 기뻐하시는 모습이 아니다. 진실하게 하나님만 바라보고 살아야 하나님이 만나 주시고 축복의 문도 활짝 열어 주신다. 하나님을 바라보지 않고 눈에 보이는 화려한 기적을 추구하면 오히려 축복은 멀어진다.

예수님은 기적을 구하는 태도를 악하고 음란한 태도라고 하셨다. 기적을 원하는 동기가 하나님의 사명 이행보다 자신의 욕구 충족에 더 관심이 있는 모습이기 때문이다. 하나님만 바라고 하나님의 뜻에 관심이 있어야 되는데 겉으로는 하나님을 믿는 것 같아도 속으로 자기 유익에만 관심을 두는 것은 복된 모습이 아니다. 살기 힘들고 마음이 불안하면 기적 중심적인 신앙과 기복주의 신앙의 함정에 빠지기 쉽다. 그런 함정에 빠지지 않도록 기적보다 말씀이 우선적인 가치임을 잊지 말라.

너무 기적에 집착하지 말라. 기적 중심적인 신앙은 기적을 더 멀어지게 한다. 혹시 기적을 체험해도 그 후에 영혼을 망친다. 차라리 죽는 한이 있어도 기복주의에 빠지지 않고 죽는 것이 낫다. 힘들고 불안해도 하나님을 높이는 예배자의 삶을 살고 기적에 몰두하기보다 하나님의 말씀을 듣고 지키는 일에 몰두하라. 그 길만이 진짜 사는 길이고 진짜 복 받는 길이다. 행복을 결정짓는 핵심 요소는 화려한 기적이 없어도 단순하게 꾸준히 하나님의 말씀을 따라가는 것이다.

하나님! 신앙생활을 할 때 너무 기적에 집착하지 말게 하시고
환경과 상관없이 하나님을 높이며 말씀을 앞세워 살게 하소서.

천국에서 큰 자

> 그러므로 누구든지 이 어린아이와 같이 자기를 낮추는 사람이
> 천국에서 큰 자니라 (마태복음 18:4)

누가 천국에서 큰 자인가? 작은 자라기보다는 작게 된 자다. 즉 힘을 과시하거나 나타내지 않고 더 나아가 힘이 있으면서도 없는 것처럼 나를 낮추는 자다. 나를 비우고 낮추면 그만큼 내적인 능력과 영향력이 커진다. 능력 있는 삶을 살려면 능력을 키우면서 동시에 자세를 낮추라. 능력과 자세의 편차가 클수록 영적인 능력이 커진다. 예수님은 가장 높으신 분이었지만 인간으로 낮아지면서 세상에 오실 때도 왕으로 오시지 않고 겸손하게 오셨다. 그것이 위대한 능력의 원천이었다.

성 프랜시스는 부자 아들로 태어나 방탕하게 살았다. 어느 날 그가 환상 중에 천사의 음성을 들었다. "은혜받은 자여! 좁은 문으로 들어가라." 그때부터 그는 모든 것을 버리고 거지처럼 살기 시작했다. 그처럼 자신을 낮추자 그의 삶에 능력이 나타나면서 맹수도 그 앞에서 온유해졌고 자연을 통해 하나님의 세미한 음성을 듣는 능력이 생겼다. 나를 낮추고 버리는 만큼 능력 있는 삶이 나타난다.

신앙의 길은 자기가 없는 길이다. 예수님은 "자기를 부인하고 나를 좇으라."라고 하셨다. 은혜의 진수를 맛보려면 나를 버리고 나의 뜻까지 포기하라. 돈 욕심도 버리고 오직 하나님의 영광을 위해 좋은 일에 쓰려는 목적으로 돈을 벌라. 감리교의 창시자 요한 웨슬레는 호주머니가 회개하지 않는 회개는 가짜라고 했다. 축복과 행복을 얻는 시험에서 헌신은 기초 시험 과목이다. 결국 헌신은 시험거리가 아닌 축복거리다. 드림의 복을 모르면 받음도 없고 감사와 기쁨과 행복도 없다.

하나님! 작아지고 낮아지기를 기뻐하는 천국의 큰 자가 되고
하나님의 영광을 위해 헌신함으로 기쁨과 행복을 얻게 하소서.

하나님의 선하심을 믿으라

여호와께 감사하라 그는 선하시며
그의 인자하심이 영원함이로다 (역대상 16:34)

삶에 다가오는 힘든 고난에는 더 축복하시려는 하나님의 선하신 뜻도 있고 바른 믿음을 가지라는 하나님의 책망도 있고 하나님께 돌아서라는 하나님의 초청도 있다. 고난은 천국 초청장이다. 고난을 통해 하나님께 돌아서지 않으면 더 큰 고난이 찾아온다. 문제 중에도 하나님의 사랑과 선하신 뜻을 확신하라. 하나님은 아들 예수님도 십자가에 못 박으셨다. 제자들이 처음에는 예수님의 십자가를 이해할 수 없었지만 나중에 보니까 그 십자가에는 하나님의 선하신 뜻이 있었다.

힘들 때마다 고난받으신 예수님을 바라보고 하나님의 사랑과 선하신 뜻을 확신하라. 하나님은 나를 큰 인물로 만들려고 가끔 고난을 허락하신다. 고난과 실패를 모르고 살면 지혜도 부족하고 남에게 해 줄 말도 별로 없고 삶도 무미건조하게 되어 남을 감동시킬 수 없다. 반면에 고난과 실패를 많이 겪으면 해 줄 말이 많기에 남을 감동시킬 수 있다. 고난 체험은 하나님이 내게 주신 영적 자산이다.

고난 중에도 실망하지 말고 나의 가치를 인정하라. 지금 내가 살아 있는 이유는 하나님이 나를 여전히 필요로 하시는 증거다. 하나님은 완벽하게 갖춘 사람보다 고난 중에 낮아진 사람을 쓰신다. 하나님의 생각은 사람의 생각과 다르다. 사람은 보이는 것에 좌우되어 배우자를 고를 때도 어떤 사람인가를 보기 전에 무엇을 하는 사람인가를 본다. 그러나 하나님은 믿음이 있는가를 보신다. 고난 중에도 하나님의 선하심을 확신하고 나아가면 조만간 멋지게 쓰임 받는 인생이 될 수 있다.

하나님! 힘든 고난 중에도 하나님의 선하신 뜻이 있음을 믿고
고난을 극복해서 남을 감동시킬 수 있는 인물이 되게 하소서.

경제적인 축복을 꿈꾸라

말씀을 마치시고 시몬에게 이르시되 깊은 데로 가서
그물을 내려 고기를 잡으라 (누가복음 5:4)

어느 날 예수님이 게네사렛 호숫가에 있는 베드로의 배에 오르시고 무리에게 말씀을 마치신 후 베드로에게 깊은 데로 가서 그물을 내려 고기를 잡으라고 말씀하셨다. 그 말씀에는 큰 꿈을 가지고 더 넓은 대양으로 나아가 경제적인 성취를 이루라는 의미도 내포되어 있다. 경제적인 기적의 원천은 대개 안전한 해변보다 침몰하면 죽을지도 모르는 무섭고 깊은 바다에 있다. 깊은 바다에서의 침몰을 걱정하지 말라. 그 배에 예수님을 모시면 된다. 더 넓은 세계로 나아가고 신앙생활도 깊이 하라. 도전과 모험도 없이 해변에서만 지내면 경제적인 기적을 체험할 수 없다.

경제적인 기적을 이루려면 한 가지가 꼭 필요하다. 가치관의 변화다. 경제적인 기적은 이제까지 살던 방식대로 똑같이 살라고 주시는 것이 아니다. 기적을 체험한 후 예수님이 베드로에게 말씀했다. "이제 네가 사람을 낚는 어부가 되리라." 하나님이 경제적인 기적을 주시는 목적은 더 많은 영혼을 구하고 도우라는 뜻이다. 경제적인 축복을 추구할 때는 영혼 구원과 영혼 변화를 위해 추구한다는 뚜렷한 가치관을 가지라.

마지막 때에 사탄의 주공격 통로는 경제 문제다. 그러므로 종말 때라고 느낄수록 더욱 경제적인 사명감을 가지고 선교와 나눔을 선도하는 의로운 부자의 꿈을 가지라. 경제적인 축복으로 많은 영혼을 구하고 변화시키려는 마음이 있는 곳에 보물도 따라오게 된다. 때가 되어 하나님이 허락하신 경제적인 축복을 통해 하나님의 뜻과 천국 비전을 은밀하게 뒷받침하면 인생의 행복과 보람은 최대한으로 커질 것이다.

하나님! 하나님의 마음을 품고 영혼 구원의 사명을 위해 힘쓰며
경제적인 축복을 통해 나눔과 선교에 귀하게 쓰임 받게 하소서.

기쁨의 공유를 추구하라

여호와께서 다스리시나니 땅은 즐거워하며
허다한 섬은 기뻐할지어다 (시편 97:1)

하나님은 세상을 밝게 만드시려고 끊임없이 환경을 통한 메시지를 들려주신다. 문제는 그 메시지를 사람들이 수용하지 않아서 어둠이 깊어지는 것이다. 특히 불평등으로 인한 사회적인 어둠 문제가 심각하다. 믿음은 힘든 상황에서도 "내 잔이 넘치나이다."라는 고백이 나오게 하는 놀라운 힘이지만 남의 잔이 빈 상태에서 내 잔만 넘치면 어둠은 계속된다. 공동체의 잔이 함께 넘침으로 기쁨이 공유되어야 어둠은 물러간다.

기쁨이 공유되려면 내게 기쁨이 되는 것이 남에게도 기쁨이 되어야 한다. 그런 상황이 이뤄지기는 쉽지 않다. 원죄를 가진 인간 사회의 태생적인 모순 때문이다. 내게 웃음을 가져다주는 것이 남에게는 눈물을 가져다줄 때가 많다. 그처럼 많은 세상적인 기쁨은 일방적이다. 종전이 승전국에게는 승리의 찬가를 부를 일이지만 패전국에게는 가슴을 치고 애통할 일이다. 따뜻한 겨울이 영세민에게는 희망의 천사와도 같지만 난방 기구 판매상에게는 고통스런 사자와도 같다.

시편 97편에서 시인은 "땅은 즐거워하며 허다한 섬은 기뻐하라."라고 기쁨의 공유를 호소했다. 어떤 사람은 그런 기쁨의 공유 가능성을 불신한다. 실제로 역사상 기쁨이 만인에게 공유된 적은 없었다. 그러나 하나님이 의와 공평으로 통치하시면 얼마든지 가능해진다. 하나님의 심판은 온전히 공평해서 요행으로 회피할 자도 없고 억울하게 희생될 자도 없기 때문이다. 최대 다수의 행복을 추구하며 어둠 속에서도 하나님을 꼭 붙잡고 살면 진리의 빛으로 세상은 조금 더 밝아질 것이다.

◆——∞ 하나님! 불의와 불평등으로 인한 사회적인 어둠이 심각할 때에
기쁨의 공유에 힘쓰면서 진리의 빛으로 세상을 밝히게 하소서. ∞——◆

섬김으로 행복을 만들라

사랑하는 자들아 우리가 서로 사랑하자
사랑은 하나님께 속한 것이니 (요한일서 4:7)

한 아빠가 딸의 행복한 결혼을 위해 미리 틈틈이 교육했다. "애야, 엄마의 식사 준비를 도우면서 요리도 배워라. 남편을 위해 맛있게 요리할 줄도 알아야지. 남편이 피곤해하면 집안일은 가급적 맡기지 마라." 남들이 보면 그 아빠는 가부장적인 사고를 가진 것 같지만 정작 딸은 아빠에게 전혀 반발심을 가지지 않았다. "남편을 잘 섬겨 주라는 말이구나."라고 여기고 자신의 행복을 위해 믿음 교육, 인성 교육, 가정 교육을 하는 것인 줄 알고 기쁘게 받아들였기 때문이다.

실제로 그 아빠가 딸에게 남편을 섬기도록 교육한 것은 가부장적인 사고가 아니라 성경적인 사고를 바탕으로 한 섬김 교육이었다. 만약 그에게 아들이 있었다면 당연히 이렇게 교육했을 것이다. "너는 네 아내를 누구보다 사랑하고 존중해 주어야 한다. 아내가 힘들어하면 네가 요리나 설거지도 하면서 힘써 도와주어라. 무엇이든지 아내가 힘들어하면 적극 나서서 최선을 다해 섬겨 주어라."

왜 믿음 교육과 섬김 교육이 필요한가? 희생 콤플렉스를 조장하기 위해서가 아니라 그것이 행복의 핵심 원리이기 때문이다. 남에게 희생과 섬김을 강요하면 불행이 찾아오지만 내가 희생과 섬김을 작정하면 행복이 찾아온다. 성도에게 가정과 교회 중 어느 곳을 먼저 살펴야 하는가? 가정이다. 성도의 가정은 '작은 교회'이기 때문이다. 교회를 소홀히 해도 된다는 말은 결코 아니다. 교회는 '큰 가정'이기 때문이다. 가정과 교회를 복되게 만들라. 그것을 위해 무엇보다 필요한 것이 섬김이다.

하나님! 어느 공동체에 가든지 먼저 섬기는 자가 되게 하시고
특히 가정과 교회를 잘 섬김으로 천국 공동체로 만들게 하소서.

속성보다 숙성을 중시하라

우리가 환난 중에도 즐거워하나니 이는 환난은 인내를,
인내는 연단을, 연단은 소망을 이루는 줄 앎이로다 (로마서 5:3-4)

어느 날 한 청년이 만난 지 얼마 되지 않은 처녀와 결혼하겠다고 아버지에게 졸라 댔다. 그러자 아버지가 포도주를 한잔 따라 주며 말했다. "명품 포도주를 만들려면 오랜 숙성 기간이 필요하다. 잘 생각해 봐라." 명품 포도주를 만들려면 좋은 산지에서 기후가 좋을 때 생산된 상품의 포도를 오랜 시간 잘 숙성시켜야 한다. 명품 인생이나 명품 관계도 오랜 시간의 숙성 과정을 통해 이뤄진다.

일찍 성공하면 기분은 좋지만 사실상 천천히 단계를 밟아 성공하는 것이 내용적으로는 더 좋다. 부자가 되는 것도 너무 빨리 되면 바람직하지 않다. 천천히 올라가야 돈의 소중함도 알고 작은 일에 만족할 줄도 알고 행복의 의미도 알게 된다. 비전을 향해 나아갈 때 너무 서두르지 말라. 급한 마음은 건강한 비전 성취를 막는다. 큰일을 이루려면 과정도 필요하고 시간도 필요하다. 상품은 빨리 다량으로 생산되지만 명품은 기다림과 인내와 정성을 들일 때 만들어진다.

왜 묵상이 중요한가? 하나님의 뜻을 깨달으면서 속성 주의에 빠져들지 않게 하기 때문이다. 묵상은 삶의 깊이를 더해 준다. 깊이도 없이 외형이 커지면 역풍이나 후유증이 따른다. 요새 속성 과정으로 무엇을 해 준다는 곳이 많지만 참된 복과 성공은 속성 과정보다 숙성 과정을 통해 얻어진다. 누구에게나 적절한 광야 기간이 필요하다. 속성으로도 약간의 실력을 얻을 수는 있지만 최고의 실력파가 되려면 상당한 시간이 필요하다. 속성보다 숙성을 중시하는 인생이 명품 인생이 된다.

하나님! 인내와 기다림의 숙성 과정을 통해 더욱 성도답게 되고 더 깊이 있는 모습으로 꿈을 이루는 명품 인생이 되게 하소서.

천국 본향을 사모하라

이 사람들은 다 믿음을 따라 죽었으며 약속을 받지 못하였으되
그것들을 멀리서 보고 환영하며 또 땅에서는
외국인과 나그네임을 증언하였으니 (히브리서 11:13)

아브라함은 오늘날의 재벌과 같은 존재였다. 그래도 본향을 바라보며 양보하는 삶을 살았다. 그래도 하나님은 신기하게 더 채워 주셨다. 성경은 재벌이 되는 것을 죄라고 말하지 않는다. 재벌이 되어도 아브라함처럼 되라는 것이 성경이 말하는 메시지다. 세상 사람은 이 땅에서 영원히 사는 줄 알고 재물을 쌓고 욕망대로 살다가 허무하게 죽지만 아브라함은 재벌이면서도 본향을 사모하며 믿음으로 살다가 믿음으로 죽었다.

아브라함은 하나님이 약속하신 축복을 이 땅에서 다 받지 못했다. 만약 다 받았다면 본향에 대한 미련이 없었을 것이다. 아브라함은 하나님이 약속하신 축복을 당대에 다 받지 못했지만 불평하지 않고 꾸준히 하나님의 약속을 사모하며 이 땅에서 나그네처럼 살았다. 그처럼 더 나은 본향에 대한 소망을 늘 품고 살았기에 결국 믿음의 조상이 될 수 있었다.

철학자 사르트르는 '자유'란 주제로 수많은 멋진 글을 쓰고 "죽는 문제에서도 자유를 찾으라."라고 외쳤다. 그러나 죽을 때 불안과 공포에 젖어 탄식했다. "내게는 돌아갈 고향이 없구나." 성도에게 가장 큰 위로의 말은 돌아갈 고향이 있다는 말이다. 인생길은 나그넷길이다. 이 땅에서 가끔 소외되는 일을 당해도 너무 실망하지 말라. 성도는 천국 여권을 가지고 이 땅에서 사는 것이기에 얼마든지 소외되거나 억울한 일을 당할 수 있다. 그러나 앞으로 본향에 가면 눈물을 씻겨 주시는 예수님의 손길을 통해 누구보다 큰 기쁨과 위로를 맛볼 것이다.

하나님! 이 땅에서 열심히 땀 흘려 살면서 성공을 이루게 하시고 성공 후에도 믿음이 퇴색되지 않고 천국을 사모하며 살게 하소서.

치유의 통로가 되라

온순한 혀는 곧 생명 나무이지만
패역한 혀는 마음을 상하게 하느니라 (잠언 15:4)

교회 안에서 예배하고 교제하는 삶도 복된 일이지만 성령 충만한 삶의 능력은 교회 밖에서도 계속되어야 한다. 힘든 사람을 볼 때 마음에서 흘러나오는 긍휼의 샘이 참된 치유의 역사를 일으키는 성령의 기름이다. 치유는 슬퍼하는 자를 껴안아 주고 외로운 자의 친구가 되어 줄 때 나타난다. 누군가 신음하는 사람이 내 마음을 움직이면 무심코 지나치지 말라. 긍휼한 마음으로 행동할 때 놀라운 치유의 기름이 흘러나온다.

앞으로 나는 천국에 가서 고통도 없고 슬픔의 눈물도 없는 삶을 누릴 것이다. 그러나 그전에 하나님은 이 땅에서 내가 누군가의 눈물을 닦아 주기를 원하신다. 그런 나를 통해 치유의 능력이 나타난다. 결국 내 안에 놀라운 치유의 능력이 있는 셈이다. 먼저 누군가의 치유자가 되어 주라. 치유는 큰 소리보다 긍휼한 마음과 따뜻한 얼굴과 온순한 말을 통해 나타난다. 온순한 혀는 치유를 가져다주는 생명나무다. 치유의 통로가 되려고 하면 믿음의 차원도 깊어지고 참된 치유의 은혜도 나타난다.

내 안에 있는 치유 능력과 가능성을 외면하고 치유 집회에서만 치유의 능력을 구하지 말라. 작위적인 치유를 구하면 더 치유가 없다. 치유의 능력을 선전하는 사람이 내는 증폭된 마이크 소리보다 낙심한 사람에게 주는 따뜻한 몇 마디의 말이 더 중요하다. "지금까지 잘 하셨어요. 하나님이 합력해 선을 이루실 겁니다. 힘내세요." 성령으로 마음이 열리면 그 말이 큰 역사를 일으킬 수 있다. 몇 마디 사랑의 말이 누군가를 살리는 기적의 도구가 되고 누군가의 활력을 일깨우는 기폭제가 된다.

하나님! 약하고 힘든 사람을 무심코 지나치지 않게 하시고
긍휼한 마음과 온순한 혀로 누군가를 일으키며 살게 하소서.

예수님처럼 중보기도를 하라

다시 살아나신 이는 그리스도 예수시니 그는 하나님 우편에
계신 자요 우리를 위하여 간구하시는 자시니라 (로마서 8:34)

지금도 예수님은 하나님의 보좌 우편에서 나를 위해 중보기도를 하고 계신다. 그 기도를 힘입어 매일 은혜 가운데 살 수 있게 된다. 가끔 힘든 일이 생겨도 낙심하지 말아야 할 이유는 그때도 여전히 예수님이 나를 위해 기도하시기 때문이다. 성경을 보면 예수님의 중보기도의 중요한 내용은 고통을 면제해 달라는 것이 아니라 진노 중에도 긍휼을 베풀어 달라는 것이었다. 이 세상에서 고통이 전혀 없을 수는 없기에 고통이 없기보다 고통 중에도 하나님의 긍휼이 풍성하기를 위해 기도하라.

기도는 사태를 역전시키고 만사를 변화시킨다. 기도는 하나님의 손길을 움직이는 가장 위대한 도구다. 물론 예수님의 중보기도가 없다면 능력 있는 기도는 가능하지 않다. 나의 기도가 하나님께 상달되는 이유는 예수님의 중보기도 때문이다. 기도할 때 축적한 것을 나중에 필요할 때 꺼내 쓰게 된다. 예수님처럼 중보기도를 하라. 왜 중보기도가 소중한가? 남을 위해 기도할 때 용서의 능력이 커지면서 나의 상처도 치유되기 때문이다. 또한 그때 나의 기도 제목도 속히 응답되기 때문이다.

능력 있는 기도를 드리려면 남 탓을 하기보다 남을 위해 기도하면서 점차 기도의 폭을 넓히라. 중보기도는 소리 없이 할 때 더욱 큰 역사를 일으킨다. "내가 너를 위해 얼마나 기도하는데..."라고 공개하는 것은 중보기도가 아니고 축복받은 사람에게 가서 "내가 너를 위해 기도 많이 했어."라고 하는 것도 중보기도가 아니다. 소리 없이 기도해 주는 참된 중보기도가 하나님의 마음을 움직이고 변화의 역사를 일으킨다.

하나님! 성도를 위해 지금도 계속 중보기도를 하는 예수님처럼 남을 위해 중보기도를 함으로 기도의 능력을 체험하게 하소서.

거룩한 산 제물이 되라

너희 몸을 하나님이 기뻐하시는 거룩한 산 제물로 드리라
이는 너희가 드릴 영적 예배니라 (로마서 12:1)

사도 요한이 밧모 섬에서 예수님의 환상을 보고 예수님의 발 앞에 엎드려 져 죽은 자 같이 되었다(계 1:17). 예배란 주님 발 앞에 엎드려져 죽은 자 같이 되는 것, 즉 주님 앞에 온전한 제물이 되는 것이다. 주님 발 앞에 엎드려 져 죽은 자 같이 되면 새롭게 일어설 수 있는 신비한 능력을 얻는다. 성도들은 종종 이렇게 기도한다. "하나님께 큰 영광을 돌리고 많은 영혼을 구하도록 재물의 축복을 주소서." 그전에 이렇게 기도하라. "제가 먼저 하나님이 기뻐하시는 제물이 되게 하소서." 온전한 '제물'이 될 때 '재물'을 얻는 지혜도 생긴다.

구약 시대에 제사 드릴 때는 꼭 제물이 필요했다. 언뜻 생각하기에 제물이 살아 있으면 더 싱싱해서 좋을 것 같지만 제물은 반드시 죽어야 한다. 제물이 제단 위에서 활개를 치면 안 된다. 흔히 교회를 말할 때 '하나님의 제단'이라고 표현하는데 오늘날 교회에 제단은 있는데 제물은 잘 보이지 않는다. 또한 제물이 있어도 죽지 않고 펄펄 살아 있는 경우가 많다. 하나님은 제단 위의 제물이 살아 있는 제사는 죽은 제사로 보시고 죽어 있는 제사는 산 제사로 보신다.

사도 바울은 로마 성도들에게 그들의 몸을 하나님이 기뻐하시는 거룩한 산 제물로 드리라고 했다. 하나님 앞에 엎드려져 죽은 자처럼 자신을 온전히 드리라는 뜻이다. 성도에게 가장 중요한 일은 성공하는 일이 아니라 제물이 되는 일이다. 온전한 제물이 될 때 하나님은 그 예배를 영과 진리로 드리는 예배로 기쁘게 보시고 축복의 문을 활짝 열어 주실 것이다.

∞ 하나님! 하나님 앞에 엎드려 죽은 자처럼 되는 산 예배를 통해 ∞
하나님을 기쁘시게 하고 생명과 축복의 문을 활짝 열게 하소서.

자발적으로 기쁘게 헌신하라

각각 그 마음에 정한 대로 할 것이요
인색함으로나 억지로 하지 말지니 (고린도후서 9:7)

성경이 정한 헌금 기준은 십일조다. 십일조는 교회와 사역자에 대한 성도의 책임을 나타내는 핵심 표시다. 그 외의 헌금은 마음에 정한 대로 하면 되지만 원칙은 있다. 인색함으로나 억지로 하지 말라는 것이다. 헌금 액수보다 헌금 자세가 더 중요하다. 신앙이 성숙해지고 교회에 대한 책임감이 생기면 자발적으로 헌금하게 된다. 헌금은 자기 홍보용이나 과시용으로 드리지 말고 진실한 신앙 고백을 담아 드리라.

두 가지 신앙 유형이 있다. 첫째, 하나님이 모든 것을 주도하시고 인간은 그 하나님의 섭리에 반응한다는 '하나님 주도적 신앙'이다. 그런 신앙을 가지면 헌금할 때도 하나님의 은혜에 감사하며 헌금한다. 둘째, 인간이 모든 것을 주도하고 하나님은 그 인간의 행위에 보상한다는 '인간 주도적 신앙'이다. 그런 신앙을 가지면 보상을 생각하며 헌금하고 일이 안 되면 금방 "십일조를 드렸는데 왜 축복이 없지?"라고 불평한다. 그것은 하나님께 감사하는 것이 아니고 하나님을 이용하는 것이다.

목회자는 종종 이런 질문을 받는다. "신약 시대에도 십일조를 해야 합니까?" 불필요한 질문이다. 교회 사랑과 책임 의식이 깊어지면 그 질문에 대한 해답은 저절로 찾아진다. 사람은 사랑하는 대상을 위해 드리고 나누면서 가장 행복을 느끼기 때문이다. 교회에서 헌금을 얼마나 잘 쓰느냐의 문제에서 성도의 마음을 충족시킨다면 누구든지 십일조 생활에 기쁘게 동참할 것이다. 범사에 감사하는 마음으로 십일조를 드리고 더 나아가 십일조 드리는 것을 최소한의 헌신으로 여기라.

하나님! 하나님 주도적인 신앙과 더욱 책임적인 신앙을 가지고 범사에 감사하면서 인색함으로나 억지로 헌신하지 않게 하소서.

하나님께 감사하고 감사하라

하나님이여 우리가 주께 감사하고 감사함은
주의 이름이 가까움이라 (시편 75:1)

옛날에 식량난으로 가을에 보리를 심으면 겨울에 보리밟기를 했다. TV를 통해서 많은 사람을 동원해 보리를 밟는 장면을 보면 잘 모를 때는 이상한 생각이 든다. "왜 저렇게 보리 싹을 밟아 버리나?" 그러나 사실상 더 많은 수확을 위해 밟는 것이다. 처음에 나오는 보리 싹을 그대로 두면 결실기에 보리 한 줄기가 평균 100알도 열리지 않지만 그 싹을 밟아 버리면 더 강한 싹이 나와서 결실기에 평균 400알 이상이 열린다.

고난을 믿음으로 잘 소화하고 감사하면 그 고난은 더 큰 축복을 가져다주는 통로가 된다. 고난이 있을 때마다 '하나님의 보리밟기'를 떠올리며 감사하라. 보석은 연마 횟수에 따라 빛깔과 가격이 크게 달라지듯이 성도는 연단 정도에 따라 능력과 가치가 크게 달라진다. 힘든 상황에서도 최종 승리를 확신하고 감사하면서 대장장이가 칼을 벼리듯이 말씀과 기도로 자신을 벼리면 하나님은 더 많은 축복의 열매를 맺게 하신다.

지금 범사에 감사하는 삶을 새롭게 다짐하라. 어려울 때도 최종 승리를 확신하며 감사하고 부정적인 현실 중에도 긍정적인 생각을 하며 감사하라. 또한 범사에 감사하려면 작은 일상의 은혜에도 감사하는 삶을 체질화시키라. 작은 것에 대해 감사할 줄 모르면 삶이 더 힘들어진다. 삶이 힘들게 느껴질 때 작은 감사거리를 많이 찾으면 소생하는 힘이 주어진다. 생각을 바꾸면 어떤 상황에서도 감사할 수 있다. 고통을 축복으로 바꾸는 핵심 요소가 바로 감사다. 행복은 많이 가진 사람의 것이 아니라 많이 감사하며 누리는 사람의 것이다.

하나님! 수시로 다가오는 문제를 축복의 전주곡으로 알고
범사에 감사하면서 고통을 축복의 재료로 만들게 하소서.

결코 좌절하지 말라

형제들아 너희는 선을 행하다가 낙심하지 말라 (데살로니가후서 3:13)

　사람들은 가끔 자신의 부족함을 많이 느낀다. 또한 꿈과 비전을 향해 나아갈 때마다 자신 앞에 거대한 장벽이 있음을 느낀다. 그때 실망하지 말고 하나님만 꼭 붙들라. 하나님 안에 있으면 고난도 승리의 전주곡이 된다. 큰 문제가 있으면 나의 부족함을 절감하며 하나님 앞에서만 엎드리라. 사탄 앞에 엎어지면 그곳에서 사탄이 역사하지만 하나님 앞에 엎드리면 그곳에서 하나님이 역사하신다.

　여객기가 난기류에 휘말려 크게 흔들리면 안내 방송이 나온다. "지금 난기류를 통과하고 있습니다. 안전벨트를 매 주세요." 가끔 인생의 난기류를 만난다. 그때는 삶이 고생스럽지만 늘 고생만 하지는 않는다. 비행기가 심하게 요동쳐도 안전벨트를 꽉 매고 잠깐 견디면 곧 평온해지듯이 하나님을 꼭 붙들고 있으면 어려움도 곧 지나간다. 어려울 때 좌절하지 말고 예배와 기도의 안전벨트를 꽉 매라. 개인이나 가정이나 교회든 어려움이 있는 것은 정상이다. 그때 하나님을 꼭 붙잡고 어려움을 이겨 내면 된다.

　IMF 때 어떤 사람은 좌절했지만 어떤 사람은 오히려 새롭게 태어났다. 지금 삶이 힘들어도 하나님을 꼭 붙들고 예배와 헌신의 자리를 고수하라. 더 나아가 순결한 예배와 헌신을 새롭게 다짐하고 실천하라. 그러면 내 곁을 떠나지 않는 하나님의 도우심으로 어려움은 축복 기회가 된다. 영화를 보면 대부분 주인공이 극심한 어려움을 겪지만 최후에는 승리한다. 때로 주인공이 비극적으로 죽어도 소중한 메시지는 남는다. 그것도 결국 승리한 것이다. 선은 반드시 이기고 악은 반드시 패한다. 의인은 일곱 번도 넘어질지라도 여덟 번 일어나 결국 승리한다.

하나님! 힘들 때 좌절하지 않고 하나님 앞에 엎드리게 하시며
예배와 기도와 헌신의 안전벨트를 굳게 매고 승리하게 하소서.

실패해도 낙심하지 말라

오직 여호와를 앙망하는 자는 새 힘을 얻으리니
독수리가 날개 치며 올라감 같을 것이요 (이사야 40:31)

하나님은 한두 번의 실패나 패배로 낙심하고 주저앉아 있는 모습을 결코 기뻐하시지 않는다. 실패가 있어도 좌절하거나 포기하지 말고 그 실패를 거울삼아 재차 도전해서 승리를 취하라. 실패는 기분 좋지 않은 것이지만 그 실패를 교훈으로 삼으면 인생에 큰 유익이 된다. 성공해서 교만하게 하나님을 외면하면 성공은 실패의 길잡이가 되지만 실패해서 겸손히 하나님을 의지하면 실패는 성공의 길잡이가 된다.

살면서 '어떻게 성공할 것인가?' 하는 것만큼 '어떻게 실패를 딛고 일어설 것인가?' 하는 것도 중요하다. 성공한 사람에게도 다 실패가 있었다. 사람들은 베이브 루스가 714개의 홈런을 친 홈런왕이란 사실은 알지만 1,330개의 삼진을 당한 삼진왕이란 사실은 잘 모른다. 그 무수한 삼진의 실패도 있었기에 홈런왕이 될 수 있었다.

실패할 때 두 가지 사실을 기억하라. 첫째, 실패는 하나님께 버림받은 표시가 결코 아니라는 사실이다. 둘째, 실패를 인생의 교훈으로 삼아야 한다는 사실이다. 유대 격언을 보면 인정받지 못하는 세 종류의 사람이 있다. 담보물도 없이 돈을 빌려 주는 사람, 공처가, 그리고 실패를 두려워해 도전하지 않는 사람이다. 실패를 두려워하면 사탄의 노리개가 되면서 한 발자국도 전진하지 못한다. 그러나 "인생에는 실패도 있다. 실패에는 하나님의 뜻이 있다. 실패해도 좌절하지 말고 실패를 거울삼아 승리를 향해 나아가자."라고 하면 사탄이 꼼짝 못하게 되고 어느새 훌쩍 자란 나를 보게 된다. 성도에게 실패는 최종적인 성공을 위한 하나의 다듬기 과정이다.

하나님! 한번 실패했다고 낙심한 채 주저앉아 있지 말게 하시고
실패를 인생의 교훈으로 삼아 멋지게 일어서서 성공하게 하소서.

눈물에 인색하지 말라

내가 네 기도를 들었고 네 눈물을 보았노라
내가 네 수한에 십오 년을 더하고 (이사야 38:5)

눈물은 육체와 영혼을 건강하게 만든다. 때로는 슬픔의 눈물도 마음을 시원하게 만드는 역사에 큰 역할을 한다. 하물며 사죄의 기쁨과 감격이 넘치는 눈물은 얼마나 놀라운 역사를 낳겠는가? 눈물로 기도하면 기적적인 치유 역사를 많이 체험한다.

예수님은 애통하는 자가 복이 있다고 말씀했다. 고난과 슬픔의 표시인 애통이 어떻게 복의 원천이 되는가? 고난과 슬픔의 가치는 그것 자체에 있지 않고 그것을 통해 얻는 성숙함에 있다. 고난과 슬픔을 통해 참된 자아를 발견할 때도 많다. 영혼이 메마르게 되는 큰 이유는 눈물이 말라 있기 때문이다.

눈물에 인색하지 말라. 눈물의 회복을 위해 기도하라. 예수님도 항상 기뻐하며 사셨지만 가끔 울기도 하셨다. 눈물을 주는 좋은 영화나 책도 보고 감동적인 일에도 참여하며 선교에도 힘써 동참하라. 힘들고 어렵고 답답할 때 실컷 울고 나면 마음이 진정되고 시원해지는 체험을 한다. 그런 눈물도 소중하지만 고귀한 눈물인 회개 및 기도의 눈물을 많이 흘리라.

눈물은 잃었던 영적인 첫사랑도 찾아 주고 편안한 잠도 주고 피도 맑아지게 하고 뼈도 튼튼하게 한다. 기도의 눈물을 통해 영적인 첫사랑을 회복하면 문제도 신기하게 풀린다. 기도의 눈물은 회복의 은혜도 선도하지만 다가올 고난도 미리 막아 준다. 사람 앞에서는 많이 웃더라도 그 웃음을 뒷받침하도록 골방에서는 하나님 앞에서 눈물의 기도를 많이 드리라.

하나님! 사죄와 기쁨과 감격이 넘치는 눈물이 많이 있게 하시고
특히 골방에서의 기도의 눈물을 통해 기쁨과 웃음을 얻게 하소서.

역전 인생을 만들라

수고하고 무거운 짐 진 자들아 다 내게로 오라
내가 너희를 쉬게 하리라 (마태복음 11:28)

한 불행한 여성이 있었다. 남편은 실직했고 자녀들은 학교에서 퇴학당한 후 여기저기 돌아다니며 불량소년으로 자라났다. 어느 날 그녀는 삶이 너무 힘들어서 동반 자살을 하기로 결심하고 자녀들이 자는 사이에 가스 밸브를 열어 놓았다. 조금 후 집안이 가스로 가득차고 정신이 희미해졌다. 바로 그 때 옆집의 열린 문틈으로 찬송이 들려왔다. "내 모든 시험 무거운 짐을 주 예수 앞에 아뢰이면 근심에 싸인 날 돌아보사 내 근심 모두 맡으시네."

그 찬송을 듣자 갑자기 그녀의 눈이 달라졌다. 근심과 고통만 보이던 그녀의 눈에 하나님이 보이기 시작했다. 언뜻 정신을 차리고 무릎을 꿇었다. 그리고 하나님께 자기 인생과 모든 근심을 맡기기로 결심하고 곧바로 일어나서 창문을 열고 혼탁한 공기를 몰아냈다. 며칠 후 자녀들과 함께 시골로 내려가서 새로운 삶을 시작했고 대자연 속에서 하나님의 축복 가운데 다시 일어섰다. 그녀는 나중에 유명한 베스트셀러 작가가 되었다.

이 세상에 근심이 없는 사람은 없다. 중요한 것은 하나님 안에서 모든 근심을 털어 버리고 새롭게 출발하는 것이다. 하나님을 살아 계신 하나님으로 보고 힘들어도 새롭게 일어서서 반전의 역사를 만들어 내라. 삶의 의욕을 잃지 말고 낙심될수록 더 희망을 품고 새롭게 시작하라. 현재 모습이 아무리 비참해도 상관없다. 현재 이전은 바꿀 수 없어도 현재 이후는 바꿀 수 있다. 하나님 앞에서 진실로 회개하고 하나님을 진실로 믿으면 현재 위치에서 새롭게 출발해 얼마든지 역전 인생을 만들 수 있다.

하나님! 아무리 극심한 고난에 처해도 고난만 보지 않게 하시고 하나님께 모든 것을 맡기고 용기를 품고 새롭게 일어서게 하소서.

금식으로 자기를 발견하라

나는 그들이 병 들었을 때에 굵은 베 옷을 입으며 금식하여
내 영혼을 괴롭게 하였더니 내 기도가 내 품으로 돌아왔도다 (시편 35:13)

가끔 간절한 기도 제목이 있을 때 금식한다. 금식은 죄를 멀리하고 하나님께 가까워지려는 회개의 일환으로 하는 일종의 헌신이다. 죄가 얼마나 무서운가? 죄는 고착성이 있다. 찰거머리처럼 집요하다. 죄는 성장성이 있다. 욕심이 잉태해 죄를 낳고 죄가 장성해 사망을 낳는다. 죄는 방해성이 있다. 죄는 하나님 관계와 사람 관계를 극도로 방해한다. 죄는 파멸성이 있다. 죄는 양심과 인격과 가정과 사회를 파멸시키고 영혼도 파멸시킨다. 은혜를 받으려면 죄를 끊어 내라. 그 일이 쉽지 않기에 때로는 금식으로 끊어 내려고 몸부림을 친다.

금식하면 하나님 앞에서 내가 아무것도 아님을 발견한다. 그런 자기 발견 후에 하나님과의 관계 회복이 따라오고 이어서 기쁨과 환희가 주어진다. 그처럼 금식이라는 형식보다 금식을 통한 하나님과의 관계 회복 및 그것을 통해 주어지는 은혜가 중요하다. 금식 자체를 목표로 삼지 말라. 금식하면 기도 응답이 속히 주어지는 은혜도 있고 백혈구의 증가로 몸이 건강해지는 은혜도 있지만 더욱 중요한 목적은 '자기 발견'에 있다.

금식을 영성 자랑의 수단으로 여기면 자기 발견이란 목표와 동떨어진 길로 가게 된다. 그때 위선과 외식이 생기면서 삶은 점차 황폐해진다. 금식의 이유를 바르게 인식하라. 금식은 자기를 발견하고 자기 발견 후 하나님과의 관계를 회복하기 위한 것이기에 자랑과 과시가 없어야 한다. 금식은 하나님과의 깊은 교제를 위한 육신의 고행으로써 선행처럼 은밀하게 해야 하나님이 기뻐하시고 기억해 주실 것이다.

하나님! 금식으로 죄를 끊어 내려는 몸부림이 헛되지 않게 하시고
하나님이 기뻐하시는 금식으로 믿음과 은혜를 회복하게 하소서.

축복의 말을 해 주라

은과 금은 내게 없거니와 내게 있는 이것을 네게 주노니
나사렛 예수 그리스도의 이름으로 일어나 걸으라 (사도행전 3:6)

예전에 한 여성이 큰 상처로 심신이 탈진해 침대에서 일어날 수조차 없었고 곧 죽을 날만 기다리며 병원에서 집으로 옮겨졌다. 오빠가 그 소식을 듣고 집으로 찾아가 그녀가 누운 어두운 침실로 들어갔다. 그때 그가 갑자기 어떤 감동 가운데 창으로 가서 커튼을 열어젖히고 말했다. "빛이신 하나님! 이 방에 임하소서." 그리고 동생에게 다가가서 손을 내밀어 강하게 그녀를 일으키며 말했다. "리사! 일어나 걸어라."

그 말이 그녀의 내면에 잠재한 믿음을 일깨우며 정말로 벌떡 일어나 걸었다. 그때부터 정상적인 생활이 가능해졌다. 나중에 오빠가 신기해서 물었다. "어떻게 그렇게 침대에서 벌떡 일어나게 되었니?" 그녀가 말했다. "그때 일어나 걸어라는 주님 음성을 들었어요." "아냐 리사, 주님이 말씀한 것이 아니라 내가 말했어." "아녜요. 내게는 주님 음성으로 들렸어요." "아냐, 정말 내가 말했어." "절대 아녜요. 주님이 말씀했어요. 그 음성을 들을 때 다리와 몸에 힘이 생겼고 기력과 정신이 돌아와 보고 걸을 수 있었어요."

사랑하는 사람에게 축복의 말을 해 주면 그 말이 그에게는 하나님의 음성으로 들릴 수 있다. 평범한 말도 하나님의 음성이 섞여 들려지면 기적적인 능력을 일으키는 말이 된다. 사랑하는 사람에게 믿음과 축복의 말을 많이 해 주고 그가 자랑스럽다고 하라. 그는 오래도록 그런 말에 많이 굶주려 있었을 수도 있다. 하나님은 축복의 말을 많이 나누는 관계 속에 임하셔서 두 인격체 모두를 축복의 길로 이끄실 것이다.

하나님! 극심한 상처가 있어도 하나님을 붙잡고 일어서게 하시고
축복의 말을 많이 해 줌으로 서로를 축복의 길로 이끌게 하소서.

작은 자를 잘 대접하라

또 누구든지 제자의 이름으로 이 작은 자 중 하나에게 냉수 한
그릇이라도 주는 자는 내가 진실로 너희에게 이르노니 그 사람이
결단코 상을 잃지 아니하리라 하시니라 (마태복음 10:42)

예수님은 작은 자 중 하나에게 냉수 한 그릇이라도 주는 사람은 결단코 상을 잃지 않는다고 하셨다. 간단히 말하면 작은 자를 힘써 대접하라는 말씀이다. 예수님을 영접한 삶이 작은 자를 대접하는 삶으로 나타나게 하라. 힘들게 사역하는 하나님의 일꾼도 존중하며 살피고 없는 자, 약한 자, 병자도 존중하며 살피라.

작은 자를 잘 대접하는 삶은 기적 집회에 자주 참석하는 삶보다 훨씬 복된 삶이다. 기적을 추구하는 자보다 기적의 통로가 되는 자가 되기를 힘쓰라. 힘들고 어렵게 사는 사람이 겪는 절망과 공포를 이해하고 그를 기쁘게 대접하면 참된 기쁨과 보람과 축복이 주어진다. 희망을 빼앗긴 채 어렵게 사는 작은 자들의 설 땅이 되어 주라. 특히 나의 선행에 대해 갚을 능력이 없는 사람을 더욱 힘써 도우라.

작은 자를 대접하는 삶은 인간적인 보상을 바라지 않고 상류에서 그냥 씨를 뿌리는 것과 같다. 그 뿌린 씨가 강물을 따라 상류에서 보이지 않는 하류에 도달한 후 거기서 싹을 내고 열매를 맺어 그곳 사람들이 그 열매를 수확해 먹게 하는 것이 진짜 선교다. 도울 때 내 이름을 빛내려고 하지 말라. 돕는 사람의 이름이 빛날수록 도움받는 사람의 이름은 깎인다. 하나님은 조용한 구제를 기뻐하신다. 탈무드에는 받는 자가 주는 자의 얼굴을 보지 못하는 구제가 참된 구제라고 했다. 작은 자를 귀한 손님처럼 은밀히 잘 대접하면 하나님의 은밀한 상급도 클 것이다.

하나님! 작은 자를 힘써 대접하는 선교 마인드를 가지게 하시고
조용히 선교와 구제에 나섬으로 하나님을 더욱 기쁘시게 하소서.

결단하고 실천에 나서라

온 땅 각 족속이 따로 애통하되 다윗의 족속이 따로 하고
그들의 아내들이 따로 하며 나단의 족속이 따로 하고
그들의 아내들이 따로 하며 (스가랴 12:12)

하나님은 승리하는 삶의 원리로써 '따로' 회개할 것을 강조하셨다. 회개는 하나님 앞에서 개별적으로 하는 것이란 뜻이다. 민족적인 회개도 나의 회개에서 시작되어야 한다. 즉 변화는 회개에 따르는 개인적인 결단에서 시작되어야 한다. 하나님 앞에서 새롭게 헌신하려는 결단은 축복의 물줄기를 극적으로 돌리는 가장 중요한 시발점이 된다.

내 앞에는 무한한 가능성과 축복의 미래가 있다. 성공과 축복을 확신하며 그것을 쟁취하기 위해 결단하라. "하나님을 위해 위대한 일을 하리라. 내 가정과 일터를 통해 하나님께 영광 돌리고 많은 사람에게 기쁨을 주리라." 겨울이 다가오는데 철새가 가을 들판에서 풍성한 낟알을 주워 먹으며 "내일 남쪽으로 가자."라고 출발을 미루면 결국 얼어 죽는다. 어디로 가고 무엇을 해야 할지를 알아도 계속 결단을 미루면 결국 영혼은 죽는다. 좋은 결단을 미루지 말라. 일찍 결단하고 실천에 나서라.

사람들은 흔히 결단을 두려워한다. 결단 후에 펼쳐질 부작용, 실패, 후유증 등을 두려워하기 때문이다. 그러나 가장 두려운 일은 결단 후에 찾아오는 어떤 것이 아니라 결단을 못하는 것 자체다. 결단 후에 고통이 찾아올 것이 예상되어도 결단하라. 믿음은 결단이고 구체적인 체험이며 승리를 향해 나아가는 것이다. 결단할 때 합력해 선을 이루시는 하나님이 새로운 역사와 승리를 주신다. 하나님 앞에 겸손하게 헌신의 눈물을 다짐하고 결단함으로 변화의 주체가 되라.

하나님! 축복의 물줄기를 극적으로 돌리는 변화의 주체가 되도록 선한 일을 미루지 않고 결단해서 선한 열매를 많이 맺게 하소서.

구원 문제부터 해결하라

이르되 주 예수를 믿으라 그리하면
너와 네 집이 구원을 받으리라 하고 (사도행전 16:31)

왜 예수님을 믿는가? 믿음의 최대 목적을 구원받는 것으로 여기라. 누군가가 왜 교회에 다니느냐고 물으면 조금 유치해 보여도 "천국 가려고 믿어요."라고 대답하라. 믿음 생활에는 인격 수양도 필요하고 축복받는 것도 필요하지만 그것들이 신앙의 요체는 아니다. 축복을 목적으로 믿으면 축복이 없을 때 시험에 든다. 신앙에는 축복도 포함되지만 구원이 없는 축복은 의미가 없다. 신앙생활의 최대 목적은 구원받아 천국에서 예수님과 함께 영원히 사는 것이다. 구원을 가치 있게 보는 삶이 구원받은 핵심 증거다. 사람이 가장 먼저 해결해야 할 문제는 구원 문제다.

가난해도 잘사는 사람이 있고 부유해도 못 사는 사람이 있다. 잘사는 것의 실체에 대해서는 인생을 마감하고 하나님 앞에 가 봐야 알 수 있다. 돈이 많다고 가정이 행복한 것이 아니다. 돈 때문에 형제끼리 싸우면서 원수처럼 지낼 때도 많다. 돈이 많다고 부부가 행복한 것도 아니다. 돈 때문에 다른 곳이나 다른 사람에게 눈을 돌려 깨지는 부부가 많다.

잘사는 것은 돈보다 인격 관계로 좌우된다. 참된 축복도 인격 관계로 좌우된다. 돈이 많아도 인격 관계를 망치면 잘사는 것이 아니고 더 나아가 하나님이 없으면 결코 잘사는 것이 아니다. 잘사는 사람이 되려면 죄의 문제를 해결하고 하나님과의 관계를 회복시키라. 그 죄의 문제를 예수님이 십자가의 피로 해결해 주셨다. 늘 구원의 은혜에 감사하며 하나님과의 깊은 관계를 이루고 그 관계를 힘입어 사람과의 선한 관계를 이뤄 가는 사람이 구원받은 사람이고 진짜 잘사는 사람이다.

하나님! 세상의 어떤 축복보다 구원의 축복이 큰 것을 깨닫고
예수님의 십자가를 꼭 붙잡고 진짜 잘사는 길로 가게 하소서.

말씀을 듣고 행하라

그러므로 누구든지 나의 이 말을 듣고 행하는 자는
그 집을 반석 위에 지은 지혜로운 사람 같으리니 (마태복음 7:24)

예수님은 산상수훈 말씀을 마치며 "나의 이 말을 듣고 행하는 자는 그 집을 반석 위에 지은 지혜로운 사람 같다."라고 하셨다. 이 말씀은 '듣는다'는 동사와 '행한다'는 동사를 강조한다. 말씀을 듣고 감동하는 것으로 끝내지 말고 말씀을 듣고 실제로 행해야 신앙의 기초가 튼튼해진다는 뜻이다. 모래 위에 세운 집과 반석 위에 세운 집의 차이는 기초의 차이다. 말씀을 듣고 행하는 신앙의 기초가 든든해야 영혼이 튼튼해진다.

믿음은 들음에서 나지만 들음이 다가 아니다. 말씀을 듣고 "아멘!" 하는 소리만 커도 안 된다. 듣는 것과 행하는 것을 같은 개념으로 여기라. 들음만 있고 행함이 없으면 시험 때에 믿음의 점수가 좋을 수 없다. 잘 들은 것이 은혜받은 것이 아니라 잘 듣고 행한 것이 은혜받은 것이다. 그래서 봉사도 중요하다. 교회에서 한 가지 이상 봉사 자리를 맡고 책임적으로 이행해야 은혜가 지속적으로 머문다.

들음과 행함 사이의 간극을 줄이라. 말씀이 입과 귀에서만 맴돌게 하지 말고 손과 발로도 실천되게 하라. 말씀을 진중하게 듣고 말씀대로 진중하게 살라. 말씀은 영혼의 거울이다. 거울을 보고 얼굴을 아름답게 가꾸듯이 말씀을 듣고 말씀대로 행함으로 영혼을 아름답게 가꾸라. 내가 말씀대로 행할 때 내가 말한 대로 된다. 힘들 때 위로하는 사람의 말을 들어도 힘이 생기는데 하나님의 말씀을 들으면 더욱 힘이 생긴다. 더 나아가 말씀대로 행하면 더욱더 힘이 생긴다. 삶의 위기를 맞았을 때나 전환기에 가장 필요한 것은 말씀대로 살려는 결단이다.

하나님! 말씀을 귀로만 듣고 끝내지 말고 말씀대로 실천해서
세상을 변화시키는 말씀의 능력이 아름답게 나타나게 하소서.

365
·
DAILY
DEVOTION

12월

December

말씀을 집중해서 들으라

그러므로 믿음은 들음에서 나며
들음은 그리스도의 말씀으로 말미암았느니라 (로마서 10:17)

　지식적인 믿음이 좋은 것만은 아니다. 그래도 하나님 말씀에 대해 더 알려고 하라. '믿는 것'은 영혼의 구원과 관련이 있고 '아는 것'은 구원받은 영혼의 성숙과 관련이 있다. 믿음은 성숙해져야 하기에 구원의 믿음을 가진 후에는 더 말씀을 알려고 힘쓰라. 참된 말씀 지식이 늘어날수록 믿음도 커지기에 성경을 더 많이 보고 말씀을 더 가까이하라.

　말씀을 듣는 것 자체만 즐기지 말라. 어떤 교인은 여기저기 집회를 순례하며 재밌는 말씀을 들으면 은혜받았다고 한다. 그러나 말씀을 재밌게 들으면 은혜받은 것 같아도 뒷심이 없는 공허한 은혜로 귀결될 때가 많다. 말씀을 학문적으로 듣는 것도 너무 좋아하지 말라. 여러 종류의 단계별 성경 공부를 이수했어도 나중에 보면 실천적인 삶의 열매가 별로 없는 경우가 많다. 몇 단계 성경 공부의 이수를 영성의 높은 고지를 점령한 것처럼 오해하지 말라. 말씀은 공부하는 것 이전에 먹는 것이다. 영혼의 양식인 말씀이 꿀처럼 들리는 귀를 회복하라.

　믿음의 깊이는 말씀을 듣는 자세와 관련이 깊다. 강의를 듣는 학생의 자세를 보면 대략 그의 미래의 성적이 예상된다. 그만큼 말씀을 듣는 자세가 중요하다. 말씀을 들을 때는 청력으로 가볍게 듣지 말고 마음으로 집중해서 들으라. "어디 설교 잘하나 보자." 하는 자세로 듣지 말라. 예수님은 서른 살에 공생애를 시작하고 말씀을 가르치셨다. 하나님의 말씀을 전하는 것이라면 젊은 사람이 전하는 말씀도 잘 들으라. 믿음은 들음에서 나고 성숙도 들음에서 생긴다.

───∞　하나님! 말씀을 보고 들을 때는 늘 겸손한 자세를 가지게 하시고
말씀에 따르는 실천적인 삶의 열매도 풍성하게 나타나게 하소서.　∞───

교만과의 전쟁에서 이기라

사람의 모양으로 나타나사 자기를 낮추시고 죽기까지
복종하셨으니 곧 십자가에 죽으심이라 (빌립보서 2:8)

많은 사람들은 높은 곳에 행복이 있는 줄 안다. 즉 외모와 학력이 좋고 돈이 많고 집도 커야 행복한 줄 알기에 욕심은 하늘 높이 두고 믿음과 인성은 땅 아래로 팽개칠 때가 많다. 그러나 행복은 교만한 높은 곳보다 겸손한 낮은 곳에 자리한다. 예배와 기도를 경시하면서 물질적이고 외적인 것만 추구하면 많은 것을 갖추고도 영혼이 잘 넘어진다. 반면에 낮은 곳은 쉴 곳, 누울 곳, 자리를 펼 곳이 많기에 잘 넘어지지 않는다. 겸손하면 은혜도 받지만 받은 은혜도 잘 보존된다.

교만은 마귀의 제일 속성이다. 교만하면 사실상 마귀가 영혼을 점령한 것이다. 수시로 교만이 틈타려고 할 때 틈을 허용하지 말라. 인생 최대의 전쟁은 교만과의 전쟁이다. 그 전쟁에서 이기라. 역사상 위대한 황제들이나 대제국들도 다 교만 때문에 망했다. 교만은 모든 것을 망가뜨린다. 결국 인생에서 가장 무서운 것은 교만이다.

예수님은 자기를 낮추어 죽기까지 복종하셨기에 하나님이 예수님을 지극히 높여 모든 이름 위에 뛰어난 이름을 주사 하늘에 있는 것들과 땅에 있는 것들로 모든 무릎을 예수님의 이름 앞에 꿇게 하셨다(빌 2:8-10). 겸손은 나를 낮춰 죽기까지 하나님의 뜻에 복종하는 것이다. 결국 믿음과 겸손은 같이 움직이는 것이다. 하나님을 믿고 겸손하면 재물과 영광과 생명이 따른다. 축복 비결은 의외로 간단하다. 겸손할수록 더 존귀해지고 더 영광을 받고 더 축복받는다. 교만하면 다 안 되는 방향으로 진행되지만 겸손하면 다 되는 방향으로 진행된다.

하나님! 교만한 높은 곳보다 겸손한 낮은 곳에 있기를 기뻐하면서 하나님의 뜻을 따라 죽기까지 순종함으로 은혜를 예비하게 하소서.

육신의 상전에게 순종하라

종들아 모든 일에 육신의 상전들에게 순종하되
사람을 기쁘게 하는 자와 같이 눈가림만 하지 말고
오직 주를 두려워하여 성실한 마음으로 하라 (골로새서 3:22)

하나님은 고대의 종 제도에서 종을 노예처럼 비인격적이 아닌 고용인처럼 인격적으로 대하기를 원하셨다. 또한 종들에게는 육신의 상전들에게 순종하라고 하셨다. 그 말씀은 지금 개념으로 고용주나 직장 상사에게 순종하라는 뜻이다. 일터에서의 순종은 인간 사회의 기본 원리 중 하나다. 국가 체계나 제도나 법률에도 힘써 순종하라. 권력자가 하나님의 원리에 어긋나는 명령을 내리면 "아니오!"라고 하되 순종하려는 기본자세는 잃지 말라.

가정에서도 부모가 잘못된 요구를 해서 "아니오!"라고 할 때도 말대꾸하거나 대들지 말라. 의사를 분명히 밝히되 순종하는 태도를 가지라. 심지어 나쁘고 까다로운 주인에게도 기본적으로는 순종하라. 주인이나 고용주나 상사에게 순종하는 것은 굴종이 아니다. 베드로는 애매히 고난받아도 하나님을 생각하고 슬픔을 참으면 아름답다고 했다(벧전 2:19). 자기 권리를 희생하면 아름답다. 자기 권리를 주장하기보다 그 권리를 하나님께 반납하면 하나님이 모든 일을 선하게 처리해 주신다.

종이 주인보다 더 지혜롭고 탁월하거나 하급자가 상급자보다 더 탁월해도 주인이나 상급자의 명령에 복종하라. 순종 문제는 질서 문제이지 우열 문제나 능력 문제가 아니다. 권위에 순종하는 것은 불명예나 수치나 체면이 손상되는 것이 아니라 오히려 권위를 얻는 첫걸음이다. 순종하는 영성을 가질 때 사람의 사랑도 받고 하나님의 사랑도 받는다. 더 나아가 점차 순종하는 영성을 가진 사람과 수많은 축복도 따른다.

하나님! 육신의 상전 앞에서도 최선의 순종을 보이게 하시고
최고의 상전이신 하나님 앞에서는 절대 순종을 보이게 하소서.

어두울수록 빛나는 신앙

하나님이 빛을 낮이라 부르시고 어둠을 밤이라 부르시니라
저녁이 되고 아침이 되니 이는 첫째 날이니라 (창세기 1:5)

믿음이 좋다고 해서 전혀 문제가 없이 만사형통할 수는 없다. 세상에 문제가 없는 곳은 공동묘지밖에 없다. 삶이 있는 곳에는 자연히 문제도 따른다. 문제를 통해서라도 겸손해지는 것이 만사형통으로 인해 교만해지는 것보다 훨씬 낫다. 그 진리를 알면 고난 중에도 평강을 잃지 않는다. 성도는 오늘은 실패했어도 내일은 승리할 것이고 지금은 어두운 길을 걸어도 내일은 찬란한 아침 햇살 가운데 걸을 것이다.

고난 중에 절망하지 말라. 어두울수록 별빛은 더 빛난다. 어두울수록 빛나는 신앙을 보여 주라. 밤도 필요하다. 인물은 어두운 시대에 나온다. 인격도 어두운 때에 발현된다. 힘들 때 진가를 발휘하는 신앙을 가지라. 고난을 통한 축복과 만사형통의 축복은 축복의 질이 크게 다르다. 고난 중에도 평안을 잃지 않고 하나님께 감사하고 찬양할 수 있는 것은 큰 축복이다. 하나님의 지속적인 축복은 하나님을 사랑하고 찬송과 감사가 넘칠 때 얻어 누린다. 믿음의 기도는 응답을 낳고 응답은 감사를 낳고 감사는 하나님을 사랑하고 찬양하는 모습을 낳아야 한다.

하나님의 구원과 심판은 가장 위대한 찬양 제목이다. 왜 하나님은 찬양받기에 합당하신 분인가? 하나님은 구원하심으로 끝나지 않고 지속적인 번성과 보호의 은혜를 내리시기 때문이다. 하나님은 심은 대로 거두게 하신다. 최종승리가 보장되었어도 계속 믿음으로 기도하고 그 기도가 감사와 찬양으로 끝나게 하라. 그때부터 고난의 길이 인물의 길로 변형되어 반전의 역사가 그 모습을 드러낼 것이다.

하나님! 살아가면서 밤의 시절이 다가와도 낙심하지 말게 하시고
고통 중에도 오직 하나님만 바라보고 기도하며 감사하게 하소서.

드나베의 삶을 앞세우라

너희 의가 서기관과 바리새인보다 더 낫지 못하면
결코 천국에 들어가지 못하리라 (마태복음 5:20)

예수님은 당시의 종교 리더인 바리새인들을 엄히 질책하실 때가 많았다. 그들이 율법을 철저히 지키려는 것 자체는 잘못이 아니었지만 다른 2가지 큰 잘못이 있었다. 하나는 율법을 지키는 삶을 자랑한 것이다. '사랑'의 반대 말은 '자랑'이다. 형식을 지키는 것을 자랑하면 그때부터 그 형식은 외식이 된다. 또 하나는 자신을 기준으로 남을 판단한 것이다. 생각은 자유지만 자기 생각이 절대 기준은 아니다. 사람은 다양하다.

세상을 자기 기준으로 보면 바리새인처럼 된다. 삶을 자기 기준으로 보면 미움이 커지고 남의 기준도 고려하면 사랑이 커진다. 율법에 사랑이 빠지면 그 율법은 껍데기만 남는다. 율법은 억압을 위해 주어지지 않고 사랑과 자유와 평화를 위해 주어진 것이다. 율법 부여는 사람을 향한 하나님의 사랑 표현이고 율법 준수는 하나님을 향한 사람의 사랑 표현이다. 법을 지킬 때는 그 바탕에 사랑의 정신이 깔리게 하라.

바리새인들은 매일 밤마다 자기들이 그날 거룩하게 살았는지를 중요한 율법 조목 및 10계명과 대조하며 점검했다. 그러나 율법을 조목조목 잘 지키는 것보다 예수님이 주신 새로운 계명인 '하나님 사랑'과 '이웃 사랑'의 실천이 더 중요하다. 십자가의 사랑은 일 등급 성도가 되는 제일 요소이고 그 사랑을 실천하는 구체적인 행위가 위로는 하나님께 드리고 옆으로는 이웃과 나누고 아래로는 없는 자에게 베푸는 '드나베의 삶'이다. 사람이 계산하는 복은 '취하는 것'으로 계산되지만 하나님이 계산하시는 복은 '드리고 나누고 베푸는 것'으로 계산된다.

하나님! 믿을 때 바리새인보다 더 나은 의와 사랑이 있게 하시고
최선의 것을 드리고 나누고 베풂으로 하나님을 기쁘시게 하소서.

참여해야 할 때 참여하라

> 그 다음은 드고아 사람들이 중수하였으나 그 귀족들은
> 그들의 주인들의 공사를 분담하지 아니하였으며 (느헤미야 3:5)

느헤미야가 주도한 성벽 재건 공사에 참여한 이스라엘의 38개 가문은 성벽 전체를 42개 공구로 나누어 대략 한 가문이 한 공구씩 맡았다. 그 공사에 권력자들도 대거 참여했고 여자들도 참여했다. 그러나 드고아 출신 귀족들만은 "우리 같은 귀족이 어떻게 이 일을 해."라고 생각해서 참여하지 않았다. 그래도 성벽 재건은 이뤄졌다. 나중에 그들은 성벽을 볼 때마다 크게 부끄러웠을 것이다.

가끔 보면 어떤 부자나 권력자는 "내가 어떻게 이런 사람들과 어울려 이런 일을 하나."라고 생각해서 교회 생활에 잘 적응하지 못한다. 안타까운 모습이다. 교회에서는 비천한 일을 하는 존재가 더 복된 존재다. 또한 고지를 점령한 사람이 평지로 내려가 동고동락하며 잘 어울리려는 것이 행복이다. 참여해야 할 거룩한 일에서 약삭빠르게 빠지면 잃는 것이 많다. 자부심을 잃고 영혼의 기쁨을 잃고 존재 의의를 잃는다. 게다가 내가 빠진 상태에서도 좋은 일이 이뤄지면 존재의 허무감은 더 커진다.

좋은 일에 참여하지 못하면 신망을 잃고 친구도 잃고 명성도 잃고 특히 하늘의 상급을 잃는다. 참여해야 할 때 참여하라. 좋은 일에 참여할 소중한 기회를 잃지 말라. 참여해야 할 좋은 일에는 피곤해도 참여하고 시간이 없어도 참여하고 기분이 내키지 않아도 참여하는 것이 교회 생활을 잘하는 최고 비결이다. 내가 참여하지 않으면 남들이 내 몫까지 해야 한다. 몇 사람의 슈퍼맨이 이끌어 가는 교회는 건강한 교회가 아니다. 모두가 짐을 나누어서 지는 교회가 건강한 교회다.

하나님! 참여해야 할 좋은 일에 슬쩍 빠지는 모습이 없게 하시고 교회를 위한 거룩한 일에 열심히 참여해서 복을 예비하게 하소서.

이긴 상태에서 싸우라

세상에서는 너희가 환난을 당하나 담대하라
내가 세상을 이기었노라 (요 16:33)

예수님의 권세를 생각할 때는 예수님을 영접하고 하나님의 자녀가 된 성도에게 주어진 권세까지 생각하라. 그리고 어떤 환난과 시련도 두려워하지 말고 악한 사탄 마귀도 무서워하지 말라. 유대인은 귀신의 왕을 '파리의 왕'이란 뜻을 가진 바알세불로 불렀다. 성도는 마귀를 능히 이길 수 있는 존재라는 암시다. 어느 누구도 파리를 무서워하지 않는다. 파리의 왕도 마찬가지다. 믿음은 어떤 어둠의 세력도 능히 이기게 한다.

귀신을 무서워하지 말라. 놀라운 권세가 주어진 성도가 극복하지 못할 환경은 없다. 항상 담대한 믿음을 가지고 자신감 있게 살라. 비전을 이루는 사람의 중요한 특징은 구경꾼처럼 앉아 있지 않고 작은 일에 넘어진 채로 있지 않는다는 것이다. 찬란한 비전에는 늘 장벽이 있다. 장벽이 생길 때마다 하나님이 즐겨 주시는 말씀은 마음을 강하게 하고 담대히 하라는 말씀이다. 이미 승리한 싸움이란 암시다. 성도의 싸움은 '싸워서 이기는 싸움'이 아니라 '이미 이긴 상태에서 싸우는 싸움'이다.

사람은 누구나 큰 문제 앞에서 불안과 두려움이 생길 수 있다. 신실한 신앙인도 불안과 두려움에 사로잡힐 때가 있다. 그때 하나님의 말씀을 믿고 용기 있게 일어나 전진하라. 신구약 성경에는 '일어나라'는 단어가 618번 나온다. 실패한 채 그냥 있지 말라. 하나님은 내가 실패한 채로 상황을 끝내지 않으신다. 믿음만 잃지 않으면 실패와 고통 후에는 최종 승리가 주어진다. 현재의 어려움에 지나치게 몰입되지 말라. 성도는 이미 승리로 규정된 싸움을 하고 있는 존재다.

하나님! 환난이나 시련이나 사탄을 결코 무서워하지 말게 하시며
이미 승리로 규정된 상태에서 싸우는 싸움을 잘 이겨 내게 하소서.

기적 중심적인 신앙을 버리라

큰 이적을 행하되 심지어 사람들 앞에서
불이 하늘로부터 땅에 내려오게 하고 (요한계시록 13:13)

말세에는 거짓 선지자가 창궐한다. 거짓 선지자는 불이 하늘로부터 땅에 내려오게 하는 엄청난 기적을 행하기도 한다. 하나님도 기적을 일으키시고 마귀도 기적을 일으킨다면 어떻게 그 기적을 분별하는가? 기적을 통해 하나님 및 말씀과 가까워지는가를 보면 된다. 축복받은 후 하나님과 가까워지면 그 축복은 하나님이 주신 축복이다. 반면에 축복받은 후 하나님과 멀어지면 하나님이 주신 축복이 아니다.

고난도 마찬가지다. 고난을 통해 하나님과 가까워지면 그 고난은 하나님이 허락하신 고난이다. 결국 모든 현실을 하나님이 주신 것으로 승화시키는 비결은 그 현실을 통해 하나님을 만나는 것이다. 화려하고 환상적이고 특별한 신앙만 추구하지 말고 신실한 신앙을 통해 나의 영혼을 미혹으로부터 지키라. 놀라운 기적과 성공의 주인공이 되려고만 하지 말고 단순한 진리에도 축복 및 성공의 원리가 담겨 있음을 알라.

하나님은 기적과 축복이 없어도 하나님을 신실하게 붙잡는 사람을 기뻐하신다. 단순한 것에서 진리를 찾고 감사하면서 믿는 것이 참된 신앙의 맛이고 멋이다. 기적이 일어나는 것 때문에만 믿는다면 보지 않고도 믿는 믿음이 무슨 필요가 있는가? 놀라운 기적을 원하는 대로 보여 주고 믿으라면 다 믿을 것이다. 그래서 하나님은 기적의 하나님이시지만 참된 믿음의 사람을 골라내려고 기적을 시도 때도 없이 주시지 않는다. 기적에 집착하면 과정도 없이 열매만 찾는 무책임한 사람이 되기 쉽다. 지나친 기적 추구는 참된 영성의 길을 저해한다.

하나님! 기적만 찾아 헤매는 기적 중심적인 신앙을 버리게 하시고 매일의 평범한 삶에서도 하나님을 만나는 신실함이 있게 하소서.

사랑으로 서로를 섬겨 주라

우리는 그가 만드신 바라 그리스도 예수 안에서
선한 일을 위하여 지으심을 받은 자니 (에베소서 2:10)

어느 날 영국의 한 부잣집 소년이 연못에 빠져 죽게 되었을 때 수영 잘하는 한 가난한 집 소년이 구해 주었다. 둘은 곧 친구가 되었다. 얼마 후 부잣집 소년이 말했다. "네 꿈이 뭐야? 꼭 듣고 싶어." 가난한 집 소년이 무심코 말했다. "내 꿈은 런던에 가서 의학 공부하는 거야." 부잣집 소년이 말했다. "내 소원 좀 들어줄래?" "뭔데? 할 수 있다면 다 들어줄게." 부잣집 소년이 말했다. "아빠에게 말해 네가 의학 공부를 하도록 돕고 싶어. 내 소원을 꼭 들어줘."

결국 가난한 집 소년은 부잣집 소년의 소원을 들어줘서 런던에서 의학 공부를 했다. 그리고 마침내 20세기의 최대 발견인 페니실린을 발견했다. 그가 알렉산더 플레밍이다. 어느 날 플레밍은 부잣집 친구가 폐병으로 위독하다는 소식을 들었다. 플레밍은 페니실린을 들고 급히 달려가 간신히 살려 냈다. 그때 살아난 친구가 2차 세계 대전의 영웅 윈스턴 처칠이다.

사랑과 헌신의 상호 관계는 무한한 가능성과 축복의 보고(寶庫)다. 사람은 모두 하나님이란 한 뿌리에서 나온 존재임을 자각하고 서로 이해하고 존중하고 사랑하고 격려하며 살라. 나는 선한 일을 위해 지음 받았다. 하나님은 선한 일을 하도록 수시로 말씀으로 도전하신다. 그 하나님의 창조 목적을 따라 사랑과 헌신을 통해 최고의 인생 밑그림을 그리면 그 밑그림을 통해 하나님은 최고의 명화를 만들어 내신다. 신실한 기도에는 외상이 없고 반드시 소중한 열매가 약속되어 있듯이 섬기는 사랑에도 외상이 없고 반드시 찬란한 보상이 약속되어 있다.

───∞ 하나님! 하나님이 주신 것을 활용해 누군가를 돕는 심령이 되어서
사랑과 헌신의 상호 관계가 무한한 축복의 보고임을 깨닫게 하소서. ∞───

기적의 수단화를 주의하라

꿈을 꾼 선지자는 꿈을 말할 것이요 내 말을 받은 자는 성실함으로
내 말을 말할 것이라 겨가 어찌 알곡과 같겠느냐 (예레미야 23:28)

신비감을 주는 꿈은 겨와 같고 말씀은 알곡과 같다. 영혼은 꿈이 아닌 말씀을 먹을 때 진짜 영양가를 얻고 건강해진다. 밀 같은 말씀을 겨 같은 꿈으로 대치하면 점차 영적으로 곤고해진다. 꿈이 필요 없는 것은 아니지만 꿈에 지나치게 매여서 제자리를 잃고 영적인 혼돈 속에 지내면 참된 축복도 잃는다. 신앙생활을 하면서 신기한 일이나 기적적인 일에 너무 매달리지 말고 하나님만을 바라보는 일에 더욱 매달리라.

하나님과의 깊은 관계가 없는 축복과 기적은 의미가 없다. 하나님 안에서 말씀대로 살면 단순하고 재미없게 느껴져도 그것이 영혼의 참된 만족과 내일의 축복과 후대의 축복을 가져다준다. 기적이 다 하나님의 역사는 아니다. 마귀도 기적을 일으킨다. 어떻게 영혼을 살리는 하나님의 기적과 영혼을 망치는 마귀의 기적을 분별하는가? 자신으로부터 기적이 일어난다고 선전하고 하나님 이름을 높이는 척하면서 은근히 자기 이름을 과시하는 사람이 일으킨다는 기적은 마귀의 기적이다.

기적을 사람을 모으는 수단으로 활용하는 낌새가 느껴지면 그것은 마귀의 손을 탄 기적이다. 기적의 수단화를 주의하라. 축복도 다 좋은 것은 아니다. 축복받고 영적인 나태에 빠져 하나님과 멀어지면 나쁜 것이다. 고난이 다 나쁜 것도 아니다. 고난을 통해 하나님과 가까워지면 좋은 고난이다. 모든 사건을 하나님과 가까워지는 통로로 활용하는 믿음을 갖추라. 특별한 신앙을 추구하기보다 매일 성경 읽기와 꾸준한 기도 생활을 통해 영혼을 지키고 내일의 축복을 예비하라.

하나님! 알곡 믿음을 겨와 같은 꿈으로 대치하지 않게 하시고
매일 성경 읽기와 꾸준한 기도로 참된 축복을 예비하게 하소서.

안식일을 기쁘게 지키라

안식일을 기억하여 거룩하게 지키라
엿새 동안은 힘써 네 모든 일을 행할 것이나 (출애굽기 20:8-9)

안식일을 지키라는 계명은 토요일을 안식일로 지정해서 지키라는 계명이 아니라 6일을 일하고 하루를 예배일로 삼으라는 정신이 기본 바탕인 계명이다. 그래서 기독교에서는 안식 후 첫날로써 예수님이 부활하신 주일을 안식일로 지킨다. 일주일의 하루인 주일을 예배일로 지킴으로 모든 7일이 하나님께 속했음을 나타내는 삶이 안식일을 지키는 삶이다.

안식일을 지키는 삶은 주일 외에 나머지 6일 동안은 힘써 일하는 것도 포함시켜야 온전해진다. 하나님이 6일 동안 창조하시고 7일째 쉬셨다는 말씀은 안식일에 하나님이 주무셨다는 말씀이 아니라 6일간의 천지창조를 돌아보시며 그 창조물을 음미하셨다는 말씀이다. 그처럼 안식일은 한 주 동안 열심히 일하고 그 일을 돌아보며 하나님의 은혜를 생각하고 감사하고 찬양하면서 다시 새로운 한 주간의 승리를 예비하는 날이다.

안식일을 기억하고 지키라는 말씀은 잠시 일을 멈추고 지난날에 펼쳐졌던 하나님의 은혜와 사랑의 손길을 기억하고 기도하라는 뜻이 내포되어 있다. 사람에게 쉼이 없으면 자기 일을 평가도 못하고 자기 발전도 이루기 힘들다. 쉼을 통해 지난 일을 살피며 하나님의 은혜를 발견할 때 내일의 새로운 은혜도 주어진다. 결국 안식일은 창조성과 기쁨과 행복감을 주는 최고의 날이다. 안식일을 거룩하게 지키면서 동시에 기쁘게 지키라. 6일 동안의 삶을 7일째에 돌아보고 예배를 통해 하나님께 감사하며 새로운 한 주를 출발하는 인생은 가장 복된 인생이다.

하나님! 안식일을 지키는 계명이 즐거운 계명이 되게 하시며 하나님 안에서의 쉼을 통해 은혜와 창조성이 넘치게 하소서.

마음에 하나님을 품으라

버려지 같은 너 야곱아, 너희 이스라엘 사람들아 두려워하지 말라
나 여호와가 말하노니 내가 너를 도울 것이라 (이사야 41:14)

하나님은 이스라엘을 가리켜 "버러지 같은 너 야곱아!"라고 하셨다 버러지 같은 야곱도 하나님의 손에서 크게 쓰임 받았다. 매일 하나님께 기도하라. "하나님! 저는 좀잇장 하나같은 존재입니다. 오늘도 하나님을 힘입어 살게 하소서." 그런 고백으로 매일을 살면서 어떤 것도 두려워하지 않고 하나님만 두려워하고 나아갈 때 능력 주시는 하나님 안에서 나는 모든 시험을 극복하고 승리할 수 있다.

성도의 실천적인 신앙 고백 1호는 이것이다. "하나님! 저는 아무것도 아닙니다. 의지할 것이 없습니다." 아브라함은 아무것도 아니었지만 하나님께 붙들려 믿음의 조상이 되었다. 예수님의 12제자들도 아무것도 아니었지만 크게 쓰임 받았다. 조각가가 아무것도 아닌 흙으로 멋진 작품을 만들고 화가가 아무것도 아닌 종이에 멋진 작품을 그려내듯이 하나님은 아무것도 아닌 나를 귀하게 쓰실 것이다.

예수님은 십자가의 피로 구원과 축복의 길을 열어 주셨다. 지금도 그런 역사가 나의 삶을 통해 얼마든지 펼쳐질 수 있다. 그 사실을 정말 믿으면 믿음 안에서 과감히 어떤 길을 선택하라. 하나님만 바라보고 하나님만 두려워하면 최선의 길이 펼쳐진다. 사람을 두려워하지 말라. 사람을 두려워하고 행동 후의 결과를 두려워하면 사탄의 영에 지배받기 쉽다. 토니 캠폴로가 말했다. "하나님은 그분의 지갑에 당신 사진을 넣고 다니신다." 그 하나님의 사랑에 반응해서 나의 마음에 하나님의 영상을 품고 다니면 참된 축복이 조만간 실체를 드러낼 것이다.

∞———— 하나님! 쓸모없는 인생일지라도 하나님을 꼭 붙잡고 나아감으로 ————∞
하나님의 손길 안에서 아름다운 작품 인생을 만들어 내게 하소서.

하나님의 주권 의식을 가지라

땅과 거기에 충만한 것과 세계와 그 가운데에 사는 자들은
다 여호와의 것이로다 여호와께서 그 터를 바다 위에 세우심이여
강들 위에 건설하셨도다 (시편 24:1-2)

하나님은 만물의 소유자이고 주관자이시다. 가끔 하늘을 쳐다보고 자연을 바라보면서 하나님의 주권적인 손길을 느끼라. 너무 바빠서 창조주 하나님을 묵상하고 느낄 시간조차 없으면 안 된다. 우주 만물을 생각하면 그 광대함에 넋을 잃는다. 우주 만물을 만드신 하나님을 상상할 때는 더욱 넋을 잃어야 한다. 가장 넋을 잃게 만드는 사실은 광대하신 하나님께서 나의 삶을 구체적으로 이끄신다는 사실이다.

하나님은 세상을 말씀으로 창조하셨지만 다윗은 토목 공사로 만드신 것처럼 묘사했다. 창조 사역의 영광을 생생하게 나타내려고 시적으로 표현한 것이다. 땅과 바다와 강들을 세우신 하나님이 인생을 세우지 못하시겠는가? 만물을 주관하시는 하나님께 나를 온전히 주관하도록 내어 드리면 하나님은 나를 멋지게 세워 주실 것이다.

하나님은 모든 상황을 실수 없이 이끄신다. 나의 인생길에 주어진 사건과 사고도 실수가 없으신 하나님의 주관하에 생겼다. 이별을 허락하신 이유도 그 이별이 나쁘지 않기 때문이다. 즉 사람을 의지하지 말라는 뜻이고 이별한 사람이 없어도 잘 살 수 있다는 뜻이다. 성도는 어떤 이별도 딛고 일어설 수 있다. 하나님과 이별하지만 않으면 된다. 모든 일이 하나님의 주관하에 생긴다는 철저한 하나님의 주권 의식을 가지면 합력하여 선이 이뤄질 것이라는 굳건한 믿음도 생긴다. 그 믿음을 통해 대 평안이 주어지고 그 평안한 삶에 승리의 삶이 뒤따른다.

하나님! 만물의 주관자이신 하나님께 온전히 맡기는 삶을 통해
구체적인 삶의 인도도 받고 어떤 상황도 잘 극복해 내게 하소서.

맡기면서 동시에 맡으라

그런즉 너희는 먼저 그의 나라와 그의 의를 구하라
그리하면 이 모든 것을 너희에게 더하시리라 (마태복음 6:33)

하나님은 하나님 나라의 거룩한 짐을 맡으면 생활 문제를 책임져 주신다. 하나님께 나의 짐을 맡기면서 동시에 하나님의 짐을 맡으라. 어느 공동체에 가든지 일을 맡기기 전에 일을 맡는 삶을 잘해야 복의 주체가 된다. 어떤 교인은 열심히 문제를 해결해 달라고만 기도할 뿐 하나님이 맡기신 일은 하지 않는다. 그런 삶이 신앙이 어렸을 때는 용납되지만 교회 생활을 오래한 사람의 경우에는 복된 모습이 아니다.

요새 인터넷을 통해 수많은 설교를 들을 수 있다. 그러나 많이 듣는 것이 중요한 것이 아니라 많이 순종하는 것이 중요하다. 가나안 정복 전쟁 당시에 이스라엘은 최신 무기로 무장하고 요충지를 장악한 가나안을 인간적인 생각으로는 도저히 이길 수 없었다. 그러나 하나님의 도우심으로 이겼다. 그때 이스라엘 백성들의 핵심 무기는 순종이었다. 순종하는 리더와 순종하는 백성이 합심해 큰일을 해낸 것이다.

내 인생의 짐은 하나님께 맡기고 동시에 하나님의 짐은 내가 과감히 지는 순종적인 믿음을 가지라. 그때 내 인생의 짐이 어느새 가벼워진다. 모든 근심과 불안의 짐을 하나님의 손길에 맡기고 기도하면서 동시에 하나님의 뜻과 교회를 위해 무엇을 해야 할 것인지를 찾아보라. 기도 시간은 문제를 풀어 달라는 시간이기도 하지만 어떤 선한 일을 해야 할지에 대해 묻는 시간이기도 하다. 하나님께 나의 일을 맡길 생각만 하지 말고 하나님의 일을 맡을 생각도 하면서 땀을 흘리면 하나님께서 나의 문제와 근심을 신비하게 해결해 주실 것이다.

하나님! 하나님 나라와 의에 대해 먼저 관심을 가지게 하시고 하나님께 일을 맡기기만 하기보다 하나님의 일을 맡게 하소서.

낮추되 비하하지는 말라

사람이 교만하면 낮아지게 되겠고
마음이 겸손하면 영예를 얻으리라 (잠언 29:23)

여호수아 당시 가나안 땅은 광야에서 40년을 시달렸던 이스라엘에 비하면 선진 문화와 최신 무기를 가지고 있었다. 그러나 가나안 족속들에게는 큰 내적인 문제가 있었다. 마음의 교만이었다. 교만하면 문명이 발달해도 무너질 수밖에 없다. 그들의 교만을 어떤 면에서 알 수 있는가? 당시 우리나라의 강원도 정도 되는 크기의 좁은 가나안 땅에 31명의 왕이 있었다는 사실을 통해 알 수 있다. 그들은 최신 무기와 수많은 병력을 가지고도 교만 때문에 이스라엘에게 패배했다.

공동체가 분열하는 핵심 이유는 교만 때문이다. 교만하면 하나 되기 힘들다. 분열은 가장 큰 대적 중 하나다. 공동체에서 목표가 같아도 사소한 차이로 싸움을 벌일 때가 많다. 사랑하는 마음도 같고 잘되게 하려는 의도도 같다면 스타일과 표현의 차이를 이해하라. 내 소리를 조금만 낮추면 얼마든지 잘 협력하며 살 수 있다. 리더를 중심으로 서로 이해하고 짐을 나눠질 때 승리와 축복은 가까워진다.

사탄은 교만한 사람을 좋아한다. 교만은 교활한 사탄의 영이 충만한 것이다. 반대로 성령 충만의 뚜렷한 증거 중 하나는 겸손이다. 바르게 기도하면 기도할수록 겸손해진다. 다만 겸손을 오해하지는 말라. 겸손은 자기 비하나 유약함이나 높아지려는 꿈이 없는 모습이 아니다. 겸손함으로 나를 낮추되 비하하지는 말고 칭찬받는 자리에서는 물러나되 어려운 자리에서는 후퇴하지 말라. 또한 순종하고 협력하라. 겸손을 바탕으로 화합과 평화가 넘치는 공동체에 하나님의 넘치는 축복도 임한다.

하나님! 마음이 교만해서 공동체를 분열로 이끌지 말게 하시고
순종하고 협력하는 마음을 가지고 화합과 평화를 낳게 하소서.

신실한 예배를 회복하라

너희는 내게로 돌아오라 만군의 여호와의 말이니라
그리하면 내가 너희에게로 돌아가리라 (스가랴 1:3)

예배란 하나님의 은혜에 대한 깊은 감사 표현이다. 아무리 건망증이 심해도 하나님의 은혜만은 잊지 말라. 이제까지 도우셨다는 '에벤에셀의 하나님'에 대한 감사와 감격이 있어야 앞으로의 필요를 준비해 주신다는 '여호와 이레의 하나님'의 은혜가 준비된다. 잘 먹고 잘살려는 노력은 좋지만 하나님이 없으면 그런 노력은 헛수고가 된다. 열심히 물질을 모아도 하나님이 한번 불어 버리시면 그 순간에 끝이 난다.

거대 기업도 순식간에 망할 수 있다. 인간의 운명은 순식간에 나락으로 떨어질 수 있다. 물질이 없어질 때는 물질만 없어지지 않고 고통과 슬픔도 함께 밀려든다. 하나님을 꼭 붙들라. 물질은 없어도 되지만 하나님은 없으면 안 된다. 하나님이 없어도 세상적인 복은 받을 수 있지만 행복할 수는 없다. 참된 예배 회복과 신앙 재건에 힘쓰라. 다른 것은 다 놓쳐도 하나님의 은혜만은 놓치지 말라. 길이 없는 상황에서도 하나님의 무수한 은혜가 있었기에 내가 지금까지 살아 있는 것이다.

신실한 예배를 회복하고 하나님 우선순위의 삶을 회복하면 다른 것들도 따라서 회복된다. 애굽을 바라보지 말고 오직 예수님을 바라보고 나아가면서 예배의 감격이 사라지지 않게 하라. 사업이 무너지고 가정이 무너지고 마음까지 무너진 상황을 이겨 내려면 가장 먼저 회복시켜야 할 것이 예배다. 이전보다 더 간절히 예배하고 하나님과의 관계 회복에 더 힘쓰면 거기서부터 만 가지 문제 해결의 길이 열린다. 인생의 가장 큰 과제는 성공과 승리 이전에 믿음과 예배의 회복이다.

○○─── 하나님! 하나님이 없으면 모든 성공이 헛수고인 것을 인식하고
하나님을 꼭 붙들고 믿음과 예배의 삶에서 후퇴가 없게 하소서. ───○○

느림의 철학을 배우라

일곱째 달 열다섯째 날에는 너희가 성회로 모일 것이요
아무 일도 하지 말 것이며 (민수기 29:12)

유대인들은 명절이나 안식일에 아무 일도 하지 않고 쉬고 즐거워하면서 하나님 안에서 민족과 가족의 공동체성을 강화시켰다. 하나님은 열심히 일하고 쉴 때는 확실히 쉬는 삶을 원하신다. 그림은 여백을 통해 아름다움이 빛나고 문장은 쉼표를 통해 뜻이 빛나듯이 행복은 일과 쉼의 조화 속에서 빛난다. 가끔 혼자 있을 때도 있어야 인간관계도 빛나고 소중하게 느껴진다. 동행과 대화도 필요하지만 고독과 침묵도 필요하다.

6일 동안은 열심히 일하고 7일째에는 하나님 안에서 안식하라. 쉴 때는 가끔 야외에 나가거나 여행도 하라. 많은 삶의 문제가 여백과 침묵이 없기에 생긴다. 말하는 입도 중요하지만 듣는 귀도 중요하다. 입을 잠시 쉬게 하면 귀가 밝아지면서 하늘의 소리가 들린다. 몸도 잠시 쉬게 해야 마음이 커진다. 건강과 체력의 한계를 넘어 일하면 짜증과 불평이 생긴다. 반면에 적절한 쉼은 인격과 영성도 깊게 만든다. 느림보가 되면 안 되지만 느림의 철학은 필요하고 게으름뱅이가 되면 안 되지만 기다림의 철학은 필요하다.

일본 전국 시대에 오다 노부나가, 도요토미 히데요시, 도쿠가와 이에야스라는 세 리더가 있었다. 새가 울지 않을 때 오다는 "죽이라!"는 리더십을 폈고 도요토미는 "울게 하라!"는 리더십을 폈고 도쿠가와는 "울 때까지 기다리라!"는 리더십을 폈다. 최후의 승자는 배경도 없이 인내와 기다림의 철학으로 오랫동안 2인자로 지냈던 도쿠가와였다. 열심히 살면서 기다릴 줄도 알고 쉴 줄도 알아야 최후의 승자가 된다.

하나님! 하나님 안에서 쉬는 것을 시간이 아깝다고 여기지 말고 느림과 기다림의 철학에 정통해서 은혜의 때를 예비하게 하소서.

드림을 주저하지 말라

우리가 바라던 것뿐 아니라 그들이 먼저 자신을 주께 드리고
또 하나님의 뜻을 따라 우리에게 주었도다 (고린도후서 8:5)

은혜는 받은 것에서 끝나지 않고 마리아처럼 자기 옥합을 깨서 드리려는 삶까지 있어야 참된 은혜. 마르다처럼 봉사하는 것은 누구나 할 수 있지만 마리아처럼 자기 옥합을 깨뜨리는 일은 누구나 하지 못한다. 십자가의 헌신을 피하지 말라. 은혜의 깊은 바다를 체험한 사람은 대개 불같은 시험과 십자가의 헌신 단계를 통과한 사람이다. 십자가의 헌신이 있는 은혜가 진짜 은혜. 십자가는 묵상하는 것이 아니라 지는 것이다.

은혜가 넘쳐도 변화는 없고 말씀으로 감동해도 걱정이 많고 기적과 응답을 체험해도 흔들리는 이유는 은혜를 헌신으로 승화시키지 않기 때문이다. 물이 흘러내릴 때 전기가 생성되듯이 은혜도 흘러넘칠 때 능력이 커진다. 드림이 없으면 교만과 매너리즘에 빠지기 쉽지만 십자가의 대가를 치르고 드리면 은혜가 더욱 흘러넘치게 된다. 나를 깨끗이 드릴 줄 알아야 능력과 영향력도 나타나고 걱정과 불안과 후회도 줄어든다. 어두워야 빛이 드러나듯이 나를 드릴 때 믿음도 드러난다.

학교 시험과 입시 시험을 통해 실력이 드러나듯이 고난의 시험과 드림의 시험을 통해 영력이 드러난다. 참된 영성은 은혜를 많이 받는 것보다 하나님의 뜻을 위해 나의 유익을 포기하고 드릴 줄 아는 모습에서 드러난다. 즉 영성의 은혜는 대개 자기 포기와 드림을 통해 받는다. 어떤 성도는 월세 집에 살면서도 선교와 구제에 힘써 동참한다. 극적으로 성공한 것보다 죽음을 각오하고 헌신하는 것이 진짜 은혜이고 기적이다. 하나님의 은혜에 진심으로 감사하면 드림을 주저하지 말라.

─────∞ 하나님! 드리는 삶에서 비겁하게 회피하는 모습이 없게 하시고 ∞──
포기할 때는 깨끗이 포기하고 드릴 때는 담대히 드리게 하소서.

하나님의 거룩한 가지치기

주 우리 하나님 곧 전능하신 이가 통치하시도다 (요한계시록 19:6)

요한계시록 19장에 언급된 천국 찬양대는 하나님의 은혜와 속성에 대해 찬양하면서 하나님의 통치하심에 대해서도 찬양했다. 하나님의 통치는 세상 정치와는 달리 가장 바르고 정의로운 통치이기 때문이다. 세상 정치에는 부조리가 많다. 국민의 눈물을 닦아 주는 것이 정치라지만 잘못된 정치 때문에 오히려 국민이 눈물을 흘릴 때가 많다. 그러나 하나님의 통치는 성도의 눈물을 닦아 주시는 완벽한 통치다. 그 통치를 생각하며 힘들어도 불평하거나 낙심하지 말고 범사에 감사하며 찬양하라.

문제가 생겨도 너무 염려하거나 불안해하지 말라. 문제는 하나님의 거룩한 가지치기와 같다. 가지치기가 나무에 해가 되지 않듯이 하나님의 통치하에 허락된 고통과 문제도 결코 해가 없다. 그 가지치기로 더욱 성숙한 믿음이 생긴다. 믿음으로 하나님의 통치하심을 깊이 신뢰하며 선한 정원사이신 하나님의 전지가위 앞에서도 감사하라. 고난이 있을 때 회개할 것이 생각나면 회개하고 그다음에 하나님의 사랑을 확신하고 나아가면 모든 것이 합력하여 선이 이뤄질 것이다.

어떤 과수는 잎만 무성하고 열매가 없이 방치된 상태로 있다. 왜 농부가 가지치기를 멈추었는가? 과수로부터 열매를 기대하지 않기 때문이다. 고난을 통한 하나님의 가지치기가 없다는 것은 아무것도 기대하시지 않는다는 뜻이다. 왜 하나님이 가지치기도 하고 써레질도 하시는가? 선한 열매를 기대하시기 때문이다. 결국 하나님의 손길 하에 펼쳐진 삶의 위기는 내가 알고 있는 다른 방법보다 더 빨리 꿈과 비전을 성취하게 만들 것이고 더욱 풍성한 열매를 가져다줄 것이다.

하나님! 삶의 위기를 전능하신 하나님의 가지치기로 이해하고 그 상황을 성숙의 기회로 승화시켜 풍성한 열매를 맺게 하소서.

하나님이 말씀하는 나

너희는 귀를 기울여 내 목소리를 들으라
자세히 내 말을 들으라 (이사야 28:23)

말은 기적의 도구다. 어떤 말을 하는가도 중요하고 어떤 말을 듣는가도 중요하다. 하나님도 지금 내게 말씀하신다. "네가 인물이 되지 못한다는 생각을 아예 하지 마라." 아무리 현재 환경이 어려워도 하나님이 주신 인물의 꿈을 이루지 못할 것이라는 남의 말에 귀를 기울이지 말라. 때로는 가족이나 친구나 전문 상담가가 친절한 말로 염려해 주며 "그 일은 안 돼."라고 해도 그런 말에 너무 귀를 기울이지 말라. 하나님의 약속은 내게 주어진 것이지 그에게 주어진 것이 아니다.

양치기 다윗이 이스라엘의 왕이 될 줄은 아무도 상상하지 못했지만 결국 왕이 되었다. 그 상황이 내게도 펼쳐질 수 있다. "너는 못해. 네 주제를 알아라."라고 하는 남의 말은 가볍게 들으라. 사랑하는 사람이 그런 말을 진지하게 해도 그가 내 운명을 부정적으로 규정하게 하지는 말라. 내가 하나님 앞에서는 아무것도 아니지만 하나님 안에서는 대단한 존재다. 하나님께서 내게 사명을 주시고 현재 자리로 보내셨음을 믿으라.

"너는 아무것도 아니다."라는 말은 인정해도 "너는 아무것도 못 한다."라는 말은 인정하지 말라. 남이 못한다고 해서 정말 못하는 것이 아니다. 성도는 놀라운 가능성을 지녔다. 잘못된 생각을 버리고 잘못된 소리를 거부해야 나의 축복을 묶고 있는 사슬이 풀리면서 찬란한 축복의 때가 찾아온다. 나는 '내 가족이 말하는 나' 혹은 '내 친구가 말하는 나'가 아니다. 더 나아가 '내 대적이나 비판자나 사탄이 말하는 나'는 더욱 아니다. 나는 '성경이 말씀하는 나'이고 '하나님이 말씀하는 나'이다.

하나님! 인물 가능성이 없다는 사탄의 말을 듣지 않게 하시고
하나님의 말씀과 약속을 힘입어서 용기 있게 살아가게 하소서.

먼저 순종을 보이라

우리들이 밤이 새도록 수고하였으되 잡은 것이 없지마는
말씀에 의지하여 내가 그물을 내리리이다 (누가복음 5:5)

어느 날 예수님은 베드로에게 깊은 데로 가서 그물을 내려 고기를 잡으라
고 하셨다. 고기잡이 전문가인 베드로에게 비전문가인 예수님의 말씀은 순
종하기 힘든 말씀이지만 베드로는 순종했다. 그 결과 그의 배는 물론 다른
배까지 고기가 차고 넘치게 되었다. 복 받게 하는 핵심 요소 중 하나가 순종
이다. 말씀을 듣는 것은 승리의 서막과 같고 말씀에 순종하는 것은 승리의
궤도에 오르는 것과 같다.

기적 전에 꼭 있는 것이 자기 뜻과 능력과 생각과 기분을 초월한 순종이
다. 베드로가 단점은 많았지만 기본적으로는 한 번도 예수님의 뜻을 거역하
지 않은 순종하는 사람이란 큰 장점을 가졌기에 예수님이 수제자로 삼고 큰
인물로 쓰셨다. 신비주의자가 내세우는 신비한 기적이 신비가 아니라 순종
이 신비다. 복을 원하면 먼저 순종을 보이라. 쓰임 받는 사람은 순종 훈련이
탁월하다. 옥토 밭 심령처럼 어디서든지 쓰기에 편한 심령이 되는 것이 축복
으로 가는 지름길이다.

경험과 지식이 있어도 그것들로 얻는 것은 의외로 적다. "고기는 밤에 얕
은 데서 잘 잡혀."라는 '내 생각'이 신앙생활에서는 오히려 문제가 될 수 있
다. 내 생각을 하나님 생각보다 앞세우지 말라. 고기잡이 전문가가 목수 출
신인 예수님의 말씀에 순종하는 파격적인 결단이 있어야 참된 제자가 되고
참된 축복을 받는다. 하나님은 기적을 주시기 전에 먼저 순종하는 모습을
보기 원하신다. 순종하는 마음이 후퇴하지 않으면 하나님의 축복도 후퇴하
지 않는다.

하나님! 순종하기 힘든 상황에서도 말씀에 의지하여 순종함으로
하나님을 기쁘시게 하고 하나님의 축복도 후퇴되지 않게 하소서.

체험할수록 겸손해지라

시몬 베드로가 이를 보고 예수의 무릎 아래에 엎드려 이르되
주여 나를 떠나소서 나는 죄인이로소이다 하니 (누가복음 5:8)

예수님의 말씀대로 순종해서 두 배에 고기가 차고 넘치는 역사를 체험한 후 베드로는 예수님 앞에서 자신을 최대한 낮췄다. 진짜 은혜받은 사람은 은혜받고 체험할수록 겸손해진다. 어떤 사람은 축복받으면 여기저기 간증하러 다니지만 베드로는 축복받고 "내가 잘 믿었기에 고기를 많이 잡았다."라고 하지 않고 "주님! 저를 떠나소서. 저는 죄인입니다."라고 고백했다. 큰 축복을 받아도 간증 집회는커녕 여전히 감히 얼굴을 들지 못할 존재인 줄 아는 성도가 진짜 성도다.

진짜 간증은 "내가 이렇게 축복받았습니다."라고 하는 것이 아니라 "저는 여전히 부족합니다."라고 하는 것이다. 고난 앞에서도 신앙 수준이 갈리지만 축복 앞에서는 신앙 수준이 더욱 갈린다. 축복받았을 때 "내가 이렇게 헌신하고 기도해서 이 축복을 받았습니다. 나처럼 되십시오."라고 하면 그 축복은 곧 안개처럼 사라진다. "저는 할 말이 없습니다. 부족한 저를 하나님이 축복해 주셨습니다."라고 해야 그 축복이 진짜 축복이 된다. 스스로 낮추지 않으면 언젠가 강제로 추락한다.

사람들은 성공하면 자랑하고 싶어 입이 근질근질해진다. 그때 간증 집회를 인도해 달라는 초청에 자주 여기저기 다니면 간증이 점차 소설처럼 미화되기 쉽다. 그러면 더 이상 그 간증자에게 하나님의 은혜와 능력이 머물지 않게 된다. 자기 체험을 너무 과시하지 말라. 은혜받은 사람은 대개 조금 부족한 듯이 살아간 사람이다. 실패하면 겸손하게 주님을 의지하고 성공하면 더욱 겸손하게 주님을 의지하라.

하나님! 축복을 받았다고 스스로 높이는 모습을 주의하게 하시고 체험할수록 겸손해짐으로 받은 은혜를 오래 잘 간직하게 하소서.

배타와 차별을 버리라

유대인이나 헬라인이나 차별이 없음이라
한 분이신 주께서 모든 사람의 주가 되사 (로마서 10:12)

태양계에는 8개 이상의 행성이 있고 그 행성을 도는 약 240개의 위성이 있다. 다른 행성들은 위성이 극히 작지만 달은 지구에 비해 그렇게 작지 않다. 지구의 지름은 12,742km이고 달의 지름은 지구의 약 27%인 3,474km로써 태양계 내의 모든 위성 중 행성 대비 크기가 압도적으로 큰 위성이 달이다. 수성과 금성은 위성이 없고 화성은 포보스와 데이모스란 위성이 2개 있는데 둘 다 지름이 27km도 되지 않는 작은 위성으로 중력이 거의 없어서 화성에는 거의 영향을 미치지 못한다.

달은 지구에도 중력을 미칠 정도로 매우 큰 위성이다. 달이란 마이너 위성이 있기에 지구에 밀물과 썰물 현상도 생겼다. 밀물과 썰물이 없이 바다가 고인 상태로 있다면 부패해서 생명 활동이 크게 위축된다. 지구의 풍성한 생명 활동에는 달의 공헌이 크다. 지구란 메이저 행성만 있으면 생명 활동이 크게 약해진다. 적절한 크기의 달이란 마이너 위성도 있어야 한다. 마이너 달이 신경 쓰인다고 없애 버리면 나중에는 메이저 지구도 점차 녹색별에서 회색별로 변한다.

메이저에게 마이너는 필요한 존재다. 메이저 입장에 섰을 때 마이너가 바른길로 간다면 소중한 파트너로 여기라. 배타와 차별은 미래의 행복과 축복을 크게 막기에 예수님은 제자들에게 배타와 차별을 삼가도록 수시로 가르치셨다. 인생에는 보름달의 때도 있고 초승달의 때도 있다. 배타하면 배타 대상이 되고 차별하면 차별 대상이 된다. 배타와 차별을 힘써 버리고 낮은 자에게 손을 펴는 성육신의 삶을 실천하라.

하나님! 예수님의 시각을 가지고 작은 자를 귀히 여기게 하시며 늘 성육신의 마음을 가지고 낮은 자에게 손을 펴며 살게 하소서.

눈높이를 맞춘 사랑

말씀이 육신이 되어 우리 가운데 거하시매 우리가 그의 영광을 보니
아버지의 독생자의 영광이요 은혜와 진리가 충만하더라 (요한복음 1:14)

사람이 수십 년간 가졌던 자신의 태도와 언어를 타인의 눈높이에 맞춰 바꾸기는 쉽지 않다. 설교도 눈높이를 잘 맞춰야 하는 어린이 설교가 제일 힘들다. 그래도 눈높이를 맞추려고 할 때 소통이 이뤄진다. 부모가 눈높이를 맞출 때 자녀가 마음 문을 열고 선생님이 눈높이를 맞출 때 학생들이 마음 문을 연다. 예수님은 성육신을 통해 사람에게 눈높이를 맞추셨고 사랑하는 대상처럼 되셨다.

위대한 사랑은 사랑하는 대상처럼 되는 것이다. 한 목사 자녀가 좋은 대학에 붙었지만 목사는 교회에 알리지도 않고 좋은 내색도 하지 않았다. 입시에 집착하지 말라는 무언의 메시지도 있었지만 더 중요한 이유는 자녀가 대학에 떨어진 다른 집사의 입장을 생각해 기쁨을 절제한 것이었다. 남의 입장에 서려는 영성이 성육신의 영성이다. 그런 영성을 가지고 사랑하는 대상에게 눈높이를 맞추면서 몸과 시간과 물질을 최선을 다해 드림으로 가는 곳마다 감동과 행복의 모델이 되라.

흔히 눈높이를 맞추라면 윗사람이 아랫사람과 눈높이를 맞추는 것만 생각하지만 아랫사람이 윗사람의 마음을 알아주는 것도 눈높이를 맞춘 사랑이다. 긍휼의 눈으로 아랫사람의 처지도 살펴 주고 이해의 키를 높여 윗사람의 심정도 살펴 주라. 부당한 조치가 아니라면 리더의 뜻에 힘써 따르라. 그것은 아부가 아니라 은혜와 축복을 받는 핵심 원리다. 결국 눈높이를 잘 맞추려면 꼭 필요한 것이 겸손이다. 많이 알고, 많이 가지고, 많이 헌신하고, 많이 체험할수록 더 겸손해지라.

○──∞ 하나님! 성육신하심으로 사람과 눈높이를 맞춰 주신 예수님처럼 ∞──○
아랫사람도 살피고 윗사람도 살피는 성숙한 시야가 있게 하소서.

불행의 벽을 깨뜨리라

보라 처녀가 잉태하여 아들을 낳을 것이요
그의 이름은 임마누엘이라 하리라 하셨으니 이를 번역한즉
하나님이 우리와 함께 계시다 함이라 (마태복음 1: 23)

태초에 인간의 죄로 인해 한 가지 거대한 벽이 생겼다. 바로 하나님과의 벽이다. 그 벽으로 인해 3가지 벽이 파생되어 생겼다. 인간과의 벽, 환경과의 벽, 그리고 자기와의 벽이다. 그 벽이 있는 한 어떻게 해도 사람이 행복할 수 없음을 아시고 하나님은 하나님과의 벽을 넘을 수많은 방법을 주셨지만 어느 방법도 온전하지 못했다. 마침내 하나님은 최후의 방법으로 독생자 예수님을 2천 년 전에 이 땅에 보내심으로 그 벽을 깨뜨리셨다. 그때 첫째 성탄절이 있게 되었다.

흔히 '하나님의 사랑'이란 말은 해도 그것이 얼마나 놀라운 말인지는 잘 모를 때가 많다. 사람의 언어로는 아무리 잘 표현해도 그 사랑의 만분의 일도 표현하지 못한다. 하나님이 죄인을 사랑하고 더 나아가 자녀까지 삼아 주신 것이 얼마나 크신 사랑인가? 사람이 하나님의 마음에 안 드는 행동을 할 때가 많지만 그래도 하나님은 사랑한다고 하신다.

사람은 자기의 필요 때문에 하나님을 필요로 하지만 하나님은 무조건 사랑하려고 사람을 필요로 하신다. 사람을 향한 하나님의 사랑은 늘 손해만 보시는 일방적인 짝사랑이다. 지금도 하나님은 말씀하신다. "내가 너를 사랑한다. 내가 너를 위해 지금도 최상의 길을 예비하고 있단다." 그 하나님의 음성에 집중하고 예수님을 마음의 중심에 모시라. 그리고 작은 예수의 삶을 새롭게 다짐하며 성육신의 정신을 따라 이해의 폭을 넓히라. 그러면 인생의 폭도 넓어지고 은혜의 폭도 넓어질 것이다.

하나님! 예수님의 성육신으로 불행과 절망의 벽이 깨졌음을 믿고 하나님을 굳게 붙잡고 세상의 각종 장벽을 철폐하며 살게 하소서.

서로의 차이를 이해하라

사랑 가운데서 서로 용납하고 평안의 매는 줄로
성령이 하나 되게 하신 것을 힘써 지키라 (에베소서 4:2-3)

사람마다 생각과 가치관과 재능이 다르다. 내 생각으로 남을 재단하거나 판단하지 말라. 믿음의 실천을 감동으로 이끌되 강요는 삼가라. 사람마다 믿음의 그릇도 다르다. 일과 봉사도 믿음의 그릇대로 하라. 한 분야에서 다 똑같이 잘날 필요는 없다. 자기 분량대로 주어진 재능을 따라 사는 것이 행복이다. 자기 재능을 살린 분야의 장인이 되는 것이 팔방미인이 되는 것보다 낫다. 어떤 사람은 자기는 재능이 없다고 하지만 하나님은 어떤 사람도 재능 없이 이 땅에 보내지 않으셨다.

누구에게나 자기만의 독특한 재능이 있다. 남의 재능이 내 재능보다 화려해 보일 수는 있지만 그런 결과가 있기까지 흘린 땀도 있었을 것이다. 그런 땀을 투자하면 누구나 자기 재능을 특출하게 만들 수 있다. 땀도 없이 재능이 없다거나 하나님의 은혜가 내게만 없다고 여기지 말라. 하나님의 원초적인 은혜의 크기는 사람마다 큰 차이가 없다. 그 은혜를 어떻게 구체화시켜 내느냐에 따라 차이가 생기는 것이다.

가끔 이런 말이 들린다. "저 사람 속을 도저히 알 수 없어." 당연하다. 그 사람 속은 하나님만 아신다. 어떤 사람은 "나는 그를 잘 안다."라고 하면서 그를 자기 경험과 기준으로 판단하지만 큰 오해다. 오래 같이 산 부부도 서로를 모를 때가 많다. 사람마다 성, 성격, 문화, 생각 등의 차이로 서로 모르는 것이 많아서 오해가 수시로 생기기에 이해하려고 힘쓰라. 인간관계에서 속상한 일을 당하면 이런 고백부터 하라. "하나님이 그를 나와 다르게 만드셨다. 이해하자."

하나님! 사람마다 차이가 있는 것을 이해하고 용납하게 하시고
성령의 하나 되게 하신 것들을 힘써 지키면서 살아가게 하소서.

교회를 지혜롭게 섬기라

이는 성도를 온전하게 하여 봉사의 일을 하게 하며
그리스도의 몸을 세우려 하심이라 (에베소서 4:12)

왜 하나님이 각 성도에게 다른 은사를 주셨는가? 성도를 온전하게 하여 봉사하게 하면서 그리스도의 몸인 교회를 세우라는 뜻이다. 은사는 영성을 과시하라고 주신 것이 아니라 교회를 섬기라고 주신 것이다. 어떤 은사를 가졌으면 과시하지 말고 내 은사로 어떻게 교회와 교인을 잘 순종하며 섬길까에 대해 더 많이 생각하고 은밀하게 실천하라. 그러면 교회와 교인에게도 유익이 되고 내게도 유익이 된다. 내가 직분을 잘 감당하면 교회도 좋아지고 남도 좋아지고 결국 나도 좋아진다.

살다 보면 이전 연인과 헤어지고 새로운 연인을 만날 수 있다. 그때 지혜로운 사람은 옛 연인의 장점으로 새로운 연인을 비교하지 않는다. 옛 연인의 장점을 기억하며 새 연인에게 그것이 없음을 아쉬워할 수는 있지만 옛 연인이 가진 것을 새 연인이 가지도록 강요하면 안 된다. 게다가 새 연인 앞에서 "옛 연인은 이랬어요. 당신도 그러세요."라고 하면 새로운 연인에 대한 예의도 아니고 관계의 발전에 도움도 안 된다.

피치 못할 사정으로 교회를 옮겼으면 이전 교회에서 어떤 것이 좋았어도 새 교회에서 "이전에 다니던 교회는 이랬어요."라고 하지 말고 이전 교회의 장점은 깨끗이 잊으라. 그래야 더 복된 미래가 펼쳐진다. 교회는 다 다르다. 심지어 같은 교회도 10년 전과 10년 후가 다를 수 있고 작았을 때와 컸을 때가 다를 수 있다. 교회가 서로 다른 것을 이해하고 교회의 장점을 존중하라. 또한 교회의 단점을 극복하기 위해 조용히 기여하고 더 좋은 날을 기다리면서 현실 속에서 최선을 다하라.

하나님! 각자에게 주신 은사를 가지고 자랑하지 말게 하시고
수평적인 교회 비교를 삼가며 지혜롭게 교회를 섬기게 하소서.

용서의 불꽃을 점화시키라

노하기를 더디 하는 것이 사람의 슬기요
허물을 용서하는 것이 자기의 영광이니라 (잠언 19:11)

세계 선교의 비전을 이루려면 먼저 자기 마음의 장벽부터 넘어야 하기에 용서는 매우 중요하다. 용서하기 힘든 사람을 진심으로 용서하고 축복하면 내면에서 이런 본능의 음성이 들린다. "네 마음을 아프게 한 사람을 위해 축복 기도를 해 주면 너만 손해야. 그런 기도는 시간 낭비야." 그러나 구원받았다면 거의 다 받은 셈이고 더 이상 손해 볼 것이 없다. 마음을 아프게 한 사람도 마음껏 축복해 주라. 그렇게 축복 기도를 하면 하나님이 내려다보며 흐뭇한 미소를 지으실 것이다.

누군가를 죽어도 용서하지 못하겠다는 것은 하나님의 심판을 믿지 않는 것이고 나는 용서받을 부분이 하나도 없어 하나님께 항복하지 않겠다고 고집하는 것과 같다. 하나님은 나의 어떤 부분을 건드려야 빨리 깨지고 쉽게 항복할지를 아신다. 그 부분을 건드리시기 전에 빨리 항복할수록 좋다. 좋은 항복이 좋은 행복을 부른다. 하나님도 길을 열어 주시기 전에 먼저 은혜받기에 합당한 마음이 준비되길 원하신다.

원수 같은 사람도 용서하기로 지금 새롭게 작정하면 새로운 축복이 펼쳐질 것이다. 희망을 주는 용서의 불꽃을 점화시키고 생명을 주는 빛의 작은 근원이 되라. 증오로 날밤을 새우지 말라. 가슴속에 칼을 품으면 나도 힘들고 나의 귀한 시간들도 낭비된다. 가슴속의 칼을 꺼내 버리면 그때부터 인생 역사가 새로 쓰이고 시간은 창조적 시간이 되고 인생도 창조적 인생이 된다. 바로 그때 내 삶은 수많은 사람을 이끄는 능력 있는 삶이 되고 하나님의 풍성한 은혜도 그 마음과 삶에 임한다.

하나님! 용서하지 못하는 마음의 장벽부터 힘써 깨뜨리게 하시고 용서를 새롭게 작정해서 희망의 불꽃을 새롭게 점화시키게 하소서.

내가 기적의 씨앗이다

이 봉사의 직무가 성도들의 부족한 것을 보충할 뿐 아니라
사람들이 하나님께 드리는 많은 감사로 말미암아 넘쳤느니라 (고린도후서 9:12)

요새 왕따 문제와 실업 문제가 큰 사회 문제지만 교회에서는 적극적인 참여로 왕따나 영적인 실업자가 되지 말라. 갈등과 불편함이 싫거나 선천적으로 성격이 조용해서 드러나는 봉사가 꺼려지면 조용히 참여하면 된다. 하나님은 '무대 위'보다 '무대 뒤'에서 참여할 때 더욱 큰 보상을 내려 주신다. 풍성한 축복과 기적을 체험하려면 화려한 무대나 기적만 찾지 말고 봉사거리를 찾으라. 화려한 것만 바라보면 오히려 영적으로 초라해지고 초라한 것을 살피면 오히려 영적으로 화려해진다.

혼자 살기에 급급하면 급급하게 살 만한 축복만 받지만 교회와 선교에 힘써 넉넉히 동참하면 넉넉하게 살 수 있는 축복을 받는다. 내게 희생하는 삶이 2% 부족함을 느끼면 오늘 희생하는 삶을 새롭게 다짐하라. 희생이 없는 삶에 축복이 있으리라고 생각하지 말라. 눈앞의 것에 연연하는 애벌레처럼 살면 평생 기는 삶을 살지만 꽃가루를 옮겨 주는 나비처럼 살면 하나님이 예쁜 날개를 주셔서 창공을 날게 하실 것이다.

기적을 밖에서 구하며 찾아다니지 말고 먼저 십자가의 기적이 내게서 나타나게 하라. 봉사하는 내 손길이 기적의 씨앗이다. 내가 손을 움직이면 교회가 깨끗해지고 부엌이 정리되고 선교지의 필요가 채워지는 기적이 일어난다. 하나님이 주신 사명을 이루려고 하면 기적이 펼쳐지지만 사명을 외면하고 마술적인 기적과 세상적인 성공만 추구하면 오히려 추락한다. 하나님은 기적을 찾아다닐 때 기적을 주시지 않고 일상에서 성도답게 살고 교회를 위해 봉사하고 헌신할 때 참된 기적을 주신다.

━━∞ 하나님! 교회 밖에서 화려한 기적을 찾아다니지만 말게 하시고
무대 뒤의 삶에 충실한 나로부터 참된 기적이 나타나게 하소서. ∞━━

책임지는 성숙한 사랑

누구든지 언제나 자기 육체를 미워하지 않고 오직 양육하여 보호하기를
그리스도께서 교회에게 함과 같이 하나니 (에베소서 5:29)

사랑은 책임이다. 사랑하는 사람을 양육하고 보호하고 지켜 주려는 책임
감을 가지라. 딸을 가진 부모가 제일 원하는 사윗감의 덕목은 책임감이다.
믿음도 책임감을 수반해야 한다. 아내가 언제 남편으로부터 든든함을 느끼
는가? 책임적인 모습을 볼 때다. 책임적인 사람이 되라. 아내가 어떤 일로 고
통당하면 그 고통이 아내의 책임이라도 남편은 자기 책임으로 느낄 줄 알아
야 한다. 상대의 고통을 자기 책임으로 느낄 줄 알 때 하나님은 은혜와 축복
의 지경을 넓혀 주신다.

공동체가 어려워질 때는 서로 책임을 전가할 때다. 불행한 일이 생기면 책
임을 전가하기에 급급하지 말고 담대히 책임을 지라. 서로 책임을 전가하면
남는 것은 모두의 패배밖에 없다. 공동체의 어려움에는 내 책임도 있다. 남
에 대한 비난을 쉽게 하는 것은 내가 책임적이지 못한 사람임을 나타낸다.
나는 대충하면서 남의 잘못만 무섭게 비난하지 말라. 비판하기 전에 겸손하
게 나를 성찰해서 나의 책임에 먼저 눈을 뜨라.

무책임한 순진함은 좋은 것이 아니다. 풋사랑은 '신선한 것'이지만 '선한
것'은 아니다. 어릴 때의 풋사랑은 허무한 상처로 끝날 때가 많다. 그런 상처
를 잘 극복하면서 인간관계를 잘하는 법도 배운다. 사랑의 상처를 잘 극복
하면 결혼 생활도 잘한다. 사랑의 상처를 받는 것이 나쁜 것만은 아니다. 고
난을 통과한 경험이 삶에 지혜를 준다. 미성숙한 풋사랑은 성숙한 참사랑을
위한 리허설이 된다. 말만 그럴듯한 사람보다 성숙하고 책임적인 사람이 많
아질 때 복된 내일이 펼쳐진다.

하나님! 무엇인가를 비판하기 전에 겸손하게 자신을 성찰해서
상대와 공동체를 지켜 주려는 책임적인 사랑이 넘치게 하소서.

과거에 연연하지 말라

세월을 아끼라 때가 악하니라 (에베소서 5:16)

기억은 소중한 것이다. 좋은 기억은 좋은 인생을 만들고 나쁜 기억은 나쁜 인생을 만든다. 한국어의 '기억'이란 단어는 시적인 운치가 덜하지만 영어의 '리멤버(remember)'라는 단어는 시적인 운치가 깊게 느껴진다. remember는 '삶의 일부 조각(member)을 다시 되돌려 내는 것'이란 뜻이다. 되돌려 내고 돌아볼 좋은 기억은 미래로 나아갈 힘을 준다. 돌아보고 싶은 것이 많은 삶도 축복이지만 돌아보는 삶 자체도 축복이다. 돌아볼 좋은 과거의 기억이 있고 돌아갈 좋은 미래의 고향이 있는 이중적인 삶처럼 복된 삶은 없다.

가끔 자기 성찰을 위해 뒤를 돌아보라. 왜 하나님은 세월을 직선보다 곡선 형태로 운행해 여름과 겨울을 교차하게 하시면서 한 해 한 해를 돌리시는가? 한 해의 끝에서 한 해를 돌아보며 새로운 도약을 꾀하라는 뜻도 있으실 것이다. 새로운 시작 전에 과거를 돌아보는 삶의 중요성을 해의 변화를 통해 교훈하신 것이다. 왜 하나님은 가끔 고난을 허락하시는가? 뒤를 돌아보며 자기 성찰의 기회로 삼으라는 뜻이다.

과거를 성찰하되 과거에 연연하지는 말라. 과거를 과감히 버리는 것은 세월을 아끼는 하나의 소중한 방편이다. 과거의 추억을 내버리는 것은 아픈 결단이지만 하나님의 선하신 뜻을 따라 과감히 과거의 것을 내려놓고 용기 있게 일어서면 하나님이 더 좋은 미래를 펼쳐 주신다. 하나님은 선한 결단을 따라 심은 대로 거두게 하신다. 잘 내려놓을 줄 알라. 과거의 좋은 자산과 추억까지 하나님의 선한 뜻을 위해 잘 버리고 새롭게 출발하면 하나님은 더욱 복된 길을 열어 주신다.

하나님! 과거를 돌아보며 성찰해도 과거에 연연하지 말게 하시고 잘 내려 놓고 좋은 결단을 통해 더 좋은 내일을 열어가게 하소서.

저자소개 | **이 한 규**

월간새벽기도 발행인 겸 주필
요삼일육선교회(John316 Mission) 대표
분당샛별교회 담임목사

365가지 오늘의 묵상

초판 1쇄 발행 2020년 11월 23일

지 은 이 이한규

펴 낸 곳 미션퍼블릭
등록번호 제381-2006-000055호

편 집 장 이승연 정태은
에 디 터 전숙희
디 자 인 안선주
일러스트 이한나
인 쇄 넓은마음

홈페이지 www.john316.or.kr
전 화 031-704-4391
팩 스 031-704-4392
주 소 경기도 성남시 분당구 수내로 181(분당동 38번지) 우방종합상가 B1

ISBN 978-89-958543-5-8 03230

좋은 책이 좋은 사람을 만듭니다.
미션퍼블릭은 출판 실천윤리강령을 준수합니다.

값 20,000원

ISBN 978-89-958543-5-8